中国社会科学院学部委员专题文集
ZHONGGUOSHEHUIKEXUEYUAN XUEBUWEIYUAN ZHUANTI WENJI

梵学论集

黄宝生 ◎ 著

中国社会科学出版社

图书在版编目(CIP)数据

梵学论集/黄宝生著.—北京:中国社会科学出版社,2013.1
(中国社会科学院学部委员专题文集)
ISBN 978-7-5161-1774-3

Ⅰ.①梵… Ⅱ.①黄… Ⅲ.①梵—文集 Ⅳ.①B351-53

中国版本图书馆 CIP 数据核字(2012)第 279471 号

出 版 人	赵剑英
出版策划	曹宏举
责任编辑	史慕鸿
责任校对	王雪梅
责任印制	戴 宽

出　　版	中国社会科学出版社
社　　址	北京鼓楼西大街甲 158 号(邮编 100720)
网　　址	http://www.csspw.cn
	中文域名:中国社科网　010-64070619
发 行 部	010-84083685
门 市 部	010-84029450
经　　销	新华书店及其他书店
印刷装订	环球印刷(北京)有限公司
版　　次	2013 年 1 月第 1 版
印　　次	2013 年 1 月第 1 次印刷
开　　本	710×1000　1/16
印　　张	24.25
插　　页	2
字　　数	385 千字
定　　价	72.00 元

凡购买中国社会科学出版社图书,如有质量问题请与本社联系调换
电话:010-64009791
版权所有　侵权必究

《中国社会科学院学部委员专题文集》编辑委员会

主任 王伟光

委员 （按姓氏笔画排序）

王伟光　刘庆柱　江蓝生　李　扬
李培林　张蕴岭　陈佳贵　卓新平
郝时远　赵剑英　晋保平　程恩富
蔡　昉

统筹 郝时远
助理 曹宏举　薛增朝
编务 田　文　黄　英

前　言

　　哲学社会科学是人们认识世界、改造世界的重要工具，是推动历史发展和社会进步的重要力量。哲学社会科学的研究能力和成果是综合国力的重要组成部分。在全面建设小康社会、开创中国特色社会主义事业新局面、实现中华民族伟大复兴的历史进程中，哲学社会科学具有不可替代的作用。繁荣发展哲学社会科学事关党和国家事业发展的全局，对建设和形成有中国特色、中国风格、中国气派的哲学社会科学事业，具有重大的现实意义和深远的历史意义。

　　中国社会科学院在贯彻落实党中央《关于进一步繁荣发展哲学社会科学的意见》的进程中，根据党中央关于把中国社会科学院建设成为马克思主义的坚强阵地、中国哲学社会科学最高殿堂、党中央和国务院重要的思想库和智囊团的职能定位，努力推进学术研究制度、科研管理体制的改革和创新，2006年建立的中国社会科学院学部即是践行"三个定位"、改革创新的产物。

　　中国社会科学院学部是一项学术制度，是在中国社会科学院党组领导下依据《中国社会科学院学部章程》运行的高端学术组织，常设领导机构为学部主席团，设立文哲、历史、经济、国际研究、社会政法、马克思主义研究学部。学部委员是中国社会科学院的最高学术称号，为终生荣誉。2010年中国社会科学院学部主席团主持进行了学部委员增选、荣誉学部委员增补，现有学部委员57名（含已故）、荣誉学部委员133名（含已故），均为中国社会科学院学养深厚、贡献突出、成就卓著的学者。编辑出版《中国社会科学院学部委员专题文集》，即是从一个侧面展示这些学者治学之道的重要举措。

　　《中国社会科学院学部委员专题文集》（下称《专题文集》），是中国社会科学院学部主席团主持编辑的学术论著汇集，作者均为中国社会科学院学部委员、荣誉学部委员，内容集中反映学部委员、荣誉学部委员在相关学科、专业方向中的专题性研究成果。《专题文集》体现了著作者在科学研究实践中长期关注的某一专业方向或研究主题，历时动态地展现了著作者在这一专题中不断深化的研究路径和学术心得，从中不难体味治学道路之铢积寸累、循序渐进、与时俱进、未有穷期的孜孜以求，感知学问有道之修养理论、注重实证、坚持真理、服务社会的学者责任。

2011年，中国社会科学院启动了哲学社会科学创新工程，中国社会科学院学部作为实施创新工程的重要学术平台，需要在聚集高端人才、发挥精英才智、推出优质成果、引领学术风尚等方面起到强化创新意识、激发创新动力、推进创新实践的作用。因此，中国社会科学院学部主席团编辑出版这套《专题文集》，不仅在于展示"过去"，更重要的是面对现实和展望未来。

这套《专题文集》列为中国社会科学院创新工程学术出版资助项目，体现了中国社会科学院对学部工作的高度重视和对这套《专题文集》给予的学术评价。在这套《专题文集》付梓之际，我们感谢各位学部委员、荣誉学部委员对《专题文集》征集给予的支持，感谢学部工作局及相关同志为此所做的组织协调工作，特别要感谢中国社会科学出版社为这套《专题文集》的面世做出的努力。

《中国社会科学院学部委员专题文集》编辑委员会
2012年8月

目　　录

代　序 ………………………………………… 黄宝生（1）
论迦梨陀娑的《云使》 ………………………………（1）
《本生经》浅论 ………………………………………（15）
胜天的《牧童歌》 ……………………………………（27）
古印度故事的框架结构 ………………………………（38）
印度古代神话发达的原因 ……………………………（49）
《管锥编》与佛经 ……………………………………（62）
印度戏剧的起源 ………………………………………（68）
印度古典诗学和西方现代文论 ………………………（81）
梵语文学修辞例释 ……………………………………（95）
禅和韵
　　——中印诗学比较之一 …………………………（127）
在梵语诗学烛照下
　　——读冯至《十四行集》 ………………………（142）
外国文学研究方法谈 …………………………………（155）
佛经翻译文质论 ………………………………………（162）
书写材料与中印文学传统 ……………………………（175）
季羡林先生治学录 ……………………………………（184）
金克木先生的梵学成就
　　——读《梵竺庐集》 ……………………………（199）
《故事海选》译本序 …………………………………（205）
《摩诃婆罗多》译后记 ………………………………（212）

《摩诃婆罗多》前言 …………………………………………… （221）
神话和历史
　　——中印古代文化传统比较之一 ………………………… （241）
宗教和理性
　　——中印古代文化传统比较之二 ………………………… （251）
语言和文学
　　——中印古代文化传统比较之三 ………………………… （260）
《梵语诗学论著汇编》导言 …………………………………… （276）
《奥义书》导言 ………………………………………………… （298）
《薄伽梵歌》导言 ……………………………………………… （309）
《梵汉佛经对勘丛书》总序 …………………………………… （318）
《梵汉对勘〈入楞伽经〉》导言 ……………………………… （326）
《梵汉对勘〈入菩提行论〉》导言 …………………………… （345）
《梵汉对勘〈维摩诘所说经〉》导言 ………………………… （351）

代　　序

跋涉在梵学之路

梵语是印度古典语言，仿照"汉学"一词，我在这里用"梵学"指称古典印度学。印度是历史悠久的文明古国，又与中国有两千多年的文化交流史，梵学作为一个学术研究领域，其深度和广度也就可想而知。

我与梵语结缘，有很大的偶然性。1960年我考上北京大学中文系，报到时，却告知我已被调到了东语系。而到了东语系，又把我分配在梵文、巴利文专业。这是命运给予我的恩赐，使我得以在季羡林和金克木两位教授亲自执教下学习了五年。在这五年中，我们不仅学会了梵文、巴利文和英文这些语言工具，也对印度古代文化的博大精深，尤其是印度佛教对中国文化的深远影响有了深切认识。尽管我对印度古代社会、历史、宗教和哲学的研究也怀有浓厚兴趣，但我始终保持着对文学的强烈爱好。1965年学业结束，我如愿以偿，被分配到中国社会科学院外国文学研究所工作。

进入研究所还不到一年，就遇上"文革"。我们都不由自主地在"炼狱"中经受了痛苦的磨炼。因此，"文革"结束，能够重新开始学术研究，倍感幸福。其实，在"文革"尚未正式结束之前，我们研究所在1973年就已开始非正式地恢复学术研究。冯至所长还亲自写信委托季羡林先生指导我的研究工作。殊不知当时先生尚未"解放"，我在北京大学一幢学生宿舍楼的值班室里找到了他。这次"非同寻常"的问学，先生给我留下印象最深的一句话是："做学问要从 bibliography（目录学）入手。"这样，在此后几年中，我经常查阅和浏览国内外学者的梵学研究成果。由此，我也养成阅读书目的习惯，每年按照一定的经费额度，为图书室订购梵学图书。经过年复一年的积累，图书室收藏了从事梵学研究尤其是梵语文学研究的许多必备用书。

作为学术研究的准备阶段，我在那几年里读了不少书。不仅读梵语文学的书，也读有关印度古代社会、历史、宗教和哲学以及中国文史哲、西方文学和文学理论方面的书。这是一种出于求知欲而无功利性的读书，当时直接感受到的是知识的拓展和精神的愉悦。它的实际效用要到日后的研究工作中才会真正显现。因为在学术研究中，"专精"和"博通"构成辩证关系，每位学者在具体研究中都会有自己的专长，但在知识结构上必须兼顾这两个方面。

在研究所的科研工作走上正轨后，我便开始撰写和发表梵语文学研究论文。在治学方法上，我自然而然会受到季羡林和金克木两位业师的影响。同时，我也自觉地向所内前辈学者学习，尤其是对钱锺书先生的学术著作，都怀着敬仰的心情认真地读过。打通中外文学，打通人文科学，这是我们在外国文学研究中应该努力追求的学术目标。如果说我是季羡林和金克木两位先生的"受业弟子"的话，那么，我也自认是钱锺书先生的"私淑弟子"。面对诸位先生的学术造诣，我深知自己在一生的学术道路上，必须虚心又虚心，容不得半点骄傲和自满。

1983年至1986年期间，我参加了季羡林先生主持的国家社科基金项目《印度文学史》的编写工作。其中的梵语文学部分主要由我承担，季先生只撰写关于史诗《罗摩衍那》的一章。因为季先生当时刚刚完成这部史诗的翻译工作，并撰有《罗摩衍那初探》一书。我联想到季先生在参与《中国大百科全书》的编纂工作中，也是只撰写他本人做过深入研究的一些条目。然而，按照我当时的情况，对梵语文学的概况虽有所了解，但对一些重要作家和作品的深入研究才刚刚起步，发表的论文也有限。因此，严格地说，我还不适宜承担《印度文学史》中梵语文学的撰写任务。但出于工作需要，我只能边干边学，撰写的主要方法是总结前人的研究成果，尤其是注意吸收国外学者的最新研究成果。通过这次编写工作，我对梵语文学的发展历史进行了一次系统深入的梳理，加固了自己的梵学根基。

1987 年至 1991 年期间，我承担了社科院重点项目《印度古典诗学》。在中国，向学术界介绍梵语文学理论的先驱者是金克木先生。早在 1965 年，他就为我们研究所编辑的《古典文学理论译丛》选译了一些梵语诗学名著的重要章节。而我在撰写《印度文学史》中《梵语文学理论》一章时，真切地体会到这是一个有待开发的诗学宝库。从那时开始，我就注意收集和订购这方面的图书。在资料基本齐备的基础上，我用了两年时间认真阅读梵语诗学原著以及印度学者撰写的各种梵语诗学研究著作，做了大量的读书笔记，并译出许多需要引用的梵语诗学原始资料。然后，又用两年时间完成了全书的撰写工作。这部著作依据丰富的原始资料，描述了印度古典诗学的源流、体系和结构，对它在印度文化背景中形成的种种独特的批评原则、概念和术语做了认真的阐释。此书收入北京大学出版社的"文艺美学丛书"，出版后，受到国内从事相关领域研究的学者们的欢迎。

这部著作虽说有填补国内梵学研究中的学术空白的意义，但我决定从事这项研究也有现实的动因。当时国内文学理论界出现比较文学热潮，并倡导建立比较文学的中国学派，强调打破"欧洲文化中心论"，将广大的东方纳入比较文学视野，努力开展东西方文学比较和诗学比较。这当然是美好的学术愿望。可是，在国内，东方诗学研究一向是薄弱环节，所以，我发愿要写一部印度古典诗学著作，为中国的比较诗学提供一些资源。

在这部著作的写作过程中，我深深体验到印度古典诗学虽然在表现形态上与中国和西方古典诗学迥然有别，但在文学原理上是相通的。我觉得各民族诗学中那些超越时空而相通的成分往往是文学理论的最可靠依据，代表人类文学的共同规律和基本原则，故而打通印度、中国和西方诗学，是一项富有学术价值的研究课题。基于这种想法，在完成《印度古典诗学》后，我准备"趁热打铁"，从事比较诗学研究。实际上，我也已经尝试写了两篇论文：《印度古典诗学和西方现代文论》以及《禅和韵——中印诗学比较之一》。但这项研究没有继续下去，因为从 1993 年起，我接受了另一项学术任务，即主持印度史诗《摩诃婆罗多》的翻译。

《摩诃婆罗多》和《罗摩衍那》并称为印度两大史诗。《罗摩衍那》

已由季羡林先生译出。而《摩诃婆罗多》的规模更宏大，是一部"百科全书"式的史诗，号称有"十万颂"（现代精校本约为八万颂），篇幅为《罗摩衍那》的四倍。这项翻译工作原本由赵国华邀请我们几个老同学共同承担。金克木先生为我们确定了翻译体例，还亲自翻译了这部史诗的头四章，为我们示范。然而，不幸的是，赵国华英年早逝，甚至没有亲眼见到于1993年先行出版的第一卷。这样，出版社的领导找到我，希望我出面主持完成这项翻译工作。我考虑到《摩诃婆罗多》本身的文化意义，也考虑到应该实现亡友的遗愿，便义不容辞地承担起这个责任。这项工作也得到科研局的支持，于1996年列为院重点项目。

从1993年我接手主持这项工作，直至2002年完成全书的翻译，前后花费了十年时间。在这十年中，我把我的主要精力都投入了这项工作。作为项目主持人，我除了承担较多的翻译任务外，还负责全书译稿的校订和通稿工作，并为每卷译文撰写导言。随着工作的展开，岁月的推移，我越来越感到这是一场"持久战"，既是对自己学术能力的检验，更是对自己意志和毅力的考验。正如我在译后记中所说："我有一种'愚公移山'，'每天挖山不止'的真切感受。而劳累时，看到眼前已经完成的工作量，又会激发信心和力量。尤其是离最终目标越来越接近的一两年中，我全神贯注，夜以继日地工作。常常是夜半搁笔入睡后，梦中还在翻译。在这些日子里，《摩诃婆罗多》仿佛已与我的生命合二而一，使我将生活中的其他一切都置之度外。我能体验到淡化身外之物给人带来的精神愉悦，而这种精神愉悦又能转化成超常的工作效率。我暗自将之称为'学问禅'，也就是进入了思维入定的'三昧'境界。"值得庆幸的是，我们终于依靠集体的力量，完成了全书的翻译（约四百万字）。而中国社会科学出版社也精心编辑和印制，于2005年出版，贡献给国内学术界。

从学术上说，《摩诃婆罗多》起码有印度学和史诗学两方面的研究意义。在完成翻译工作后，我完全可以接下去对这部史诗进行更为深入的研究。但我决定还是回到我已放下很久的诗学课题上去，开始了中印古典诗学的比较研究。因为许多饶有兴味的诗学问题始终萦绕在心，激发我的研究欲望。这项研究的预期成果分为两部分：一是译出几部梵语诗学名著，二是写出一部中印古典诗学比较研究专著。

这样，我先翻译梵语诗学名著，一鼓作气译出了《舞论》、《诗庄严论》、《诗镜》、《韵光》、《诗光》和《文镜》等十种，其中四种是选译，六种是全译。后来，它们结集为《梵语诗学论著汇编》（约八十万字），作为《东方文化集成》丛书之一出版。在完成翻译任务后，我进入中印古典诗学比较研究阶段。我先对中印古典诗学的文化背景进行思考，撰写了三篇中印古代文化传统比较的论文：《历史和神话》、《宗教和理性》和《语言和文学》。就在这项比较诗学研究进入正题之时，我的研究重心又身不由己地出现了转移。

当时，有一些青年学者愿意跟随我学梵文。我想到梵学研究资源丰富，而国内梵语人才稀缺，觉得自己也有必要担起培养后继人才这份责任。这样，我于2007年夏至2009年夏开设了一个梵语研读班。参加这个班的学员都已经具备梵语语法基础知识，我的任务是带领他们精读梵语原典。因为只有真正学会阅读梵语原典，将来才有可能独立从事梵学各领域的研究工作。经过两年的学习，学员们觉得收获很大，并希望能将我们的教学成果保存下来，便于今后复习和参考，也为国内提供一部学习梵语的辅助读物。于是，在学员们的协助下，我编了一部《梵语文学读本》。所收篇目都是我讲课用作教材的梵语文学名著。读本内容包括梵语原文、汉语译文和语法解析三个部分。这部读本已由中国社会科学出版社出版。

而就在2009年，中国社会科学院接受了国家社科基金重大委托项目《梵文研究及人才队伍建设》。为此，中国社会科学院成立了梵文研究中心执行这个项目。在培养人才方面，开设了一个学期为三年的梵文班。在研究方面，制定了有关梵学各领域的研究计划。我一方面分担梵文班教学任务，另一方面主持编辑出版《梵汉佛经对勘丛书》。梵汉佛经对勘研究不仅有助于读解梵语佛经原典和古代汉译佛经，也对佛教思想史、佛经翻译史和佛教汉语研究具有重要的学术意义。近代以来，我国前辈学者都很器重梵汉佛经对勘研究方法，只是由于国内缺少梵语人才，这方面的研究始终未能全面展开。现在,国内新的一代梵文学者正在成长起来,已有可能全面开拓这一研究领域。这样,我近几年的研究重点转向了梵汉佛经对勘研究,先后完成了《入楞伽经》、《入菩提行论》和《维摩诘所说经》三部佛经的梵汉对勘,已由中国社会科学出版社出版。

  回顾我这一生,跋涉在梵学路上,乐在其中。这部《梵学论集》中所收论文,我是按照它们发表年代的次序排列的,呈现出一路走来的足印。我一步一步行走着,我的生命也就这样在不知不觉中步入了桑榆之年。但是,梵学研究对我的吸引力依然丝毫未减。我还惦记着我的中印古典诗学比较研究,希望自己能在梵汉佛经对勘研究告一段落后,再回到这个课题上来。

黄宝生

2012 年 6 月

论迦梨陀娑的《云使》

印度古代大诗人迦梨陀娑的传世之作有七部：抒情短诗集《时令之环》，抒情长诗《云使》，叙事诗《鸠摩罗出世》和《罗怙世系》，诗剧《摩罗维迦和火友王》、《优哩婆湿》和《沙恭达罗》。其中，举世公认的两部代表作是《云使》和《沙恭达罗》。

关于迦梨陀娑的出生年代，印度国内外学者众说纷纭，早到公元前八世纪，晚至公元后六世纪，差距可达一千四百年。不过，大多数学者认为迦梨陀娑生活在印度笈多王朝，即公元四、五世纪。中国古代大作家，我们几乎都能考定他们的生卒年，不仅生卒年，有些还能考定生卒年月日。而印度古代大作家，几乎无一例外，都无法考定他们的生卒年，倘能合情合理考定他们的生卒世纪，就算不错了。当然，这并不是说，中国文学史家脑子聪明，比印度文学史家善于考证，这主要归功于中国古人的历史纪年观念比印度古人强，给我们后人留下了种种可以据以考证的宝贵的历史纪年资料。这一点，印度学者也是谦虚地承认的，他们把中国古代高僧赴印求法的游记如法显的《佛国记》、玄奘的《大唐西域记》、义净的《南海寄归内法传》等，看作重建印度古代历史的"不可缺少的史料"[①]。

于是，也有些印度文学研究家试图通过探索中印文学因缘来考定印度古代作家和作品的年代，如印度著名梵文学者拉克文，曾试图将迦梨陀娑的《云使》与中国东汉诗人徐幹的《室思》进行比较，为考定迦梨陀娑的出生时代提供旁证（关于这个问题，留在本文最后部分细谈）。

[①] N.K. 辛哈和 A.C. 班纳吉：《印度通史》（加尔各答，1955），第 2 章。

一

抒情长诗《云使》（Meghadūta）共有一百十一节①，每节两联，每联两行。诗的内容是：有个药叉②，玩忽职守，受到财神俱毗罗的诅咒，被贬谪一年。他谪居在南方罗摩山苦行林中，忍受与爱妻分离的痛苦，已有八个月。现在正是雨季来临的六月中，他看到一片由南往北的雨云飘上罗摩山顶，激起了他对爱妻的无限眷恋。于是，他向雨云献礼致意，托它带信："云啊！你是焦灼者的救星，请为我带信，带给我那由俱毗罗发怒而分离的爱人。"③他向雨云指点到达他爱人居住地阿罗迦城的路线：由这里往北，一路上要经过蚁垤峰、玛罗高原、芒果山、毗地沙城、优禅尼城、尼文底耶河、信度河、恒河、玛那莎湖等等许多地方。他对每一处的秀丽景色和旖旎风光，都作了富于感情的生动描绘。最后，便到了阿罗迦城（以上第一节至六十三节）。④ 接着，他向雨云描述阿罗迦城里药叉们的欢乐生活，指出他家在阿罗迦城里的方位、标志，他爱妻的容貌；他想象他爱妻满怀离愁的种种情状；他委托雨云向他爱妻倾诉他的炽热相思，并安慰她说不久便可团圆。最后，他向雨云致谢，祝愿雨云和它的闪电夫人永不分离（以上第六十四节至一百十一节）。

这是印度文学史上的第一部抒情长诗，是一部独创性的作品。不过，印度有些学者在研究古典作品时，很注重探索作品主题和情节的出典，对

---

① 我这里依据的是印度文学院出版的《云使》编订本（新德里，1957）。自古以来，《云使》在印度各地流传很广，因而版本很多。各种版本的诗节数目不等，少至一百十节，多至一百二十一节。

② 药叉是印度神话里的一种小神仙。它们是财神俱毗罗的侍从，一般都具有善良可爱的性格，在《云使》中也是如此。但在印度佛教典籍中，有时被归入魔鬼一类。汉译佛经中亦译作"夜叉"，或意译为"能啖鬼"、"捷疾鬼"。因而，夜叉一词在中国是带有贬义的，如旧小说中称凶恶女子为"夜叉婆"、"母夜叉"。

③ 本文中的《云使》引文均采用金克木先生的汉译（《云使》，人民文学出版社1956年版）。金克木先生的汉译是依据印度通行的摩利那特（约十四世纪）版本，共有一百十五节，比现在的印度文学院编订本多四节，即汉译本的第67、71、74、113节。

④ 摩利那特版本以此为界，将《云使》前半部分称为"前云"（Pūrvamegha），后半部分称为"后云"（Uttaramegha）。印度学者和《云使》注家一般都接受这种分法。但印度文学院《云使》的编订者认为这种"前云"、"后云"的区分是后人添加的，理由是较早的《云使》注本没有这样的区分。

《云使》也是如此。他们查遍了印度古籍，例如发现在《梨俱吠陀》第十卷第一〇八首中，因陀罗派遣一只母狗寻找被妖魔偷走的牛；在《摩诃婆罗多》的插曲之一《那罗传》中，德摩衍蒂派遣天鹅向那罗表示爱情；在《本生经》故事第二九七则中，一个被国王处以死刑的人，委托一只乌鸦向他的妻子捎信，等等①，但觉得这些都不像是《云使》的出典。学者们几乎一致认为迦梨陀娑创作《云使》的灵感源泉是史诗《罗摩衍那》。其中，学者耶达沃的论证比较详细，主要有以下几点：一、罗摩遭流放，药叉遭贬谪；二、罗摩流亡在山林中，药叉也谪居在山林中；三、罗摩的妻子悉达被妖魔劫走，罗摩与她分离一年；而药叉被财神诅咒，也与妻子分离一年；四、罗摩派遣神猴呵努曼寻找妻子，药叉委托雨云看望妻子；五、罗摩在雨季来临时特别思念妻子，药叉也是如此。此外，还列举了一些细微的"一致性"，如《罗摩衍那》中多次将神猴呵努曼比作云，《云使》中药叉想象妻子听完雨云的话后，"会像悉达望着呵努曼一样"；《罗摩衍那》曾将神猴比作山，《云使》也曾将雨云比作山；《罗摩衍那》曾将悉达比作细月、雌轮鸟、霜打的荷花，《云使》也对药叉的妻子用过这样的比喻，等等②。但我似乎觉得，这是将两部作品各自的完整结构和形象拆散之后，所作的支离破碎的比附。在文学研究中，注意新旧文学作品之间的历史继承关系无疑是对的，但如果强调过了头，好似我国江西派诗人黄庭坚看杜诗韩文"无一字无来处"，就容易低估伟大作家的创造性。江西派本身诗歌成就不高，吃亏就在此，他们"资书以为诗"，不懂得艺术贵在独创。历史上优秀的文学作品都是作家依据自己的生活体验和艺术修养，对所处时代的社会现实作出独特而深刻的反映，即使是利用古已有之的题材，也是如此，如莎士比亚的《哈姆雷特》和歌德的《浮士德》。如果作家脱离现实生活，从艺术构思直至语言表达，一味乞灵古人，毫无创新之意，那他是绝不会博得文艺女神的青睐，在艺术宫里占据一个显赫的席位的。

当然，独创或创新，也从来不是割断文学发展历史的凭空创造，而是

---

① 详细参阅 B. R. 耶达沃《迦梨陀娑作品探源》（德里，1974），第74—83页。
② 同上。

在前人取得的文学经验的基础上，开拓新路，扩大文学表现人类社会生活和思想感情的能力。在迦梨陀娑之前，在印度诗歌领域中占主要地位的是两大史诗《摩诃婆罗多》和《罗摩衍那》。史诗属于叙事文学，以描写客观的人物行动为主，例如罗摩派遣神猴呵努曼寻找悉达，只是《罗摩衍那》整个故事情节发展中的一个组成部分。自然，史诗中也有抒情成分，但这种成分毕竟居于次要地位。而《云使》充分发展了史诗艺术中的抒情成分，成为一部有别于史诗的、以抒发诗人（或诗歌主人公）的思想感情为主的抒情长诗。药叉托雨云带信给妻子跟罗摩派遣呵努曼寻找悉达不同，不是出于故事情节发展的需要，而是出于抒发感情的需要。由此，迦梨陀娑的《云使》奠定了抒情长诗的文学地位，为印度抒情文学的发展作出了重大贡献。

在迦梨陀娑之后的印度抒情诗作中，比较著名的有阿摩卢的《百咏》、哈拉的《七百咏》和胜天的《牧童歌》等。另外，有一大批模仿《云使》的诗作，文学史家们统称为"信使诗"（Sandeśakāvya），但大多湮没了，只有较为详细的文学史上才能查到十二世纪以后的一些"信使诗"的作者名和诗名，如陀依的《风使》、拉克希米陀娑的《鹦鹉使》、伐苏代沃的《蜜蜂使》、鲁伯高斯伐明的《天鹅使》、克里什那钱德拉的《月使》、沃拉达恰利耶的《杜鹃使》、伦迦恰利耶的《孔雀使》等①。这从另一个侧面说明，文学不是重复性劳动，而是创造性劳动；模仿是文学的死胡同。

二

《云使》成为不朽的传世之作，主要还不在于它是印度文学史上第一部抒情长诗，而在于它充分发挥了抒情诗歌的艺术因素：强烈的感情，丰富的想象，形象的语言，和谐的韵律，并具备当时历史条件下的进步思想。

诗歌，尤其是抒情诗，是一种富于感情色彩的艺术。古今中外，离愁

---

① 参阅 M. 温特尼茨《印度文学史》（德里，1977），第3卷，第1册，第137页；M. 克里什那摩恰利耶《古典梵语文学史》（德里，1974），第367—368页。

别恨容易入诗，正是这个原因。《云使》中的药叉因受贬谪而与妻子分离，所以他的相思之情较之一般出外赴职或经商的旅人更为凄苦炽烈。诗中写道："他为噩运阻隔在远方，怀着心心相印的愿望"，"清癯消瘦，凄怆悲痛，频频叹息，热泪纵横，焦灼不安"。他委托雨云向爱妻诉说道：

> 我用红垩在岩石上画出你由爱生嗔，
> 又想把我自己画在你脚下匍匐求情，
> 顿时汹涌的泪水模糊了我的眼睛，
> 在画图中惨忍的命运也不让你我亲近。
>
> 我有时向空中伸出两臂去紧紧拥抱，
> 只为我好不容易在梦中看见了你；
> 当地的神仙们看到了我这样情形，
> 也不禁向枝头洒下了珍珠似的泪滴。
>
> 南来的风曾使松树上的芽蕾突然绽开，
> 它沾上了其中的津液因而芳香扑鼻；
> 贤德的妻啊！我拥抱这从雪山吹来的好风，
> 因为我想它大概曾经接触过你的身体。

迦梨陀娑是位擅长描写离情愁绪的诗人，例如他的戏剧名著《沙恭达罗》，一般认为其中写得最美的是沙恭达罗离别净修林的第四幕[①]；他的叙事长诗《罗怙世系》，一般认为其中写得最美的是阿迦悼念亡妻的第八章；还有叙事长诗《鸠摩罗出世》中描写爱神的妻子哭夫的第四章，也是公认的佳篇。由于迦梨陀娑的生平事迹不详，有些学者便据此推测迦梨陀娑可能有过一段与药叉相似的遭遇，说《云使》是一部"带有自传色彩"[②] 的

---

① 有一首流行的梵语诗歌说："迦梨陀娑的精华是《沙恭达罗》，《沙恭达罗》的精华是沙恭达罗离别的第四幕。"见 K. S. R. 夏斯特里《迦梨陀娑》（斯里朗加姆，1933），第 1 卷，第 297 页。

② A. D. 辛格：《迦梨陀娑研究》（德里，1976），第 39 页。

作品。这当然只是一种大胆的假设，算不上科学的论证，但足以说明迦梨陀娑抒发的离情愁绪具有高度的真实性，富于极强的感染力。

中国古人说："诗可以怨"，"愁思之声要眇"；西方人说"最甜美的诗歌就是那些诉说最忧伤的思想的"，"真正的诗歌只出于深切苦恼所炽燃着的人心"[①]。这些说法是有一定道理的，迦梨陀娑的作品便是明证之一。有位印度学者也持有同样的看法，他说："爱情通过离别而增强。……《云使》中搏动的激情虽然是痛苦的，但充满了美。迦梨陀娑的最甜美的诗歌诉说了最忧伤的思想。"[②] 这看法符合生活的辩证法：只有饱尝痛苦的人才懂得快乐，只有历尽艰辛的人才懂得幸福。文学史上许多哀叹苦难现实的诗歌，实际上是憧憬美好未来，正如许多倾诉相思的情诗，实际上是在品尝爱情的甜蜜。迦梨陀娑深谙此理，他在《云使》中借用药叉的口说道：

　　有人居然说，爱情在分别时就会减退，
　　其实心爱之物得不到时滋味更加甜蜜。

在他的名剧《沙恭达罗》中也有类似的说法："即使爱情还没有如愿，我们两人间的相思却也带给我们快乐。"[③]

诗歌是感情和想象的结合，感情越强烈，想象就越丰富。中国第一首抒情长诗《离骚》忧愤深广，想象奇瑰。神话传说、日月山川、风云雷电、鸾凤虬龙，天上人间一切壮丽景象全都奔赴屈原笔端，非此不足以抒发诗人上下求索、九死未悔的强烈感情。《离骚》的主题与《云使》不同，前者是政治诗，后者是爱情诗。但借用爱情的追求来象征理想的追求，是《离骚》的一大特点，如"哀高丘之无女"、"相下女之可诒"、"聊浮游以求女"等。可见，爱情是人类感情中比较强烈的感情，连政治抒情诗也常常求助于爱情的比喻。因而，自古以来，在诗歌领域中，爱情

---

① 参阅钱锺书《诗可以怨》，载《文学评论》1981年第1期。
② A. C. 夏斯特里：《梵语美学研究》（加尔各答，1952），第181页。
③ 迦梨陀娑：《沙恭达罗》，季羡林译，人民文学出版社1980年版，第21页。

诗占据了相当的比重。中国最早的诗歌总集《诗经》开卷第一首就是爱情诗《关雎》，也是不足为奇的。

在《云使》中，正是炽烈的相思之情激发了药叉托雨云捎信的奇特想象。迦梨陀娑在第五节诗中写道：

> 什么是烟光水风结成的一片云彩？
> 什么是只有口舌才能够传达的音讯？
> 药叉激于热情就不顾这些向云恳请，
> 因为苦恋者天然不能分别有生与无生。

药叉展开想象的翅膀，向云描述一路上要经过的山川城池，共有二十多处。每一处的风光都染上了药叉浓郁的感情色彩，有些简直成了他朝思暮想的爱妻的化身，如"尼文底耶河以随波喧闹的一行鸟为腰带，露出了肚脐的旋涡，妖媚地扭扭摆摆"；"信度河缺水瘦成发辫，岸上树木枯叶飘零衬托出她苍白的形影"。可以说，在《云使》中，印度的许多自然景色被迦梨陀娑女性化了。"情人眼里出西施"，这是由激情点燃的想象的产物。在迦梨陀娑笔下，药叉的想象不仅高远，而且细微。药叉向云诉说自己想象中的爱妻的相思病态，说得惟妙惟肖，哀婉动人。例如：

> 想那可爱的人一定由悲泣而肿了双眼，
> 嘴唇为叹息的热气所熏而颜色改变。
>
> 她也许正用门口地上放着的花朵数目，
> 计算着还有几个月别离的期限才满。
>
> 她由忧思而消瘦，侧身躺在独宿的床上，
> 像东方天际的只剩下一弯的纤纤月亮。
>
> 想只有在梦中才能与我相会，便渴望睡眠，
> 可是泪水的滔滔流泻又使她不能如愿。

雪莱说："诗可以解作'想象的表现'。"① 赫兹利特说："诗歌是幻想和感情的白热化。"② 迦梨陀娑的《云使》是这两句名言的典范说明。

诗歌要求语言凝炼优美，而达到凝炼优美的最有效办法是做到字字句句形象化。在诗歌的形象化手段中，比喻占据重要的地位。中国古人在《礼记·学记》中说："不学博依（郑玄注：博依，广譬喻也），不能安诗。"③ 亚里士多德在《诗学》中说："比喻是天才的标识。"④ 翻开迦梨陀娑的《云使》，精妙的比喻触目皆是。按照西方修辞学，比喻一般分作"明喻"和"隐喻"，相当于中国诗论中的"比"和"兴"。前面的《云使》引文中已经展示了几个生动的比喻，下面再信手拈出几个。属于明喻的，如：乌云遇到一道彩虹，"像是牧童装的毗湿奴戴上闪光的孔雀翎"。这里，乌云被比作毗湿奴，彩虹被比作孔雀翎⑤。又如："我想那少女在这些沉重的日子里，满心焦急，已如霜打的荷花姿色大非昔比。"这里，药叉的妻子被比作霜打的荷花。属于隐喻的，如："但愿你能努力加快步伐，如果见到有孔雀向你以声声鸣叫表示欢迎而珠泪盈眸。"这里药叉的妻子被比作欢迎交配期来临的孔雀。又如：

> 如果风起时由松枝摩擦而生的森林大火
> 侵害了山，而且火花烧到了牦牛的毛丛，
> 你就应该以万千水流把火焰完全扑灭——
> 在上者的财富原只为减轻受难者的苦痛。

这里乌云被比作在上者，乌云的雨水被比作在上者的财富，山和牦牛被比

---

① 转引自中国社会科学院外国文学研究所编《欧美古典作家论现实主义和浪漫主义》（一），中国社会科学出版社1980年版，第292页。
② 同上书，第303页。
③ 转引自钱锺书《宋诗选注》，人民文学出版社1979年版，第74页。
④ 同上。
⑤ 毗湿奴是印度教大神，曾化身为名叫黑天的牧童，皮肤黝黑，头上插有孔雀翎，故作此比喻。迦梨陀娑的许多比喻都交织进印度神话传说，对于外国读者来说，需要加上注释，甚至讲上一篇完整故事，才能领略其中的妙处。

作受难者，森林大火被比作受难者的苦痛；再深一层，山和牦牛被比作药叉及其妻子，森林大火被比作相思之苦。在明喻和隐喻的基础上，还有博喻，如药叉用五个比喻来形容妻子的美：

> 我在藤蔓中看出你的腰身，在惊鹿的眼中
> 看出你的秋波，在明月中我见到你的面容，
> 孔雀翎中见你头发，河水涟漪中你秀眉挑动，
> 唉，好娇嗔的人啊！还是找不出一处和你相同。

如果上引亚里士多德的话作数的话，给迦梨陀娑戴上天才的桂冠，他是当之无愧的。

《云使》的韵律也是独具一格的。它通篇采用一种叫做"缓进"（mandākrānta）的韵律①，完全适合表达药叉的离愁。每节诗由四行（即两联）组成，每行十七个音节。前四个是长音节，表示思念；接着五个是短音节，表示焦急；最后是三组切分音节（一短二长），表示既思念又焦急，前途未卜，忧心忡忡②。《云使》的各国译本很多，但再好的译本，也无法把这种韵律照搬过去。幸好构成诗歌艺术的因素不只是韵律一项，否则，就只能完全同意翻译界流行的一种说法："诗歌是不能翻译的。"

综观《云使》全诗，可以说，迦梨陀娑对爱情的看法是比较健康的。他欣赏夫妻之间相亲相爱，忠贞不贰。只有这样的爱情，才经得住生活的风浪，在患难之中愈见纯洁，愈见甜蜜。药叉是个"隶属于他人"的受难者，迦梨陀娑倾注在他身上的无限同情，蕴含着对天下一切受难者的关切。迦梨陀娑对坎坷的人生也是抱乐观态度的。药叉安慰他的妻子说：

> 可是我虽辗转苦思却还能自己支持自己，
> 　因此，贤妻啊！你千万不要为我担心过分。

---

① 有的印度学者认为"缓进"韵律是由迦梨陀娑的《云使》开创的，见 V. S. 阿伯代编《实用梵英字典》mandākrānta 条。
② 参阅 A. K. 沃德《印度诗文学》（德里，1977），第 3 卷，第 145 页。

> 什么人会单单享福？什么人会仅仅受苦？
> 人的情况是忽升忽降，恰如旋转的车轮。

受苦人会有出头之日，享福人也会有倒霉之时，对于迦梨陀娑这样一位宫廷诗人来说，这应该说是一种比较开通的人生观了。所以，《云使》这部抒情长诗，除了有强烈的感情、丰富的想象、形象的语言、和谐的韵律，还具备当时历史条件下的进步思想。思想是诗歌的灵魂。只有表达了人世间大多数人的心声的诗歌才会无翼而飞，不胫而走。《云使》能成为众口交誉的传世之作，绝不是偶然的。它达到了内容和形式的完美统一。它的成功奥秘也是世界上一切优秀诗歌的成功奥秘。

三

迦梨陀娑的《沙恭达罗》于1789年由英国人威廉·琼斯译成英文，《云使》于1813年由霍勒斯·海曼·威尔逊译成英文，随后相继出现德、法等其他文字译本，在欧洲文学界博得极高声誉。甚至一向认为"浪漫的是病态的"的歌德，也对这两部作品推崇备至，写诗赞美道：

> 我们还要知道什么更优秀的东西，
> 沙恭达罗、那罗，我们必须亲吻；
> 还有弥伽杜陀[1]，这云彩使者，
> 谁不愿意把它放进我们的灵魂？[2]

他还说过："接触到这样的作品（即《云使》）常常是我们生活中的划时代事件。"[3] 上述这些情况可能与十八世纪末、十九世纪初欧洲浪漫主义文学思潮的兴起有关。

---

[1] 弥伽杜陀是云使（Meghadūta）的音译。
[2] 此诗采用季羡林的译文，见《沙恭达罗》译本序。
[3] M. 温特尼茨：《印度文学史》（德里，1977），第3卷，第1册，第136页。

不过，《云使》流传国外的最早译本是锡兰（今斯里兰卡）的僧伽罗文译本和中国的藏文译本。僧伽罗文译本的年代不能确定，但最晚也在十四世纪以前，因为锡兰诗人模仿《云使》的作品如《孔雀使》、《天鹅使》、《鸽子使》、《鹦鹉使》等，都是十四世纪的作品[①]。藏文译本大约出现在十三世纪，收在西藏佛典《丹珠》中。

中印两个文明古国有着两千多年的文化交流史。中国古代高僧翻译的印度著作，其数量之多，堪称世界第一，但主要是佛经。有些佛经原典在印度失传了，却通过汉译本保存了下来。一些印度学者为了研究印度佛教史，还要把这些在印度失传的佛经原典从汉译本翻译回去。因此，有关中印文化交流的史料在印度学者心目中具有极高的价值和权威性。本文开头部分谈到印度著名梵文学者拉克文试图引用中国东汉诗人徐幹的诗句，为考定迦梨陀娑的出生年代提供旁证，也就是很自然的事了。虽然在我看来，他的这个旁证不能成立，但这种探索的热情和努力是可嘉的。

迦梨陀娑的出生年代一般认为是公元四、五世纪，而拉克文认为是公元一世纪。他列举了一些理由，其中之一就是："《云使》的迷人主题，其影响超越印度疆界，为我们确定诗人的出生年代提供又一证据。众所周知，印度和中国从公元前二世纪就开始交往。随着这些交往发展，对双方的文化产生深刻影响。因而我们不能忽略公元二世纪的中国诗人徐幹的诗句'浮云何洋洋，愿因通我词'中，有着《云使》的反响。"[②] 他在另一处又说道："虽然古代中国人翻译的印度著作主要是宗教和哲学，但他们与梵语诗歌也有接触。通过汉译佛典，他们熟悉史诗《罗摩衍那》的故事。迦梨陀娑的优秀抒情诗《云使》在他们的牛郎织女传说和二世纪的一位中国诗人的诗句'浮云何洋洋，愿因通我词'中有反响。"[③] 这里又增加了一个牛郎织女传说，也被说成是《云使》的反响，这是明显不能成立的，因为牛郎织女传说是中国的一个古老神话，是从《诗经》中的《大东》、《古诗十九首》中的《迢迢牵牛星》逐渐演化而成的[④]。不过，徐幹

---

① 参阅 C. W. 尼古拉斯和 S. 帕纳维达纳《锡兰简明史》（科伦坡，1961），第18章。
② V. 拉克文：《迦梨陀娑诗歌和戏剧中的爱情》（班加罗尔，1955），序言。
③ V. 拉克文编：《梵语文学》（德里，1961），第43页。
④ 参阅袁珂《古神话选释》，人民文学出版社1979年版，第161页。

的诗句是《云使》的反响这一看法，似乎在印度学术界颇为流行。如印度著名学者拉达克里希南在为印度文学院出版的《云使》编订本撰写的总序中也提到这种看法。另外，印度学者 M. C. 德特在他翻译的《迦梨陀娑诗集》中，也提出类似的看法。他说："二世纪，中国诗人徐幹写了一首叫做《云使》的诗。他也把龙树（一世纪）的一部著作译成汉语。是否他也把自己的诗译成梵语，传到迦梨陀娑手中，或者迦梨陀娑在二世纪前享有盛名，他的《云使》启发这位中国诗人也写了一首同样的诗，对此，谁也不能作出肯定的回答。"① 这段话里有些史实上的错误，这里顺便指出一下：第一，徐幹的那首诗的诗名是《室思》，而不是《云使》；第二，徐幹不懂梵语，没有译过龙树的著作。龙树（一般认为是二世纪人）是印度大乘佛教中观宗的创始人，他的代表作《中论》是在五世纪初由鸠摩罗什（344—413）译成汉语的。徐幹（171—218）生前撰有一部著作，也叫《中论》，但与龙树的《中论》毫不相干，是一部儒家学术著作。

徐幹的《室思》能否说是迦梨陀娑的《云使》的反响呢？我看是不能的。《室思》全诗共有六章（每章五言十句），内容是描写一位女子对远在他方的爱人的思念。印度学者引用的那两句在第三章。这章的全文如下："浮云何洋洋，愿因通我词。飘飘不可寄，徙倚徒相思。人离皆复会，君独无返期。自君之出矣，明镜暗不治。思君如流水，何有穷已时。"可见，这位女子苦于相思，想托云传情，但觉得浮云飘忽不定，无法作为信使。这种想法在中国古诗中是比较普遍的，如"郁陶思君未敢言，寄声浮云往不还"（曹丕《燕歌行》）；"浮云难嗣音，徘徊怅谁与"（任昉《别萧谘议》）；"去年寄书报阳台，今年寄书重相催。东风兮东风，为我吹行云使西来。待来竟不来，落花寂寂委青苔"（李白《久别离》）。如果说，不管对云信不信任，只要闪过托云传情的念头，就可以认为是迦梨陀娑《云使》的反响，那么，迦梨陀娑的出生年代必须大大推前，定为公元前三世纪，因为这种想法在中国最早的大诗人屈原的楚辞里就已经出现："愿寄言于浮云兮，遇丰隆而不将"（《九章·思美人》）。因此，只能说徐幹《室思》中的这种表现手法在中国古已有之，并非是迦梨陀娑《云使》

---

① M. C. 德特：《迦梨陀娑诗集》（阿拉哈巴德，出版年代未标明），第 14 页。

的反响。

　　迦梨陀娑产生托云捎信的艺术想象，多半与印度的热带季风气候有关。印度夏季的气温高达四、五十度，被称为"死亡的季节"。夏季结束，便是雨季。当南来的季风吹来带雨的乌云，印度人的喜悦心情犹如我们见到柳树吐芽、迎春开花一样。而对于身遭离别的人来说，这时节就最容易激起相思之情。迦梨陀娑的《时令之环》是一部描绘印度六季（夏季、雨季、秋季、霜季、寒季、春季）景色的短诗集。在描绘雨季的一组短诗中，就有几首写到雨云激发游子闺妇的愁思，如第二十二首：

> 饱含雨水而低垂的乌云黑如青莲，
> 在微风吹拂下偕同彩虹缓慢飘游；
> 旅人的妻子因与丈夫分离而忧愁，
> 翘首凝望，心儿仿佛已被乌云带走。

在中国古代则有"伤春诗"，如王昌龄《闺怨》："闺中少妇不知愁，春日凝妆上翠楼。忽见陌头杨柳色，悔教夫婿觅封侯。"张仲素《春闺思》："袅袅城边柳，青青陌上桑，提笼忘采叶，昨夜梦渔阳。"在迦梨陀娑的眼中，雨云像"巨象"、"山峰"（《云使》），或者像"成堆的眼膏"、"孕妇的胸脯"（《时令之环》），总之，具有一种沉甸甸的稳重感。在中国古代诗人眼中，云彩则是轻浮的，不牢靠的，因而一般都更愿意将思念之情托付给风、月、光和鸟禽，如"愿为西南风，长逝入君怀"（曹植《七哀》）；"将心托明月，流影入君怀"（齐澣《长门怨》）；"愿为南流景，驰光见我君"（曹植《杂诗》）；"袖中有短书，愿寄双飞燕"（江淹《从军行》）；"寄书云间雁，为我西北飞"（范云《赠张徐州谡》）。

　　各国地理、气候、风俗、语言的不同，形成各国文学的民族特色。但由于各国的社会发展过程大体相同，因而各民族的生活和感情在许多基本方面是相似的，表现在诗歌中的主题和意境常常不约而同，构成各民族共同的审美能力。一国的优秀作品，能博得各国读者的赞赏，主要原因便在此。迦梨陀娑《云使》的艺术表现手法自然具有浓郁的印度民族特色，但它的主题在中国古诗中是常见的，抒发的某些感情、塑造的某些意境也不陌生。例如，药叉女"从分别第一天她就编起辫结，解下花环"，不涂香膏，不理发髻，犹如中国古诗中的"自从别欢来，奁器了不开。头乱不敢理，粉拂生黄衣"（乐府《子夜歌》）。药叉女思念丈夫，抚琴排忧，但"琴弦为眼泪所湿，她不得不时时拂拭，连她自己作的曲调也一次又一次遗忘"，犹如中国古诗中的"贱妾茕茕守空房，忧来思君不敢忘。不觉泪下沾衣裳，援瑟鸣弦发清商。短歌微吟不能长，明月皎皎照我床"（曹丕《燕歌行》）。药叉想象爱妻入夜难眠，感叹道："和我在一起寻欢取乐时良宵如一瞬，在热泪中度过的孤眠之夜却分外悠长"，犹如中国古诗中的"居欢惜夜促，在戚怨宵长"（张华《情诗》）。还有，药叉嘱咐雨云，如果到达的时候，他爱妻刚好"得到了睡眠的幸福"，那就"在她身边停下，不发雷声，等候一个时辰；不要让她在难得的梦中见到我这爱人时，突然我又从那嫩枝般手臂的紧抱中离分"，这也类似中国古诗中的"打起黄莺儿，莫教枝上啼，啼时惊妾梦，不得到辽西"（金昌绪《春怨》）。

由此看来，迦梨陀娑的《云使》与中国古诗的相似之处，主要是在主题和某些意境方面，而不在托云传情这点上。同时，尽管按照中国古诗传统，我们一般容易觉得云彩轻浮，不能传送相思之情，甚至阻碍相思之情①，但这并不影响我们欣赏迦梨陀娑的托云传情的艺术构思，因为诗中所表达的感情与我们是相通的，我们完全能够理解印度诗人在印度环境中产生的独特想象。不仅能够理解，而且为之拍案叫绝，击节三叹。事实上，凡能跃入世界名著之林的各国优秀作品，大都具有鲜明的民族特色，迦梨陀娑的《云使》也是如此。

（原载《外国文学研究集刊》第 5 辑，1982 年）

---

① 如"浮云蔽白日，游子不顾返"（古诗十九首《行行重行行》）；"浮云蔽重山，相望何时见"（张率《远期》）；"浮云遮却阳关道，向晚谁知妾怀抱"（刘氏云《有所思》）。

《本生经》浅论

《本生经》（Jātaka）是一部庞大的佛教寓言故事集，也是世界上最古老的寓言故事集之一。鲁迅先生曾说："尝闻天竺寓言之富，如大林深泉，他国艺文，往往蒙其影响。即翻为华言之佛经中，亦随在可见。"[①] 在汉译佛经中，有关佛本生故事的经籍就有十几部之多，如吴康僧会译《六度集经》、西晋竺法护译《生经》和宋沙门绍德等译《菩萨本生鬘论》等，但这些佛本生故事集的规模远远比不上《本生经》。《本生经》堪称佛教寓言故事的集大成者。那么，我国古代高僧为何没有将这部《本生经》"翻为华言"呢？可能是因为佛教派别和佛典语言的歧异。佛教于公元一世纪开始传入中国，正值印度大乘佛教盛行，所以传入中国的佛典主要是梵语或混合梵语撰写的大乘佛典，即所谓"北传佛典"。而《本生经》属于"南传佛典"，即用巴利文撰写的小乘上座部佛典。不止《本生经》没有译成汉文，整个巴利文"三藏"基本上都没有译成汉文。然而，我们现在从文学的角度看，可以肯定地说，《本生经》是佛教文学中最有价值的一部寓言故事集，不仅在印度文学史上，而且在世界文学史上占有重要地位。

一 《本生经》的产生年代

印度佛教产生于公元前五、六世纪。佛陀释迦牟尼在世时，并没有撰写过任何佛教经典。现存的大量佛典是佛教徒们在佛陀逝世后，或追忆佛陀言论，或假托佛陀名义写定的。按照锡兰年代志，佛教巴利文"三藏"

---

① 鲁迅：《〈痴华鬘〉题记》，《鲁迅全集》第7卷，人民文学出版社1981年版，第101页。

（Tipiṭaka）是在佛陀逝世后两百年，即公元前三世纪阿育王时期，在华氏城举行的第三次佛教大结集中最后编定的。此后，由阿育王的儿子摩哂陀（一说是阿育王的兄弟）传入锡兰，并保存至今，而在印度本土则早已失传①。

《本生经》属于巴利文"三藏"中的经藏小部，但现存的巴利文《本生经》已非原典，而是一部注释本，书名全称是《本生经义释》（Jātakaṭṭhvaṇṇanā）。其变迁过程大致如下：原先有一部用巴利文撰写的本生经注，叫做《本生经义记》（Jātakaṭṭhakathā），传入锡兰后，被译成古僧伽罗文。此后，巴利文原本失传。大约在公元五世纪，有一位佚名锡兰和尚，依据这部古僧伽罗文的《本生经义记》，用巴利文写成《本生经义释》，也可说是将古僧伽罗文的本生经注重新还原成巴利文。尽管有这个变迁过程，但据说，《本生经》中的偈颂诗始终保持着原始形式。因此，有一种看法认为《本生经》原典即是这些偈颂诗。这种看法未必可信，因为《本生经》中不少偈颂诗是散文故事的扼要总结，倘若脱离了散文故事，很可能变得不知所云。或许，比较稳妥的看法是：《本生经》原典也是由偈颂诗和散文故事组成的，只是偈颂诗便于诵记，稳定性强，较易保持原貌，而散文故事稳定性差，肯定经受了一代又一代佛教徒日积月累的较大的加工。

以上讨论的实际是《本生经》的成书年代。如果说它成书于公元前三世纪，则原典已佚；如果说它成书于公元五世纪，则指的是它的注释本《本生经义释》。客观情况就是这样。

但是，佛本生故事的产生年代远远早于《本生经》的成书年代，可以说，在公元前五、六世纪佛陀本人宣扬佛教教义时就已经创造了这种故事。此后，佛教徒们继承佛陀衣钵，不断编撰，广为传播。近代考古学家在印度山奇、巴尔胡特等地公元前二、三世纪的佛教建筑的浮雕上，发现有许多佛本生故事，而且有的浮雕还标明 jātaka（"本生"）的字样。可见，佛本生故事在当时已经确立了崇高的地位，受到广大佛教徒的喜爱和崇拜。

---

① 参阅尼古拉斯和帕拉纳维达纳《锡兰简明史》（科伦坡，1961），第 3 章和第 6 章。

现存的《本生经》(即《本生经义释》)共有五百四十七个故事①,分作二十二篇(nipāta)。分篇的方法是纯形式的,即第一篇由一百五十个故事组成,每个故事里有一首偈颂诗;第二篇由一百个故事组成,每个故事里有二首偈颂诗;第三篇由五十个故事组成,每个故事里有三首偈颂诗,以此类推,越往后,每篇中的故事数目越少,而偈颂数目越多。

《本生经》中每个故事的格式是统一的,由五个部分组成:一、今生故事(Paccupanna-vatthu)——说明佛陀讲述前生故事的地点和缘由;二、前生故事(Atīta-vatthu)——讲述佛陀的前生故事;三、偈颂诗(Gāthā)——既有总结性质的,也有描述性质的,一般出现在"前生故事"中,有时也出现在"今生故事"中;四、注释(Veyyākaraṇa)——解释偈颂诗中每个词的词义;五、对应(Samodhāna)——将"前生故事"中的角色与"今生故事"中的人物对应起来。

我们可以举个具体例子,如第 30《摩尼克猪本生》:一开始是"今生故事",叙述一个比丘受到一个少女引诱,佛陀在给孤独园询问这个比丘有否此事。比丘承认有此事。于是,佛陀告诫他说:"她是你的祸根。甚至在你前生,你就成了她结婚宴席上的佳肴。"接着,佛陀讲述"前生故事",说是在从前,梵授王统治波罗奈的时候,菩萨他转生为一条牛,名字叫大红。它有个弟弟,名字叫小红。它们兄弟俩终日为主人辛勤工作。主人家的女儿即将结婚,因而喂养了一头猪,名叫摩尼克。一日,小红向大红抱怨说:"咱俩天天干重活,只不过吃些烂草和麦秸,而这头猪倒是天天吃牛奶粥!"大红安慰小红说:"小红弟弟,别羡慕这头猪。它吃的是断头食。主人要给女儿办喜事,才精心喂养它的。"不久,庆贺婚礼的客人们来到,主人宰杀了这头猪,做成各式佳肴。在这个"前生故事"中,有一首偈颂诗:"勿羡摩尼克,它吃断头食;嚼你粗草料,此乃长命食。"这首偈颂诗下面有一连串词义注释。故事的最后部分是"对应",即佛陀指出前生中的摩尼克猪是现在这个受诱惑的比丘,主人的女儿是现在这个

---

① 通常所说的《本生经》是五百五十个。这是因为流传下来的各种抄本的故事数目互有出入,便采取了五百五十这个大约数。我在这里依据的是丹麦学者 V. 浮士博尔花了二十年时间(1877—1897 年)校勘出版的本子。

少女，而小红是现在的阿难（佛陀的高足弟子），大红是佛陀本人。

　　这个故事在《本生经》中是一个比较短的故事，译成汉语大约不到一千字。《本生经》中的故事长短不一，最长的一个故事即第546《大隧道本生》译成汉语估计要有十万字。全部《本生经》译成汉语估计也要有二百万字。故事数目实际上也不止五百四十七个，因为有的一个故事里包含有好几个故事。按照著名的巴利语学者里斯·戴维斯的说法："实际数目约有二、三千个（包括不完全是重复的今生故事）。"[①] 现在我们要问：这么庞大的一部故事总集是否全是佛教徒的创作？回答是否定的。因为我们能从《本生经》中找到两大史诗《摩诃婆罗多》和《罗摩衍那》中的故事，如第7《采薪女本生》、第461《十车王本生》等，尤其能从中找到印度另一部古老的寓言故事集《五卷书》中的故事。我们可以把《本生经》和《五卷书》中相同或类似的故事举出若干，列表如下：

《本生经》	《五卷书》
第33《齐心协力本生》	第二卷主干故事
第38《苍鹭本生》	第一卷第六个故事
第44《蚊子本生》	第一卷第三十个故事
第73《箴言本生》	第一卷第九个故事
第98《奸商本生》	第一卷第二十六个故事
第114《中思鱼本生》	第一卷第十七个故事
第150《桑耆沃本生》	第五卷第三个故事
第189《狮子皮本生》	第四卷第七个故事
第191《罗睺迦本生》	第四卷第六个故事
第193《小莲华王本生》	第四卷第五个故事
第208《鳄鱼本生》	第四卷主干故事
第215《乌龟本生》	第一卷第十六个故事
第218《奸商本生》	第一卷第二十八个故事
第349《挑拨本生》	第一卷主干故事

---

① 里斯·戴维斯：《本生经》（伦敦，1880），导言。

  第 357《鹌鹑本生》   第一卷第十八个故事
  第 374《小弓术师本生》 第四卷第八个故事

  德国著名的印度学家本斐认为，《五卷书》的故事起源于佛教故事①。这种看法是片面的，过高估计了佛教的作用。应该说，《五卷书》是一部与《本生经》平行发展的婆罗门教的寓言故事集。在古代，寓言故事文学基本上是民众的口头创作，是他们的生活和斗争经验的形象总结。但是，寓言故事的编订权一般都掌握在文人手里，在古印度则是掌握在宗教僧侣手里。这样，在佛教系统，有《本生经》以及汉译佛经中保存的种种佛本生故事或其他的譬喻故事；在婆罗门教系统，除了《五卷书》外，还有《故事海》、《益世嘉言》、《鹦鹉故事集》、《宝座故事集》、《僵尸鬼故事集》等；在耆那教经典里，也收有许多寓言故事。各派教徒都擅长利用流传于民间的寓言故事，宣传各自的教义、各自的政治和道德理想。

  由上述《本生经》的故事格式即可想见：只要加上一个开头，说明佛陀在何地、针对何事说了这个故事，再加上一个结尾，指出这个故事中哪个正面角色是佛陀的前身，哪个反面角色是触犯戒律的比丘或佛陀的论敌，佛教徒便可以将任何一个民间故事编入《本生经》。按照佛教的说法，释迦牟尼在成为佛陀以前，只是一个菩萨，还跳不出轮回。他必须经过无数次的转生，在每次转生中行善积德，才能最后成佛。而且，在无数次转生中，既可以转生为人，转生为神，也可以转生为动物。这就很容易附会到任何一类民间故事上，不管是世俗故事、神话故事，还是动物故事。这一方面说明了《本生经》中的寓言故事的创作权并不完全属于佛教徒，另一方面也说明了为什么在印度各教派的寓言故事集里会有相同或类似的故事出现。

二 《本生经》的艺术特点

  我们一般将《本生经》称为寓言故事集，是就它的主要表现形式而

---

① 参阅 H. T. 弗朗西斯和 E. J. 托马斯《佛本是故事选》，剑桥大学出版社 1916 年版，序言。

言。实际上，《本生经》中除了寓言和故事外，还有神话传说、歌谣、叙事诗、笑话、谚语等，几乎囊括了民间文学的所有类别。在《本生经》写定之前，佛本生故事一直以口头的方式创作和传播，其宣讲对象又主要是文化程度不高的僧众和俗众，这就决定了它必然广泛吸收群众喜闻乐见的各种艺术形式。因此，《本生经》的艺术特点也基本上是民间文学的艺术特点，有别于古典作家精心创作的书面文学的艺术特点。

一、语言通俗。在古印度，巴利语相对梵语而言，本身就是一种地方俗语。我们从现存的印度古典梵语剧本看，剧中的上层人物的台词是梵语，而妇女和下层人物的台词却是俗语，足见梵语在古印度基本上是上层社会的语言。佛陀在世时，为了争取广大的中下层民众皈依佛教，他反对佛教徒们用"高雅的"梵语宣传教义。因而，原始佛教经典是用包括巴利语在内的各种方言俗语编撰和宣讲的，其中的佛本生故事尤其接近口语。而且，从《本生经》看，不仅故事的散文部分通俗易懂，偈颂诗部分也是如此。这些偈颂诗有的是总结性的，有的是叙事性的。总结性的偈颂诗往往只需要一、两首就行，夹在故事中间或末尾，起到撮述故事大意或点明主题的作用。叙事性的偈颂诗是故事叙述的组成部分，每组的数目就多一些，少至几首，多至几十首。尽管这些叙事性的偈颂诗篇幅较长，但由于语言晓畅，比喻朴素，而且常常采用重叠复沓、一唱三叹的手法，所以还是能一听就懂的。

二、结构定型。首先，如前所述，每个佛本生故事的五个组成部分已经程式化。其次，前生故事作为佛本生故事的主干部分，它的取材范围要比今生故事广泛得多，天上、人间、地狱、神仙、妖魔、人类、动物，无所不包，但无论故事的背景或角色是什么，也无论故事内容本身简单抑或复杂，其情节发展也是或显或隐遵循着一种固定的程式：先是交代菩萨从前在某地转生为某个人（或某个神、某个动物），然后讲述菩萨行善，菩萨的对立面人物作恶，结局是善战胜恶。

三、风格质朴、幽默。《本生经》故事大多是直陈其事，不加雕饰，所花费的唇舌以能讲清一个故事、说明一个道理为准。它们能吸引听众，主要依靠故事本身生动有趣或机智幽默。这在《本生经》的智者故事或笑话故事中表现得最为突出。例如，第240《大褐王本生》叙述波罗奈的暴君大褐王死去时，全城居民无不兴高采烈，唯有一个卫士哀叹哭泣。王子问他为何哭泣，是否受过大褐王的恩宠。卫士回答说，不是的，因为大褐王在世时，每次进出宫门都要揍他脑袋八拳头。他是怕大褐王到了阴间后，依然为所欲为，阴间里的人就会把他轰回来。这样，他的脑袋又要挨那八拳头了。这个笑话故事写得多么生动诙谐！① 又如，第148《豺本生》叙述一头豺出来觅食，看见一具象尸。它啃咬象尸各个部位都咬不动，最后咬到象的肛门"像松软的糕饼"，便从肛门那里吃起，一直吃进象肚。此后它快乐地住在象肚里，天天吃象的内脏和血。然而，夏季烈日暴晒，象尸干燥收缩，肛门处也紧闭住了。这头豺失去了出口，如同生活在黑暗的地狱中，恐惧万分。过了几天，天降大雨，象尸受潮膨胀，恢复原状。这头豺趁此机会，撞开象的肛门，逃了出来。虽然挤出肛门时，蹭掉了全身的毛，但它庆幸自己保住了性命，表示自己以后再也不贪心了。这则故事同样令人忍俊不禁。

《本生经》在艺术上的最主要贡献恐怕是提供了小说的雏型。按照现代的文艺理论，一般认为小说作为一种独立的叙事文学形式，它的基本前提是虚构，它的三个要素是人物、情节和环境。《本生经》中有不少故事基本上已经合乎这些要求。不过，我们仍然不能称它们为小说，因为它们明显具有口头文学或说唱文学的种种特点，不是现代意义上的小说。尽管如此，我们必须肯定这些故事在小说发展史上的重大意义，必须肯定佛教徒在提高故事文学的表现能力方面取得的可贵成就。这些故事开了现代小说的先河。在现代斯里兰卡著名作家马丁·维克拉玛辛格看来，甚至还开了西方现代主义小说的先河。他认为佛教徒们擅长精神分析，他们对于人类潜意识的发掘远比陀思妥耶夫斯基和弗洛伊德要早，诸如第89《骗子本生》、第39《难陀本生》等都是揭示潜意识的，第62《臊包本生》、第313《忍辱法本生》等都是表现虐待狂（Sadism）的②。

马丁·维克拉玛辛格的说法有无道理，姑且不论。我们倒是可以肯定地说，佛本生故事对于中国小说的发展确实起过促进作用。中国唐代曾经

---

① 俄国克雷洛夫寓言《出殡》与这个故事在表现手法上有点相似。
② 参阅马丁·维克拉玛辛格《佛本生故事与俄国小说》（科伦坡，1956）。

盛行一种韵散杂糅的民间说唱文学体裁——变文，就是在佛经故事文学的直接影响下产生的。现存的变文主要有演绎佛经故事和演绎非佛经故事两大类。在演绎佛经故事的变文中，《太子成道经》、《八相变》之类属于佛陀生平故事，而《身饲饿虎经变文》、《丑女缘起》、《四兽因缘》[①]之类属于佛本生故事。这些变文曾被历史的尘土湮没了千年之久，直至1899年才在敦煌千佛洞首次发现。我国著名的小说史家胡士莹先生说："在变文没有发现之前，话本、诸宫调、宝卷、弹词、鼓词之如何产生，我们简直搞不清楚。自从变文发现后，我们才在古代文学与近代文学之间得到了一个链锁。我们才知道宋元话本除了继承唐代市人小说及唐代传奇文的影响之外，还受到变文的很大的影响。"[②] 可以说，这种影响在明清乃至近代的章回体长篇小说中还依稀可辨，即在散文叙事中时常夹杂一些诗词歌赋。

三　故事比较

如果将《本生经》与希腊古代寓言集《伊索寓言》作比较，能发现两者有一些相同或类似的故事。我们可以将这些故事列表如下：

《本生经》	《伊索寓言》[③]
第30《摩尼克猪本生》	《小母牛和公牛》
第43《竹蛇本生》	《农夫与蛇》
第136《金天鹅本生》	《生金蛋的鹅》
第189《狮子皮本生》	《驴子与狐狸》
第204《勇健乌鸦本生》	《鹰与燕乌与牧羊人》
第215《乌龟本生》	《乌龟与鹰》
第270《猫头鹰本生》	《孔雀与燕乌》
第294《阎浮果本生》	《大鸦与狐狸》

---

① 《四兽因缘》的故事与《本生经》中的第37《鹧鸪本生》相同，只是前者的角色是四兽，即鸟、兔、猴、象，后者的角色是三兽，少了其中的兔。
② 胡士莹：《宛春杂著》，浙江人民出版社1981年版，第135页。
③ 《伊索寓言》，周启明译，人民文学出版社1963年版。

第 308《速疾鸟本生》	《狼与鹭鸶》
第 374《小弓术师本生》	《衔肉的狗》
第 383《公鸡本生》	《猫与鸡》、《狗与公鸡与狐狸》
第 426《豹本生》	《狼与小羊》

表上所列每对故事之间相似的程度不完全一样，有的情节和寓意都基本相同，有的情节类似而动物不同或寓意不同，但一般都能引起读者产生"似曾相识"的联想。《伊索寓言》故事除了与《本生经》有相似的，还有与其他佛经故事及《五卷书》有相似的，如《蛇的尾巴与其他部分》与汉译佛经《杂譬喻经》（姚秦鸠摩罗什译）第二十五"头尾争大"的故事相似；《狮子与狐狸与鹿》与《五卷书》第四卷第二个故事相似。西方的印度学家早在十九世纪就对此现象做过探索，有的认为希腊寓言起源于印度，有的认为印度寓言起源于希腊，尽管双方都未能提出足够的令人折服的论据，但这种探索还是有意义的。德国著名的印度学家温特尼茨说："当本斐在他的德译《五卷书》（1859）的划时代的导言中，以他的关于东方、西方语言及文学的可惊的知识，追踪《五卷书》在世界文学中的游行历史，他为此后称为'比较文学史'并且成为历史与文学研究的新部门的学问奠定了基础。"①

在我们看来，首先应该肯定，《本生经》和《伊索寓言》从总体上说，是古印度和古希腊各自的独立产物，其中相同或类似的故事只占很小的比例。而在这少量的相似的故事中，也有两种可能：一种仍然是各自独立的产物，另一种则是互相影响的产物。究竟哪些故事是互相影响的产物，而且是谁影响了谁，在没有获得可信的证据之前，我们只能暂时不下结论，但绝不贸然否定印度寓言故事与希腊寓言故事之间存在相互影响的关系，因为各民族寓言故事的互相影响是一种世界性的现象。例如，法国十七世纪拉封丹寓言诗中有许多故事显然来源于《伊索寓言》，也有少数

---

① 温特尼茨：《印度文学与世界文学》，金克木译，载《外国文学研究》1981 年第 2 期。

故事来源于《卡里来和笛木乃》①，这不仅因为故事产生年代的先后容易鉴别，而且作者本人也是公开承认的。同时，据西方学者的考证，不仅在拉封丹的寓言诗中，而且在薄伽丘的《十日谈》、斯特拉帕罗拉的《滑稽之夜》、乔叟的《坎特伯雷故事集》、格林兄弟童话中，都能找到印度故事的影子。

印度寓言故事对中国的影响比对西方的影响明显得多，这主要是因为佛教曾经传入中国，并在汉族和藏、蒙、傣等少数民族中得以普及。汉译以及藏译、蒙译、傣译佛典中均有丰富的印度寓言故事。这些寓言故事在中国各民族人民中广泛流传，已经不知不觉成为中国寓言故事的组成部分。试以我国近几年出版的三部寓言故事选为例：一、上海教育出版社出版的《寓言选》（1980）。全书分为"中国寓言"和"外国寓言"两大部分，而列入"中国寓言"部分中的《三层楼》、《挤牛奶》和《猴子和月亮》即是汉译佛经故事。二、上海人民出版社的《中国古代哲学寓言故事选》（1980），其中收入了《聪明的鸟师》②、《头尾争大》、《盲人摸象》、《吃煎麦的下场》③ 等十几个汉译佛经故事。三、上海文艺出版社出版的《中国动物故事集》（1978），其中的《"咕咚"》（藏族）、《猴子和青蛙》（藏族）、《绿豆雀和象》（傣族）、《螃蟹和鹭鸶》（傣族）都是《本生经》中的故事，即第322《哒哒本生》、第208《鳄鱼本生》、第357《鹌鹑本生》、第38《苍鹭本生》。《兔子报仇》（藏族）的故事虽然不见于《本生经》，但在《五卷书》中能找到。

上述这些中国故事的印度来源是比较容易辨别的，另外有些故事由于在各民族中都有悠久的历史，就很难断定谁受谁的影响了。钟敬文先生主编的《民间文学概论》中谈到在我国各民族广泛流传的一个故事："傣族的《召莫和西塔》的故事和汉族民间故事《聪明的国王》，情节几乎完全

---

① 《卡里来和笛木乃》是印度六世纪版本《五卷书》的古波斯语译本，八世纪转译成古叙利亚文，十一世纪转译成希腊文，十三世纪转译成希伯来文和拉丁文，此后又转译成西班牙文、德文、意大利文、法文和英文等。拉封丹读过此书的法译本。参阅里斯·戴维斯《本生经》（伦敦，1880），导言。

② 这个故事即《本生经》中第33《齐心协力本生》。

③ 这个故事即《本生经》中第30《摩尼克猪本生》。

一样。故事叙述的是魔鬼和善良的母亲争抢孩子，无法判断谁是孩子的亲生母亲。国王说，既然认不出来，那就把孩子锯成两半，各人一半。亲生母亲不忍孩子被锯，宁愿一半也不要了。于是聪明的国王判定这就是孩子的母亲，把孩子判给了她。而在藏族民间的传说中，是那囊王后想抢去金城公主生下的儿子赤松德赞，吐蕃王赤代珠丹叫人用石灰画一个圈，让两人各执孩子一手去拉，孩子跟谁去就是谁的。那囊王后就使劲拉，金城公主不忍孩子被拉坏，就放松了手，于是吐蕃王判明孩子是金城公主所生。这个故事，和元曲中的《包待制智勘灰阑记》，情节基本也相同。"①

实际上，这不仅是个在我国范围内广泛流传的故事，而且是个在世界范围内广泛流传的故事。钱锺书先生曾经追溯出这个故事的三个古老源头：一、我国东汉应劭《风俗通义》：颖川娣姒争儿，讼三年不决，丞相黄霸令卒抱儿，叱妇往取，"长妇抱儿甚急，儿大啼叫，弟妇恐害之，因乃放与，而心凄怆，长妇甚喜，霸曰：'此弟妇子也！'责问大妇乃伏"。二、元魏慧觉等译印度佛典《贤愚经·檀腻鞿品》第四六："二母人共诤一儿，诣王相言。时王明黠，以智权计。语二母言：'今唯一子，二母召之。听汝二人，各挽一手，谁能得者，即是其儿。'非其母者，于儿无慈，尽力顿牵，不恐伤损；所生母者，于儿慈深，随从爱护，不忍拽挽。王辨真伪。"三、圣经《旧约全书·列王记》：二妓争儿，所罗门王命左右取剑，曰："剖儿为两，各得半体。"一妓乞勿杀儿，己愿舍让；一妓言杀之为尚，无复争端。王遂判是非②。

在《本生经》第546《大隧道本生》中也有这个故事，其情节与《贤愚经·檀腻鞿品》第四六基本相同，只是细节多一些：点明这两个妇女，一个是孩子的生母，另一个是想吞吃这个孩子的女魔；同时，菩萨在地上画了一道线，将孩子放在中间，然后命令女魔拽住孩子的手，生母拽住孩子的脚，说道谁把孩子拉过线，孩子就是谁的。在元曲《包待制智勘灰阑记》中，在地上画一道线变成了在地上画一个石灰圈。现代德国戏剧家布莱希特的《高加索灰阑记》（1945）袭用了元曲《灰阑记》的这个细节。

---

① 钟敬文主编：《民间文学概论》，上海文艺出版社1981年版，第102—103页。
② 参阅钱锺书《管锥编》第三册，中华书局1979年版，第1000—1002页。

由此可见，尽管这个故事有多种源头，但在细节方面仍有交互雷同的现象，说明在流传过程中，依然存在着微妙的交互影响关系。

总之，各民族文学互相影响是世界文学史上的普遍现象。它不仅反映了各民族人民之间团结友好、互相学习的优良传统，而且确实是丰富和提高各民族文学的重要途径。因此，我们应该重视这门课题的研究，以利于促进各民族文学的互相交流，以利于提高本民族乃至全人类的文学水准。

（原载《外国文学研究集刊》第 5 辑，1982 年）

胜天的《牧童歌》

印度文学史家通常把十二世纪梵语抒情长诗《牧童歌》(Gītagovinda)的作者胜天称作"最后的古代诗人和最早的现代诗人"。所谓"最后的古代诗人",意思是在他之后,梵语古典文学彻底衰亡,梵语文学的生命力宣告终结;所谓"最早的现代诗人",意思是他开了中古新兴方言文学中虔诚诗歌的先河,几位杰出的毗湿奴教虔信诗人,如钱迪达斯(十四世纪)、维迪亚波蒂(十五世纪)、密拉·帕依(十六世纪)和苏尔达斯(十六世纪)等,都与他一脉相承。事实上,胜天已被印度毗湿奴教徒奉为"圣徒",他的《牧童歌》也成了毗湿奴教的"圣歌"。但是,如果我们对这部作品进行一番深入的考察,我们会发现,它首先是一部世俗作品,或者说,是宫廷诗人胜天创作的一部披着颂神外衣的艳情诗,由于历史的原因,才成为一部所谓的宗教作品,即毗湿奴教徒心目中的一部披着世俗外衣的"圣歌"。

一

《牧童歌》全诗分十二章,共有二百六十四节[①]。第一章《快乐的黑天》。头上四节开场白,说明本诗的主题是歌唱黑天和罗陀的爱情;接下去歌颂大神毗湿奴的十次化身下凡以及其他事迹;然后进入正题,描写沃林达森林春意盎然,众牧女与黑天调情取乐。第二章《无忧的黑天》。罗陀出于妒忌,离开黑天,向女友诉说自己的哀怨,回忆自己与黑天幽会的欢乐,请求女友去找来黑天。第三章《迷乱的黑天》。黑天撇下众牧女,

---

[①]《牧童歌》传本很多,诗节数目互有出入,本文依据的是 B. S. 密勒的校刊本(纽约,1971)。

寻找罗陀,由于找不到而忧伤悲叹,后悔自己不该冷落罗陀。第四章《欣慰的黑天》。罗陀的女友来到黑天身边,向黑天叙述罗陀焦灼的相思。第五章《渴望的黑天》。罗陀的女友遵照黑天的吩咐,回去向罗陀传达黑天的痛苦心情,约罗陀在叶本纳河边树林里幽会。第六章《懒散的黑天》。罗陀的女友报告黑天:罗陀相思成病,体力不支,不能赴约,热切地盼望黑天前去相会。第七章《狡猾的黑天》。罗陀焦急地等待女友带来黑天,结果见女友单身回来;她的眼前呈现一幅幅画面——黑天正在与其他牧女寻欢作乐。第八章《惊诧的黑天》。第二天早晨,黑天来到罗陀跟前,请求罗陀原谅,而罗陀痛斥黑天负情,赶走黑天。第九章《颓丧的黑天》。黑天走后,女友劝说罗陀不要过于骄傲,应该让黑天回来。第十章《机灵的黑天》。晚上,黑天来到罗陀跟前,极力赞美罗陀,向罗陀求情。第十一章《欢悦的黑天》。黑天安抚罗陀后,躺在凉亭的花床上等候罗陀;女友催促罗陀去与黑天合欢。第十二章《狂喜的黑天》。黑天与罗陀同享床笫之乐。

　　从这首诗的内容看,符合梵语古典文学中的艳情诗传统;全诗分成十二章,也符合梵语长诗的格式。而且,主题取材于神话传说,作品开头有颂神诗句,这在梵语古典文学中也是常见的。但是,很显然,胜天的《牧童歌》具有自身的独创性;正是这种独创性,使它在印度文学史上占据了永久的一页。

　　先谈内容的独创性。这首诗通篇描写黑天和罗陀的爱情。无疑,在胜天之前,作为大神毗湿奴的化身之一——黑天的形象,通过《摩诃婆罗多》,尤其通过《薄伽梵往世书》,在印度人民中间是家喻户晓的。但罗陀的形象却不见经传。尽管《摩诃婆罗多》和《薄伽梵往世书》里都描写了牧童黑天与牧女们的欢乐生活,但均未提到有罗陀这样一位牧女。只是在较后的梵语或俗语文学作品中,才有一些提到黑天和罗陀这对情侣的零星诗句。因此,可以说,《牧童歌》里的罗陀形象是胜天的独创。胜天笔下的罗陀,完全是个世俗女子,毫无一点神性。她热恋着黑天,因而看见黑天与其他牧女调情,便心生妒忌,离开黑天;然而身子离开,心儿离不开,陷入了相思的痛苦;通过女友从中斡旋,她与黑天重新约会,可是黑天让她苦苦等了一夜,才来相会;她断定黑天迷上了其他牧女,愤怒地责备道：

> 黑天啊！你的心肯定比你的皮肤还要黑，
> 你怎能欺骗一个受爱情之火煎熬的女子？
> 走吧，摩陀沃！走吧，盖瑟沃！别对我撒谎！
> 去找你的情人，黑天！她会解除你的忧伤！（8.7）

看来，罗陀是一位要求爱情专一的女性。尽管黑天是大神毗湿奴的化身，但他在爱情上的表现，也跟罗陀一样，完全是世俗的。在胜天的笔下，他是一位多情的风流公子。许多牧女追求他，他也喜欢与她们调情，但他最钟情的还是罗陀。他为了平息罗陀的愤怒，不惜拜倒在罗陀的脚下，诉说道：

> 你的莲花脚胜似莲花，它们迷住
> 我的心，是爱情欢乐的最高源泉，
> 请说吧，言语温柔的女郎！让我
> 用滋润明亮的颜料将它们涂染。（10.7）

> 你这双美妙的嫩芽脚能消除
> 爱情的毒药，请放在我头上！
> 情火似骄阳，在我体内焚烧，
> 请用你的脚，驱除这种伤痛！（10.8）

需要指出的是，《牧童歌》中表现的爱情与我们通常读到的中外爱情诗中表现的爱情是有明显区别的，也就是说，《牧童歌》中的爱情不是那种净化的情爱，而是直率的性爱。黑天和罗陀互相倾慕的主要是生理美以及性的艺术，所谓爱情的欢乐也就是性的欢乐。当然，这一点算不上是胜天的独创，因为在梵语古典诗歌中，存在一种直率地描写性爱的传统。迦梨陀娑的叙事诗《鸠摩罗出世》就是一例。不过，性爱在《鸠摩罗出世》中只是情节发展的组成部分，而不像《牧童歌》那样是全诗的主题。胜天的高超之处在于他能把这样一个简单的主题写得跌宕起伏，绚丽多彩，情人之间的热恋、妒忌、分离、相思、嗔怒、求情、和好、合欢……应有尽有，惟妙惟肖。德国大诗人歌德曾经读过这首诗的威廉·琼斯的英译本和达尔伯格的德译本，他在给席勒的一封信（1802年1月22日）中评论道："令我惊叹的是，通过极其多变的色调，一个极其简单的主题被表现得无有止境。"①

再谈形式的独创性。《牧童歌》的诗节分成吟诵的和歌唱的两类。吟诵的诗节运用古典梵语诗歌的韵律，而歌唱的诗节（也就是歌词）运用阿波布朗舍俗语和新兴方言诗歌的韵律。《牧童歌》中共有二十四组歌词，一般以八节歌词为一组，每组都标明曲调。试举其中最短的一组为例（歌词内容是女友向罗陀传达黑天的相思）：

> 第十歌（代瑟沃拉提调）
> 摩勒耶风吹拂，播送爱情，
> 鲜花盛开，撕裂离人的心，
> 朋友啊，那位戴野花环的人，
> 由于与你分离而抑郁烦闷。(5.2)
>
> 甚至那月亮，也能将他烧死，
> 爱情之箭命中，他颓丧哀泣。
> 朋友啊，那位戴野花环的人，
> 由于与你分离而抑郁烦闷。(5.3)
>
> 蜜蜂嘤嘤嗡嗡，他捂住双耳，
> 心中充满离愁，他夜夜悲戚。
> 朋友啊，那位戴野花环的人，

---

① 转引自 B. S. 密勒《牧童歌》序（纽约，1971）。这里附带提一下，歌德对达尔伯格根据威廉·琼斯的英译本转译的德译本不满意，甚至想根据英译本重译这首诗［参阅温特尼茨《印度文学史》（德里，1977），第3卷，第1册，第166页］。

由于与你分离而抑郁烦闷。(5.4)

抛弃快乐之家,定居在密林,
以地为床,辗转反侧呼你名。
朋友啊,那位戴野花环的人,
由于与你分离而抑郁烦闷。(5.5)

诗人胜天歌唱,展现离别相思,
愿诃利恩宠,跃现在恋人心里。
朋友啊,那位戴野花环的人,
由于与你分离而抑郁烦闷。(5.6)

歌词每节前两行押脚韵,最后一行(汉译因一行容纳不下,姑且分作两行)是重复的副歌。这样一种与民间歌唱艺术相结合的诗歌形式,在梵语古典文学中是前所未有的。梵语一向是印度古代上层社会的语言,梵语古典文学经历了四世纪到六世纪的"黄金时代"后,走上繁缛雕琢的形式主义道路,发展到十二世纪,已经完全僵化。而胜天却能独辟蹊径,从民间文化中吸取新鲜养料,真可谓绝处逢生。他不仅吸收民间歌唱艺术的长处,而且也吸收民间舞剧艺术的因素。全诗的主要角色是黑天、罗陀和罗陀的女友,二十四组歌词均由他们三人轮番对唱,形成全诗的核心部分,因此,这首诗完全能用作民间歌舞剧的脚本。事实也是如此,据1499年的一份奥里雅语铭文记载,国王普拉达波鲁德罗规定各地舞伎必须学会演唱《牧童歌》,在祭祀大神毗湿奴的节日上演。鉴于这种情况,现代西方有些评论家称《牧童歌》为"抒情剧"(拉森)、"田园剧"(琼斯)、"歌剧"(莱维)或"情节剧"(皮舍尔)。但是,如果我们依据《牧童歌》主要的和本质的艺术特点,最好还是称它是一部富于戏剧性和音乐性的长篇抒情诗。

《牧童歌》艺术上的成功表明,倘若梵语古典文学注意吸收民间文学营养,或许能挽救衰亡的命运,再度复兴的。可惜,历史不允许它认识到这一点了。十世纪末以来,印度不断遭到异族侵略。十二世纪末至十三世纪初，阿富汗廓尔王朝征服北印度，建立了时间长达三百余年的德里苏丹政权。阿富汗人带来的是伊斯兰教文化，宫廷语言是波斯语。既然梵语是印度教上层社会的语言，而梵语诗人一般都依附宫廷，随着印度各地旧王朝的相继覆灭，梵语文学也就失去了生存的根基，胜天也就历史地成为一位"最后的古代诗人"。异族能摧毁别国的庙堂文化，却难以摧毁别国的民众文化。印度各地新兴的方言具有深厚的群众基础和强大的生命力，它们取代梵语，担当起保存和发展印度民族传统文化的历史使命。

二

关于胜天的出生地点，在印度学者之间颇有争议。一般认为西孟加拉比尔菩姆地区的根杜利（Kenduli）就是《牧童歌》第三章中诗人自我介绍的出生地金杜比尔沃（Kindubilva）；它至今仍是一个重要的毗湿奴教朝圣地，每年举行纪念胜天的宗教集会。但是，在奥里萨的普里地区和密提罗的詹恰尔普尔地区也有叫做根杜利或根多利的村庄。这就使问题复杂化了，各地学者都著书立说，论证胜天是自己的同乡。我们没有资格和能力参与这种讨论，姑且采纳第一说，因为这一说还有一个比较有力的旁证。现存一部 1206 年编纂的梵语诗歌选《妙语悦耳甘露》，编者希利达罗陀娑是一位受孟加拉国王勒克什曼那森纳恩宠的学者兼诗人。这部诗选共收有二千多首梵语诗歌，大部分是孟加拉地区梵语诗人创作的。其中有胜天以及胜天在《牧童歌》里提到的四位诗人——乌摩波提达罗、舍罗纳、陀依和戈沃尔达纳的作品。标明胜天的作品共有三十一首，其中的五首选自《牧童歌》，其余的二十六首内容很广泛，多数是颂扬帝王治国和征战的业绩[1]。据有关铭文记载，勒克什曼那森纳"战胜过高达、迦摩缕波、羯陵迦和迦尸的国王。据说他在普里、贝拿勒斯和阿拉哈巴德设立了胜利柱"[2]。他在文化上，奖掖梵语文学；在宗教上，信奉毗湿奴神。他的一些铭文的开首都是"唵，唵，南无那罗延（毗湿奴的又一称呼）！"根据上

---

[1] S. K. 查特吉《胜天》（德里，1978）第 6 章中，载有这二十六首诗的全部原文。
[2] 辛哈·班纳吉：《印度通史》，中译本，商务印书馆 1964 年版，第 194 页。

述这些情况判断，胜天很可能是勒克什曼那森纳王朝的宫廷诗人。作为宫廷诗人的主要职责，无非是写赞美诗歌颂国王，写艳情诗取悦国王。从《妙语悦耳甘露》所选胜天的诗歌看，他写得最多的是为国王歌功颂德的应制诗，只是这方面的长篇原作没能流传下来；同时他也写艳情诗，其代表作即是《牧童歌》。既然国王信奉毗湿奴神，也就不难理解胜天巧发奇中，在颂扬毗湿奴神的名义下，创作了这首艳情长诗。

《牧童歌》问世后，恰好遇上毗湿奴教虔信运动蓬勃发展时期。这一运动是在十二世纪兴起的，创始人是南印度的罗摩奴阇，据说他曾经到达北印度奥里萨普里地区传教。罗摩奴阇奠定了"虔信"的理论基础，宣称毗湿奴是至高的存在，无所不能，无处不在，解脱的唯一道路就是崇拜他，献身于他。稍后的南印度毗湿奴教人师尼姆帕尔格引申和发展罗摩奴阇的理论，并确定虔信对象为毗湿奴的化身黑天。十三世纪的南印度毗湿奴教大师摩陀伐是吠檀多二元论的创始人，也强调虔信毗湿奴。十四世纪的罗摩难陀是从南印度迁到北印度的毗湿奴教大师，他强调虔信毗湿奴的化身罗摩，据说虔信诗人迦比尔是他的弟子。十五世纪的中印度毗湿奴教大师伐尔勒伯也强调虔信黑天。他把虔信者与大神的关系分作四种类型：奴仆型，犹如奴仆与主人的关系；朋友型，犹如众牧童与黑天的关系；父母型，犹如难陀和耶秀达（黑天的养父和养母）与黑天的关系；情人型，犹如众牧女，尤其是罗陀与黑天的关系。还有第五种沉静型，即六根清净的沉思类型，不过伐尔勒伯本人不赞赏这种类型。十六世纪活跃在孟加拉和奥里萨地区的毗湿奴教大师是贾伊登耶，他也强调虔信黑天，主张通过唱歌、跳舞和沉思的方式与黑天交流。

由此可见，毗湿奴教虔信运动是一项贯穿中古的宗教运动。它的产生也不是偶然的。首先从印度宗教发展史看，古代婆罗门教是一种脱离群众的上层宗教，因而当佛教兴起后，它立刻相形见绌。佛教同情民众苦难，反对种姓制度，得以在民间广泛流传，甚至取代婆罗门教成为国教。婆罗门教为了与佛教抗争，不得不学习佛教的长处，注意吸收民间信仰，以争取群众。这样，古婆罗门教渐渐演变成新婆罗门教，也就是我们现在通称的印度教。印度教主要崇拜毗湿奴和湿婆，因为通过通俗的史诗和往世书，群众最熟悉这两位大神的故事。专门崇拜毗湿奴的称毗湿奴教，专门崇拜湿婆的称为湿婆教。前面已经谈到，从十世纪末开始，阿富汗穆斯林不断入侵印度，于十二世纪末、十三世纪初征服北印度。穆斯林推行伊斯兰教，毁坏佛教和印度教寺庙。这样，佛教于十三世纪初在印度本土最终归于灭亡，而印度教却以南印度为基地，向北印度推进，与伊斯兰教抗衡，逐渐形成强大的印度教虔信运动。诚如毗湿奴教大师伐尔勒伯所说："在这伽利时代，伪善横行，一切正义之路堵塞，异教猖獗，唯有黑天是我的出路！非印度教徒已经包围一切圣地，致使圣地沾染罪恶，圣民满怀苦恼。在这样的时代，唯有黑天是我的出路！"①

这种虔信运动反映在文学上，便产生了一批虔信诗人，专门歌颂湿婆和毗湿奴，尤其是毗湿奴化身罗摩和黑天。虔信罗摩的著名诗人有杜勒西达斯等；虔信黑天的著名诗人有钱迪达斯、维迪亚波蒂、密拉·帕依和苏尔达斯等。据有关毗湿奴教大师贾伊登耶的传记记载，他特别喜爱胜天的《牧童歌》以及钱迪达斯和维迪亚波蒂的作品。在这样的宗教背景和文学潮流中，胜天的《牧童歌》在印度各地广为流传，模仿作层出不穷，形成一种叫做"歌诗"的虔信诗体，犹如迦梨陀娑《云使》的大量模仿作形成了一种叫做"信使诗"的抒情诗体。这些模仿《牧童歌》的"歌诗"，大多是赞颂黑天和罗陀的爱情，但也有一些赞颂罗摩和悉多或湿婆和雪山女神的爱情。十六世纪末的一位虔信诗人纳帕吉陀娑称颂"胜天是诗人中的皇帝，其他诗人都是诸侯；他的《牧童歌》辉映三界"②。

毗湿奴教徒把胜天列入他们的"圣徒"名单，并按照毗湿奴教的教义解释《牧童歌》。胜天的生平事迹不详，只能从《牧童歌》中知道他的父亲名叫波阇代沃，母亲名叫罗摩黛维，妻子名叫波德摩沃蒂。于是，毗湿奴教徒为他编造"圣徒传记"。这类传记无非是说胜天和波德摩沃蒂的降生和婚配是神的旨意，胜天创作《牧童歌》也得到神的帮助。按照毗湿奴教徒的解释，罗陀和众牧女对黑天的爱恋象征人类灵魂对大神毗湿奴的渴求。可是，在《牧童歌》里怎么会出现黑天拜倒在罗陀脚下的场面呢？毗湿奴教徒无法解释这一点。为此，他们在胜天的传记中杜撰了一个插曲，

---

① R. 巴兹：《伐尔勒伯虔信派》（法利达巴德，1976），第16页。
② S. K. 查特吉：《胜天》（德里，1978），第41页。

大意是说：胜天写到这里，怀疑自己是否亵渎大神，搁下笔，出去沐浴休息；就在这间歇，大神毗湿奴乔装胜天，进入他家，为他续笔。这算是一种什么解释呢？等于没有解释。其实，黑天拜倒在罗陀脚下这个场面，是《牧童歌》中一个比较突出的例证，说明这部长诗并不是后来意义上的虔信派圣典。印度著名的梵文学者 S. K. 代曾将胜天的《牧童歌》与虔信诗人黎拉修格的《黑天耳中甘露》作对比，说道："胜天确实竭力赞颂和崇拜黑天，但是，他的作品，至少在形式上和精神上，没有黎拉修格诗歌中那种强烈的虔诚个性的表现。""教派的解释损害和模糊对《牧童歌》的纯正文学性的正确鉴赏。"①S. K. 代的这一见解是深中肯綮的。

三

情歌变成圣歌，这种现象并非印度独有，在世界文学史能找到平行的例子。英国梵文学者 E. 阿诺德曾将他的《牧童歌》英译本题为《印度的雅歌》（伦敦，1875），这表明在西方读者眼中，《牧童歌》类似《圣经·旧约》中的《雅歌》。《旧约》原是上古时期处在亡国地位的以色列人，为了保持自己的民族文化，用希伯来文编纂的一部历史、宗教和文学总集，后来它不仅成为犹太教的圣经，而且与《新约》一起成为基督教的圣经。《雅歌》是《旧约》中的一卷，诗歌体，共分八章，描写男女之间热恋的心情。例如，诗中的男子唱道："我所爱的，你何其美好，何其可悦，使人欢畅喜乐。你的身量，好像棕树；你的两乳如同其上的果子，累累下垂。我说我要上这棕树，抓住枝子。愿你的两乳，好像葡萄累累下垂，你鼻子的气味香如苹果，你的口如上好的酒。"（第七章六—九节）诗中的女子唱道："求你将我放在你心上如印记，带在你臂上如戳记，因为爱情如死之坚强，嫉恨如阴间之残忍。……爱情，众水不能熄灭，大水也不能淹没。若有人拿家中所有的财宝要换爱情，就全被藐视。"（第八章六—七节）②任何一个不怀先入之见的读者都会判定这是情歌，然而犹太教和基

---

① S. K. 代：《梵语文学史》（加尔各答，1947），第 392 页。
② 引自《新旧约全书》汉译本（中华圣经会，1948）。

督教僧侣一向认为这是圣歌。他们所作的解释可分成预示说和隐喻说两类：前者认为它是描写所罗门和埃及公主结婚之事，预示上帝宠爱以色列民族或基督宠爱教会；后者认为它象征崇高的圣爱——男方隐喻上帝，女方隐喻以色列民族，或男方隐喻基督，女方隐喻教会。这样，《雅歌》蒙上神圣的灵光，人间的爱情也随之套上宗教的枷锁，成为伊甸园里的禁果。经过文艺复兴时代，直至十九世纪，西方不少学者还认为《雅歌》中的爱情是大胆的和热烈的，为世俗所不允。在这种观念影响下，E. 阿诺德在翻译《牧童歌》时畏首畏尾，因为《牧童歌》中的爱情比《雅歌》更大胆，更热烈。他的译笔尽量减却原作的热度，甚至完全删掉原作的最后一章。他还将译本题为《印度的雅歌》，给它披上一件宗教外衣，似乎不这样，不能登上大雅之堂。或许可以说，这是人间躲躲闪闪的恋爱或鬼鬼祟祟的偷情在文学翻译中的反映。

我国《诗经》中的《国风》也有与《雅歌》类似的遭遇。《国风》中爱情诗占很大比重，而且多数写得健康、纯真、热烈、大胆。孔子在世时，并不否认这些作品是爱情诗，只不过按照他自己的伦理标准，欣赏《关雎》一类的乐曲（《论语·八佾》："《关雎》乐而不淫，哀而不伤"），而摒弃《郑风》一类的乐曲（《论语·卫灵公》："放郑声，远佞人。郑声淫，佞人殆"）。《诗经》原来通称为《诗》或《诗三百》，是孔子教授学生的课本之一。孔子死后，儒家成为显学，因此在战国后期，《诗》连同孔子的其他五种教本一起被尊为"六经"（《庄子·天运》："丘治诗书礼乐易春秋六经"）。后来，汉武帝"罢黜百家，独尊儒术"，为"五经"（《乐》已亡佚）设立博士，从此经学大盛。汉代儒生按照封建礼教的需要注经，以追求功名利禄。这就以《诗经》中的《国风》带来了厄运。通过他们的训诂笺注，《国风》中的爱情诗都变成了"政治诗"或"伦理诗"。他们脱离诗歌本义，穿凿附会。例如：《召南·野有死麕》描写猎人与少女的大胆爱情："野有死麕，白茅包之，有女怀春，吉士诱之。林有朴樕，野有死鹿，白茅纯束，有女如玉。舒而脱脱兮，无感我帨兮，无使尨也吠。"而《毛诗序》曲解成："恶无礼也。强暴相陵，遂成淫风。被文王之化，虽当乱世，犹恶无礼也。"《郑风·狡童》描写女子失恋的痛苦："彼狡童兮，不与我言兮，维子之故，使我不能餐兮。彼狡童兮，不与我食兮，维子之故，使我不能息兮。"而《毛诗序》曲解成："刺忽也，不能与贤人图事，权臣擅命也。"如此等等，不胜枚举。尽管毛郑派的这种曲解在经学领域统治了数百年，但后来终于有人开始表示异议。宋代大儒朱熹在《诗集传》中，还《国风》中的许多爱情诗以本来面目，指出"郑卫之乐，皆为淫声"。当然，他是从卫道立场出发的，认为孔子没有删去这些"淫奔之诗"是为了留作鉴戒："诗可以观，岂不信哉！"这样，毛郑派给《国风》中的爱情诗披上儒教外衣，以曲解的方式否定这些爱情诗，而朱熹扯去毛郑派披上的儒教外衣，以揭露的方式否定这些爱情诗。朱熹的三传弟子王柏则更干脆，在《诗疑》中提出删去《诗经》里面《野有死麕》、《狡童》等三十二首"淫诗"。无独有偶，在犹太教历史上，也曾有拉比提出将《雅歌》从《圣经》中删去。但是，东西方道学家的这种删诗主张都未能实现，因为在统治阶级看来，删诗有损于经典的权威性，后果不佳，正如清人皮锡瑞所说："始于疑经，渐至非圣。"（《经学历史》）

在印度，倒不存在这种"删诗"问题。艳情诗在梵语古典诗歌中占有一定的地位，阿摩卢的《百咏》和伐致诃利《艳情百咏》即是这方面的代表作。即使不以爱情为主题的一些诗歌，也常常掺杂有艳情描写，如迦梨陀娑的《鸠摩罗出世》和婆罗维的《野人和阿周那》等，而且这些艳情描写的对象常常是印度教信奉的大神。印度教徒习以为常，不以为怪。甚至摒弃七情六欲的佛教徒，他们的文学作品也不完全排斥艳情描写，如马鸣的《佛所行赞》和《美难陀传》。在这一点上，印度文化传统显然与犹太教、基督教以及我国儒教文化传统不同。因此，我国古代高僧在翻译《佛所行赞》时，也像 E. 阿诺德翻译《牧童歌》那样，采取了冲淡或删节的方法。

尽管印度教允许爱情诗存在，但其中仍有披着宗教外衣的爱情诗和披着爱情外衣的宗教诗之区别，这是本文通过胜天的《牧童歌》想要辨明的。

（原载《印度文学研究集刊》第 1 辑，1984 年）

古印度故事的框架结构

古印度文化源远流长，丰富发达，但产生过重大世界影响的主要是佛教和寓言故事这两项。佛教传遍亚洲广大地区，而寓言故事（包括佛教寓言故事）几乎周游全世界。近代西方学者最初发现古印度寓言故事宝藏，并回过头来发现西方许多寓言故事中有印度寓言故事的影子，惊诧不已，情不自禁地赞叹印度是世界寓言故事的发源地。这当然是一时的热烈称颂，不是周密的科学论断，但其中包含着部分真理，即古印度故事文学确实产生过世界影响。

古印度故事文学的世界影响主要表现在故事母题（motif）和故事结构两方面。本文试图集中探讨一下古印度故事的结构问题，分作三部分：一、古印度故事框架结构及其来源；二、古印度故事框架结构与古印度长篇小说的产生；三、古印度故事框架结构对世界故事文学的影响。

一

古印度故事集很多，其中最著名的有《本生经》、《五卷书》、《故事海》、《僵尸鬼故事二十五则》、《宝座故事三十二则》、《鹦鹉故事七十则》等。这些故事集在文体上大多是散文与诗歌相结合，而在结构上大多是大故事里套小故事。请看：

《五卷书》全书的主干故事是一位婆罗门老师采用讲故事的方式，在六个月内把"修身处世的统治论"教给三个王子。他讲的故事分作五卷——《绝交篇》、《结交篇》、《鸦枭篇》、《得而复失篇》和《不思而行篇》,每一卷又有各自的主干故事和套在主干故事里的小故事①。

《故事海》是一部比《五卷书》规模更大的故事集,分作十八卷一百二十四章。全书以优填王父子的故事为主干,插入许多中、小故事,总共有三百五十多个。

《僵尸鬼故事二十五则》讲述一个修道人每天送给国王一颗内藏宝石的果子,国王询问修道人送礼的原因。修道人说他正在修炼魔法,需要一具死尸,希望国王帮他搬运。国王答应修道人的请求,夜间到达火葬场,搬运吊在远处树上的一具死尸。当国王背着死尸往回走时,附在死尸身上的僵尸鬼就给国王讲故事,在故事结尾,向国王提出一个难以回答的问题,聪明的国王作出巧妙的回答。可是,国王一开口说话,就打破了搬尸时必须沉默不语的条件,死尸立刻返回树上。这样,一连反复二十四次,僵尸鬼讲了二十四个故事。最后,僵尸鬼告诉国王,那个妖道企图借此机会谋害国王,并教给国王杀死妖道的计策。

《宝座故事三十二则》讲述波阇王发掘出已故健日王的一个宝座,当他想要坐上去时,宝座上的三十二尊女性雕像,一个接一个讲述当年健日王的高贵品质和英雄事迹,问他具备不具备健日王那样的功德。这样,总共讲了三十二个故事。

《鹦鹉故事七十则》讲述一个青年出外经商,委托家里的一对鸟——乌鸦和鹦鹉照看他的妻子。没过几天,这女子就耐不住寂寞,准备出去寻找情人。乌鸦当即责备她,结果差点被她掐死;而鹦鹉巧妙地采用讲故事的方法,吸引她留在家里。这样,一连讲了七十夜,直至她的丈夫归来。

《本生经》与以上故事集的结构略有不同。它共有五百四十七个故事,每个故事讲述佛陀的一次转生,没有统一全书的主干故事。但是,在这些互相平行的故事中,有不少篇幅较长的故事也采用大故事里套小故事的结构。

由此可见,这种大故事里套小故事的结构是古印度故事文学带有普遍性的特点。虽然古希腊罗马和中国古代故事文学中也有类似结构,如鲁齐乌斯的《变形记》(又名《金驴记》)和王度的《古镜记》,但并不普遍。

---

① 《五卷书》有季羡林先生的中译本,人民文学出版社1959年版,可参阅。

这种故事结构，按照西方批评术语，即是框架式（英文 Frame，德文 Rahmenerzählung）或连串插入式（英文 Intercalation，德文 Einschachtelung）结构。在西方故事文学中，薄伽丘的《十日谈》和乔叟的《坎特伯雷故事集》堪称这种框架结构的典范，但它们是欧洲文艺复兴时期的作品，属于"后起之秀"。

古印度故事的框架结构不是偶然产生的文学现象，它导源于古印度两大史诗《摩诃婆罗多》和《罗摩衍那》。

《摩诃婆罗多》全诗约有十万颂，主题是俱卢族和般度族为争夺王权发生一系列矛盾冲突，最后导致大战，以俱卢族覆灭告终。这部规模宏大的史诗的表述方式是这样的：史诗开头，出现一位名叫厉声的歌手。他在一座森林里遇见一群仙人。在交谈中，他说到自己在一位王仙举行的蛇祭上，听了毗耶娑仙人（《摩诃婆罗多》的作者）的徒弟护民子吟唱的全本《摩诃婆罗多》。众仙人请求他把听来的《摩诃婆罗多》讲一遍。于是，他先介绍《摩诃婆罗多》的梗概，同时插入其他一些故事，说明蛇祭的由来。然后，开始复述护民子吟唱的全本《摩诃婆罗多》。也就是说，史诗在厉声叙述的故事框架中，装入了护民子叙述的故事，而护民子叙述的故事框架中，又装入史诗人物的互相对话，对话一方的叙述中又可以装入其他人物的互相对话。这种一层套一层的布局，读者稍不留神，就会失去主线，仿佛进入了迷宫。其实，进入迷宫也无妨，里面有许多独立成章的插话（Upākhyāna）可供欣赏。史诗人物为了说明道理，常常引故事为证，一说就是一大篇。《摩诃婆罗多》里这样的插话约有两百个左右，而且，不仅有神话、传说、寓言故事之类文学插话，还有宗教哲学插话。《摩诃婆罗多》最早被翻译介绍到西方的也是这些插话，如《薄伽梵歌》（1785）、《沙恭达罗》（1794）、《那罗传》（1819）、《莎维德丽传》（1829）等。

《罗摩衍那》全诗约有两万颂，叙述王子罗摩及其妻子悉多的悲欢离合。它的内容尽管不像《摩诃婆罗多》那样枝蔓庞杂，但同样是大故事里套小故事的叙事结构。

在古印度，上至王公贵族，下至平民百姓，两大史诗的故事尽人皆知，因而古印度人完全习惯这种叙事结构。从印度文学发展的历史看，这两大史诗的产生年代早于现存的各种寓言故事集。例如，《本生经》是印度最古老的故事集之一，里面就能找到两大史诗中的插话故事，如第461《十车王本生》、第523《阿兰波莎本生》、第536《鸠那罗本生》、第7《捡柴女本生》等。这说明编撰佛本生故事的佛教徒是知道两大史诗的，他们不仅袭取史诗内容，而且在部分佛本生故事中也运用史诗的框架式叙事结构。佛教曾在古印度广泛流布，甚至一度压倒婆罗门教，因而在普及这种故事结构方面，《本生经》所起的作用不亚于两大史诗。在《本生经》之后出现的各种古印度故事集，几乎成了一条定律，都采用框架结构。

二

我们一般认为，故事是小说的先驱，但故事和小说这两个概念有时很难严格区分。例如，我国明代三言二拍、宋元话本、唐代传奇乃至魏晋志怪，我们都称为小说；西方的《十日谈》和《坎特伯雷故事集》，我们有时称为短篇小说，有时称为故事；而东方的《五卷书》和《一千零一夜》等，我们都称为故事。其实，如果我们大家能共同确认这一条：除了纯属口头流传的民间故事，一切以书面形式创作（包括在民间故事基础上进行艺术加工）的故事，都可以称为小说，那么，《十日谈》、《坎特伯雷故事集》以及许多东方故事集就可以一律称为短篇小说，或者加上限制语，称为古典短篇小说，以区别于现代短篇小说。

无疑，长篇小说是在短篇小说（或故事）的基础上产生的。尽管如此，世界各地长篇小说的艺术渊源仍有所不同。西方许多国家除了有世俗故事的渊源，还有英雄史诗的渊源，最典型的例子是英国小说鼻祖费尔丁把自己的长篇小说称作"散文体的滑稽史诗"。中国古代缺乏史诗，则由寓言、志怪、传奇、话本循序发展到明清章回长篇小说。印度的情况与西方相似，但长篇小说的产生时间远远早于西方许多国家，即公元六、七世纪。这有两方面的原因：首先，从社会经济发展状况看，印度封建社会起步较早，到了六、七世纪，也就是玄奘在《大唐西域记》中记述的时代，已经处在"封建社会高度发展的阶段"①，商业发达，城市繁荣，为长篇小说的产生和流通提供了必要的社会生活基础。其次，从文学形式发展状况看，故事文学已经经历了近千年历史，积累了大量作品，除了巴利语《本生经》、梵语《五卷书》等等，还有一部失传的俗语故事集《伟大的故事》，全书有十万颂，现存的《故事海》是它的梵语改写本，篇幅只及原书的五分之一。故事艺术技巧日趋成熟，故事容量日益扩大，尤其是框架结构已经定型，为长篇小说体裁的形成提供了一条"捷径"。

框架或主干故事，跟我们通常在分析长篇小说时所说的主要情节或故事主线，基本上是一个意思。那么，同样具备框架或主干故事，故事集和长篇小说的区别何在呢？区别在于框架中的故事与框架本身，也就是小故事与主干故事的结合程度。故事集中的结合是偶然的和松散的，而长篇小说中的结合是有机的和紧密的。这种评判标准或许不易掌握，但其中有一条是关键的，即故事集中的小故事的主人公与主干故事中的主人公通常是不一致的，而长篇小说通常是一致的。例如，《五卷书》主干故事的主人公是婆罗门老师和三个王子，随着故事展开，第一卷的主人公是两个豺狼，第二卷是乌鸦、老鼠、乌龟和鹿，第三卷是乌鸦和猫头鹰，第四卷是海怪和猴子，第五卷是商人；同时，穿插在这五卷中的许多小故事，又有各自的主人公。而西方近代长篇小说开山作《堂吉诃德》的主人公自始至终是堂吉诃德和桑丘。塞万提斯曾经在第一部里插入一个占了三章篇幅的《何必追根究底》的故事，但在第二部分中否定了这种做法："穿插那篇《何必追根究底》的故事是个毛病；不是情节不好，或讲法不好，只是穿插得不合适，和堂吉诃德先生的一生不相干。"② 这段话无意中道出了长篇小说结构的一条重要准则。

古印度故事集只要跨出这一步，即做到框架故事主人公与框架中的故事主人公一致，就能转化为长篇小说。公元六、七世纪的檀丁、苏般度和波那率先跨出了这一步。

---

① 季羡林：《玄奘与〈大唐西域记〉》，《中印文化关系史论文集》，生活·读书·新知三联书店1982年版，第229页。

② 塞万提斯：《堂吉诃德》下册，杨绛译，人民文学出版社1978年版，第28页。

檀丁的《十王子传》叙述摩揭陀国王在战争中失利，避入文底耶山森林。在森林里，王后生了个儿子名叫王乘；跟随国王的四位大臣也各得一子。后来，国王又收留了外面陆续送来的五个男孩。这样，合起来共有十位王子。这群王子在森林里长大成人后，国王派他们出去征服世界。最初，他们十人同行。中途，一个婆罗门偷偷将太子王乘领走，从地道进入波陀罗城，帮助他做了那里的国王。其余九个王子四处游荡，寻找太子。最终，他们先后在优禅尼城和占婆城与太子重逢，各人讲述自己的奇遇。讲完后随同太子出发，重返摩揭陀，击败仇敌，收复失国。全书的框架故事可以称作"十王子复国记"，框架中的故事可以称作"十王子奇遇记"。从表面看，后者占据全书的主要篇幅，又是分述十王子的奇遇，因而这部书类乎故事集。但是，关键在于框架故事主人公与框架中的故事主人公是一致的，因而应该说是一部长篇小说，哪怕把它说成是一部主角众多、结构松散的长篇小说。

相形之下，苏般度的《仙赐传》的情节和人物比较集中。它叙述一位王子出去寻找一位梦中的少女。途中，在一棵树下过夜，从树上一对鹦鹉的谈话，得知这位少女是花城的公主仙赐。王子赶到花城，与仙赐相会。仙赐违抗父命，跟随王子私奔。在出逃途中休息时，仙赐去林中采集果子，遭到一个苦行者诅咒，变成石像；王子醒来，发现仙赐失踪，四处寻找，差点投海自尽。最后，他找到石像，在拥抱之下，仙赐复活。这部小说文字繁缛靡丽，堆砌臃肿，但故事结构不枝不蔓，浑然一体，只有鹦鹉介绍仙赐情况那部分令人想起大故事里套小故事的格局。不过，这部作品从篇幅及其反映的生活广度来说，只能算是一部中篇小说。

或许，波那的《迦丹波利》是一部典型的印度框架式结构长篇小说。檀丁和苏般度的生平年代，由于缺乏可靠的史料，只能笼统地说是六、七世纪，而波那的生平年代可以肯定地说是七世纪上半叶，因为在他的另一部传记作品《戒日王传》开头部分的自述中，提到自己曾经蒙受戒日王[①]的恩宠。《迦丹波利》叙述太白和白莲、迦丹波利和月环两对恋人的三世

---

① 戒日王，公元606—648年在位。玄奘就是在戒日王在位期间访问印度的，《大唐西域记》卷五记载了戒日王的一些事迹。

姻缘，情节曲折离奇，人物纷繁复杂。为了节省本文篇幅，这里故事主体内容从略①，只剖视这部小说的叙事结构：一位贱民女子献给国王首陀罗迦一只鹦鹉。这只鹦鹉向国王讲述自己的出生历史。在鹦鹉的自述中，套入修道仙人讲述鹦鹉的前生故事。在鹦鹉的前生故事中，套入太白和白莲、迦丹波利和月环两对恋人生生死死相爱的故事。最后，贱民女子（实际是吉祥天女）点明鹦鹉是白莲再生，国王首陀罗迦是月环再生，造成爱情悲剧的诅咒威力此时获得解除，白莲和月环恢复原形，两对有情人终成眷属。这部小说不仅巧妙地（虽然有些过分）运用了印度史诗和寓言故事集的框架式结构，而且着意人物刻画和环境描写，代表了印度古代小说艺术的最高成就。因此，"在一些印度地方语言中，'迦丹波利'已经成为'小说'的同义词"②。

对于长篇小说来说，这种框架式结构的优点是容量大，大框架里套中框架，中框架里套小框架，小框架里套小小框架……从数学上说，可以达到"无限小"；但缺点也是明显的：一种情况是枝权蔓衍，喧宾夺主，如《十王子传》；另一种情况是枝权纠缠，脉络难寻，如《迦丹波利》。鉴于这种弊病，印度国内外近代长篇小说一般都不采用这种叙事结构。我国十七世纪西周生③辑著的长篇小说《醒世姻缘传》写的是一个两世姻缘故事，在构思上与《迦丹波利》有相似之处，只是前者的主题是前世怨忿后世报，后者的主题是前世恩爱后世结。尽管两者同样是基于轮回转生思想的隔世姻缘故事，叙事结构却迥然相异。这说明《迦丹波利》的框架式结构是古印度文学传统的特殊产物，是古印度故事文学向长篇小说过渡的特殊途径。

三

古印度长篇小说并未产生重大世界影响，古印度寓言故事集则不然。

---

① 读者如有兴趣，可参阅《外国文学作品提要》第2册，上海文艺出版社1981年版，第1012—1016页。

② V. S. 纳罗沃奈：《古印度三部长篇小说》（新德里，1982），引言，第12页。

③ 一般认为西周生就是《聊斋志异》的作者蒲松龄（见孙楷第《中国通俗小说书目》，人民文学出版社1982年版，第238—239页），但未成定论。

最突出的一个例子是《五卷书》通过《卡里来和笛木乃》①周游世界。

早在公元六世纪，波斯一位名叫白尔才的医生奉国王艾努·施尔旺（531—579 年在位）之命，将《五卷书》译成巴列维语（中古波斯语）。这个巴列维语已经失传，但根据这个译本转译的六世纪下半叶的古叙利亚语译本（残本）和八世纪中叶的阿拉伯语译本得以留存。这三种译本的书名都叫做《卡里来和笛木乃》。卡里来（Kalila）和笛木乃（Dimna）是《五卷书》第一卷中两个豺狼主人公名字——迦罗吒迦（Karaṭaka）和达摩那迦（Dhamanaka）的大致对应的音译。这个书名究竟是白尔才按照梵语原本翻译的，还是他擅自创制的，难以查实。同时，《卡里来和笛木乃》的内容与现存《五卷书》相比，有所增删，这究竟是白尔才依据某种失传的版本，还是他自由改编，也难以查实。因为《五卷书》传本确实很多，现存较早的一个版本的书名就不是《五卷书》（Pañcatantra），而是《故事集》（Tantrākhyāyikā）；另一个较晚的《五卷书》改写本（故事内容也有所增删），书名叫《益世嘉言》（Hitopadeśa）。

此后，通过八世纪中叶的这个阿拉伯语译本辗转译成希腊语（十一世纪）、希伯来语（十二世纪）、拉丁语（十三世纪）、德语（十五世纪）、西班牙语（十五世纪）、意大利语（十六世纪）、法语（十六世纪）、英语（十六世纪）以及土耳其语、马来语等等几十种东西方语言。十九世纪的一位德译者沃尔夫曾说："其译成世界语言之多，恐怕仅次于《圣经》。"②

除了《五卷书》，还有其他一些印度寓言故事也在世界上得到广泛流传。在这样的文化交流背景下，古印度故事及其框架结构对世界故事文学产生深远影响，是十分自然的。

阿拉伯故事集《一千零一夜》（约十六世纪形成目前的规模）是世界公认的框架结构典型。现在，学者们一般认为，《一千零一夜》中的故事有三个来源：古波斯故事集《赫左尔·艾夫萨乃》、伊拉克阿巴斯王朝时期故事和埃及麦马立克王朝时期故事。《赫左尔·艾夫萨乃》（Hazár Afsána，即《一千个故事》）原本已经失传，十世纪阿拉伯作家艾布·叶

---

① 此书中译本，林兴华译，人民文学出版社 1957 年版。
② 温特尼茨：《印度文学史》（德里，1977），第 3 卷，第 1 册，第 366 页。

古伯（Abú Ya'kúb）在他编纂的一部阿拉伯文学分类目录中记载说，这部译自波斯语的故事集是讲一个国王娶了一个聪明机智的贵族少女，名叫山鲁佐德。她每夜给国王讲故事，直到国王打断她，叫她第二天继续讲。这样，讲了一千夜，国王爱上这个少女，免她一死①。这就是现在的《一千零一夜》框架故事的原型。耐人寻味的是，现存十一世纪一部印度耆那教注疏作品中，也有一个与此类似的框架故事：一个名叫格纳耶孟迦莉的王后，为了赢得国王宠爱，每夜睡前吩咐她的女仆开讲一个故事，第二天晚上由她继续讲下去。这样，在六个月里，国王没有亲近其他王妃，夜夜与格纳耶孟迦莉共枕②。但是，这部耆那教作品年代晚于《赫左尔·艾夫萨乃》，因而很难据此断定这个古波斯故事源自印度。另外，有部当代印度学著作③提及南印度一部泰米尔语《五卷书》抄本（收藏在坦焦尔的萨罗希沃蒂·摩诃尔图书馆）的框架故事，也与《一千零一夜》相似。现将这位印度学家提供的故事梗概迻译如下：

有个国王，名叫阿耶沃耶·波楞（Ayavariya Palan）。他看见宰相离开宫庭去参加他的儿子的结婚仪式。宰相回来后，国王宣布自己每天要娶一个少女，命令宰相照办。于是，宰相每天寻找一位匹配国王的美丽少女。一天，他找不到少女，绝望地回到家中，昏厥过去。他的女儿丹杜露（Tanturu）将他唤醒，表示自愿嫁与国王。入夜，国王上床后，丹杜露请女仆讲个故事消遣。女仆不会讲，丹杜露就讲故事给女仆听，每夜一个故事，讲了一年。国王在一旁倾听，迷上这些故事，通知宰相推迟未来的婚事安排。一年终了，天上传来话音，吩咐国王立丹杜露为王后，与她一同治理王国。

可惜，这位印度学家没有说明这个抄本的年代。至此，我们只能说，《一千零一夜》的框架故事源自《赫左尔·艾夫萨乃》，而《赫左尔·艾夫萨乃》的框架故事可能源自印度，也可能是波斯人的创造。当然，即使是波斯人的创造，也只是指框架故事内容，而不是指框架结构本身，因为

---

① 参阅 H. H. 威尔逊《印度小说》（德里，1979），第 140 页。
② 参阅温特尼茨《印度文学史》（德里，1977），第 3 卷，第 1 册，第 422—423 页。
③ G. T. 阿道勒：《爱神的旗帜及其他》（孟买，1977），第 21 页。

后者早在公元六世纪，通过《卡里来和笛木乃》传入波斯。

跟古印度故事集一样，《一千零一夜》框架故事中的故事，也就是山鲁佐德每夜讲的故事，有些也具备独立的框架结构。例如，其中有个著名的"辛德巴德"故事①，讲述古时候有个国王老年得子，爱若掌上明珠。他委托一位名叫辛德巴德的哲人培养太子。太子长大后，文武双全。一天，国王的一个妃子勾引太子，太子断然拒绝。妃子恼羞成怒，在国王面前反噬太子。国王偏听偏信，下令处死太子。七位大臣决定援救太子，一个接一个前去向国王讲述有关女人施展阴谋诡计的故事，而妃子一次又一次向国王讲述有关男人施展阴谋诡计的故事，双方展开了一场"故事战"，国王夹在中间左右摇摆。最后，七位大臣获胜，太子得救，妃子受惩。

这个故事的印度来源比较肯定：十世纪阿拉伯作家马斯欧迪（Masúdi）在他的百科全书残本《黄金草原》中，说到有个名叫辛德巴德的印度哲学家，著有一部题为《七位大臣、教师、青年和王妃的故事》的书，即《辛德巴德之书》（Kitābel Sindbād）②。虽然《辛德巴德之书》的印度原本已经失传，但其中的一些故事能从印度现存其他故事集中找到蛛丝马迹，如框架故事与《本生经》第 472 则故事相似，框架中的《商人夫妇故事》、《廉洁者和项珠的故事》和《女人和五个追求者的故事》分别与《本生经》第 198 则、第 92 则和《故事海》第一卷第四章的故事相似。

这部《辛德巴德之书》不仅有阿拉伯语传本，并收在《一千零一夜》中，它还有波斯语（Sindibād）、叙利亚语（Sindban）、希伯来语（Sindbar）和希腊语（Syntipas）以及通常称作《七贤人》的其他欧洲语言传本，因而与《卡里来和笛木乃》一样，是印度故事周游世界的又一实例。

综上所述，以《卡里来和笛木乃》和《辛德巴德》这类故事为媒介，古印度故事框架结构直接或间接地影响了波斯故事、阿拉伯故事和西方故

---

① 即纳训的中译本《一千零一夜》（人民文学出版社 1977 年版）第三册中的《国王太子和将相妃嫔的故事》和伯顿的英译本（Limited Edition）第六卷中的《女人的诡计或国王、太子、妃子和七位大臣的故事》，但后者包含的故事要比前者多一些。

② 参阅 H. H. 威尔逊《印度小说》（德里，1979），第 130—131 页。

事，或者说，古印度故事开了世界故事文学中框架结构的先河。至于这个结论能否成为定论，还有待研究波斯文学、阿拉伯文学和西方文学的同行们共同验证。

（原载《外国文学研究集刊》第 8 辑，1984 年）

印度古代神话发达的原因

纵观世界各民族古代神话文献，印度堪称是最丰富的。在印度古代神话中，占据正统地位的是婆罗门教（后来发展成印度教）神话，包括：一、吠陀神话，主要保存在印度上古诗集《梨俱吠陀》、《夜柔吠陀》、《娑摩吠陀》和《阿达婆吠陀》以及各种梵书、森林书和奥义书中。二、史诗和往世书神话，主要保存在印度两大史诗《摩诃婆罗多》和《罗摩衍那》以及一批以往世书命名的神话传说集中。居于非正统地位的佛教和耆那教神话，也分别保存在各自的宗教典籍中。我们在这里不必一一罗列各种文献的篇幅，只要举出其中的史诗和往世书，就足以说明印度古代神话文献的丰富程度。《摩诃婆罗多》和《罗摩衍那》，按照传统的旧抄本计算，前者约有十万颂（一颂通常由四音步、三十二音节组成），后者约有两万四千颂；按照现代的精校本计算，前者约有八万颂，后者约有两万颂。这样，印度两大史诗的篇幅总量相当于希腊两大史诗《伊利亚特》和《奥德赛》的十倍或八倍。然而，印度两大史诗的篇幅总量还远远比不上往世书。印度往世书很多，一般按传统分成大小往世书各十八部，而其中《毗湿奴往世书》、《薄伽梵往世书》等十八部大往世书的篇幅总量就已达到四十万颂，相当于印度两大史诗的三、四倍。

面对浩如烟海的印度神话文献，不仅令人兴叹，也令人思索：印度古代神话如此发达，原因何在？最近，我读了一些我国学者研究和介绍中国古代神话的著作，如鲁迅的《中国小说史略》第二篇《神话与传说》、茅盾的《中国神话研究初探》、袁珂的《古神话选释》和冯天瑜的《上古神话纵横谈》等，颇受启发。与印度、希腊和埃及等国相比，不能不承认，我国古代神话是不发达的。至于不发达的原因，迄今多数学者普遍确认的主要有两点：一是中国古代儒家思想占统治地位，而儒家始祖孔子"不语怪、力、乱、神"（《论语·述而》），造成对神话的轻视；二是中国古代史学发达，造成神话的历史化。我认为这两点是能成立的。而饶有趣味的是，中国古代神话不发达的原因，恰恰从反面说明了印度古代神话发达的原因。本文即试图以印度古代婆罗门教系统的神话传说为标本，对此进行初步的探讨。

一　神话与宗教

神话的产生和发展与宗教关系密切。宗教起源于崇拜自然现象和社会现象，而神话的主要特点就是以拟人化手法神化自然现象和社会现象。因此，神话和宗教往往互相结合，互为因果。印度最古老的诗歌总集《梨俱吠陀》含有大量颂神诗歌。吠陀神很多，有天上诸神、空中诸神和地上诸神。这些神都是自然现象和社会现象的人格化。以《梨俱吠陀》中颂扬最多的三位神为例：因陀罗既是雷神，又是战神，因而既是自然现象的人格化，又是入主印度的雅利安部落英雄的人格化。阿耆尼是火神，是自然之火和祭祀之火的人格化。苏摩是酒神，是游牧民嗜好的刺激性饮料的人格化。不过应该指出，吠陀神话还处在比较原始的阶段，诸神的拟人化还比较抽象模糊，不像后来史诗和往世书神话那样具体明朗。

《梨俱吠陀》（共十卷，一千零二十八首）约产生于公元前一千五百年，不仅是印度，也是整个印欧语系民族中最古老的诗歌总集。它得以完整保存下来，主要仰仗宗教祭祀活动。《梨俱吠陀》和其他三部吠陀诗集是由吠陀时代的婆罗门祭司搜集和编订的，以适应祭祀仪式的需要。婆罗门教祭祀仪式分成"家庭祭"和"天启祭"两大类。家庭祭是日常生活祭祀仪式，点燃一堆祭火，由家长担任司祭者，至多由一个祭司协助。天启祭是贵族，尤其是国王举行的祭祀仪式，需要点燃三堆祭火，由四位祭官率领一批祭司担任司祭者。四位祭官分别是：一、劝请者，由他念诵《梨俱吠陀》颂诗，赞美诸神，邀请诸神出席祭祀仪式；二、咏歌者，由他伴随供奉祭品，尤其是苏摩酒，高唱《娑摩吠陀》颂诗；三、行祭者，由他执行全部祭祀仪式，同时低诵《夜柔吠陀》中的祷词和祭祀规则；四、监督者，由他监督祭祀仪式的进行，一旦发现差错，就念诵咒语，予以纠正。所以，他除了要精通上述三部吠陀外，还要精通巫术诗歌总集《阿达婆吠陀》。这样，这四部吠陀，尤其是前三部，成了婆罗门教的根本经典。

与印度的《梨俱吠陀》相比，我国最古老的诗歌总集《诗经》充满现实主义精神，风格迥异。《诗经》中虽然也有用作祭祀的颂歌，但数量不多，且缺乏神话色彩。《诗经》据说是由孔子最后删定的，那么，他的"不语怪、力、乱、神"的思想肯定会在里面起作用。《诗经》后来也成为儒家根本经典（"四书五经"）之一。不言而喻，它对中国古代文化的影响与《梨俱吠陀》对印度古代文化的影响，是大相径庭的。

中国在殷商时代，神职人员（卜人）祝（巫觋）的地位很高。古史传说中被称作"神巫"的巫咸就是商王太戊的"贤相"。他的儿子巫贤则是商王祖乙的"贤相"（《尚书·君奭》）。但在春秋以后，随着儒家思想在政治和文化领域中占据主导地位，卜祝的地位渐渐下降。太史公司马迁在《报任少卿书》中有一段陈述家世的牢骚话，很能说明这一点："仆之先人，非有剖符丹书之功，文史星历，近乎卜祝之间，固主上所戏弄，倡优畜之，流俗之所轻也。"中国自周以来上古社会阶层的排列次序是天子、诸侯、卿大夫、士和庶人。卜祝基本上属于"士"（周礼·春官宗伯）。

印度古代社会则完全不同。在吠陀时代形成的种姓制中，四个种姓的排列次序是婆罗门（祭司）、刹帝利（武士）、吠舍（商人）和首陀罗（劳动者）。刹帝利掌握王权，但其种姓地位居然排在婆罗门之下。婆罗门祭司垄断宗教和文化，竭力编造和散布各种神话，强调祭祀的重要性。在各种祭祀指导手册——梵书中，祭祀成了终极目的。一切力量都源自祭祀，连天神也不例外。由此，掌管祭祀活动的婆罗门也被抬高到神的地位。如《百道梵书》声称："确实有两种神：众神是天上的神，有学问的婆罗门是人间的神。祭品供给众神，祭祀酬金供给婆罗门。"在这些梵书中，婆罗门祭司利用神话传说解释各种祭祀仪式的起源和用途。这些神话传说与《梨俱吠陀》相比，人物和情节比较具体充实，标志吠陀神话向史诗和往世书神话的过渡。

史诗和往世书时代的婆罗门教已由吠陀时代的多神崇拜转变到三大主神崇拜。这与印度从列国纷争趋向帝国统一的历史发展相适应。三大主神是梵天、毗湿奴和湿婆。他们与吠陀神话有联系，也有区别。梵天司创造，是由吠陀时代抽象的创造主——梵（绝对精神）演变而成；毗湿奴司保护，在《梨俱吠陀》中是一位次要的神；湿婆司毁灭，他的前身是楼陀罗，也是一位次要的吠陀神。《摩诃婆罗多》中决定婆罗多族大战命运的关键人物黑天和《罗摩衍那》的主人公罗摩都是大神毗湿奴的下凡化身。各种往世书中的神话传说也是围绕这三大主神展开的。

史诗（Itihāsa，原义是"过去如是说"，即历史传说）和往世书（Purāṇa，原义是"古老的"，即古事记）的雏形在吠陀时代后期已经出现。而且，在吠陀文献中，这两个名词常常作为复合词使用。根据梵书和其他一些祭祀经典记载，吟诵这些作品是各种祭祀仪式的组成部分。从现存两大史诗和各种往世书的引子部分也可以看出，这些作品是由歌手在祭祀仪式上吟诵的。史诗侧重颂扬帝王功绩，往世书侧重颂扬天神功绩。这些内容完全适合婆罗门祭司为王室举行祭祀的需要。

两大史诗的核心是英雄传说。它们的原始作者主要是与刹帝利王族关系密切的"苏多"阶层。苏多是刹帝利男子与婆罗门妇女结婚所生的儿子。他们在王室中享有中等地位，往往担任帝王的御者和歌手。他们编制英雄史诗的主要目的是颂扬自己所依附的帝王，为其争夺王权和霸主地位服务。这种英雄史诗本来具有与婆罗门宗教文学相歧异的刹帝利世俗文学倾向，但现存两大史诗却充满婆罗门教的神话传说和宗教教诲。尤其是《摩诃婆罗多》，从篇幅上说，宗教文学的成分占据优势。因此，这两大史诗也被婆罗门教徒奉为经典。造成这种情况的原因大致有两个：一是刹帝利与婆罗门虽然在种姓地位上有矛盾，但他们作为统治阶级的根本利益是一致的。因而，苏多在编制英雄史诗时，不仅自己创造神话传说，也利用现成的婆罗门教神话传说。二是史诗在长期流传过程中，不断被人加工扩充。在众多的加工者中，也包括婆罗门祭司。据印度著名学者苏克坦卡尔（《摩诃婆罗多》精校本首任主编）考证，原始的两万四千颂左右的《婆罗多》曾经一度被婆罗门婆利古族垄断。他们竭力以婆罗门观点改造《婆罗多》，塞进大量颂扬婆利古族和抬高婆罗门地位的神话传说。从此，《婆罗多》变成《摩诃婆罗多》（意思是《大婆罗多》或《伟大的婆罗多》）

流传于世①。

印度传统将往世书的主题归纳为"五相"：一、世界的创造，二、世界毁灭后的再创造，三、天神和仙人的谱系，四、各个摩奴时期，五、帝王谱系。按照往世书神话，整个世界是在梵天、毗湿奴和湿婆三大神的主宰下，创造—保护—毁灭，周而复始，循环不已。世界每次从创造到毁灭，都要经历四个时代：圆满时代、三分时代、二分时代和迦利时代。圆满时代是充满正义的"黄金时代"。以下三个时代，正义递减。迦利时代是充满灾难和斗争的黑暗时代。四个时代组成一个摩奴时期。摩奴是人类始祖，共有十四位。当今世界正处在第七摩奴时期的迦利时代。往世书里神话传说极其丰富，如创世传说、天神和仙人传说、大神化身下凡传说、神魔斗争传说、圣地传说等。而且，现存大多数往世书的主题和内容远远超出所谓的"五相"，还包含许多宗教仪轨和教诲，如宗教责任、种姓职责、人生阶段、布施、祭祖仪式等。往世书跟两大史诗一样，原始作者也是苏多，但经历了比两大史诗更漫长的加工和扩充过程。一般认为，两大史诗在四世纪左右已经基本定型。而大多数往世书的定型时期是在七世纪至十二世纪之间。这样，随着婆罗门教在四世纪以后逐渐演变成印度教（或称新婆罗门教），往世书也最终变成印度教的通俗经典。

随着印度教的确立，印度传统也将十八部大往世书，按照与三大神的关系，分成三类，各六部。虽然这种分类与实际情况不尽相符，但多少能说明整个往世书神话是围绕三大神展开的。三大神中，最受印度教教徒崇拜的是毗湿奴和湿婆，所以往世书中有关毗湿奴和湿婆的神话传说远比梵天丰富。在印度教中，也由此形成毗湿奴教派和湿婆教派。另一个重要教派是性力教派，崇拜女神难近母（湿婆的配偶）、吉祥天女（毗湿奴的配偶）和婆罗室伐蒂（梵天的配偶）。这三大教派又有各自的支派，如毗湿奴教派中的黑天派、罗摩派和札格纳特派，湿婆教派中的三相神派、林伽派和悉昙多派，性力教派中的左道和右道。这些形形色色的印度教教派遍

---

① 参阅 V.S. 苏克坦卡尔《婆利古族和〈婆罗多〉》，载《苏克坦卡尔纪念文集》（孟买，1944），第1卷，第278—337页。

布印度各地，在社会上层和下层都拥有大量信徒。

概而言之，婆罗门祭司地位显要，婆罗门教（和后来的印度教）盛行，标志印度古代宗教发达，构成印度古代神话发达的首要原因。中国古代儒家思想占统治地位，缺乏这样的宗教环境。当然，现代学术界也有将儒家思想称作儒教的。这种称谓古已有之，也是可以成立的。但必须认清，儒教是一种特殊形态的中国宗教。它信奉"天地君亲师"，主要的宗教仪式是祭天、祭孔和祭祖。与印度婆罗门教相比，儒教所崇拜的天、地、君、亲、师和祖先都是很实在的，缺乏浓厚的神话传奇色彩。或许可以说，儒教是世界宗教中最"现实主义"的宗教，自然不利于中国古代神话的发育。

二　神话与历史

在人类原始时代，神话与历史交织在一起，历史的神话化是主要倾向。这方面，中国和印度相同。进入文明时代后，神话与历史逐渐分家。这方面，中国和印度不同，表现在分家时间早晚悬殊。

现存中国古籍中记述上古神话较多的有《山海经》、《穆天子传》、《楚辞》、《淮南子》和《列子》等。阅读这些古籍，可以想见中国上古神话原本也是绚丽多彩的。而且，中国初民的神话想象与印度颇有相通之处。中国有盘古开天地："天地混沌如鸡子，盘古生其中。万八千岁，天地开辟，阳清为天，阴浊为地。"（《艺文类聚》卷一引《三五历纪》）印度则有梵天开天地：在黑暗的宇宙汪洋里，长出一个金蛋，梵天睡在里面。梵天睡了一千个时代后醒来，金蛋分成两半，变成天和地（《摩奴法论》和多种往世书）。中国有"首生盘古，垂死化身"（《绎史》卷一引《五运历年记》）。印度则有原人补卢沙祭祀化身（《梨俱吠陀》）。中国的女娲堵住洪水，兄妹繁衍人类（《淮南子》、《独异志》）。印度的摩奴躲过洪水，父女繁衍人类（《百道梵书》）。中国的黄帝有"四面"，印度的梵天也有"四面"。中国的太阳神羲和驾车而行，印度的太阳神苏尔耶也驾车而行。如此等等。

然而，中国史学成熟较早。《尚书》曰："殷先人有册有典。"《礼记》

曰："动则左史书之，言则右史书之。"这说明中国在殷周时代就已设立史官，编撰史书。孔子讲授的《春秋》和司马迁编撰的《史记》开创了中国史书编年体和纪传体两种体例。纪传体尤其发达，包括《史记》在内的二十四史均为此体。孔子和司马迁都是历史感极强的人物。他们对待神话的基本态度，或是怀疑排斥——孔子"不语怪、力、乱、神"，司马迁表示"《禹本纪》、《山海经》所有怪物，余不敢言之也"（《史记·大宛列传》）；或是将神话历史化——孔子对"黄帝四面"（《太平御览》卷七九引《尸子》）、"黄帝三百年"（《大戴礼记·五帝德》）和"夔一足"（《韩非子·外储说左下》）的解释，司马迁关于五帝（黄帝、颛顼、帝喾、帝尧和帝舜）的记述（《史记·五帝本纪》），即是典型例子。司马迁还在《五帝本纪》的论赞中告白道："百家言黄帝，其文不雅驯，荐绅先生难言之。"故而，他"择其言尤雅者"加以编撰。此后中国历代史官继承了这种传统，在正史中不给神话留下席位。这样，上古神话大量佚亡，残存的也只是作为旁门左道，散见于野史、笔记、诗歌和小说中。

与中国不同，印度在十三世纪中叶以前的整个古代时期，没有一部真正意义上的史书。印度现代语言中的"历史"（Itihāsa）一词，如前所述，在古代是指历史传说。印度古人在长达两三千年的时间内，始终习惯于将历史神话化，致使历史和神话传说融为一体，现代史学家简直无法将两者完全析离。因此，翻开任何一部现代印度国内外史学家编撰的印度古代史，无论编年或史实的精确性，都远远不能与任何一部中国史学家编撰的中国古代史相比拟。

印度吠陀时代的历史是十八、十九世纪西方学者通过语言和神话的比较研究逐步重建的。例如，《梨俱吠陀》和波斯古经《阿维斯陀》存在语言和神话的亲缘关系，学者们据此得出结论：大约在公元前十五世纪左右，居住在中亚地带的"印度—伊朗人"离开故乡，一支向西进入伊朗，成为伊朗雅利安人，一支向东进入印度，成为印度雅利安人。这一结论长期以来为史学界所公认。虽然时有学者提出驳议，另立新论，但终因证据不足，难以取而代之。

在四部吠陀诗集中，雅利安人入主印度的史实已被神话化。因陀罗、伐楼那和密多罗等，都是神化的雅利安部落英雄。而与这些天神为敌的达娑（或达休），则是魔化的印度土著居民。他们被描绘成"黑皮肤"、"无鼻子"（或"扁鼻子"）、"不信神"和"不祭祀"。因陀罗的称号之一是"摧毁堡垒者"。一些颂诗赞扬他征服达娑，把土地赐给雅利安人。"达娑"一词不仅与"敌人"、"妖魔"同义，也与"奴隶"或"奴仆"同义，说明当时有一部分被征服的印度土著居民沦为奴隶或奴仆。

在吠陀神话中，达娑一般代表与天神为敌的妖魔。另有一类与凡人为敌的妖魔，叫做罗刹。阿修罗（Asura）在《梨俱吠陀》的古老成分中具有天神的含义，与《阿维斯陀》中的天神阿胡拉（Ahura）一致，但在晚出成分中含有妖魔的意思。在后期吠陀文献中，阿修罗则完全成了妖魔。阿修罗的这一变化，可能反映入主印度的雅利安人的内部斗争。在后来的史诗和往世书神话中，妖魔形象主要是阿修罗和罗刹。达娑的逐渐消失，可能反映雅利安人入主印度后，与印度土著居民日益融合同化。

在吠陀时代后期形成的种姓制也被神话化。前面提到印度有与中国"首生盘古，垂死化身"相似的原人补卢沙祭祀化身的神话。这个神话见于《梨俱吠陀》中一首晚出的"原人颂"（X.90），其中含有关于四种姓起源的神话说明。这首颂诗描写众神举行祭祀，以原始巨人补卢沙作祭品。当众神分割补卢沙时，"他的嘴变成婆罗门，双臂变成罗阇尼耶（即刹帝利），双腿变成吠舍，双脚变成首陀罗；他的心产生月亮，眼睛产生太阳，嘴产生因陀罗和火，呼吸产生风，肚脐产生空气，头产生天空，脚产生大地，耳产生四方，由此形成世界"。

印度两大史诗是列国纷争和统一时代的产物。《摩诃婆罗多》描写婆罗多族两支后裔俱卢族和般度族争夺王位继承权，最后导致内战，双方各自结盟，经过十八天大战，以俱卢族覆灭、般度族获胜告终。关于这场大战是历史还是神话，现代印度学者进行过热烈的探讨和论争。从迄今掌握的公元前四世纪（即《摩诃婆罗多》成书年代上限）以前的文献资料看，并未有关于这场大战的历史记载：《梨俱吠陀》只提到一个好战的婆罗多族，梵书只提到婆罗多族的一个支系俱卢族。有些印度学者试图通过考古发掘证明这场大战是历史，但尚未取得像十九世纪末德国学者施里曼发现荷马史诗中的特洛伊遗址那样的成绩。也有印度学者引用玄奘《大唐西域记》中的材料，证明这场大战是历史[1]。《大唐西域记》卷四"萨他泥湿伐罗国"记述道："闻诸耆旧曰：昔五印度国二王分治，境壤相侵，干戈不息。两主合谋，欲决兵战，以定雌雄，以宁氓俗。……两国合战，积尸如莽。迄于今时，遗骸遍野，时既古昔，人骸伟大。国俗相传，谓之福地。"玄奘是在七世纪访问印度的，按照印度的气候条件，暴露野外的遗骸能保存千数百年，令人难以置信。且"人骸伟大"，究竟是否人骸，也值得怀疑。然而，我们也不能断然判定这场大战是"子虚乌有"。问题的实质在于，即使这场大战有历史依据，而印度古人习惯于将历史神话化，天长日久，传说的成分越积越厚，早已将原始的历史湮没了。在没有其他确凿可信的文献资料和出土文物作佐证的条件下，想要将它还原，确实是十分困难的，甚至是不可能的。

最能说明历史神话化的例子是往世书，因为往世书的"五相"中，有一"相"是帝王谱系。现代印度学者根据各种往世书提供的古代帝王谱系，归纳出以下几个历史传说时期：一、洪水和第七摩奴（约公元前3100年），二、迅行王时期（约公元前3000—前2750年），三、曼达特利时期（约公元前2750—前2550年），四、持斧罗摩时期（约公元前2550—前2350年），五、罗摩时期（约公元前2350—前1950年），六、黑天时期（约公元前1950—前1400年），七、婆罗多族大战（约公元前1400年）。每个时期内又分成太阳族和月亮族两系[2]我们从中可以发现两个明显的特点：第一，这些帝王的年代已被高度远古化。上面括号中标明的各个时期的年代是现代印度学者以假设的婆罗多族大战年代为基准，往上推算出来的，颇有将神话历史化的味道。实际上，按照往世书的时间概念，一个"摩奴时期"有四百三十二万年，其中圆满时代一百七十二万八千年，三分时代一百二十九万六千年，二分时代八十六万四千年，迦利时代四十三万二千年。第七摩奴是第七"摩奴时期"的开创者，自不必说。而按照往世书传说，持斧罗摩诞生于三分时代与二分时代之间，黑天诞生

---

[1] S. P. 古普特和 K. S. 罗摩钱德伦：《〈摩诃婆罗多〉——"神话和现实"论争集》（德里，1976），第185、191页。

[2] 参阅 R. C. 马宗达主编《印度人民的历史和文化》（伦敦，1952），第一卷《吠陀时代》，第271—304页。

于二分时代和迦利时代之间。这样,若真正按照往世书的神话编年,上述各个时期应该标作公元前几百万年或几十万年。第二,这些帝王的事迹已被高度神话化。下面仅以上述各个时期的标题人物为例,显示往世书中古代帝王神话化的程度。需要说明的是,各种往世书对同一人物和事迹的说法时有歧异,为避免繁琐,各例只取一说。

第七摩奴是太阳神的儿子。当洪水毁灭世界时,毗湿奴大神化身为头上长角的鱼,牵引第七摩奴乘坐的船,让他躲过灭顶之灾。洪水过后,第七摩奴成为人类始祖。他有九个儿子和一个女儿,女儿嫁给月神的儿子。从此,第七摩奴儿子系统的后裔统称太阳族,女儿系统的后裔统称月亮族。

迅行王是月亮族的第五代帝王。他因贪念女色,遭仙人诅咒,未老先衰。于是,他依次恳求五个儿子以青春换他的衰老。四个大儿子都拒绝,唯有小儿子补卢同意。补卢将青春换给父亲后,隐居森林。迅行王享够一千年的感官快乐,将青春还给补卢,并立补卢为王。

曼达特利是太阳族后裔。他的父亲瑜婆那娑婆有一百个妻子,没生一个儿子。一群仙人同情瑜婆那娑婆,指导他举行求子仪式。一天夜里,他口渴难忍,喝下了仙人为他的众妻准备的一罐仙水。结果,他怀孕在身,从右胁生下儿子。仙人们焦虑不安,问道:"这孩子吃谁的奶?"这时,天神因陀罗出现,说道:"这孩子吃我的奶。"(曼达特利就是这句话的缩语)说罢,用食指喂给曼达特利甘露。由于曼达特利得到天神宠爱,长大后,在一天之内就征服了整个大地。

持斧罗摩是毗湿奴大神的化身。他的父亲是婆罗门仙人迦摩德耆尼。刹帝利帝王阿周那(月亮族后裔)侵扰净修林,抢走迦摩德耆尼的如意神牛。为此,持斧罗摩杀死阿周那。阿周那的儿子出于报复,杀死迦摩德耆尼。持斧罗摩发誓要消灭大地上傲慢的刹帝利。这样,他先后二十一次灭绝刹帝利。刹帝利的鲜血流满俱卢之野的五湖。

罗摩是太阳族后裔,也是毗湿奴大神的化身。他的事迹在史诗《罗摩衍那》中得到最充分的展现。他为了维护父王的信誉,自愿流亡森林。在流亡期间,妻子被楞伽岛的十首魔王劫走。他依靠神通广大的神猴哈奴曼(类似我国的孙悟空)协助,战胜十首魔王,夺回妻子。最后,他登基为王,出现太平盛世。

黑天是月亮族后裔,也是毗湿奴大神的化身。他的事迹在《薄伽梵往世书》和《摩诃婆罗多》中得到最充分的展现。为了躲避母舅刚沙的虐杀,他一生下就寄养在牧人家中。刚沙派遣手下的阿修罗捕杀各地新生婴儿。一个阿修罗女妖化作美女,假意给婴儿黑天喂奶。黑天将女妖的奶汁连同她的生命力一齐吸光,使女妖丧命。另一个阿修罗化作旋风将婴儿黑天卷走,黑天在空中将阿修罗掐死。在少年时代,黑天又先后杀死化作牛犊、巨鹤和巨蟒的阿修罗。他制服盘踞阎牟那河的百头毒蛇,将它赶往海中,使阎牟那河可以被人类和牲畜饮用。他吞下森林大火,拯救牧童和牛群。他单手托起牛增山,庇护牧民和牛群躲过七天七夜的暴风雨和冰雹。成年后,他建国多门岛,协助表亲般度族五兄弟战胜俱卢族。他完成了下凡人间的使命,主动让自己的雅度族覆灭,让多门岛沉没,然后返回天国。

往世书的帝王谱系表明,印度古人没有意识到应该在古史领域筑起严密的编年和史实的樊篱,致使神话想象得以在其间自由驰骋。显然,中国和印度同为文明古国,又互相毗邻,而史学和神话的发展却互为逆比。中国古代史学发达,抑制了神话发展,给后人留下了以二十四史为代表的浩瀚的历史文献。而印度古代史学落后,有利于神话发展,给后人留下了以两大史诗和十八部大往世书为代表的浩瀚的神话文献。结果,到了现代,印度学者为了重建真实的上古史,着眼于从神话传说中还原历史,而中国学者为了发掘古代神话,则着眼于从历史中还原神话传说。

三 神话与传播媒介

以上受中国古代神话不发达的原因的启发,探讨了印度古代神话发达的两个重要原因。此外,我还想到与上述两个原因相关的另一个原因,即印度古代书写材料落后。

中印两大文明古国的文字起源都是很早的。中国现存最早的文字是殷墟甲骨文,约产生于公元前1300—前1100年。印度现存最早的文字是印度河流域的印章文字,约产生于公元前2500—前1750年。中国的四千五百个左右甲骨文单字，二十世纪以来经过许多学者的考释，已认出九百多个。而印度的三千枚左右印章文字，至今尚未获得公认的译解方法。因而，印度现存最早的、可以辨读的文字是公元前三世纪的阿育王石刻铭文，使用婆罗谜体和驴唇体两种字体。婆罗谜字体由左往右书写，后来演变成包括梵语天城体在内的印度各种语言的字体。驴唇体由右往左书写，显然受西亚波斯字体影响，后来在印度消亡。

文字的产生，意味书写材料的产生。印度古代的书写材料主要是桦树皮和贝叶。贝叶是印度多罗树（即棕榈树）的叶子（Patra，音译"贝多罗"或"贝多"）。按照印度的气候条件，这两种书写材料都不宜长期保存。另外有些书写材料，如竹、木、布、兽皮、金属和岩石等，由于不实用，不可能普及。中国的纸张至迟在七世纪末叶传入印度，但一时不可能广泛使用。此后，中国的造纸法也传入印度①。尽管如此，纸张直至近代都未能在印度完全取代贝叶。以苏克坦卡尔主编的《摩诃婆罗多》精校本第一篇为例。他所利用的六、七十个抄本大多是十六至十九世纪的抄本，其中虽然纸抄本居多，但贝叶抄本仍不少，还有个别桦树皮抄本。

这样，由于印度古代缺乏合适的书写材料，文化领域里长期保持远古时代口耳相传的方式。现存整个吠陀文献中，几乎找不到任何关于书写的知识。尽管我们不能据此断定吠陀时代根本不存在书写，但毋庸置疑，口耳相传是当时学习、掌握和保存文化知识的主要手段，书写居于无足轻重的地位，至多偶尔用作辅助手段，因而不屑一提。又如，中国古代前往印度取经的高僧在游记中写道："北天竺诸国皆师师口传，无本可写。"（法显《佛国记》）"咸悉口相传授，而不书之于纸叶。"（义净《南海寄归内法传》）但实际上，法显、义净和玄奘都搜集到大量梵本贝叶经，携带回国。这同样可以说明，印度古代的传播媒介以口耳相传为主，以书写为辅。

显然，这种师徒口传的方式有利于少数人垄断文化知识。现存《梨俱吠陀》各卷中标明的作者分属各个"仙人"家族。这些所谓的"仙人"

---

① 关于印度古代的书写材料以及中国纸和造纸法传入印度的详细情况，可参阅季羡林《中印文化关系史论文集》，生活·读书·新知三联书店1982年版。

也就是后来的婆罗门祭司。婆罗门凭借口耳相传的方式垄断了各种吠陀经典。连刹帝利子弟也必须向婆罗门支付酬金，方能学习吠陀。而低级种姓根本无权学习吠陀。《乔答摩法论》规定："如果首陀罗听取吠陀，他的耳朵必须被灌进熔化的锡或虫漆；如果他背诵，他的舌头必须被割掉；如果他默记，他的身体必须被劈成两半。"正是通过垄断宗教和文化知识，婆罗门的最高种姓等级和婆罗门教的正统地位才得以长久维持。

婆罗门热衷于祭祀活动，以谋取祭祀酬金。他们在宗教经典中利用和制造神话传说，也围绕这一目的。因而，颂扬刹帝利英雄业绩的任务，主要由刹帝利王室中的苏多承担。《风神往世书》说："苏多的特殊职责是保存天神、仙人和著名帝王的谱系，还有伟人的传说。"这样，就保存帝王谱系而言，苏多的职责类似中国古代的史官。可是，苏多是以歌手的方式，即口耳相传的方式保存帝王谱系，这也就注定了史学的厄运和神话的幸运。中国俗话说："白纸黑字。"倘有记录在案的历史文献，后人就无法任意杜撰史实和年代。口耳相传则无此约束。且不说苏多有意运用神话夸张手法颂扬刹帝利帝王。即使苏多采用中国太史公笔法，但经过长期口耳辗转相传，也无法存真。诚如《吕氏春秋·察传》所说："数传而白为黑，黑为白。故狗似玃，玃似母猴，母猴似人，人之与狗则远矣！"口耳相传本是神话固有的创作和传播方式。按照世界各民族的一般情况，随着古代书面文学的兴盛，神话逐渐消亡。而印度几乎整个古代时期都以口耳相传作为主要传播媒介，神话便赖此长期绵延不绝，不断丰富和发展。

由此可见，印度古代宗教发达、史学落后和缺乏合适的书写材料，这三者互有关联。而印度古代书写材料落后这一点，也与中国古代书写材料先进形成鲜明对照。正是所有这一切，构成了印度古代神话发达的原因。

（原载《外国文学研究集刊》第 10 辑，1985 年）

《管锥编》与佛经

钱锺书先生的《管锥编》（1979）是一部运用比较方法研究中国古代文化的学术巨著。比较，是人类认识世界和自我的重要工具。天下万物的一般和特殊，只有通过比较才能辨认。《管锥编》第一至第四册是对中国十部古籍（《周易正义》、《毛诗正义》、《左传正义》、《史记会注考证》、《老子王弼注》、《列子张湛注》、《焦氏易林》、《楚辞洪兴祖补注》、《太平广记》和《全上古三代秦汉三国六朝文》）的研究。按照我国图书传统分类，这十部古籍分属经史子集。因此，《管锥编》的研究范围极广，几乎涉及人文科学的所有门类。但它的侧重点是文艺学。钱先生在《诗可以怨》一文中说过："人文科学的各个对象彼此系连，交互映发，不但跨越国界，衔接时代，而且贯串着不同的学科"（《七缀集》，113 页）。可以说，《管锥编》立足于中国十部古籍，以文艺学为中心，打破时空界限，贯通各门学科，将中国文化研究引入一个充满无限生机的崭新境界。

正因为《管锥编》内容博大，识见精深，也就与一般读者的接受能力形成了尖锐矛盾。然而，读书的味道，求知的乐趣，也许就在这一矛盾的解决之中。只是就《管锥编》的读者而言，鲜有能夸口矛盾全部解决，与作者合二而一的。鉴于这种情况，读者完全可以根据自己的学力或学术兴趣去读《管锥编》。同时，《管锥编》也是对读者（尤其是青年学子）接受能力的测验，使之明了自己知识结构中的弱点或欠缺，以利日后自觉补足。笔者便是本着这种态度读《管锥编》的。具体地说，这次初读《管锥编》选取了比较文学的角度。比较文学在《管锥编》中无疑占据重要地位，但远不是它的全部。而在比较文学中，笔者又偏重考察钱先生对佛经材料的运用。因此，这次初读《管锥编》写下的这篇札记也就题为《〈管锥编〉与佛经》。

早在中国比较诗学开山作《谈艺录》（1948）的序中，钱先生就已揭示他的文学研究宗旨和方法："东海西海，心理攸同；南学北学，道术未裂。""凡所考论，颇采'二西'之书，以供三隅之反。"钱先生所说的"二西"指的是耶稣之"西"与释迦之"西"（《管锥编》681页。以下《管锥编》引文单注页数），"二西"之书也就是西方著作和佛经。从《谈艺录》和《管锥编》可以看出，钱先生通晓英、法、德、拉丁、意、西等多种西方文字，又熟谙佛经。他对"二西"之书浏览之广博，读法之精细，令人惊叹不已。

比较文学这门学科行世百余年来，其研究格式大体可以分为三类：影响研究、平行研究和科际研究。这三类研究在《管锥编》中都有充实的反映。

佛经对中国文学的影响属于第一类研究。近代以来，我国梁启超、胡适、陈寅恪、鲁迅、郑振铎等许多著名学者都曾对这一问题作过研究。而这一研究领域远未穷尽，钱先生在《管锥编》中又提供了他的许多创获。例如，钱先生指出：

> 《杜子春》（出《续玄怪录》）。按卷四四《萧洞玄》（出《河东记》）、卷三五六《韦自东》（出《传奇》）两则相类，皆前承《大唐西域记》卷七记婆罗疽斯国救命池节，后启《绿野仙踪》第七三回《守仙炉六友烧丹药》。（655页）

> 《广记》卷四四五《杨叟》（出《宣室志》），似本竺法护译《生经》第一〇《鳖、猕猴经》而为孙行者比邱国剖心一节所自出。（705页）

> 《西洋记》描叙稠叠排比，全似佛经笔法，捣鬼吊诡诸事亦每出彼法经教典籍，如第三九回张天师为王神姑妖术捉弄，全本《宾头罗突罗阇为优陀延王说法经》，第八三回青牛轮回全用普明《牧牛图颂》。"罚六阳首级"亦其沾丐释书之一例也。（1368页）

这些事例还是属于影响之踪迹比较明显者。更有许多文学影响关系需要经过抉剔爬梳、探本溯源方能坐实。现存《列子》从其所受佛教思想影响可知它绝非先秦古籍，而是魏晋时代的伪书。但除了《汤问篇》中的偃师故事明显剿袭佛经中傀儡子或机关木人故事外，《列子》全书"窜取佛说，声色不动"，"能脱胎换骨，不粘皮带骨"（533页）。而钱先生仿佛是位学术"大侦探"，将《列子》"巧取神偷"的佛教思想一一指明，所取得的辨伪成绩远迈历代考辨《列子》者。当然，钱先生研究《列子》的主旨还不是辨伪，而依然是释道儒文化的比较。又如，佛经中常常使用海墨、树笔的比喻，原意是颂扬佛教智慧无量，书写不尽。而"唐宋以来诗词中点化沿用，面貌一新，读者浑忘其为梵经赞颂语矣"（1480页）。钱先生一连举了唐宋以来二十余位作者的诗词证明这一点。进而，钱先生指出，"唐人既从海墨、树笔充类而言天纸，已奇外出奇；吾国本有'雁字'之说，五代以来，遂每以天纸与雁书撮合，孚甲新意"（1481—1482页）。钱先生又信手拈来近十位作者的诗词证明这一点。接着，钱先生又举例说明"天纸、雁书亦见西方诗文中"（1482页）。这已不知不觉从影响研究转入平行研究了。

在《管锥编》中，较之影响研究，钱先生更注重平行研究。对于各国文学之间的相似现象，除有踪迹可追寻者外，钱先生从不轻易断言影响关系，而宁可作为平行关系处理。例如，钱先生指出《高僧传·鸠摩罗什传》中"狂人令绩师绩绵"的故事与安徒生童话《皇帝新衣》"机杼酷肖"（680—681页），又指出应劭《风俗通义》中的"娣姒争儿"故事与佛经中的"二母人共诤一儿"以及圣经中"二妓争儿"故事"酷肖"（1000—1002页），都是点到即止，无须凭空判定谁影响谁。因为各国文学作品中的主题和题材相似，大多是由于"人共此心，心同此理"所致。而比较文学的要义正是探讨人类共有的"文心"。即使是影响关系，也是以共同的"文心"为基础的。

共同的"文心"即具有普遍意义的诸种文学规律。它们不是臆造的，而是通过综合考察古今中外文学现象发现的。在《管锥编》中，钱先生通过平行研究，或验证和充实前人已经发现的文学规律，或揭示前人尚未发现的文学规律。两者在此各举一例。

"通感"（synaesthesia，即视觉、听觉、触觉、嗅觉和味觉互相通用）本是西方理论家拈出的一种文学表现手法，而钱先生通过对中国古代诗文和佛经的广征博引（482—484页，982页，1071—1073页，以及前此发表在《文学评论》1962年第1期上的论文《通感》），从义理和证据两方面极大地充实了这一文学描写法则。

比喻是文学不可或缺的修辞手法，也是衡量文学才能的重要标尺。自从汉代《诗大序》将比喻列为诗的"六义"之一，我国历代诗人在创作中一贯重视这一修辞手法。但在我国修辞学史上，从南宋陈骙的《文则》到陈望道的《修辞学发凡》（1932），对比喻这一修辞手法的理论总结都只停留在分类上。钱先生在论及比喻时，颇多新解胜义。他揭示出比喻运用中的两种规律性现象，一是"比喻之两柄"："同此事物，援为比喻，或以褒，或以贬，或示喜，或示恶，词气迥异。"（37页）二是"比喻有两柄而复具多边"："盖事物一而已，然非止一性一能，遂不限于一功一效。取譬者用心或别，着眼因殊，指（denotatum）同而旨（significatum）则异；故一事物之象可以孑立应多，守常处变。"（39页）钱先生引用了中西诗文和佛经中的许多生动例子加以论证。而且，在《管锥编》一至四册中，钱先生对于比喻"有柄有边"这一现象"随见随说"，所举例证也往往涉及佛经（如112页、272页、389页、442页、1060页、1255—1257页等）。比喻本是佛经文学的一大特色。佛教自汉代传入中国，历来诵读佛经者不可胜数，而能独具慧眼，从这个角度读佛经，又读出规律性的，实在是绝无仅有。

科际研究是比较文学中有待开拓和发展的领域。自然，它的难度较大，因为从事者不仅要精通所比较国家的文学，还要精通其他人文学科。在《管锥编》的比较文学中，涉及哲学、心理学、宗教学、语义学、训诂学、文化人类学、史学等多种人文学科。

心理学是钱先生十分偏爱的一门学科。他在《管锥编》中经常运用心理学的一些原理解释文学创作和欣赏中的一些现象。前面提到的"通感"便是这方面的范例。又如，钱先生大量引用中外诗文和佛经中对梦的描述，与弗洛伊德心理学相印证（488—496页）。他还引用中外诗歌和佛经指出早在詹姆士将"心行之无缝而泻注"的心理现象命名为"意识流"

之前，古人对此已有体察（618页）。这些都说明文学与心理学息息相通。文学和心理学的科际研究必将有助于提高作家的艺术表现力和读者的审美鉴赏力。

宗教学也是钱先生潜心钻研的一门学科。他对西方基督教和东方佛教的教义了如指掌。世界古代文学与宗教的密切关系自不必说，就是现代文学也与宗教有着或强或弱、或明或暗的联系。在《管锥编》中，钱先生对释道儒的相互关系及其对中国古代文学的影响，提出了许多深中肯綮的见解。前面提到的对《列子》的研究便是这方面的范例。他还指出释道"二氏于搜神志怪，有无互通"，"以斯意读《西洋记》、《封神传》、《西游记》也可"（1336页）。由于钱先生遍观佛经，深通佛理，他对中国诗学中与禅宗思想相关的"理趣说"（1144—1146页，以及《谈艺录》补订本七九节）、"神韵说"（1359—1366页，以及《谈艺录》补订本二八、六〇、八四节）都能作出透彻的阐释。他也特别善于鉴定中国古代诗文中的佛经典故。李商隐《题僧壁》中有两句诗："大去便应欺粟颗，小来兼可隐针锋。"古今注家在笺注时或阙疑，或含糊其辞，蒙混过关。而钱先生洞幽察微，指出这两句诗中的"小"和"大""不识何时二字始互易位"，"遂难索解"。他引用《维摩诘所说经》、《力庄严三昧经》、《大般涅槃经》等佛经，说明李商隐这两句诗是"赞释氏神通之能大能小：'小去便应欺粟颗'谓苟小则能微逾粟粒……'大来兼可隐针锋'谓虽大而能稳据针锋"（765—766页）。这个千古文字悬案就这样在钱先生手中迎刃而解了。

钱先生的美学思想富于辩证精神，因而他也颇为赏识佛教形而上思辨中的辩证因素，在《管锥编》中经常随手采撷，辅佐论旨。在论述"一字多意之同时合用"时，钱先生指出"语出双关，文蕴两意，乃诙谐之惯事，固词章所优为，义理亦有之"，便举《维摩诘所说经·入不二法门品》第九："从我起二为二"，肇注："因我故有彼，二名所以生"，作为印证（4—5页）。在论述"骈体文不必是，而骈偶语未可非"时，钱先生指出"世间事理，每具双边二柄，正反仇合；倘求义赅词达，对仗攸宜"，便举《六祖法宝坛经·付嘱》第一〇"出语尽双，皆取对法，来去相因"，认为"不啻为骈体上乘说法"（1474—1475页）。在论述"义解圆足"或"阐释之循环"（der hermeneutische Zirkel，狄尔泰语）时，钱先生画龙点睛，引用了《华严经·初发心菩萨功德品》第一七："一切解即是一解，一解即是一切解故。"并且提示道："其语初非为读书诵诗而发，然解会赏析之道所谓'阐释之循环者'者，固亦不能外于是矣。"（172 页）这一提示也可以说是为我们点明了文学与宗教、哲学的科际研究的基本原理。

以上笔者从影响研究、平行研究和科际研究三方面分述《管锥编》中与佛经有关的比较文学，也是出于释氏所谓"权巧方便"（upāya）。事实上，《管锥编》中的比较文学，这三方面经常是互相交叉融合的。钱先生学识渊博，繁征广引，左右逢源，触类旁通。他不仅打通东西文学，打通人文学科，也打通比较文学自身。其根本目的是通过广泛、深入而又不拘一格的具体比较，探索人类共同的"文心"，建立科学的文学批评。《管锥编》堪称当代比较文学领域里一座突兀的高峰。"会当凌绝顶，一览众山小。"凡有志于比较文学或比较文化的青年学子，都应当不畏艰难，登上这座高峰。

（原载《外国文学评论》1988 年第 1 期）

印度戏剧的起源

印度现存最早的戏剧是佛教诗人马鸣（Aśvaghoṣa，音译阿湿缚窭沙）的三部梵语戏剧残卷。它们是在我国新疆吐鲁番发现的，于1911年由德国学者吕德斯（H. Lüders）整理出版。其中一部是九幕剧，残存最后两幕，剧本末尾标明"金眼之子马鸣造《舍利弗》剧"。那么，马鸣是什么时代的人呢？

据汉译佛经《马鸣菩萨传》（后秦鸠摩罗什译）记载：马鸣是中印度人，原本信奉婆罗门教，后来在辩论中败于北印度佛教高僧胁尊者，于是皈依佛教，在中印度弘通佛法，"才辩盖世，四辈敬伏"。后来，他被北印度小月氏王索去，在北印度"广宣佛法，导利群生"[①]。而据《付法藏因缘传》（元魏吉迦夜等译）记载：马鸣在辩论中败于胁尊者的弟子富那奢，于是皈依佛教。他在华氏城"游行教化，欲度彼城诸众生故，作妙伎乐，名赖吒和罗，其音清雅，哀婉调畅，宣说苦空无我之法"。后来，他被月支国旃檀罽昵吒王索去。月氏或月支即当时统治北印度的贵霜王朝。又据玄奘《大唐西域记》卷三记载：胁尊者曾促成贵霜王朝迦腻色迦王"宜会远近，召集圣哲"，举行佛教第四次结集。现代史学家关于迦腻色迦王的年代考证结论不一，但集中在公元前一世纪至公元三世纪之间。而一般倾向于认为在公元一世纪。由此，我们可以将马鸣的年代定在一、二世纪。

马鸣的九幕剧《舍利弗》描写舍利弗和目犍连皈依佛陀的故事。现存最后两幕残片的内容是：舍利弗尊佛陀为师，他的朋友（丑角）劝说道：刹帝利的学说对婆罗门不适宜。舍利弗驳斥道：难道低级种姓配制的药方

---

① 本文中汉文佛经引文均据《大正新修大藏经》。

就不能治病救人？难道低级种姓提供的清水就不能解渴提神？目犍连见舍利弗喜形于色，问明原因后，与舍利弗结伴皈依佛陀。佛陀预言他俩将成为他的大弟子。

我国东晋高僧法显于399年赴印求法。他在《佛国记》中曾记述中印度"众僧大会说法。说法已，供养舍利弗塔，种种华香。通夜然灯，使伎乐人作舍利弗大婆罗门时，诣佛求出家，大目连、大迦叶亦如是"。这说明自马鸣创作《舍利弗》后，以舍利弗、大目连（即目犍连）或大迦叶（又译摩诃迦叶）出家为题材的戏剧在印度佛教僧伽久演不衰。我国唐代的两种乐曲名"舍利弗"和"摩多楼子"（即目犍连同名异译）可能与这类戏剧（尤其马鸣的《舍利弗》）传入中土有关。

马鸣的其他两部戏剧残卷只剩零星片断，剧情无法判断。其中一部的剧中人物都是抽象概念："菩提"（智慧）、"持"（坚定）和"称"（名誉），戏文中有赞颂佛陀的对话。另一部的剧中人物有主角、妓女、丑角、女仆、歹徒以及舍利弗和目犍连等，场面有旧花园、妓女宅第和山顶集会。这两部残卷的剧名和作者名均已失佚。但它们是与《舍利弗》残卷一起发现的，而且文体一致，内容都与佛教有关。所以，现在一般也归在马鸣名下，统称为马鸣的三部戏剧残卷。

在七世纪印度佛教哲学家法称的著作《说正理》中，曾提到马鸣写有一部名叫《护国》（Rāṣṭrapāla）的剧本。[①]上引《付法藏因缘传》中提到马鸣"作妙伎乐，名赖吒和罗"。这里的"赖吒和罗"就是梵语"护国"（人名）的音译。这两条材料证明马鸣创作的戏剧中，还有一部现已失传的《护国》。

现存马鸣的三部戏剧残卷具有古典梵语戏剧的大部分艺术特征：戏文韵散杂糅，剧中有喜剧性的丑角，地位高的角色说梵语，妇女、丑角和其他地位低的角色说俗语，有"上场"、"退场"等舞台指示，剧终有祝福诗。这些艺术特征也符合印度现存最早的梵语戏剧学著作《舞论》中的戏剧规则。

《舞论》（Nāṭyaśāstra）这个书名的更确切译法应是《剧论》（或《戏

[①] A. K. 沃德：《印度诗文学》（德里，1974），第2卷，第150页。

剧论》）。在梵语中，nāṭya 一词兼有舞蹈和戏剧的意思，而且舞蹈是原始义，戏剧是衍生义。但这部著作是全面论述戏剧艺术，虽也涉及舞蹈，只是作为戏剧艺术的一个组成部分。因此，这部著作是戏剧学专著，而非舞蹈学专著。但鉴于《舞论》这个译名在国内印度学界已经通行，我们现在还是可以沿用，正如我们汉语中至今仍用"舞台"指称"戏台"，用"舞台艺术"指称"戏剧艺术"。

关于《舞论》的成书年代，现代学者见解不一。但大体上可以说在公元前后一、二世纪，至晚在公元三、四世纪。即使《舞论》的成书年代不能确定，至少现存马鸣的三部戏剧残卷表明，古典梵语戏剧早在一、二世纪已经达到成熟阶段。那么，印度戏剧究竟起源于何时，又起源于什么呢？

《舞论》开卷第一章向我们提供了印度戏剧起源的神话传说：在第七摩奴时期的三分时代，以因陀罗为首的众天神向大神梵天请求道："我们希望有一种既能看又能听的娱乐。首陀罗种姓不能听取吠陀经典，因此，请创造另一种适合所有种姓的第五吠陀。"于是，梵天"从《梨俱吠陀》中撷取吟诵，从《婆摩吠陀》中撷取歌唱，从《夜柔吠陀》中撷取表演，从《阿达婆吠陀》中撷取情味"，创造了"戏剧吠陀"。然后，梵天吩咐婆罗多仙人付诸实践。第一次演出是在因陀罗的旗帜节进行的，剧情是天神战胜恶魔。结果，观众中的恶魔表示不满，破坏演出。因陀罗镇压了捣乱的恶魔，又命令工艺神建造了一座剧场，众天神分头把守，保护演出。众天神建议梵天"用言语安抚那些捣乱者"。于是，梵天劝说恶魔道："别忿怒，别悲伤，我创造的戏剧吠陀是按照实际情况，表现你们和天神的幸运和不幸。"他向他们解释戏剧的特征："戏剧模仿三界的一切情况，而不单是你们和天神的情况。"它"模仿世界的活动，具有各种感情，以各种境况为核心"。它"将为世上遭受痛苦、劳累、悲伤和不幸的人们带来安宁"。它"将有助于正法、荣誉和寿命，有助于增进智慧，提供有益的人世教训"。它"综合了一切经论、技艺和各种行为"，"按照规则模仿七大洲"，"模仿世界上天神、大仙、帝王和居家者的行为"。因此，梵天希望众恶魔"不要对众天神发怒"[①]。

[①] 据《舞论》B. N. 夏尔马和 B. 乌巴底亚耶编订本（《迦尸梵文丛书》，1980）。

这是关于印度戏剧起源的神话传说，但其中或多或少会沉淀着一些历史信息。

首先，四部吠陀是印度婆罗门教经典，约产生于公元前十五世纪至公元前十世纪。它们是适应祭祀仪式的需要编订的。《梨俱吠陀》是颂神诗集，供祭司吟诵之用；《娑摩吠陀》是颂神歌曲集，供祭司歌唱之用；《夜柔吠陀》是祷词和祭祀规则汇编，供祭司行祭之用；《阿达婆吠陀》是巫术诗歌集，为巫师或祭司提供咒语。梵天分别撷取这四部吠陀中的戏剧因素——吟诵、歌唱、表演和情味，创造出作为第五吠陀的戏剧。这说明在《舞论》作者心目中，戏剧是一种综合性舞台表演艺术，产生于四部吠陀之后。

其次，从公元前后不久的印度文献看，从事歌唱、舞蹈、杂技和表演艺术的艺人社会地位卑贱，相当于低级种姓首陀罗。例如，著名的《摩奴法论》规定，婆罗门不能接受演员的吃饭邀请（4.214、215），应该像对待首陀罗那样对待当演员的婆罗门（8.102）。《毗湿奴法论》规定，演员属于首陀罗男子和吠舍女子非法结合产生的混血种姓（16.3—8）。这说明印度戏剧起源于民间。因此，《舞论》作者为了确立戏剧的地位，杜撰（或借用）大神梵天创造戏剧的神话传说，将戏剧抬高为第五吠陀，并强调包括首陀罗在内的所有种姓都能享用这第五吠陀。

再有，最早的戏剧可能宗教色彩浓厚，题材以神话传说为主，经常在宗教节日上演。

当然，这种"历史信息"是有限的，也是推测性的。实际上，一切神话传说中沉淀的历史信息，都受制于神话创造者自身的历史知识。而现代人想要复原沉淀在古代神话传说中的历史事实，最终还得依靠历史证据本身。

自19世纪下半叶以来，印度国内外学者为了解开印度戏剧起源之谜，多方考证文献文物，探赜索隐，殚思极虑，但迄今尚未得出公认的结论。他们提出的一些主要观点，可以归纳如下。

一、起源于古希腊戏剧的影响。这种观点主要由德国学者韦贝尔（A. Weber）和温迪施（E. Windisch）提出，而遭到大多数西方学者和印度学者的否定。公元前四世纪，希腊亚历山大曾经入侵印度，并在印度西北部建立了一些希腊人居留地。同时，现有资料表明，古希腊戏剧的成型时间肯定早于印度。因此，从编年史的角度看，似乎存在这种影响的可能性。但通过古希腊戏剧和梵语戏剧的认真比较，却很难找出这种影响的确凿痕迹。例如，梵语戏剧不讲究地点和时间的统一，没有合唱队，缺少悲剧，等等。从总体上说，古希腊戏剧属于古典型，而梵语戏剧属于浪漫型。

在古希腊戏剧影响说中，有个重要的论据是说梵语戏剧中演员上场和下场处的（或隔开舞台和后台的）"幕布"（yavanikā）一词的词源是"希腊人"（yavana）。而事实上，yavana 一词在梵语中可以特指希腊人，也可以泛指外国人。因此，梵语"幕布"一词的原意可能是指"用洋布做的"。况且，在梵语戏剧中，"幕布"一词还有两种更常用的拼写法：javanikā 和 yamanikā，前者的词源是"迅速移动"，后者的词源是"停止"，均与希腊人或外国人无关①。而问题的关键还在于古希腊戏剧并不使用任何幕布。

二、起源于吠陀时代。德国学者缪勒（M. Müller）最早猜测印度戏剧起源于《梨俱吠陀》中的对话诗。后来，不少西方学者支持和发展这种观点。他们认为祭司在祭祀仪式上扮演对话者，由此形成最早的宗教神秘剧。这显然是试图套用古希腊戏剧的起源情形。一般认为，古希腊戏剧起源于酒神祭祀。古希腊人在祭祀酒神时，组成"山羊"合唱队，合唱酒神颂歌。后来，合唱队增加了一个演员。这个演员可以扮演各种人物，与合唱队有问有答。这样，就形成了戏剧的雏形。亚理斯多德说："埃斯库罗斯首先把演员的数目由一个增至两个，并减削了合唱歌，使对话成为主要部分。"②由此，埃斯库罗斯成为古希腊"悲剧之父"。《梨俱吠陀》中确实有一部分对话诗，如阎摩和阎蜜的对话，补卢罗婆娑和优哩婆湿的对话，婆罗摩和波尼人的对话，等等。但所谓祭司在祭祀仪式上扮演对话者，则是这些学者的臆想，在吠陀文献中找不到证据。吠陀文献提供的材料无疑表明，在吠陀时代存在吟诵、歌唱、舞蹈和音乐，祭祀或巫术仪式上也可能存在某些表演动作。但只有当这些艺术因素有机地结成一体，并用于表

---

① 参阅 S. K. 代《梵语诗学论集》（加尔各答，1981）中的《古代印度戏剧中的幕布》一文。
② 亚里斯多德：《诗学》，罗念生译，人民文学出版社 1982 年版，第 14 页。

演故事，才能形成戏剧。而吠陀文献恰恰不能证实这一点。

三、起源于木偶戏。这种观点是德国学者皮舍尔（R. Pischel）首先提出的。印度古代很早就有牵线木偶和机关木人。史诗《摩诃婆罗多》中，多次用木偶受线操纵比喻人受命运摆布。佛经《生经》（西晋竺法护译）中，有一则讲述"机关木人"的故事。巴利语佛经《上座尼伽他》中，有一首关于比丘尼苏芭的诗，以舞蹈木偶易于拆散比喻人生虚妄。在这种起源说中，一个重要论据是说梵语戏剧中用作"舞台监督"的两个词中的一个是 Sūtradhāra（字面义"持线者"），应该源自木偶牵线者。而实际上，此词在梵语中也用作"工匠"。那么，从词源学上说，这里的"线"应该是度量用的线，而不是牵引木偶的线。同时，"线"在梵语中也用作"经"（即简明扼要的定义或规则）。那么，此词也可解作"通经者"（即精通戏剧规则者）。而且，按照常理，木偶戏是对舞台戏剧的模仿，应该产生在舞台戏剧之后。事实上，起源于木偶戏论者也未能提供印度木偶戏（不是游戏杂耍性质的牵线木偶或舞蹈木偶）早于舞台戏剧的确凿证据。

四、起源于史诗吟诵。在古代印度，吟诵两大史诗《摩诃婆罗多》和《罗摩衍那》十分普及。英国学者基思（B. Keith）认为，公元前的山奇浮雕表明，当时印度的吟诵艺术已伴有音乐，吟诵（或说唱）艺人手舞足蹈，用形体姿态传达人物感情。只要这些吟诵艺人采用对话方式，便能形成戏剧的雏形[1]。但目前无法断定，这种吟诵艺术是否或何时跨出了这一步。不过，有一点可以肯定：印度戏剧在产生和发展的过程中，与两大史诗关系密切。梵语戏剧始终保持取材于两大史诗的传统。早期梵语戏剧家跋娑（约二、三世纪）的十三部戏剧中，就有八部取材于两大史诗。另外，梵语用作"说唱艺人"和"演员"的词汇中，有一个是 Kuśīlava，来源于罗摩的孪生子 Kuśa（俱舍）和 Lava（罗婆）。《罗摩衍那》第七篇讲述罗摩遗弃妻子悉多的故事。怀孕在身的悉多得到蚁垤仙人的救护，住在净修林里，生下一对孪生子俱舍和罗婆。蚁垤仙人编制了长诗《罗摩衍那》，教会俱舍和罗婆诵唱。后来，罗摩举行马祭，蚁垤仙人让俱舍和罗婆当场诵唱这部长诗。罗摩听到最后，明白了他俩就是自己的儿子。这个

---

[1] B. 基思：《梵语戏剧》（牛津，1924），第30页。

Kuśīlava（"说唱艺人"或"演员"）的词源故事不仅表明梵语戏剧与史诗的亲缘关系，也可能在一定程度上隐含说唱艺人和戏剧演员的演变关系。

五、起源于波你尼时代。在波你尼（约公元前四世纪）的梵语语法著作《八章书》（或称《波你尼经》）中，曾提到名为《演员经》（Naṭa-sūtra）的一类著作。naṭa（"演员"）一词在梵语中既可指称"舞蹈演员"，也可指称"戏剧演员"。有的学者认为《八章书》中用作"舞蹈演员"的词是 nartaka，因而 naṭa 是指"戏剧演员"。但由于《八章书》中尚不存在明确的"戏剧"概念，有的学者仍认为 naṭa 是指"舞蹈演员"，也有学者认为可能是指"哑剧演员"（Pantomime）①。后来，维杰塞克罗（A. Wijesekera）在巴利语佛典中发掘出一段有关 naṭa 的材料：一位名叫多罗布吒的 naṭa 班主来见世尊，问候之后，坐在一旁，说道："世尊啊！我听前辈师傅说：'naṭa 在舞台上，在集会上，用真实和虚假令人喜笑和欢乐，他死后会升天，与笑神作伴。'世尊对此有何说法？"（《杂尼迦耶·班主经》）维杰塞克罗据此认为 naṭa 是指"喜剧演员"（Comedian）②。

巴利语三藏是公元前三世纪阿育王时代结集的上座部南传佛典，与波你尼时代相去不远。但依据迄今从巴利语三藏中钩稽的各种材料③，还不能确证巴利语三藏中具有明确的"戏剧"概念。倒是可以说，巴利语三藏中反映的种种表演艺术类似中国汉代的"百戏"。维杰塞克罗提供的上述这条巴利语材料，在汉译《杂阿含经》（刘宋求那跋陀罗译）卷第三十二中能找到相应译文："时有遮罗周罗那罗聚落主，来诣佛所，面前问讯慰劳。问讯慰劳已，退坐一面，白佛言：瞿昙！我闻古昔歌舞戏笑耆年宿士作如是说，若彼伎儿于大众中，歌舞戏笑作种种伎，令彼大众欢乐喜笑，以是业缘，身坏命终生欢喜天。于此瞿昙法中所说云何？"另外，在《别译杂阿含经》（失译人名，今附秦录）卷第七中也有相应译文："时彼城中有伎人主，号曰动发，往诣佛所。到佛所已，头面礼足，却坐一面，而作是言：瞿昙！我于昔者，曾从宿旧极老伎人边闻，于伎场上，施设戏

---

① B. 基思：《梵语戏剧》（牛津，1924），第 31 页。
② M. L. 伐罗德潘代和 S. 苏贝德尔编：《印度戏剧批评》（德里，1981），第 68 页。
③ 参阅 M. L. 伐罗德潘代《印度戏剧史》（新德里，1987），第 4 章。

具，百千万人，皆来观看，弹琴作倡，鼓乐弦歌，种种戏笑，所作讫已，命终之后，生光照天。如是所说，为实为虚？"这两种译文是根据梵语翻译的，但内容与巴利语文本基本一致。两位译者将 naṭa 译作"伎儿"或"伎人"。这些"伎儿"的表演手段是"歌舞戏笑作种种伎"（巴利语文本的用语是"真实和虚假"）。实际上，汉译者是将 naṭa 一词用作歌舞、杂技、魔术、滑稽、摹拟表演等等艺人的总称。看来，汉译者对 naṭa 一词的理解是符合历史实际的。因此，在公元前三、四世纪的印度，不存在真正的戏剧演员，但已有从事滑稽性摹拟表演的"戏笑"伎人，类似中国古代的"俳优"。正如俳优是中国戏剧的源头，naṭa 中的这类"戏笑"伎人也可以说是印度戏剧的源头。

波你尼之后，公元前二世纪的梵语语法家波颠阇利在他的著作《大疏》中论及现在时态有时也可以用于表述过去发生的事。他举例说："那些演员（śobhaṇika）让人目睹杀死刚沙和捆绑波利。画家在绘画中展现对刚沙的殴打和拽拉。说唱艺人只用语言表现。他们讲述生死命运，展示想象中的真实。"[①] "杀死刚沙和捆绑波利"是印度神话故事，属于过去发生的事。但表演、绘画和说唱艺术使它们仿佛发生在眼前，所以在表达时可以使用现在时态。这条材料中，用作"演员"的 śobhaṇika（词源是"优美的"、"装饰的"）一词，由于缺乏内证和旁证，很难断定是戏剧演员，还是舞蹈演员，或是摹拟演员。德国学者吕德斯甚至考定为"影子戏"艺人，但遭到其他学者的否定。

有关印度戏剧比较明确的最早记载见于现存梵语佛经《百譬喻经》（Avadānaśataka）和《天譬喻经》（Divyāvadāna）。《百譬喻经》是一部古老的譬喻经，属于小乘梵语佛典，成书年代可能在公元前，当然再早也不会早于巴利语三藏佛典。《天譬喻经》的成书年代要晚于《百譬喻经》，可能在公元一、二世纪。

《百譬喻经》第 75 则"青莲譬喻"讲述在王舍城的一个节日，来了一位南方戏班师傅（naṭācarya）。他的女儿名叫青莲，姿色迷人。每当她登上舞台，全场观众引颈观赏。后来，她闻听佛陀的名声，便上佛陀那儿

---

① 转引自 G. H. 德尔莱迦尔《舞论研究》（德里，1975）第 7 页。

表演富有性感的歌舞，致使众比丘神魂颠倒。于是，佛陀施展神通，使她幻变成一个白发缺齿的佝偻老妪。由此，青莲悟解人生无常的道理，皈依佛门。接着，佛陀讲述了两则前生故事。一则讲述他前生曾是王子迦尸孙陀利，在雪山石窟修行时，度化以歌舞向他献媚的紧那罗女（即青莲的前身）。另一则讲述他前生曾是国王迦罗古钱德。有一次，从南方来了一位戏班师傅。国王吩咐戏班演出"佛陀剧"（Bauddham Nāṭakam）。于是，戏班师傅亲自扮演佛陀，其他演员扮演众比丘①。

《百譬喻经》有三世纪吴支谦的汉译本《集撰百缘经》。这则"青莲譬喻"即支谦译本中的"舞师女作比丘尼缘"。两者故事内容基本一致，只是支谦译本中缺佛陀讲述的第二则前生故事。确实，在梵语原本中，这则前生故事与上下文衔接不严密。校刊者斯派尔（J. S. Speyer）认为这可能是梵语原本在传抄中出现的某种差池。但他又指出，藏语译本中的这部分与梵语原本完全一致。如果我们依据支谦译本判断，不外乎有三种可能性：一是支谦依据的是另一种梵语抄本，二是支谦删去了这则前生故事，三是这则前生故事是后来窜入梵语原本的。如果属于第三种可能性，那么它作为戏剧史料的价值又当别论了。

《天譬喻经》第 26 则"献尘譬喻"中讲到，优波笈多向大众宣讲佛法，摩罗进行干扰，在附近"搬演戏剧"（nāṭakam ārabdham），仙乐鸣奏，仙女表演，分散大众的注意力。最后，优波笈多降服摩罗，并吩咐摩罗显示佛陀形象。于是，摩罗进入密林，像"演员"（naṭa）那样，妆扮成佛陀。然后，他从密林中出来，同时幻化出其他形象，右边是舍利弗，左边是目犍连，后边是阿难，还有摩诃迦叶、阿尼娄驮、须菩提等大弟子和一千二百五十比丘，围成半月形②。

《天譬喻经》没有相应汉译本。但这则故事也见于五世纪元魏慧觉等译《贤愚经》卷十三第六十品（"优波毱提品"），其中也讲到魔王（即摩罗）幻化出"诸玉女，皆作伎乐"，以致"众人顾目，情不在法"。优波毱提降服魔王后，对魔王说："吾生末世，不见如来。闻汝神力能化作佛，

---

① 《百譬喻经》，J. S. 斯派尔校刊本第 2 卷（圣彼得堡，1909），第 24—30 页。
② 《天譬喻经》，E. B. 考埃尔和 R. A. 尼尔校刊本（剑桥，1886），第 357、361 页。

试为一现。我欲观之。"魔王便遵命"化身作佛"。正如同时代的吉迦夜等在《付法藏因缘传》中，将马鸣的戏剧《护国》译作"伎乐"，慧觉等在这里也将"诸玉女"表演的戏剧译作"伎乐"。

另外，《神通游戏》（Lalitavistara）是一部早期大乘佛经，讲述佛陀生平传说，可能成书于一、二世纪。据唐智升《开元释教录》记载，此经在中国先后有四译。其中第一译属于三世纪三国时代。第一译和第三译均已失传，现存第二译和第四译，即四世纪初西晋竺法护译的《普曜经》和七世纪唐地婆诃罗译的《方广大庄严经》。《神通游戏》第十二品（"现艺品"）提及少年释迦牟尼精通的各种技艺，其中包括"琵琶，乐器、舞蹈、歌唱、吟诵、故事、俳谑（或戏笑）、软舞、戏剧（nāṭya）、摹拟"①。与此相应处，《普曜经》笼统译作"歌舞伎乐，无事不博"，《方广大庄严经》笼统译作"管弦，歌舞，俳谑"。法护（Dharmarakṣa，音译昙摩罗察）和地婆诃罗（Divyākara，意译日照）都是印度来华僧人，自然知道 nāṭya 一词的真正含义。但中国西晋时代，戏剧尚未成型。唐代是中国戏剧成型期，"戏剧"的概念在初唐、中唐还不分明，直至晚唐才开始采用"杂剧"名称。因此，法护和地婆诃罗只能将 nāṭya（戏剧）勉强混在"歌舞伎乐"或"歌舞俳谑"中。

在汉译佛经中，还有一部六世纪隋阇那崛多译的《佛本行集经》，也是讲述佛陀生平传说，但篇幅比《神通游戏》庞大，成书年代可能晚于《神通游戏》。其中，第十一品（"习学技艺品"）提及少年释迦牟尼精通的各种技艺，与上引《神通游戏》相应处，阇那崛多译作"宫商律吕，舞歌戏笑，䪼咸（也作㖶噆——引者注）漫谈"。而在第四十九品（"舍利目连因缘品"）中，讲到舍利（即舍利弗）和目连（即目犍连）在出家前，曾参加一次节日集会。舍利"见彼大众，以种种伎，作诸音乐，或歌或舞，嬉戏受乐"。目连见"一伎人，以戏弄故，令大众喜。……大众呵呵大笑"。《佛本行集经》的梵语原本已失传，因而无法查核此处"戏弄"一词的梵语原文。估计，这种"戏弄"多半是滑稽性的摹拟表演，但也可能属于梵语戏剧的"独白剧"（Bhāṇa）。按照《舞论》的规定，这种独白

---

① 《神通游戏》，S. 莱夫曼校刊本（哈雷，1902），第 156 页。

剧由一个演员演出，通常扮作浪子或无赖，讲述自己或别人的遭遇，与想象中的人物对话，并伴以形体动作表演。现存最早的梵语独白剧是归在首陀罗迦名下的《莲花礼物》。此剧描写一个食客一路上遇见酸腐的诗人、蹩脚的教师、说话别扭的语法家、伪君子、放荡的婆罗门青年、嫖妓的比丘、怀春的少女，他一一予以揶揄和嘲弄。

我国唐代有一种称作"钵头"（又称"拨头"）的胡戏。据唐段安节《乐府杂录》记载："钵头——昔有人父为虎所伤，遂上山寻其父尸。山有八折，故曲八叠。戏者被发，素衣，面作啼，盖遭丧之状也。"[①]这里的"曲八叠"，如果不是单纯的伴奏或伴舞的乐曲，也包含演员自道遭遇的唱词，那就类似梵语"独白剧"（Bhāna，可以音译为"薄拿"、"钵拿"、"拨拿"或"般"）。在梵语戏剧中，还有一种与"独白剧"相近的独幕"笑剧"（Prahasana）。按照《舞论》的规定，笑剧有两种类型：一种表现苦行僧和婆罗门之间的可笑争论，含有低等人物的可笑言词；另一种表现妓女、侍从、两性人（或阉人）、浪子、无赖和荡妇，衣着、打扮和动作粗鄙，与世俗行为和狡诈伪善有关，包含浪子和无赖之间的争论。维格罗摩沃尔曼的《醉鬼传》（七世纪）是现存最早的梵语笑剧。此剧描写一个酩酊大醉的湿婆教托钵僧诬赖一个佛教徒偷窃他的钵盂，最后发现那只钵盂原来是给一只野狗叼走的。

笑剧和独白剧是印度古代广泛流行的戏剧形式，也是最容易通过民间渠道向外传播的戏剧形式。我国唐代有另一种称作"合生"的胡戏。据《新唐书》卷一一九记载，修文馆直学士武平一见宫宴上，"胡人袜子、何懿等唱合生，歌言浅秽"。于是，他上书谏曰："伏见胡乐施于声律，本备四夷之数，比来日益流宕，异曲新声，哀思淫溺。始自王公，稍及闾巷，妖伎胡人，街童市子，或言妃主情貌，或列王公名质，咏歌蹈舞，号曰合生。"这种所谓"歌言浅秽"、"哀思淫溺"、"倡优媟狎"的"合生"戏类似梵语笑剧。而"合生"可能就是梵语 Prahasana（笑剧）一词的音译略称。此词可以音译为"波罗合生"。它是由名词 hasana（"合生"，义为笑）加上前缀 pra（"波罗"）组成的。

[①]《中国古典戏曲论著集成》（一），中国戏剧出版社1980年版，第45页。

钵头和合生这两种胡戏源自印度。在唐代经由西域传入中国汉地。而比较繁复的梵语多幕戏剧虽然早已传入我国新疆，如马鸣的梵语九幕剧《舍利弗》以及七世纪写本回鹘文和吐火罗文A（焉耆文）二十七幕剧《弥勒会见记》，却没有完整地传至汉地。因此，直至隋唐的汉文典籍中，找不到这种高级戏剧概念。唐代戏剧是在钵头、合生和参军戏的基础上，向宋元杂剧发展的。

这种历史状况自然会曲折地反映在汉译佛经的译名上。前面已提到元魏吉迦夜和慧觉等将戏剧译作"伎乐"，西晋法护和唐地婆诃罗对nāṭya（戏剧）一词进行模糊处理。这里再回到隋阇那崛多译的《佛本行集经》。在第五十八品（"婆提利迦等因缘品"）中讲到，释童摩尼娄陀为请求释王婆提利迦与自己一同出家，"诣向释王婆提利迦所。于时释王婆提利迦从宫而出，在那吒迦喜乐之会，观看而坐。尔时释童摩尼娄陀作如是念，我今若入婆提利迦释王之会，必当妨他观看遨（也作游——引者注）戏。作是念已，便坐门颊。……尔时释王婆提利迦观看此会正喜乐时，会中有一音声妇女，手弹筝篌。当尔筝篌，有一弦断，其彼妇女，寻即还续。而那吒迦喜会中，无人觉者。唯有释王婆提利迦一人独知。摩尼娄陀在于门颊，亦知此事"。这段经文中提及的"那吒迦"是梵语nāṭaka一词的音译。阇那崛多在"那吒迦"下面加了夹注："隋云以歌说吉（也作古——引者注）事"。"那吒迦"在梵语中是戏剧，尤其是剧本的通称。同时，它也是《舞论》中规定的十种戏剧形式（"十色"）中的第一种戏剧名称。作为"十色"之一的"那吒迦"是一种多幕剧，以著名的传说为题材，以高尚的国王为主角。显然，阇那崛多也是找不出与"那吒迦"相应的汉译名称，只能采用音译，并加上夹注。所谓"以歌说古事"就是以歌唱（或吟诵）的方式表演故事，因为梵语戏剧的戏文以诗歌为主。这正如唐义净在《南海寄归内法传》卷第四中，描述戒日王的戏剧《龙喜记》："戒日王取乘云菩萨以身代龙之事，缉为歌咏，奏谐弦管，令人作乐，舞之蹈之，流布于代。"他又说："东印度月官大士作毗输安呾啰太子歌词，人皆舞咏"，"尊者马鸣亦造歌词"。义净在这里使用的"歌咏"或"歌词"实际是指剧本（"那吒迦"），与阇那崛多夹注的意义完全吻合。

综观以上观点和材料，并比照古希腊和中国戏剧的起源和发展情况，我们是否能初步得出这样的结论：古希腊戏剧起源于雅典时代酒神祭祀合唱队中的"答话"演员，成型于埃斯库罗斯的悲剧。中国戏剧起源于先秦时代的"俳优"，成型于唐代戏剧（以"参军戏"为标志）。印度戏剧起源于波你尼时代 naṭa 中的"戏笑"伎人。而它的成型时间还难以确指，只能说大约在公元前一、二世纪，或更宽泛一些，大约在公元前后一、二世纪之间。

（原载《外国文学评论》1990 年第 2 期）

印度古典诗学和西方现代文论

人类的认识是螺旋式上升的。文学理论是人类对文学现象的认识，自然也是螺旋式上升的。这就决定了东西古今学者循环往复，探讨共同的文学理论问题，也决定了东西古今文学理论的基本原理是相通的。

西方、印度和中国的古典文学理论体系是世界三大主要古典文学理论体系。西方古典文学理论以古希腊为源头，以欧洲为中心。印度雅利安语族属于印欧语系，公元前二千纪的《梨俱吠陀》是印欧语系最古老的诗歌总集。而两千余年印度古代文化的独立发展，产生了有别于欧洲的古典文学理论体系。但是，体系的不同并不意味文学原理的不同，而主要表现为理论形态的不同。

西方现代文学理论确实给人面目一新的感觉。它一方面体现对西方现代文学新现象的理论总结，另一方面体现在现代西方哲学、美学和社会思潮影响下，采取新的认识角度。尽管如此，西方现代文学理论依然是螺旋式上升的世界文学理论中的一环。它不仅与西方古典文学理论，而且与东方古典文学理论，在横向上平行，在纵向上贯通。从西方现代文学理论与印度古典诗学的一些相通之处，可以证实这一点。

庄严·曲语·奇特化

印度古典诗学主要是指梵语诗学。印度古代文学分为三个时期：吠陀时期、史诗时期和古典梵语文学时期。在吠陀时期和史诗时期，文学与宗教、神话、政治学、伦理学的关系密不可分，尚未成为一种独立的意识形态形式。而随着古典梵语文学的产生，印度文学进入自觉的时代。古典梵语文学可以不必依附宗教而独立存在，文学家开始以个人名义进行创作，自觉追求语言的艺术表现。梵语文学成为一种独立的意识形态后，势必引起梵语学者对它的性质和特征进行探讨。这种探讨的最早成果被吸收在梵语戏剧学著作《舞论》中。《舞论》将戏剧表演分为形体、语言、妆饰和心理四类。诗歌属于语言表演。《舞论》第十七章论述了诗相、庄严、诗德和诗病。其中的庄严、诗德和诗病成为后来梵语诗学的通用概念。早期梵语诗学的发展，一方面依傍梵语戏剧学，另一方面也借助梵语语言学。印度古代语言学（包括语音学、语法学和词源学）特别发达，为梵语诗学提供了坚实的理论基石。梵语语言学认为语言是"音和义的结合"。早期梵语诗学直接继承这个命题，认为诗是"音和义的结合"，而诗的语言和普通语言的区别在于诗的"音和义"是经过装饰的。

脱离梵语戏剧学而独立的现存第一部梵语诗学著作是七世纪婆摩诃的《诗庄严论》。"诗"（Kāvya）是指广义的诗即纯文学或美文学。"庄严"（Alaṅkāra）这个译名是沿用汉译佛经的译法，意思是修饰或装饰。这部著作与八世纪优婆吒的《摄庄严论》和楼陀罗吒的《诗庄严论》共同形成梵语诗学中的庄严论派。庄严论派认为诗是一个需要装饰的身体。诗的身体是音和义的结合。诗的装饰也依此分为音庄严和义庄严。音庄严是指产生悦耳动听的声音效果的修辞手法，义庄严是指产生曲折动人的意义效果的修辞手法。

婆摩诃在《诗庄严论》中论述了三十九种庄严，其中包括谐音和叠声两种音庄严，隐喻、明喻、夸张、奇想和双关等三十七种义庄严。婆摩诃认为"庄严是音和义的曲折表达"（I.36）。他说："诗人应该通过这种、那种乃至一切曲语显示意义。没有曲语，哪有庄严？"（II.85）"曲语"（Vakrokti）即曲折的话语。他还举例说："'太阳落山，月亮照耀，鸟儿回窝。'诸如此类，怎能称作是诗？那是直接陈述事实。"（II.87）这说明他认为曲语是文学语言和普通语言的区别所在。因此，他强调一切文学作品"都被希望具有曲折的表达方式"（I.30）。

婆摩诃在《诗庄严论》中还指出诗的逻辑不同于一般逻辑。他说："诗以经论为胎藏，但它呈现的逻辑特征有所不同。"（V.30）他要求"精通逻辑的人以不同的方式阐述诗的逻辑，因为诗涉及世界，而经论涉及真谛"（V.33）。也就是说，诗处理的是具体现象，而经论处理的是抽象真理。同时，诗采用曲折的表达方式，而经论采用逻辑的推理论式。在诗中，一些结论"即便不说出，也可以从文本意义中得知"（V.45）。

显然，庄严论派对文学语言与普通语言或文学作品与经论作品的区别作了认真思考，并确认庄严（即曲折的表达方式）是诗的本质特征。在梵语诗学中，与庄严论派同时发展的风格论派也持有同样的观点。风格论派既重视庄严，也重视风格。他们认为诗的风格由诗德构成。诗德是指诗中词汇组合的特殊性。檀丁（七世纪）在《诗镜》中将诗德称为"另一类庄严"（II.3）。也就是说，他将各种修辞方式和各种词汇组合的特殊性都视为"庄严"。同时，他说："形成诗美的因素被称作庄严。"（II.1）伐摩那（八世纪）在《诗庄严经》中也说："诗可以通过庄严把握。庄严是美。"（II.1.1、2）

九世纪以后，随着梵语诗中味论和韵论的崛起，"庄严"一词的含义逐渐被局限于修辞方式。而十一世纪恭多迦撷取庄严论的核心思想，提出曲语论。他在《曲语生命论》中给诗下的定义是："诗是音和义的结合，体现诗人的曲折表达，使知音欢愉。"（I.7）他将"曲折"一词解释为"不同于经论等等通常的音和义的结合"（I.7注疏），并将这种不同于科学语言和日常语言而"体现诗人创作技巧的曲折表达方式"命名为"曲语"（I.10）。曲语分为六类：一、词音曲折性，也就是庄严论中的音庄严。二、词干曲折性，是指惯用词、同义词、转义词、修饰词、复合词、词根、词性和动词等等的特殊运用。三、词缀曲折性，是指时态、格、数、人称和不变词等等的特殊运用。四、句子曲折性，也就是庄严论中的义庄严。五、故事成分曲折性，是指产生曲折动人效果的故事插曲或人物描写。六、整篇作品曲折性，是指创造性改编原始素材。在具体论述中，恭多迦也将味和韵纳入曲语范畴，认为味和韵也是诗人的曲折表达方式。总之，恭多迦坚持庄严论传统，认为曲语是诗的生命，文学的本质特征。他力图用曲语这个概念囊括一切文学表现手法。

庄严论从语言入手，探讨了诗的性质和特征，确立了梵语文学的独立地位。然而，什么是诗或什么是文学，将是一个永恒的问题。二十世纪初期，俄国形式主义又在更高层次上回到这个问题。印度庄严论旨在确认文学的独立性，而俄国形式主义者旨在确认文学科学的独立性。艾亨鲍姆在

《"形式方法"的理论》中说,俄国形式主义"是希望根据文学材料的内在性质建立一种独立的文学科学"①。他引用了雅各布森的说法:"文学科学的对象不是文学,而是'文学性',也就是说使一部作品成为文学作品的东西。"在雅各布森看来,唯有这样,才能不让文学现象沦为"哲学史、文化史、心理学等等"使用的"二流材料"②。

艾亨鲍姆明确指出,"把诗歌语言和日常语言相互对照"是俄国形式主义者"在诗学基本问题上研究工作的出发点"③。什克洛夫斯基在《艺术作为手法》中,将诗歌语言的特点概括为"奇特化"。他指出"艺术的手法就是使事物奇特化的手法,是使形式变得模糊、增加感觉的困难和时间的手法"④。他认为"在研究诗歌语言的语音构成成分和词汇构成成分、词的排列以及这些词所形成的语义结构时"⑤,总能发现这一特点。他最后给诗歌下的定义是:诗歌"是一种困难的、扭曲的话语。诗歌的话语是经过加工的话语"⑥。这个定义与印度庄严论中的庄严和曲语概念不谋而合。可以说,俄国形式主义诗学研究工作的出发点和结论与印度庄严论是一致的。

什克洛夫斯基还提到亚里斯多德也主张"诗歌语言应具有一种独特性,惊奇性"⑦。亚里斯多德《诗学》第二十至二十二章讨论诗的词汇和风格问题。他将字分成八类:"普通字、借用字、隐喻字、装饰字、新创字、衍体字、缩体字、变体字。"⑧ 他认为"使用奇字,风格显得高雅而不平凡;所谓奇字,指借用字、隐喻字、衍体字以及其他一切不普通的字"⑨。亚里斯多德的这一看法类似恭多迦在《曲语生命论》中提出的第二类曲语即词干曲折性。亚里斯多德还强调"尤其重要的是善于使用隐喻

---

① 托多罗夫编:《俄苏形式主义文论选》,蔡鸿滨译,中国社会科学出版社1989年版,第21页。
② 同上书,第24页。
③ 同上书,第25页。
④ 同上书,第65页。
⑤ 同上书,第75页。
⑥ 同上书,第77页。
⑦ 同上书,第76页。
⑧ 亚里斯多德:《诗学》,罗念生译,人民文学出版社1982版,第72页。
⑨ 同上书,第77页。

字",并认为这是"天才"的标志①。

俄国形式主义的奇特化理论与布莱希特的陌生化理论也有相通之处。布莱希特认为"戏剧必须使观众吃惊。要做到这一点就必须运用对熟悉的事物进行离间的技巧"②。在现实生活中,人们对熟悉的事物往往视若无睹。这也就是什克洛夫斯基所谓的感觉"自动化"。什克洛夫斯基认为运用奇特化艺术手法可以摆脱感觉"自动化",恢复对生活的感觉③。同样,布莱希特认为运用陌生化艺术手法可以使观众与戏剧保持一定间距,以惊奇的目光看到现实的真实面目。

俄国形式主义不仅将奇特化原理运用于诗歌语言,也运用于文学风格、体裁、主题、情节和叙事结构。俄国形式主义直接启发了文学结构主义。结构主义运用语言学术语,仿效语法分析,研究文学的结构或模式。文学是语言的艺术。从语言入手,无疑比较容易辨认和把握文学的特征。印度古代学者从诗歌修辞入手,创建独立的文学学科;俄国形式主义从诗歌语言入手,维护文学科学的独立性。两者共同的原因就在这里。然而,文学的语言、修辞、风格和结构终究只能说明文学的形式特征,而不能说明文学的全部特征。而且,就形式论形式,有时也未必能说透形式的奥秘。这也就形成印度庄严论和俄国形式主义的共同局限。

味·感情·普遍化

味论原本是梵语戏剧学的理论核心。婆罗多在《舞论》中给味(Rasa)下的著名定义是:"味产生于情由、情态和不定情的结合。"他解释说:"正如思想正常的人享用配有各种调料的食物,品尝到味,感到高兴满意,同样,思想正常的观众看到有关各种情的语言、形体和心理表演,品尝到常情,感到高兴满意。"(Ⅵ.31以下)由此可知,婆罗多所谓的味是指戏剧艺术的感情效应,即观众在观剧时体验到的审美快乐。

---

① 亚里斯多德:《诗学》,罗念生译,人民文学出版社1982年版,第81页。
② 伍蠡甫主编:《现代西方文论选》,上海译文出版社1983年版,第157页。
③ 托多罗夫编:《俄苏形式主义文论选》,蔡鸿滨译,中国社会科学出版社1989年版,第65页。

按照《舞论》的规定，味有八种：艳情味、滑稽味、悲悯味、暴戾味、英勇味、恐怖味、厌恶味和奇异味。与八种味相对应的八种常情是爱、笑、悲、怒、勇、惧、厌和惊。常情也就是人的基本感情。这犹如中国传统将人的感情概括为"七情"："喜怒哀惧爱恶欲"（《礼记·礼运》）或"六情"："好恶喜怒哀乐"（《左传·昭公二十五年》）。婆罗多在味的定义中没有提及常情。但结合他的解释，意思还是清楚的：戏剧通过语言、形体和心理表演，展示情由、情态和不定情，激起常情，观众由此品尝到味。其中，情由是指感情产生的原因，如剧中人物和有关场景；情态是指感情的外在表现，如剧中人物的语言和形体表现。不定情是指辅助常情的三十三种变化不定的感情，如忧郁、疑虑、妒忌、羞愧、傲慢等等。它们也有各自的情由和情态。《舞论》对每种味的情由、情态和不定情（包括不定情的情由和情态）都作了细致的规定。

感情是艺术的要素之一。艺术的创作和欣赏都离不开感情因素。《舞论》实质上认为感情是戏剧的灵魂，因为按照婆罗多的说法："离开了味，任何意义都不起作用。"（Ⅵ.31 以下）当然，在梵语戏剧味论产生之前，梵语诗人也已在创作实践中，意识到感情是诗的生命。史诗《罗摩衍那》中关于蚁垤仙人创造输洛迦诗体的传说便是明证①。但是，在梵语诗学摆脱戏剧学独立时，诗学家主要关注的是诗的修辞和风格。他们也不是没有意识到味的存在，而只是将味纳入诗的修辞。婆摩诃的《诗庄严论》和檀丁的《诗镜》都将"有味"列为修辞方式之一。他们对"有味"的理解也是朴素的：只要诗中明显表现某种常情，就含有某种相应的味。后来，随着梵语戏剧学家对味论的深入探讨，梵语诗学家才越来越重视味论。于是，欢增（九世纪）的《韵光》将味和韵视为诗的灵魂。楼陀罗跋吒（十世纪）的《艳情吉祥痣》也将味论全面引入诗歌领域。

新护（十世纪）在《舞论注》中，总结前人的研究成果，对味论作了深刻的阐释。按照新护的观点，味是普遍化（sādhāraṇīkaraṇa）的知觉（或感情）。诗人描写的是特殊的人物和故事，但传达的是普遍化的知觉。同样，观众观看的是特殊的人物和故事，但品尝的是普遍化的知觉。这里

---

① 参阅《罗摩衍那·童年篇》，季羡林译，人民文学出版社1980年版，第2章。

的关键是诗歌或戏剧中的特殊的人物和故事经过了普遍化处理。具体地说，当观众观赏戏剧时，演员的妆饰掩盖了演员本人的身份，观众直接将演员视为剧中人物。演员失去此时此地作为演员的时空特殊性。演员运用形体和语言表演剧中的情由、情态和不定情。这些特殊的情由、情态和不定情寓有普遍性，它们在观众的接受中得到普遍化。剧中人物失去彼时彼地的时空特殊性。这样，情由、情态和不定情呈示或暗示的常情，引起观众普遍的心理感应。因为每个观众都具有心理潜印象，这是日常生活经验的心理沉淀。在日常生活中，人们在一定的情境下，会激发某种常情；也能依据一定的情境，判断他人心中的常情。观众在观赏戏剧时，剧中普遍化的情由、情态和不定情，唤醒了观众心中的常情潜印象。观众自我知觉到这种潜印象，也就是品尝到了味。这种味永远是快乐的，因为它是一种超越世俗束缚的精神体验。

如果说文学是语言的艺术，同样也可以说文学是感情的艺术。味论从文学接受的角度，对文学中的感情因素作了全面深入的探讨。这在古代文明世界中是无与伦比的。苏珊·朗格就称赞说，印度批评家"对戏剧感情的各个方面的理解"，"远远超过其西方的同行"[①]。

苏珊·朗格的文艺符号学的基本精神与味论是一致的。苏珊·朗格给艺术下的定义是："艺术是人类情感的符号形式的创造。"[②]依照文艺符号学理论，味论中的情由和情态便是传达人类感情的符号形式。在戏剧中，这些符号形式表现为演员的妆饰、形体动作和语言。事实上，《舞论》对各种角色的妆饰和形体（如手、足、头、胸、腹、股、臀乃至眼、眉、颊、唇和颏）的动作都作了具体的规定，已经达到程式化或符号化。在文学中，这些符号形式则完全表现为语言。戏剧和文学正是通过这些符号形式传达常情。苏珊·朗格也强调艺术符号形式是表现人类的普遍感情，而不是发泄艺术家的个人感情，这正如文艺符号学奠基者卡西尔所说："造型形式、音乐形式、诗歌形式""具有真正的普遍性"。"审美的普遍性意味着，美的宾语不是局限于某一特殊个人的范围而是扩展到全部作评判的

---

① 苏珊·朗格：《情感与形式》，刘大基等译，中国社会科学出版社1986年版，第374页。
② 同上书，第51页。

人们的范围。如果艺术品只是某一个别艺术家的异想天开的激情冲动,那它就不具有这种普遍的可传达性。"①

艾略特诗学理论中的"客观关联物"和"非个性化"也与味论相通。艾略特在《哈姆雷特》中说:"用艺术形式表现感情的唯一途径是找到一个'客观关联物',换言之,找到一组对象、一个情境、一系列事物,作为那种特殊感情的配方。这样,一旦赋予以感觉经验为归宿的外部事实,就能立刻唤起感情。"② 这段话仿佛就是对《舞论》中味的定义的诠释。艾略特还在《传统与个人才能》中强调"艺术的感情是非个人的"。他说:"诗不是放纵感情,而是逃避感情,不是表现个性,而是逃避个性。"③ 这里主张的感情非个性化也与味论的感情普遍化相契合。

艾略特诗学理论和味论之间这两点相通之处,印度学者早已揭示,现在几乎已成为印度比较诗学话题中的典范例举或老生常谈。艾略特早年曾在哈佛学习梵文和巴利文,研究印度哲学和佛教,深受印度文化熏染。他后来在1946年的一次广播讲话中说:"我以前学过印度古代语言,那时我的主要兴趣在哲学,同时也阅读一些诗歌。我知道我自己的诗歌明显受到印度思想和情感的影响。"④ 鉴于这层背景,推断艾略特和梵语诗学之间存在因缘关系,也不无道理。然而,在囿于自身传统的西方学者眼中,艾略特的"客观关联物"原理只是"从法国象征主义诗人的理论与实践中,引申而得的一切观点的总结"⑤。同样,"非个性化"原理只是"回头重温亚里斯多德的理论"⑥。换言之,亚里斯多德早就说过"诗所描述的事带有普遍性"⑦。

印度学者也经常指出味论中的心理潜印象(Vāsanā)与现代心理学中的无意识相通。无意识有弗洛伊德的个体无意识和容格的集体无意识之分。味论中的心理潜印象更接近容格的集体无意识。按照容格的观点,集

---

① 卡西尔:《人论》,甘阳译,上海译文出版社1985年版,第185页。
② F. 克莫德编:《T. S. 艾略特文选》(纽约,1975),第48页。
③ 戴维·洛奇编:《二十世纪文学评论》上册,上海译文出版社1957年版,第138—139页。
④ 转引自 A. N. 德维威迪《美国文学中的印度思想和传统》(新德里,1978),第222页。
⑤ 卫姆塞特和布鲁克斯:《西洋文学批评史》,颜元叔译,中国人民大学出版社1987年版,第615、612页。
⑥ 同上书,第612页。
⑦ 亚里斯多德:《诗学》,罗念生译,人民文学出版社1982年版,第65页。

体无意识是从原始时代起，世世代代遗传下来的"原始意象的古老的原型"，"是我们祖先的无数典型经验的形式化结果"，"无数同类经验的精神残留物"①。新护在《舞论注》中说，人的心理潜印象是没有起始的。他还在《韵光注》（Ⅱ.4）中用《瑜伽经》的观点解释说，正像人的欲望是永恒的，人的心理潜印象也是没有起始的。即使它们处在不同的生命、地点和时间，依然持续不断。这里的意思是说，按照轮回的观念，每个人都经历过无数次转生（既可转生为人，也可转生为神魔或动物），积累了各种各样的心理潜印象。因此，观众具有一致的心理潜印象，能对剧中人物（包括神魔和动物）产生一致的心理潜感应。

容格认为集体无意识或原型是伟大的艺术奥秘所在。他在《心理学和文学》中指出，艺术家"作为人，他可以有情绪、意志和个人的目的，而作为艺术家，他是更高意义上的'人'——他是'集体的人'——是肩负着并铸造着人类无意识的精神生活的人"。正因为如此，"每一件伟大的艺术品都是客观的和非个人的，但仍然能够深深打动我们每个人"。②容格的艺术创作论是直接针对弗洛伊德的。弗洛伊德的艺术创作论建筑在个体无意识上，因而注重艺术家个人的生活经验和精神表现。尽管如此，我们发现弗洛伊德也还是在一定程度上注意到艺术创作中的普遍化因素。他在《创造性作家与白日梦》中指出，作家成功的技巧有两条：一是"通过一番更动和伪装，使他那以自我为中心的白日梦的性质趋于柔和"；二是"在表达他的幻想时通过他所提供的纯形式上的即美学的快感产物来引诱我们上钩"③。这第一条就是指作家削弱白日梦中纯粹属于个人的因素，以便他的作品能为读者普遍接受。

韵·暗示·象征

梵语诗学中的韵论认为韵是诗的灵魂。欢增在《韵光》中给韵下的定

---

① 蒋孔阳主编：《二十世纪西方美学名著选》上册，复旦大学出版社1987年版，第457—458页。
② 戴维·洛奇编：《二十世纪文学评论》上册，上海译文出版社1957年版，第333—337页。
③ 同上书，第74页。

义是:"若诗中的音和义将自己的意义作为附属而暗示那种暗含义,智者们称这一类诗为韵。"(I.13)"韵"(Dhvani)这个词是借用梵语语法术语。按照梵语语法理论,一个词由几个音组成,其中个别的音不能传达任何意义,只有这几个音连接在一起才能传达某种意义。这种能传达某种意义的声音就叫做"韵"。梵语诗学中的韵论正是受此启发,对词的功能作了认真探讨,从而将诗中暗示的因素或暗含的内容称作韵,或将具有暗示的因素或暗含的内容的诗称作韵诗。

具体地说,传统的梵语语法家和哲学家确认词有两种基本功能——表示和转示,由此产生两种词义——表示义和转示义。表示义是指词的本义或字面义。转示义是指词的转义或引申义。而韵论派发现词还有第三种功能——暗示,由此产生第三种词义——暗示义或暗含义。他们认为诗的灵魂,或者说诗的最大魅力就在于这种不同于表示性和转示性的暗示性。

在韵论派关于词的功能的论述中,最常用的例举是"恒河上的茅屋"这个短语。在这个短语中,"恒河"一词按照本义不适用,因为茅屋不可能坐落在恒河上。因此,"恒河"一词必须依据词的转示功能引申理解为"恒河岸"。然而,这个短语的意思并非仅止于此。说话者的意图是用这个短语暗示这座茅屋濒临恒河,因而凉爽、圣洁。

韵论派发现词的暗示功能,是对梵语诗学的创造性贡献。庄严论派主要着眼于字面义的曲折表达,在批评实践中有时难免捉襟见肘。前面提到婆摩诃在《诗庄严论》中认为,"太阳落山,月亮照耀,鸟儿回窝"这类语句是直接陈述事实,缺乏以曲折性为特点的修辞方式,因而不能算作诗句。而现在,曼摩吒在《诗光》中依据韵论指出,"太阳落山……"这一表述在各种特定语境下,可以暗示各种特定意义,诸如"袭击敌人的时间到了"、"你该去会见情人了"、"你的情人就要来了"、"我们该收工了"、"赶牛入栏吧"等等(V.47注疏)。

欢增在《韵光》中,从暗示的内容和暗示的因素两个角度对韵作了广泛的探讨和细致的分类。韵究竟分成多少类?毗首那特说5355类,新护说7420类,曼摩吒说10455类。应该说,这些数字都是理论上的推算。倒是欢增本人的说法比较圆通:"谁能数清韵的大小分类?我们指出的只是方向。"(III.44)我们这里暂且可以采用最简化的说法,将韵分成三类：本事韵、庄严韵和味韵。它们分别暗示诗中的思想内容、修辞和味。而欢增更重视的是味韵。他认为味通常是被暗示的。直接表示味和情的词，如艳情、滑稽、悲悯、暴戾、英勇、恐怖、厌恶和奇异，或者，爱、笑、悲、怒、勇、惧、厌和惊，既不能刻画味，也不能激发味。诗人必须刻画味所由产生的景况及其表现，即有关的情由、情态和不定情，借以暗示味。这样，味就能作为一种被暗示的意义传达给读者，激起读者内心潜伏的感情，从而真正品尝到味。欢增对味韵的这种阐释，完全可以借用中国诗学的一句名言："不著一字，尽得风流。"（《诗品·含蓄》）

欢增还以韵为准则，将诗分成三类：韵诗、以韵为辅的诗和画诗。韵诗是指诗中的暗示义占主要地位。以韵为辅的诗是指诗中表示义占主要地位而暗示义占附属地位，或者表示义和暗示义占同等地位。画诗是指诗中缺乏暗示义。此后，韵论派通常将这三类诗分别称作上品诗、中品诗和下品诗。

钱锺书在《管锥编》中论述中国诗学"神韵"时说，打通东西文论。他对印度韵论的核心思想作了准确的概括："古印度说诗，亦有主'韵'（Dhvani, sound, echo, tone）一派，'韵'者，微示意蕴（Vyaṅgya, suggested sense），诗之'神'髓，于是乎在（Dhvani is definitely posed as the 'soul' or essence of poetry）。"[①] 他还指出，北宋范温"释'韵'为'声外'之'余音'遗响，足征人物风貌与艺事风格之'韵'，本取譬于声音之道，古印度品诗言'韵'，假喻正同"[②]。

在西方现代文论中，象征主义尤为注重文学暗示手法。钱锺书在《谈艺录》中论"白瑞蒙论诗与严沧浪诗话"时说，法国神甫白瑞蒙《诗醇》（1925）一书"发挥瓦勒利之绪言，贵文外有独绝之旨，诗中蕴难传之妙（l'expression de l'inéffable），由声音以求空际之韵，甘回之味。……五十年来，法国诗流若魏尔伦、马拉美以及瓦勒利辈谈艺主张，得此为一总结"[③]。

---

① 钱锺书：《管锥编》第四册，中华书局1979年版，第1359页。
② 同上书，第1364页。
③ 钱锺书：《谈艺录》，中华书局1984年版，第268页。

法国象征主义诗人中，马拉美对"象征"的阐释特别接近印度韵论原理。他在《关于文学的发展》中说："与直接表现对象相反，我认为必须去暗示。""指出对象无异是把诗的乐趣四去其三。诗写出来原就是叫人一点一点地去猜想，这就是暗示，即梦幻。"象征就是"一点一点地把对象暗示出来，用以表现一种心灵状态"①。

爱尔兰诗人叶芝的象征主义理论与马拉美一脉相承。他在《诗歌的象征主义》中说"所有声音、颜色、形式，或者因为它们固有的力量，或者因为丰富的联想，都能激起那种虽然难以言喻但确实无误的感情"。②他强调诗人要善于组合"声音"、"颜色"和"形式"，借以唤起某种感情。他将这种唤起感情的象征称作"感情的象征"。同时，他认为还有一种"理性的象征"，即"唤起观念或混着感情的观念"的象征③。可以说，叶芝这里所谓的"感情的象征"相当于印度韵论中的"味韵"，而"理性的象征"相当于"本事韵"。

柏格森的直觉主义美学观点中，也有与"味韵"类似的表述。柏格森在《时间与自由意志》一书中说："诗人是这样一种人：感情在他那儿发展成形象，而形象本身又发展成言词，言词既遵循韵律的法则又把形象表达了出来。在看到这些形象掠过我们眼前时，我们便体验到这种感情。"④他也强调艺术中的感情是暗示的，并且说："我们经验的每一种感觉，只要是被暗示的，而不是被引起的，都会带上美的性质。"⑤

正因为暗示是一种带有普遍性的文学表现法则，这就要求读者具备艺术感悟能力。欢增在《韵光》中说道："唯有通晓诗义真谛的人，才能领会暗示义。"（I.7）作者在创作中运用暗示手法，需要想象力。读者体会作品的言外之意，同样需要想象力。而且，文学理解不同于科学推理。作品的言外之意往往大于作者的主观意图，也给读者留下了创造性阅读的余地。所以，古今文论中，均有论者主张尊重读者创造性阅读

---

① 伍蠡甫主编：《西方文论选》下卷，上海译文出版社1979年版，第262页。
② 戴维·洛奇编：《二十世纪文学评论》上册，上海译文出版社1957年版，第52页。
③ 同上书，第57页。
④ 伍蠡甫主编：《现代西方文论选》，上海译文出版社1983年版，第91页。
⑤ 同上书，第92页。

的权利。

钱锺书在论述"禅与诗"时，探讨了这种阅读现象。他举出中国诗学中的"诗无达诂"、"作者未必然，读者何必不然"，也举出西方文论中诺瓦利斯、瓦勒利、普鲁斯特、艾略特等人的言论，并认为这些对于"当世西方显学所谓'接受美学'、'读者与作者眼界溶化'、'拆散结构主义'，亦如椎轮之于大辂焉"[①]。当然，读者的创造权利也不是无限的。钱锺书在论述"易与诗"时说："诗也者，有象之言，依象以成言；舍象忘言，是无诗矣，变象易言，是别为一诗甚且非诗矣。"[②]因此，读者只能依据诗人在作品中提供的语言形象，引发联想，感悟与诗人一致或不尽一致的言外之意或象外之旨。

余论

庄严论、风格论、味论和韵论是梵语诗学发展过程中形成的四个主要理论流派。从十一世纪开始，梵语诗学进入对前人成果加以综合的时期。在这个时期出现的综合性梵语诗学著作一般都以某一流派理论为核心，全面纳入其他流派理论。例如，恭多迦的《曲语生命论》以庄严论为核心，曼摩吒的《诗光》以韵论为核心，毗首那特的《文镜》以味论为核心。西方现代文论流派纷呈，变化无常。尽管其中不乏标新立异、偏执一端的倾向，但确实对文学诸多因素作了前所未有的深入开掘。这就为后人站在新的历史高度，综合各种流派理论中的合理成分，构建比较完整的文学理论体系或诗学通论奠定了基础。

艾布拉姆斯在《镜与灯》中，确认作品、作者、世界和读者为文学研究的四大要素。这种四要素说较之"三 R"说即作者（Writer）、作品（Writing）和读者（Reader）三要素说，更切合文学研究实际。完整的文学理论体系应该全面、科学地说明这四大要素及其相互关系。同时，在操作过程中，必须高度重视东西古今文学及其理论中相通的成分。因为超越

---

① 《钱锺书论学文选》第三卷，花城出版社1990年版，第52页。
② 钱锺书：《管锥编》第一册，中华书局1979年版，第12页。

时空而相通的成分往往是文学理论的最可靠依据，代表着人类文学的共同规律和基本原理。

（原载《外国文学评论》1991 年第 1 期）

梵语文学修辞例释

引言

梵语诗学是从修辞学起步的。婆罗多的《舞论》（Nāṭyaśāstra）是一部戏剧学著作，约产生于公元前后不久，定型于四、五世纪。它将诗歌视为戏剧中的语言表演，在第十六章论述了四种庄严、十种诗德和十种诗病。跋底（约六、七世纪）的《跋底的诗》（Bhaṭṭikāvya）是一部以叙事诗形式介绍梵语语法的著作，其中第十章介绍了三十八种庄严。现存最早脱离戏剧学和语法学而独立的梵语诗学著作是七世纪婆摩诃的《诗庄严论》（Kāvyālaṅkāra）和檀丁的《诗镜》（Kāvyādarśa）。《诗庄严论》第一章论述诗的功能、性质和类别，第二和第三章论述庄严，第四和第五章论述诗病，第六章论述词的选择。《诗镜》第一章论述诗的类别、风格和诗德，第二和第三章论述庄严和诗病。这两部诗学著作论述的重点是庄严、诗病、诗德和风格，因此，也可以说是修辞学著作。

"庄严"（alaṅkāra）一词是沿用汉译佛经的译法，本义是修饰或装饰。在早期梵语诗学中，它有狭义和广义两种用法。狭义是指修辞，广义是指诗美。当时，梵语诗学家探讨的诗美因素有庄严（即修辞方式）、诗德、风格和味。婆摩诃着重探讨庄严，认为庄严是诗美的主要因素。八世纪的优婆吒和九世纪的楼陀罗吒遵循婆摩诃的观点，继续深入探讨庄严。他们形成梵语诗学中的庄严论派。檀丁与婆摩诃不同。他既重视庄严，也重视诗德和风格。八世纪的伐摩那进一步认为风格是诗的灵魂。他俩形成梵语诗学中的风格论派。在九世纪以后，随着梵语诗学中味论和韵论的崛起，"庄严"一词逐渐失去它的广义，而专指修辞方式。

婆摩诃给诗下的定义是："诗是音和义的结合。"由此，庄严也分成"音庄严"和"义庄严"两类。音庄严是指能产生悦耳动听的声音效果的修辞手法。义庄严是指能产生曲折动人的意义效果的修辞手法。婆摩诃认为庄严的实质是"曲语"，即"音和义的曲折表达"。而文学语言和普通语言的区别就在于此。

婆摩诃在《诗庄严论》中论述了三十九种庄严，包括谐音、叠声两种音庄严和隐喻、明灯、明喻等三十七种义庄严。檀丁在《诗境》中也论述了三十九种庄严，包括四种音庄严和三十五种义庄严。优婆吒在《摄庄严论》（Alaṅkāra-saṅgraha）中论述了四十一种庄严，包括四种音庄严和三十七种义庄严。他基本上沿袭婆摩诃的庄严排列次序和定义。但他对许多庄严的辨析比婆摩诃更严密，在梵语诗学中产生深远影响。楼陀罗吒在《诗庄严论》（Kāvyālaṅkāra，与婆摩诃的著作同名）中论述了六十八种庄严，包括五种音庄严和六十三种义庄严。他将义庄严归纳为本事、比喻、夸张和双关四大类，对有些庄严的辨析也表现出与婆摩诃和优婆吒不同的独立见解。但后期的梵语诗学家依然更倾向于接受优婆吒的庄严观点。

在后期庄严论著作中，对庄严的辨析更趋细致。十二世纪鲁耶迦的《庄严论精华》（Alaṅkārasarvasva）论述了八十一种庄严；十三、十四世纪胜天的《月光》（Candrāloka）论述了一百零八种庄严；十六世纪阿伯耶·底克希多的《莲喜》（Kuvalayānanda）论述了一百十五种庄严。在后期重要的综合性梵语诗学著作中，十一世纪曼摩吒的《诗光》（Kāvyaprakāśa）论述了六十九种庄严，十四世纪毗首那特的《文镜》（Sāhityadarpaṇa）论述了六十八种庄严。

本文是对婆摩诃《诗庄严论》、檀丁《诗镜》、优婆吒《摄庄严论》和曼摩吒《诗光》中的庄严例释的综合。以《诗庄严论》中的三十九种庄严为基础，分成音庄严和义庄严两部分，依次补入后三部著作新增的庄严。其中也对少数名异实同的庄严，作了适当归并。这样，总共为音庄严七种，义庄严六十六种。

本文材料出处：婆摩诃《诗庄严论》依据 P. V. Naganatha Sastry 编订本（德里，1970 第 2 版）；檀丁《诗镜》依据 S. K. Belvalkar 编订本（浦那，1924）；优婆吒《摄庄严论》依据 N. D. Banhatti 编订本（浦那，

1982，第 2 版）；曼摩吒《诗光》依据 R. C. Dwivedi 编订本（德里，1970）。

一　音庄严

1. 谐音（anuprāsa）："重复使用相同的字母。"（婆摩诃）例如：

kim tayā cintayā kāntātitāntā
（这位可爱的女郎是因忧愁焦虑而憔悴不堪的吗？）

这里重复使用辅音 t、复辅音 nt、双音节 tayā 和单音节 tā。

也可以使用同音同义的单词。例如：

dṛṣṭim dṛṣṭisukhām dhehi candraścandramukhoditaḥ
（面如皎月的人啊，月亮已经升起，请换上令人悦目的目光。）

这里重复使用 dṛṣṭi（目光）和 candra（月亮）两个单词。这种重复使用一个或若干单词的谐音也被称作"罗德谐音"。

优婆吒和曼摩吒将谐音分为"智者谐音"（chekānuprāsa）、"风格谐音"（vṛttyanuprāsa）和"罗德谐音"（lāṭānuprāsa）。智者谐音是指若干字母重复使用一次。风格谐音是指一个或若干字母重复多次，并依据重复使用的有关字母，分为甜蜜、壮丽和柔和三类。

2. 叠声（yamaka）："重复使用同音异义的音组。"（婆摩诃）它分为五种：头叠声、腹尾叠声、音步叠声、连珠叠声和四音步叠声。梵语诗节分成四个音步。头叠声是指同一音步头部中的音组重复。例如：

sādhunā sādhunā tena rājatā rājatā bhṛtā ǀ
sahitam sahitam kartum saṅgatam saṅgatam janam ǁ
（为了联合盟友，为了团结众人，
这个高尚的人现在执掌王权。）

这首诗中四个音步的头部都有同音异义的音组重复。腹尾叠声是指同一音步腹部和尾部中的音组重复。音步叠声是指音步重复（婆摩诃所举例子是第二和第四音步重复）。连珠叠声是指头叠声和腹尾叠声的混合。四音步叠声是指四个音步同一部位的音组互相重复（婆摩诃所举例子是四个音步尾部音组互相重复）。

3. 双关（śleṣa）：婆摩诃将双关分为音双关和义双关。但他对这种区分未作具体说明。优婆吒认为音双关是"词音读法完全相同"，而义双关是"词形相同，而词音读法有所不同"。例如：

> 她的光辉手臂犹如清晨的太阳，嫩芽一般艳红，
> 她赐予难得的成果，犹如清晨赐予早祷的成果。

在这首诗的梵文原文中，bhāsvatkara 一词兼有"光辉的手臂"和"太阳"两义，词音读法完全相同，所以是音相关。asvāpa 一词兼有"难得的"和"早祷的"两义。词形相同而词音读法有所不同，前者为 a-su-āpa，后者为 a-svāpa，所以是义双关。而曼摩吒不同意优婆吒的这种观点。他认为优婆吒所谓的两种双关都属于音双关。他指出音双关和义双关的区别在于前者的双关词不能用其他同义词替代，而后者的双关词可以用其他同义词替代。例如：

> 啊，小人的行为与秤杆多相似，
> 加一点，往上翘，减一点，往下落。

这首诗是义双关。诗中的双关词句"加一点，往上翘，减一点，往下落"，可以用"多给些，往上翘，少给些，往下落"或其他同义词句替代。

4. 图案（citra）：将音节排列成某种格式或图案。檀丁列举了牛尿（gomūtrika）、半旋（ardhabhrama）和全旋（sarvatobhadra）。牛尿是指一首诗的两行，既能自左至右横读，也能按照音节上下交叉阅读。例如：

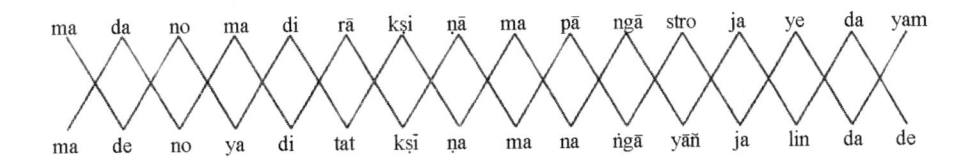

| ma | da | no | ma | di | rā | kṣi | ṇā | ma | pā | ṅgā | stro | ja | ye | da | yam |

| ma | de | no | ya | di | tat | kṣi | ṇa | ma | na | ṅgā | yāñ | ja | lin | da | de |

（如果爱神能以女人的醉眼秋波为武器战胜我，消除我的罪孽，我就向这位无形之神合十致敬。）

半旋是指一首诗的四个音步，既能自左至右横读，也能按照音节自左至右旋读。例如：

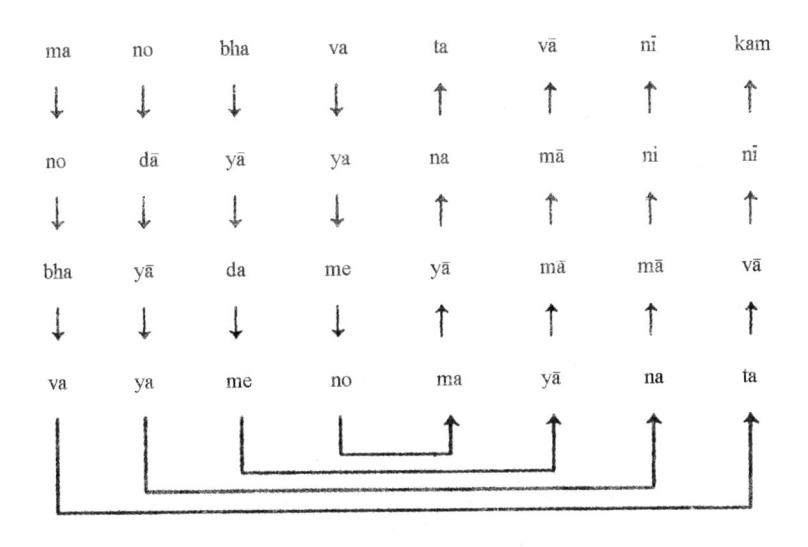

ma	no	bha	va	ta	vā	nī	kam
↓	↓	↓	↓	↑	↑	↑	↑
no	dā	yā	ya	na	mā	ni	nī
↓	↓	↓	↓	↑	↑	↑	↑
bha	yā	da	me	yā	mā	mā	vā
↓	↓	↓	↓	↑	↑	↑	↑
va	ya	me	no	ma	yā	na	ta

（爱神阿，不是说你的骄傲的娘子军不会取胜，而是别让我们这些罪人心惊胆颤，痛苦不堪。）

全旋是指一首诗的四个音步，既能自左至右和自右至左横读，也能按照音节自左至右和自右至左旋读。例如：

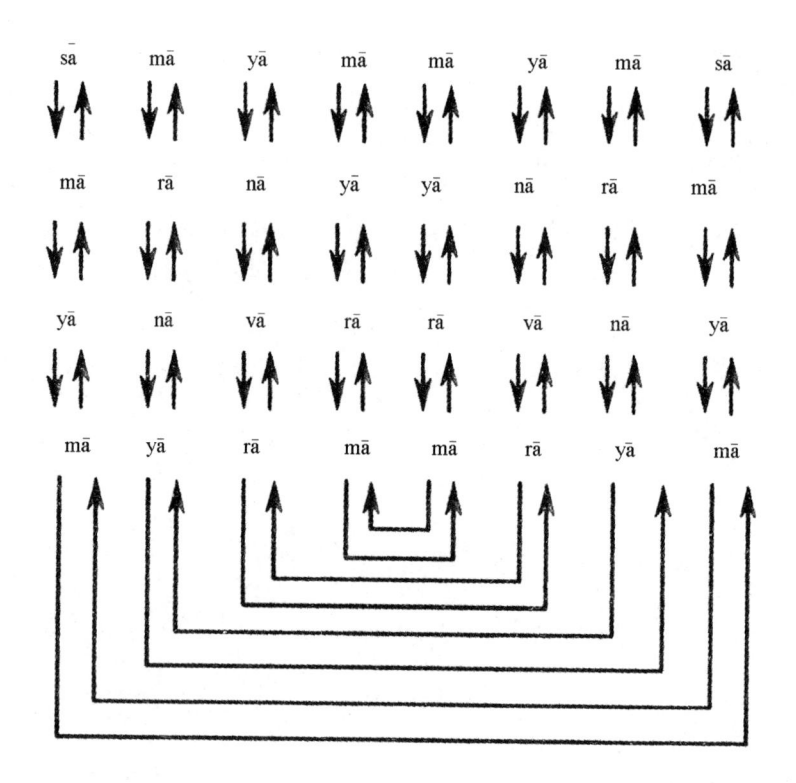

```
sā    mā    yā    mā    mā    yā    mā    sā
↓↑    ↓↑    ↓↑    ↓↑    ↓↑    ↓↑    ↓↑    ↓↑
   mā    rā    nā    yā    yā    nā    rā    mā
   ↓↑    ↓↑    ↓↑    ↓↑    ↓↑    ↓↑    ↓↑    ↓↑
      yā    nā    vā    rā    rā    vā    nā    yā
      ↓↑    ↓↑    ↓↑    ↓↑    ↓↑    ↓↑    ↓↑    ↓↑
         mā    yā    rā    mā    mā    rā    yā    mā
```

（她美丽迷人，宛如仙子，送来无穷烦恼，表明爱神驾到，月光下，她的脚镯叮当作响，布下罗网，引我走向死亡。）

曼摩吒还提到将音节排列成"剑、鼓和莲花等等"图案。

5. 隐语（prahelikā）："在游戏、娱乐、集会中，或当众与知心商议，或为了迷惑他人，使用隐语。"（檀丁）例如：

　　我在这个花园里，看见一株蔓藤，
　　它长有五根枝条，各有一簇红花。

这里，蔓藤隐指手臂，五根枝条隐指五个手指，红花隐指指甲。又如：

　　你与那个驼背女人相处，情真意浓，

> 对这些胜似天女的美女,却不这样。

这里,驼背女人(kubjā)隐指曲女城女子(kānyakubjā)。

严格地说,隐语也像双关一样,应该分属音庄严和义庄严。上举第一例属于义庄严,第二例属于音庄严。

6. 貌似重复(punaruktavadābhāsa):"词形不同,词义仿佛相同。"(优婆吒)这是说,诗中有些词形不同的词,初看仿佛词义相同,但实际上,词义并不相同。例如:

> 那时以来,青项身披优质象皮,无所执著,
> 光阴流转,忍受着失去萨蒂的忧伤之火。

青项是大神湿婆的称号。萨蒂是湿婆的妻子,她因父亲歧视湿婆而自焚。在这首诗的梵文原文中,kuñjara(优质)是多义词,一般先读作"象",这样就与nāga(象)词义重复。kālagala(光阴流转)初看仿佛也是青项的意思,这样就与śitikaṇṭha(青项)词义重复。而实际上,这些词义并不重复。

7. 曲语(vakrokti):婆摩诃将"曲语"(即曲折的表达方式)视为一切庄严的共同特征。而在后期梵语诗学中,曲语成为一种庄严的名称。曼摩吒对这种音庄严的界定是:"通过双关或语气,一种意义变成另一种不同的意义"。例如:

> 哎,你的思想如此残忍,不知由谁造成?
> 只听说思想含有三德,从不含有木头!

按照印度数论哲学,万物含有善、忧、暗三德。在这首诗中,答话者利用dāruṇā(残忍)一词含有dāru(木头)一词,改变问话者的问话意义。又如:

> 他听从长辈的吩咐,就要出门去远方,朋友啊!

> 在黑蜂嗡嗡、杜鹃声声的芬芳季节，不会回来。

这是女主人公对女友的诉说。而女友在回答时，只要将"不会回来"改成疑问语气"不会回来？"就能变成"肯定会回来"的意思。

二 义庄严

1. 隐喻（rūpaka）："依据相似性，用喻体描绘本体的性质。"（婆摩诃）它分成全体隐喻和部分隐喻两种。例如：

> 这些高耸的云象喷洒水液，
> 形成彩虹，使人们兴高采烈。

在这首诗中，云比喻象，水（雨水）比喻液（象在春情发动时颞颥处淌出的液汁）。这是全体隐喻。

> 这些雨云戴着闪电腰带和仙鹤花环，
> 它们发出沉重声响，惊吓了我的爱人。

在这首诗中，腰带比喻闪电，花环比喻组成环形飞翔的仙鹤。这首诗实际上是以戴着腰带和花环的象比喻伴有闪电和仙鹤的雨云。但诗中没有提到象，所以是部分隐喻。

2. 明灯（dīpaka）："照亮意义。"（婆摩诃）这是说，诗中某个词语为各句共用，犹如一盏明灯照亮所有的事物。它按照共同词语出现在诗中的部位，分为头、腹和尾三种。例如：

> 迷醉产生热烈的愿望，愿望（产生）抑制傲慢的爱，
> 爱（产生）相会的渴求，渴求（产生）难以忍受的烦恼。

这首诗中的"产生"一词为各句共用。它位于全诗头部，因此是头部

明灯。

> 夏天使一座座森林不再满目树皮,
> (使)河流(不再)干枯,(使)旅人(不再)思念。

这首诗中的"夏天使……不再"这组词语为各句共用。它在梵文原诗中,位于全诗尾部,因此是尾部明灯。

3. 明喻(upamā):"本体和喻体在地点、时间和功能方面不同,但有某种相似性。""用如、像表达两个不同事物的相似性。"(婆摩诃)例如:"这细腰女郎如同青藤。"

4. 对偶喻(prativastūpamā):"将相似的事情平列,即使不使用如、像,相似性也显而易见。"(婆摩诃)例如:

> 有多少有德之士,他们的财富为天下善人共享?
> 有多少路边之树,它们的枝头挂满成熟的甜果?

长在路边树上的果子,常常等不到完全成熟,就被过往行人摘掉。这首诗采用对偶句式,以路边树上甜果稀少比喻人间有德之士罕见。

5. 略去(ākṣepa):"表面上略去要说的话,而实际上想要强调。"(婆摩诃)它分为"将说"和"已说"两种。例如:

> 倘若没有你,哪怕是片刻时间,我也心焦。
> 就这样吧,何必对你再说别的伤心话呀!

这首诗中女主人公略去将要说的话是"我恐怕会死去"。

> 你凭勇力征服了世界,却不傲慢,令人惊奇。
> 但是,天下有哪座桥梁会使大海改变神色?

这首诗的后半部分略去没说的话是"这理所当然,无须惊奇"。但"惊奇"这个意思已在诗的前半部分说出。

6. 补充（arthāntaranyāsa）："说了一种意义，再说另一种意义，以补充前一种意义。"（婆摩诃）例如：

> 你准备深入可怕的敌营，无所畏惧，
> 英雄的灵魂预知前途是凶还是吉。

这首诗的后面一句补充说明前面一句：因为英雄都具有大智大勇，对自己采取的军事行动充满必胜的信心，所以无所畏惧。婆摩诃说："如果使用'因为'一词，表示原因，那么，所说之话意思完善，'补充'就更加明显。"例如：

> 山岳负载向它们走来的沉重的乌云，
> 因为唯有更沉重者才能支撑沉重者。

7. 较喻（vyatireka）："通过喻体显示本体优异。"（婆摩诃）例如：

> 你眼睛有白有黑，有睫毛，有铜的光亮，
> 然而，白莲和青莲，或者全白，或者全黑。

这首诗中，用白莲和青莲比喻一位女子的眼睛，并且显示这位女子的眼睛比白莲和青莲更美丽。婆摩诃对较喻的界定是本体优于喻体（即"强喻"）。后来有些梵语诗学家如楼陀罗吒等认为喻体也可以优于本体（即"弱喻"）。例如：

> 月亮一次一次亏缺，但又一次一次圆满，
> 美人啊，别生气，笑一笑，青春一去不复返。

这首诗中，喻体月亮优于本体青春。

8. 藏因（vibhāvanā）："不说原因，只说产生的结果，但不难理解。"

（婆摩诃）例如：

> 孔雀不因醉酒而发狂，四方不因渴望而激动，
> 尼波树不因抹香而芬芳，河水不因恶人而浑浊。

这首诗描写雨季。但它没有说出雨季，只是描写由雨季造成的景象。

9. 合说（samāsokti）："在讲述一种意义时，通过共同的特征表达另一种意义，形成意义的叠合。"（婆摩诃）例如：

> 这棵树有躯干，高大，挺拔，坚固，
> 无蛇，硕果累累，却被狂风刮倒。

这首诗表达的另一种意义是正直高尚的人遭逢不幸。

10. 夸张（atiśayokti）："超越日常经验。"（婆摩诃）例如：

> 月光胜过花色，七叶树消失不见
> 只有凭蜜蜂的嗡嗡声才能推断。

11. 罗列（yathāsaṅkhya）："依次展示许多独立的、不同的事物。"（婆摩诃）例如：

> 你的面庞、光辉、目光、步履、言语和发髻，
> 胜过莲花、月亮、蜜蜂、大象、杜鹃和孔雀。

这首诗中的各种事物是依照比喻的关系罗列的。

12. 奇想（utprekṣā）："有某种相似性，但与性质和功能无关，因此主旨不在相似性，而与夸张相关。"（婆摩诃）例如：

> 这些火焰名叫金苏迦，它们窜上树顶，
> 仿佛俯瞰林中燃烧和未燃烧的树木。

这首诗是将金苏迦花比作火焰。金苏迦花和火焰之色泽上有相似性。但这种相似性与两者的性质和功能无关。然而，诗人将火焰的燃烧功能也赋予金苏迦花，因此具有夸张性。这种庄严以比喻为基础，但比一般的比喻更具有想象的或幻想的成分。

13. 自性（svabhāva）："如实描写。"（婆摩诃）例如：

> 这孩子吆喝，呼救，哭叫，绕圈奔跑，
> 用棍子驱赶闯入庄稼地里的牛群。

檀丁对这种庄严的界定是："具体地展示各种情况中的形象。"例如：

> 有弯曲的红嘴角，有柔软的绿羽毛，
> 有三色脖子，这些甜言蜜语的鹦鹉。

14. 有情（preyas）：婆摩诃对这种庄严没有界定，只是提供了一个例子——维杜罗对来访的黑天说道：

> 黑天啊，今天你来到我家，让我高兴，
> 但愿你以后能再次来访，让我高兴。

檀丁对这种庄严的界定是："令人愉快的陈述。"优婆吒的界定较为具体："通过情态等等显示爱等等常情"。例如：

> 她的心中涌起愿望，与爱子之情相仿，
> 将这小鹿抱在怀里，用言语加以抚慰。

这首诗通过描写女主人公的种种情状，显示她的慈爱之情。

15. 有味（rasavat）："明显展示艳情等等味。"（婆摩诃）檀丁认为这种庄严的本质是"含有八种味"。他对八种味——艳情、暴戾、英勇、悲悯、厌恶、滑稽、奇异和恐怖，都举了例子。这是暴戾味：

> 他曾经当着我的面，揪住黑公主的发髻，
> 这个难降，这个罪人，岂能让他多活片刻？

16. 有勇（ūrjasvi）：婆摩诃对这种庄严没有界定，只是提供了一个例子——迦尔纳对沙利耶说道："我迦尔纳射箭哪有射第二回的？"檀丁对这种庄严的界定是："高傲。"例如：

> 你别以为自己是挑衅者而恐惧，
> 我的剑从来不攻击别人的后背。

檀丁说："一个勇士说着这番话，放走在战斗中陷入困境的敌人，诸如此类的描写称作'有勇'。"而优婆吒的界定是："由于爱、愤怒等等，情和味超出常规。"从婆摩诃和檀丁举的例子可以看出，诗中描写的英勇超出一般的英勇。

17. 迂回（paryāyokta）："用另一种方式表达。"（婆摩诃）例如，黑天对童护说道："在家里或在外面，凡是精通经典的婆罗门不吃的食品，我们也不吃。"在这里，黑天以迂回的方式表达"防止中毒"的意思。檀丁对这种庄严的界定更为具体："不直接说出想要说的事，而用另一种方式说出，达到同样的目的。"例如：

> 这只杜鹃正在乱啄芒果花骨朵，
> 我去赶走它，你俩放心留这里吧！

这首诗描写一位女子将她的女友带到情人幽会的地点后，借口自己去赶杜鹃，实际是告诉他俩可以无所顾忌地调情了。

18. 神助（samāhita）：婆摩诃对这种庄严没有界定，只是提供了一个例子——"这些刹帝利妇女去会见罗摩，正走着，那罗陀出现在她们前面"。这个例子是说某些妇女幸运地遇见那罗陀仙人，他将帮助她们顺利

到达罗摩那里。檀丁对这种庄严的界定是:"刚刚开始做某件事,遇到好运,获得意外帮助。"例如:

> 为了消除她嗔怒,正要跪在她脚下,
> 老天爷爷帮我忙,这时响起雷鸣声。

19. 高贵(uddāta):婆摩诃对这种庄严没有界定,只是提供了一个例子——"坚强的罗摩听从父王的吩咐,抛弃到手的王权,前往森林"。婆摩诃说另外有些人认为这种庄严"涉及各种宝石等等"。例如:"贾那吉耶在夜里走到难陀的游戏厅,凭那些渗出的水珠知道这个游戏厅是用月亮宝石铺成的。"檀丁对这种庄严的界定是:"心灵或物质财富的无比伟大。"因此可知,婆摩诃所举的第一个例子是表现"心灵的无比伟大",而第二个例子是表现"物质财富的无比伟大"。

20. 双关(śleṣa):"本体的本质由喻体的性质、功能和名称体现。"(婆摩诃)婆摩诃解释说,这个定义也适用于隐喻。但隐喻要求同时描写喻体和本体。而在双关中,只要描写喻体,即可同时表现本体。他还按表现方式,将双关分成"共说"、"明喻"和"原因"三种。例如:

> 路边树木和伟大人物为他人谋福利,
> 提供荫凉,无蛇,容易攀登,赐予果实。

这首诗提供描写路边的树木(喻体)表现伟大人物(本体)的品质:提供庇护,无恶,容易接近,赐予恩惠。这是"共说"双关。

> 明君似云,高居天上,受世人宠爱,
> 伟大,雨水充沛,解除大地的炎热。

这首诗通过描写天上的云(喻体)表现贤明君王(本体)的特征:身居高位,受臣民爱戴,广施恩惠,解除世界苦难。这是"明喻"双关。

> 你与大海相同，拥有珍宝，深不可测，
> 不越出自己的界限，养育许多生物。

这首诗通过描写大海（喻体）颂扬国王（本体）拥有财富，无比伟大，恪守正道，养育百姓。这是"原因"双关（因为这首诗按照梵文原文直译是"你与大海相同，由于拥有珍宝……"）。

21. 否定（apahnuti）："由于否定真实存在的事物，其中的比喻有点隐蔽。"（婆摩诃）例如：

> 这不是迷醉的蜂群发出的嗡嗡声，
> 而是正在拉开的爱神之弓的弦音。

这首诗以爱神的弓弦之声比喻蜂群的嗡嗡之声。但它的表现方式是否定真实的蜂群的嗡嗡之声，代之以想象的爱神的弓弦之声。曼摩吒对这种庄严的解释是："否定本体的真实性，确认喻体的真实性。"

22. 殊说（viśeṣokti）："失去某种性质，依然保持另一种性质，以显示其特殊（或优异）。"（婆摩诃）例如：

> 爱神以花箭为战斗武器，独自战胜三界，
> 湿婆剥夺他的形体，剥夺不了他的力量。

据印度神话，大神湿婆用自己的第三只眼中射出的火焰，将爱神化为灰烬。这首诗描写爱神虽然失去形体，但依然保持着力量。而曼摩吒对这种庄严的界定是："即使原因充足，也不产生结果。"他将"殊说"分成三类：未提及理由，提及理由和理由不可思议。例如：

> 太阳升起，睡意已消，女友来到门旁，
> 丈夫放松拥抱，她却依然搂住不放。

这是第一类殊说。诗中女主人公此刻应该起床的原因充足，而她依然赖着

不起。理由是贪恋情爱，但诗中没有提及。

> 向勇气无敌的爱神致敬！他尽管被焚化，
> 如同樟脑，但依然在人人心中发挥力量。

这是第二类殊说。诗中提及的理由是爱神"勇气无敌"。

婆摩诃所举的例子属于曼摩吒的第三类殊说。湿婆毁灭了爱神的身体（原因），自然也就毁灭了他的力量（结果）。但由于不可思议的（或神秘的）理由，没有产生这种结果。

23. 对立（viruddha）："叙述事物的一种特质或功能能与另一种性质或功能对立，以显示其特殊（或优异）。"（婆摩诃）例如：

> 阵地临近花园树荫而凉爽，
> 却使远处的敌人炎热难挡。

这首诗通过描写阵地的两种对立的功能——使我军感到凉爽，使敌军感到炎热，称颂我军的威力。曼摩吒对这种庄严的界定是："即使事实上没有矛盾，而说成仿佛有矛盾。"

24. 等同（tulyayogitā）："即使地位较低，但表明性质相同，所作所为相同。"（婆摩诃）例如：

> 千头蛇、喜马拉雅山和你，伟大，沉重和坚定，
> 你们不越出自己的界限，稳住动荡的大地。

千头蛇是印度神话中支撑大地的一条神蛇。这首诗描写某位国王与千头蛇和喜马拉雅山品质相同，所作所为相同。通过这三种等同，颂扬这位国王。

25. 间接（aprastutapraśaṃsā）："称述文本中没有提及的事。"（婆摩诃）例如：

> 看！这些树上的果子不费人力，
> 按时大批成熟甜蜜，令人欢喜。

这首诗是以特殊见一般，称述天意安排的美事，无须人为努力。曼摩吒将这种庄严分为五类：以原因见结果，以结果见原因，以一般见特殊，以特殊见一般，以某物的同类见某物。

26. 褒贬（vyājastuti）："褒扬伟大的品质，并试图指出某种相似性，实际上贬抑。"（婆摩诃）例如：

> 罗摩劈开七棵娑罗树，持斧罗摩劈开苍鹭山，
> 你做出什么类似业绩，达到他的百分之一？

曼摩吒对这种庄严的界定是："表面上责备或赞扬，实际意思相反。"

27. 例证（nidarśanā）："通过某种特殊行为，教诲某种意义，不使用如、像等词。"（婆摩诃）例如：

> 太阳光辉减弱，准备落山，
> 它在提醒富人：盛极必衰。

28. 相似隐喻（upamārūpaka）："用喻体体现本体的性质，说明具有相似性。"（婆摩诃）例如：

> 仙女用以映照如月面容的明镜，
> 测量天空的标尺，湿婆之足万岁！

这首诗用仙女的明镜和天空的标尺比喻大神湿婆的脚，说明它们之间具有相似性，借以赞美大神湿婆，檀丁将这种庄严归入隐喻。他举的例子是：

> 这张月亮脸因酒醉而泛红，
> 与升空而发晕的月亮相对。

这首诗取美人的脸庞因酒醉而泛红和月亮因升空而发晕两者之间的相似性，以月亮比喻美人的面庞。优婆吒略去了这种庄严。后期的梵语诗学家一般也不单列这种庄严。

29. 互喻（upameyopamā）："喻体和本体互相交换。"（婆摩诃）例如：

> 芳香，悦目，饮酒之后兴奋泛红，
> 你的脸像莲花，莲花像你的脸。

30. 共说（sahokti）："用一句话讲述同时发生的两件事情。"（婆摩诃）例如：

> 因霜降而朦胧，促成热烈拥抱，
> 夜晚与情人的欢爱一同延长。

这首诗用一句话同时描述夜晚和情人的欢爱。曼摩吒对这种庄严的界定是："通过'一同'（saha）这个词义的力量，一句话表达两个意义。"他举的例子是：

> 幸运的人啊，她与你分别后，
> 沉重的叹惜与日夜一同增长，
> 突涌的眼泪与珠镯一同坠落，
> 生命的希望与柳腰一同衰弱。

31. 交换（parivṛtti）："放弃某物而获得另一特殊之物，而且含有'补充'。"（婆摩诃）例如：

> 他给予求告者财物，获得名誉财富，
> 这是造福人类的贤士们的坚定誓愿。

这首诗描写主人公施舍财物而获得名誉。诗中还含有"补充"庄严，即用最后一句补充说明前一句。但其他梵语语法学家并不强调这种庄严需要含有"补充"庄严。曼摩吒对这种庄严的界定是："事物之间平等或不平等的交换。"例如：

> 风儿给予开花蔓藤优美的舞姿，
> 而获得浓郁的、无与伦比的芳香；
> 同时，蔓藤获得旅人的青睐，哎呀，
> 却给予他们烦恼、痛苦、哭泣和迷茫。

这里，风儿和蔓藤之间的交换是平等的，而蔓藤和旅人之间的交换是不平等的。

32. 疑问（sasandeha）："描述本体和喻体的异同，以疑问的方式达到赞美的目的。"（婆摩诃）例如：

> 这是月亮吗？它在白天不闪耀。
> 这是爱神吗？弓箭上没有花朵。
> 即使我出于惊奇而观察思考，
> 还是不能对你作出最后结论。

这首诗以月亮和爱神比喻一位国王的英姿。但它是以疑问的方式提出的。

33. 自比（ananvaya）："以本体为喻体，表明无与伦比。"（婆摩诃）例如：

> 嘴唇被蒟酱叶染红，牙齿洁白闪光，
> 眼睛宛如青莲，你的脸只像你的脸。

34. 部分奇想（utprekṣāvayava）："含有双关、某种程度的奇想和隐喻。"（婆摩诃）例如：

> 由于同样的开始和停止，太阳落山时，
> 疲倦的白天仿佛进入黑暗的卧室休息。

这首诗中，"开始和停止"（指白天）也可读作"升起和落下"（指太阳），含有双关。将白天和太阳相比，含有奇想。"黑暗卧室"是用卧室比喻黑暗，含有隐喻。但其他梵语诗学家一般不单列这种庄严，或将它归入"混合"庄严。

35. 混合（saṃsṛṣṭi）："含有多种庄严，像串联而成的珠宝项链。"（婆摩诃）例如：

> 你既深沉又轻快，拥有丰富的珍宝，
> 而你容易为人侍奉，大海却难以把握。

这首诗中，"既深沉又轻快"（指大海）也可读作"既尊严又灵活"（指国王），含有双关。以大海比喻国王，含有隐喻。而显示国王的品质优于大海，含有较喻。

36. 生动（bhāvika）："这是整篇作品的性质，其中过去和未来之事如同活现眼前。它的成因是故事具体、崇高和奇妙，适宜表演，语言晓畅。"（婆摩诃）婆摩诃没有举例说明这种庄严。优婆吒将婆摩诃的定义简化为"过去和未来之事如同活现眼前，内容十分奇妙，语言晓畅"。曼摩吒进一步将这个定义简化为"过去和未来之事如同活现眼前"。他举的例子是：

> 我看见你眼睛上曾经涂抹的黑眼膏，
> 我看见你的肢体上将要佩戴的金首饰。

37. 祝愿（āśis）："它运用在不伤害友情的语言中。"（婆摩诃）例如：

> 这位朋友恭恭顺顺俯伏在地，
> 请你抛弃嗔怒，紧紧把他拥抱，

像乌云及时向文底耶山降雨，
让他用喜悦的泪水为你沐浴。

檀丁对这种庄严的界定是："向对象表达良好的愿望。"例如："但愿超越语言和思想的至高之光保佑你们。"而其他梵语诗学家一般都不接受这种庄严。

38. 原因（hetu）：檀丁对这种庄严没有界定，只是将它分成"所作因"（kārakahetu）和"令知因"（jñāpakahetu）两类。例如：

拂动成熟的檀香树叶，
摩罗耶风使众人喜悦。

这首诗中，摩罗耶风是所作因。由于它拂动檀香树叶，传播香气，使众人喜悦。

月光和檀香水都无法抑止你身体的热度，
不难知道，朋友啊，你心中受着爱情的煎熬。

这首诗中，身体的热度是令知因。依据它的无法抑止，推知主人公害了相思病。

优婆吒提出的"诗因"（kāvyaliṅga）和曼摩吒提出的"推理"（anumāna）都可以归入这种庄严。优婆吒对"诗因"的界定是："得知此事，使想起或体会到彼事。"曼摩吒对"推理"的界定是："叙述理由和结论。"

39. 微妙（sūkṣma）："通过动作或姿态暗示意义。"（檀丁）例如：

情人处在人群中，无法询问："我俩何时幽会？"
这个女子见此情形，合上她手中摆弄的莲花。

这首诗中的女子用合上莲花这个动作向情人暗示在夜晚幽会，因为莲花在夜晚合拢。

  40. 掩饰（leśa）："掩饰事情的细微破绽。"（檀丁）例如：

> 见我汗毛直竖，卫兵会发现我与公主相爱，
> 啊哈，有办法了："哦，森林里的风多凉快！"

这首诗中的主人公以林风凉快为借口，掩饰自己因兴奋而汗毛直竖这个"细微破绽"。曼摩吒将这种庄严称作"借口"（vyājokti）。他下的定义是："真实情况已经泄漏，仍借口掩饰。"

  41. 诗喻（kāvyadṛṣṭānta）："不如使用如、像等等譬喻词，清晰地展示与描写对象相似的事物。"（优婆吒）例如：

> 你还絮叨什么，赶快走吧，去找丈夫！
> 条条大河奔腾，不见大海，怎会止步？

在这首诗中，用大河比喻妇女，用大海比喻丈夫，用大河奔向（或汇入）大海比喻妇女寻找（或会见）丈夫。优婆吒所谓"诗喻"中的喻（dṛṣṭānta）是借用印度逻辑术语，意思是"例证"。因此，这首诗也可以说是以大河奔向大海为例，论证妇女寻找丈夫。

  42. 花环明灯（mālādīpaka）："每个前面的事物辅助后面的事物。"（曼摩吒）例如：

> 你来到战场，挽弓上弦，与敌人开战，
> 国王啊，立刻，弓得到箭，箭（得到）头颅，
> 头颅（得到）大地，大地（得到）你，国王啊！
> 你（得到）洁白的荣誉，荣誉（得到）三界。

这首诗中的共用词是"得到"。而得到的事物前后相连，形成"花环"。这种庄严实际上可以归入"明灯"，作为"明灯"的一种分类。

  43. 没有（vinokti）："有此物，没有彼物，或好，或不好。"（曼摩

吒）例如：

> 没有夜晚，月亮无光；没有月亮，夜晚黑暗弥漫；
> 没有夜晚和月亮，情人的爱情火花不会闪烁。

这是有此物，没有彼物，结果不好。

> 这位王子，没有那个鹿眼女郎，
> 他处理事务，闪发智慧的光芒；
> 这位王子，没有那个朋友，
> 他的那颗心，美如月亮。

这是有此物，没有彼物，结果好。

44. 积集（samuccaya）："一种原因造成某种结果，其他原因也造成同样结果。"（曼摩吒）例如：

> 爱神之箭难以抵挡，情人远在一方，心儿焦躁，
> 呼吸艰难，青春年少，爱情浓烈，家族名声清白，
> 女性天生柔弱，眼下正值春季，死神不肯降临，
> 女伴们又不机灵可爱，这样的离别怎能忍受？

这首诗描写多种原因产生同一结果——别离的痛苦。又如：

> 纯洁的家族，优美的体型，博学的思想，
> 强劲的臂力，丰富的财富，完整的权力，
> 这些是幸运之物，会使常人变得骄慢，
> 而对于你，国王啊，它们是前进的动力。

这首诗描写各种"幸运之物"对常人产生的唯一结果是变得骄慢，而对这位国王产生的唯一结果是变成前进的动力。

45. 连续（paryāya）："一件事物连续在多处出现。"（曼摩吒）例如：

> 你所处的地位越来越高，
> 致命的毒药啊，是谁安排的？
> 最初在海中，后来在湿婆颈项，
> 现在你居住在恶人的舌尖上。

据印度神话，众天神和阿修罗搅乳海时，搅出一种能毁灭世界的毒药，大神湿婆为了拯救世界，吞下毒药。结果，毒药将湿婆的脖子烧成青色。这首诗描写毒药连续出现在海中、湿婆颈项和恶人舌尖。曼摩吒认为另一类"连续"庄严是："多件事物连续在一处出现。"例如：

> 恶人的话最初甜蜜漂亮，
> 噛，分明是甘露源源流淌，
> 后来却成为痴迷的缘由，
> 仿佛里面藏着烈性毒药。

这首诗描写甘露和毒药连续出现在恶人的话中。

46. 有意味（parikara）："陈述中的形容词有意味。"（曼摩吒）例如：

> 这些威武的弓箭手，以骄傲为财富，
> 因财富而荣耀，在战场上赢得荣誉，
> 他们既不抱成一团，也不四分五裂，
> 为了实现国王的意愿，甘愿献出生命。

诗中有关弓箭手的形容词中，"以骄傲为财富"意味武士精神，"因财富而荣耀"意味贵族身份，"既不抱成一团，也不四分五裂"意味不结党营私，而一心为国王效命。

47. 排除（parisaṅkyā）："在叙述中，无论提问与否，确认一物，排除类似的另一物。"（曼摩吒）例如：

世上坚固的装饰是什么？是名誉，不是宝石。
正确的行为是什么，是善人的善行，不是恶行。
不受蒙蔽的视力是什么？是理智，不是眼睛。
除了你，还有谁知道善恶之间的真正区别。

这是提问式排除。下面这首诗是非提问式排除：

虔信湿婆而非财富，执著学问而非女人，
忧虑名誉而非身体，通观伟人，大都如此。

48. 原因花环（kāraṇamālā）："每个前面的事物成为后面的事物的原因。"（曼摩吒）例如：

控制感官而有修养，有修养而品德优秀，
品德优秀而得民心，得民心而繁荣富强。

这首诗中描写的事物，前者依次成为后者的原因，形成"花环"。

49. 互为原因（anyonyam）："通过一个行动，两个事物互为原因。"（曼摩吒）例如：

湖泊为天鹅增美，天鹅为湖泊添色，
湖泊和天鹅，互相提高自己的身价。

50. 回答（uttara）："从回答中能猜出所提的问题，或者，作出不止一个出人意料的回答。"（曼摩吒）例如：

家里有一个蓬头散发的儿媳，
商人啊，我们哪还有象牙和虎皮？

这首诗是一位老人对商人的回答，意思是他的儿子沉溺于新婚之乐，耽误了狩猎。从这个回答中，可以猜出商人提出购买象牙和虎皮的问题。

> 什么不平坦？命运之路。
> 什么为可取？赏识美德。
> 什么是幸福？有个贤妻。
> 什么难把握？艰难世界。

这首诗中含有四个机智巧妙的回答。

51. 递进（sāra）："越来越高，达到顶峰。"（曼摩吒）例如：

> 王国中，精粹的是大地；大地中，是城市；城市中，是宫殿；
> 宫殿中，是卧床；卧床中，是美女——爱神的全部生命。

52. 分离（asaṅgati）："形成因果关系的两个事物出现在不同地点。"（曼摩吒）例如：

> 谁有伤口谁疼痛，这种说法不牢靠，
> 小妾脸上有齿痕，大妾二妾心疼痛。

这首诗描写丈夫与小妾调情留下的印记，引起大妾二妾嫉妒。齿痕在小妾脸上，却痛在大妾二妾心上，这是因果分离。

53. 相配（sama）："两者结合恰当。"（曼摩吒）例如：

> 奇妙啊，奇妙啊，多奇妙！
> 出于天意，创造主巧为安排，
> 纴婆树结满果子，有待品尝，
> 众乌鸦变成为咀嚼的行家。

54. 不相配（viṣama）："两者极不相配，不可能结合；行动者不获得行动的成果，而出现相反的结果；原因的性质和行为分别与效果的性质和行为相对立。"（曼摩吒）例如：

> 这位大眼女郎的肢体比希舍利花还柔嫩，
> 而她的爱情之火却像谷糠之火那样灼热。

这首诗是描写女郎的柔嫩肢体和灼热的爱情之火仿佛"极不配合，不可能结合"。

> 兔子惧怕辛希迦的儿子，以月亮为庇身之地，
> 而辛希迦的另一个儿子，连同月亮将它吞下。

据印度神话，辛希迦的两个阿修罗儿子，一个叫盖耶，另一个叫罗睺。这首诗描写兔子"以月亮为庇身之地"的行动"出现相反的结果"。

> 他的长剑像多罗树一样黝黑，
> 而在每次战斗中，一接触他的手，
> 就会产生名誉，像秋月一样洁白，
> 成为三界的装饰，你看多么奇妙！

在这首诗中，原因（长剑）的性质（黝黑）与效果（名誉）的性质相对立。

> 眼如莲花的女郎啊，你使我满心欢喜，
> 而由你造成的分离，却烧灼我的身体。

在这首诗中，（女郎）的行为（使主人公欢喜）与效果（分离）的行为（烧灼主人的身体）相对立。

55. 增益（adhika）："容纳者较小，而被说成比被容纳者更大，或被容纳者较小，而被说成比容纳者更大。"（曼摩吒）例如：

> 国王啊，三界的胸膛多么宽广，
> 容纳了你的无法衡量的荣誉。

这里，国王的荣誉无法衡量，也就是比三界的胸膛大。尽管三界的胸膛（容纳者）较小，但被说成比国王的荣誉（被容纳者）更大。

> 世界毁灭之时，黑天撤回自我，
> 万物在他的身体中自由存在；
> 在这样的身体中，却容纳不下
> 因圣仙到来而产生的喜悦。

这里，尽管因圣仙到来而产生的喜悦（被容纳者）较小，但被说成比黑天的身体（容纳者）更大。

56. 敌对（pratyanika）："不能对付敌手，便羞辱与敌手有关者。这种描写是为了赞美敌手。"（曼摩吒）例如：

> 你的容貌胜过爱神，美男子啊，她深深爱你，
> 爱神仿佛恼羞成怒，折磨她，同时用箭五支。

这首诗描写男主人公的容貌胜过爱神，于是，爱神"折磨"男主人公的恋人，让她陷入爱情的痛苦。这种描写是为了赞美男主人公。

57. 淹没（milita）："由于某种无论是天生的还是外加的共同特征，一种事物淹没另一种事物。"（曼摩吒）例如：

> 目光在眼角颤动，言语甜蜜婉转，
> 步履娇美而缓慢，面容妩媚可爱，
> 这一切是鹿眼女郎的天生丽质，
> 即使双足呈现醉态，也不易觉察。

这里鹿眼女郎的天生丽质与醉态有相似的特征，前者淹没了后者。

> 你的敌人始终躲在雪山洞穴，
> 丧魂落魄，生怕你会发起攻击，
> 即使他们汗毛竖起，浑身颤抖，
> 智者也不知道这是出于恐惧。

这里，寒冷和恐惧造成的相似性，前者淹没了后者。

58. 连珠（ekāvalī）："每个后面的事物被确认或否认属于前面的事物。"（曼摩吒）例如：

> 城中有美女，美女有美貌，
> 美貌有媚态，爱神之武器。

这首诗中每个后面的事物被确认属于前面的事物。

> 这不是水，里面没有可爱的莲花；
> 这不是莲花，里面没有藏着蜜蜂；
> 这不是蜜蜂，它没有发出嗡嗡声；
> 这不是嗡嗡声，它没有迷住人心。

这首诗中每个后面的事物被否认属于前面的事物。

59. 回想（smaraṇa）："看见某种相似之物，回想起曾经经历的另一物。"（曼摩吒）例如：

> 水波汩汩流进这些媚眼天女的深肚脐，
> 她们想起在交欢时候喉咙发出的叽咕声。

60. 混淆（bhrāntimān）："看见某种相似之物，误认为是另一物。"（曼摩吒）例如：

> 猫儿舔食盘中的月光，以为是牛奶；
> 大象捕捉林间的月光，以为是莲藕；
> 裸女抓取床上的月光，以为是绸衣；
> 啊，这自我陶醉的明月，搅乱了世界。

曼摩吒解释说，这种"混淆"庄严不同于隐喻或夸张，因为隐喻和夸张不存在误认的问题，而混淆含有真正的误认。

61. 反喻（pratīpa）："摒弃喻体，或者出于贬意，将喻体设想为本体。"（曼摩吒）例如：

> 大王啊，你是美的渊薮，具有灼热的威力，
> 你是慷慨的施主，双臂能够支撑大地，
> 造物主既然创造了你，为何徒劳无益，
> 还要创造出月亮、太阳、如意珠和山岳？

在这首诗中，月亮、太阳、如意珠和山岳分别是国王的美貌、威力、慷慨和双臂的喻体。诗人摒弃这些喻体，以突出那些本体。

> 美人儿过来，竖起耳朵，听听毁谤中伤：
> 人们把你的面孔比作月亮，细腰女郎！

诗人将喻体（月亮）设想为本体（美人的面孔），以贬低月亮，抬高美人的面孔。也就是说，人们应该将月亮比作美人的面孔，而不应该将美人的面孔比作月亮，否则就是对美人的"毁谤中伤"。

62. 同一（sāmānya）："此物与彼物特征相似，聚在一起，融为一体。"（曼摩吒）例如：

> 她们的肢体抹了檀香液，佩戴崭新的珍珠项链，
> 洁白的耳环为脸颊增辉，身穿干净发亮的绸衣，

在月光普照而白茫茫的大地上,变得不可辨认,
这些怀春女子愉快地走向情人的家,无所畏惧。

这首诗是强调女子装束的洁白与月光下大地的洁白相似。

63. 独特(viśeṣa):"没有载体,所载之物依然存在;同一事物以同一形式在多处同时存在;某人做某事,被说成完成另一件不可能以同样方式完成的事。"(曼摩吒)例如:

即使去世升天,他们的优美言词依然迷人,
直至世界毁灭。这样的诗人怎能不受尊敬?

这是没有载体(诗人),所载之物(诗人的作品)依然存在。

她在你的心中,在你的眼中,在你的耳中,
美男子啊,哪里还有我们这些罪人的空位?

这是同一事物(女主人公)以同一形式在多处(男主人公的心中、眼中和耳中)同时存在。

造物主赋予你非凡的容貌,
显赫的威力和完善的学问,
他实际是指这大地上创造
新的爱神、太阳和智慧之神。

这首诗将造物主创造一位英俊、威严和博学的国王说成是创造新的爱神、太阳和智慧之神。曼摩吒说,这些"独特"庄严以夸张为生命。

64. 借用(tadguṇa):"此物与彼物接触,抛弃自己的特征,而借用彼物更强烈的特征。"(曼摩吒)例如:

御者阿鲁那光芒四射,改变太阳之马的颜色,
然而,青如竹笋的宝石,恢复太阳之马的本色。

据印度神话，太阳乘坐的马为青色，太阳的御者阿鲁那为红色。这首诗描写阿鲁那强烈的色彩染红太阳之马，而途中宝石的色彩比阿鲁那更加强烈，恢复太阳之马的青色。

65. 不借用（atadguṇa）："此物与彼物接触，不借用彼物更强烈的特征。"（曼摩吒）例如：

> 尽管你长得白净，美男子啊，依然染红我的心，
> 尽管把你放在我的红心中，你依然不被染红。

在梵文原文中，"红"（rāga）的另一义是激情，"染红"也就是引起激情。这首诗描写那位白净的美男子即使被那位女子放在色彩更强烈的红心中，也不被染红。也就是说，那位女子没能赢得那位美男子的爱情。

66. 相违（vyāghāta）："某人以某种手段完成某事，他人以同样的手段复原。"（曼摩吒）例如：

> 湿婆的目光使爱神焚化，
> 她们的目光使爱神复活，
> 我赞美眼睛美丽的女郎，
> 她们胜过眼睛神奇的湿婆。

这首诗描写大神湿婆以神奇的第三只眼睛射出的愤怒目光将爱神焚为灰烬，而美女们以同样的手段——目光激起爱情，也就是使爱神复活。因此，诗人赞美美女的眼睛胜过湿婆的眼睛。

（原载《季羡林教授八十华诞纪念论文集》，江西人民出版社1991年版）

禅和韵

——中印诗学比较之一

禅发源于印度，原本与诗无缘。印度禅传入中国，转化成中国禅。中国禅引发以禅喻诗，与中国韵融合。而中国韵又与印度韵相通。本义论述的就是中印文化中的这一有趣现象。

印度禅和中国禅

禅是印度古代瑜伽修行方式。这种修行方式起码可以追溯到公元前三千年，在现已发掘的印度河流域文明遗址的印章图案中，就有坐禅的神像①。佛陀时代前的奥义书已开始论述瑜伽。《白骡奥义书》（II. 8—15）认为瑜伽行者端坐调息，控制思想和感官，有益身心健康，进而亲证梵性，获得解脱。《弥勒奥义书》（VI. 18）将瑜伽分为六支：调息、制感、沉思（dhyāna，音译禅或禅那）、专注、思辨和入定（Samādhi，音译三昧）。后来，波颠阇利在《瑜伽经》中，将瑜伽分为八支：1. 禁制：不杀生，不妄语，不偷盗，不邪淫，不占有。2. 遵行：清净，满足，苦行，读经，敬神。3. 坐法：坐姿安稳自如。4. 调息：调节呼吸。5. 制感：感官摆脱感官对象。6. 专注：心注一处，如肚脐、鼻端、舌尖等。7. 沉思：心注一处，持续不断。8. 入定：与沉思对象同一，心智仿佛消失。这八支

---

① 这个神像有三张面孔，头顶有犄角装饰，盘腿而坐，双手扶膝，阳物勃起。他是后来的印度教大神湿婆的雏形。湿婆是位"大瑜伽行者"（mahāyogi），通过最严格的苦行和最彻底的沉思，获得最深奥的知识和最神奇的力量。古代印度各地崇拜的"林伽"（liṅga，即阳物）就是他的创造力的象征。

中，前五支为"外支"，后三支为"内支"，也就是外修和内修。据《瑜伽经》描述，瑜伽行者能获得天眼通、天耳通、宿命通、他耳通等特异功能。但瑜伽的最终目的是获得解脱。

瑜伽作为一种生理和心理修行方式，为印度古代各种宗教派别所接受。早期佛教将佛学归结为戒定慧三学。戒是戒律，用以约束身口意，不作恶业。定是禅定，用以抑制内在欲望，排除外界干扰，达到心地清净，思虑集中。慧是智慧，修习四谛和十二因缘等佛教教义，由此获得解脱。戒定慧三者之间的关系是依戒而资定，依定而发慧，依慧而证理。这与瑜伽修行原理完全一致。释迦牟尼本人也是通过禅定悟道成佛的。据巴利文佛典《中尼迦耶·大萨遮迦经》（Ⅳ.36）记载，释迦牟尼在菩提树下，由初禅进入二禅、三禅和四禅，以至内心沉静，思想清澈，回忆起前生事迹，意识到业报轮回和苦集灭道，大彻大悟而成佛[1]。

佛教传入中国，自然也包括禅法。佛教分成小乘和大乘，禅法也分成小乘禅和大乘禅。小乘教义强调"无我"，否认作为主体的自我真实。大乘教义强调"法我两空"，既否认作为主体的自我真实，也否认作为客体的世界真实。但无论是小乘禅，还是大乘禅，都是印度禅。印度禅向中国禅的转化，发轫于达摩禅的传入。

菩提达摩于北魏由南天竺来华传授禅法。达摩禅的教理依据是《楞伽经》[2]。达摩对传法弟子慧可说："我观汉地唯有此经，仁者依行，自得度世。"（《续高僧传》）此后，僧璨、道信和弘忍都以《楞伽经》为禅法心要，代代相传。所以，达摩禅也称楞伽禅。

《楞伽经》将禅法分成四种："愚夫所行禅，观察义禅，攀缘如禅，如来禅。"愚夫所行禅以"人无我"为禅要。观察义禅以"人无我，法无我"（即"法我两空"）为禅要。攀缘如禅是"妄想二无我妄想，如实处不生妄想"，意思是如实知两种无我，不起分别心。如来禅是"入如来地，得自觉圣智相，三种乐住，成办众生不思议事"，意思是进入

---

[1] 汉译佛经可参阅《方广大庄严经·成正觉品》和《普曜经·行道禅思品》。
[2] 《楞伽经》有三个汉译本：南朝宋求那跋陀罗译《楞伽跋多罗宝经》，北魏菩提流支译《入楞伽经》和唐实叉难陀译《大乘入楞伽经》。本文《楞伽经》引文均据求那跋陀罗译本。

佛的境界，以自觉圣智为特征。按照宗密《禅源诸诠集都序》的说法，达摩门下辗转相传的是如来禅。在这四种禅中，第一种为小乘禅，后三种均为大乘禅。

《楞伽经》还提出渐净和顿现、说通和宗通的理论。渐净是逐渐清除"自心现流"（即外界污染）。顿现是顿时"显示不思议智最高胜境"，或者说，"顿现无相无有所有清净境界"。说通是通过讲经说法，"令得度脱"。宗通是"远离言说文字妄想"，"自觉圣境界"。对于渐净和顿现、说通和宗通，《楞伽经》都没有采取偏废态度。从达摩至弘忍五代楞伽师也都是依经修禅、藉教悟宗的。

楞伽禅在弘忍之后，分出神秀和慧能两系。神秀一系为北宗禅，慧能一系为南宗禅。《坛经》中记载的两首著名偈颂分别代表神秀和慧能的禅学观点。神秀的偈颂是："身是菩提树，心如明镜台，时时勤拂拭，莫使有尘埃。"意思是只要不断修行，排除无知妄念，便能成佛。慧能的偈颂是："菩提本无树，明镜也非台，佛性常清净，何处惹尘埃。"意思是自性即佛，本来清净，只要顿悟自性，便能成佛。也就是说，神秀坚持渐修，而慧能主张顿悟。慧能还对坐禅和禅定作出新的解释："何名坐禅？此法门中，一切无碍，外于一切境界上念不起为坐，见本性不乱为禅。何名为禅定？外离相曰禅，内不乱曰定。"这在实际上否定了传统的坐禅形式，也简化了禅定的原始意义。慧能创立的南宗禅后来成为中国禅宗的主流，以至我们现在所谓禅宗，主要是指南宗禅。

慧能在《坛经》中突出《金刚经》的地位，声称"但持《金刚般若波罗蜜经》一卷，即得见性，入般若三昧"。但禅宗在发展过程中形成的共同宗旨——"不立文字，教外别传，直指人心，见性成佛"，主要还是导源于《楞伽经》。

《楞伽经》遵循大乘瑜伽行派的观点，将人的精神分为八识：眼识、耳识、鼻识、舌识、身识、意识、末那识和阿赖耶识。前五识是人的感官功能，意识是人的思维功能。这前六识都是分别事物的功能。末那识（意译为"心意"或"思量识"）是人的自我意识，也是前六识的依托。正是由于这种与客观事物相分别的自我意识，人执著自我，产生我痴、我见、我慢和我爱等人生烦恼。阿赖耶识（意译为"识藏"或"藏识"）是储藏和统辖前七识的潜意识。阿赖耶识也称如来藏。《楞伽经》认为如来藏犹如大海，前七识犹如波浪。如来藏不生不灭，前七识有生有灭。如来藏自性清净，而被前七识的种种妄念熏习覆盖。如上所说，《楞伽经》提出渐净和顿现。渐净是藉教修行，逐渐清除种种妄念；顿现是自觉圣智，顿悟自性清净。这原本清净的自性就是佛性，就是如来藏，就是涅槃境界。这是一种无分别的境界，非语言文字所能表达，只能依靠自觉圣智悟入。也就是说，在这里起作用的是"宗通"，而不是"说通"，因为语言文字是为分别事物而设，不适用于无分别的境界。佛陀演经说法，只是权巧方便，以引导众生消除无知妄念，摆脱思想束缚，为众生自觉圣智创造条件。而从根本上说，"诸佛及诸菩萨，不说一字，不答一字。所以者何，法离文字故"。因此，《楞伽经》强调要"依于义，不依文字"。"依文字者，自坏第一义"，"如愚见指月，观指不观月"。也就是说，一切用文字写下的佛经都是第二义，都是能指之指，而非所指之月。

《楞伽经》还认为即使不用语言，用动作也能显法："或有作相，或有扬眉，或有动睛，或笑或欠，或謦咳，或念刹土，或动摇"，都能"令诸菩萨得无生法忍及诸胜三昧"。这无疑也是"世尊拈花，迦叶微笑"这个著名的禅宗传说以及禅宗实践中棒喝、竖拂子、绕三匝、画圆相、掷杖、弹指、展手和沉默等开悟方式的理论依据。

对于《楞伽经》中的渐净和顿现、说通和宗通，禅宗只取其顿现和宗通，同时不再拘泥坐禅形式。这样，印度禅就转化成为中国禅。禅宗保留了禅的名号，但禅宗之禅已改变了禅字的本义，并非严格的禅定之禅。无怪乎明代袁宏道别出心裁，欲以禅的中国字义取代禅的印度字义："禅者定也，又禅代不息之义，如春之禅而为秋，昼之禅而为夜是也。既谓之禅，则迁流不已，变动不常，安有定辙，而学禅者，又安有定法可守哉？"①

---

① 《袁宏道集笺校》，上海古籍出版社1981年版。当然，禅定之定的本义也非"定辙"或"定法"。因此，这里有意无意，也包含以定的中国字义取代定的印度字义。

以禅喻诗和神韵论

　　如上所述，无论是印度禅，还是中国禅，原本都与诗艺无关。然而，禅宗思维中的第一义和第二义，与诗歌思维中的所指和能指相似，成为两者沟通的契合点。禅宗主张顿悟自性，便可成佛。但自性是什么？怎样顿悟？却又不可言说。禅宗语录中，"言语道断，心行处灭"；"有名非大道，是非俱不禅"；"说似一物即不中"；"才涉唇吻，便落意思，尽是死门，终非活路"，说的都是这个意思。语言文字是分别心的产物，是知性的工具，无法描述超越知性的、无分别的自性境界。可是，众生在顿悟之前，凡心未脱，知性未泯，只能用言语问道。而禅师本人即使已经见性成佛，面对尚未开悟的众生，也只能用言语授道。因此，尽管以"不立文字"为教旨，禅宗还是留下了大量的记载参禅公案的语录。

　　但禅宗语录显然不同于已往的佛经。佛经重说理和因明，而禅宗语录重机锋和妙悟。对于"如何是祖师西来意"、"如何是佛"、"如何是佛法大意"这些禅众经常提出的问题，禅师从不提供正面的、说理的回答。例如，沙弥仰山问性空禅师："如何是祖师西来意？"性空回答说："如人在千尺井中，不假寸绳，出得此人，即答汝西来意。"仰山问话的意思是怎样见性成佛？性空答话的意思是见性成佛必须靠自己体悟，无法用言语描述。仰山不领悟性空的答话，说："近日湖南畅和尚出世，亦为人东语西话。"也就是抱怨禅师们都是问东答西，答非所问。后来，仰山问耽源禅师："如何出得井中人？"耽源喝道："咄！痴汉，谁在井中？"意思是不能执著性空答话的字面义。仰山还是不开悟，又去问伪山禅师。伪山直呼仰山名字："慧寂！"仰山随口答应。于是，伪山说："出也。"这是一语双关，表面上指井中人，实际上指仰山本人。仰山由此顿悟自性。又如，某僧问文偃禅师："如何是佛法大意？"文偃回答说："面南看北斗。"意思是佛陀不说一字，你询问佛法大意，无异面南看北斗。你只有转过身来，才能看到北斗（即反观自性）。

　　可见，禅宗使用文字，又不执著文字。禅师的机锋中常常含有隐喻、暗示或象征，需要禅众参究领悟，缘指见月。这样，机锋的表现方式与诗相通。事实上，禅师也常常作诗或引诗表达禅意。慧晖禅师举傅大士《法身颂》云："空手把锄头，步行骑水牛。人从桥上过，桥流水不流。"此诗暗示禅悟要破除日常的思维习惯。灵澄禅师有《西来意颂》曰："因僧问我西来意，我话居山七八年。草履只栽三个耳，麻衣曾补两番肩。东庵每见西庵雪，下涧长流上涧泉。半夜白云消散后，一轮明月到床前。"此诗呈现清净悠闲的禅居生活和豁然开朗的禅悟境界。这类禅诗甚至也采用艳诗形式。克勤禅师呈偈颂曰："金鸭香销锦绣帏，笙歌丛里醉扶归。少年一段风流事，只许佳人独自知。"此诗暗喻自性只能内证自知。中仁禅师念诗曰："二八佳人刺绣迟，紫荆花下啭黄鹂。可怜无限伤春意，尽在停针不语时。"①此诗暗喻禅意不可言说。

　　禅宗创始于中唐，盛行于晚唐和五代。而禅宗语录汇编成书创始于五代，盛行于宋代。唐宋诗人或与禅师交往，或读禅宗语录，领悟到诗心和禅心相通。晚唐诗僧齐己明言"诗心何以传，所证自同禅"。司空图《诗品》暗合禅理。入宋以后，"学诗浑似学参禅"几乎成了诗家口头禅。苏轼："暂借好诗消永夜，每逢佳处辄参禅。"杨万里："要知诗客参江西，政如禅客参曹溪。"陆游："我得茶山一转语，文章切忌参死句。"而严羽《沧浪诗话》力倡"以禅喻诗"，成为这股诗学新潮的代表人物。

　　《沧浪诗话》②强调"禅道惟在妙悟，诗道亦在妙悟"。严羽认为孟浩然学力远不如韩愈，而诗在韩愈之上，原因在于"妙悟"。因此，"惟悟乃为当行，乃为本色"。严羽反对"以文字为诗，以才学为诗，以议论为诗"。他认为"诗有别材"，"所谓不涉理路，不落言筌者，上也。诗者，吟咏情性也。盛唐诸人惟在兴趣，羚羊挂角，无迹可求。故其妙处透彻玲珑，不可凑泊，如空中之音，相中之色，水中之月，镜中之象，言有尽而意无穷"。严羽这里提出的"兴趣"，是对"妙悟"的进一步阐释。诗的妙处不在于以文字说理，那是经论的功能。诗的妙处在于传达文外之旨，言外之情。同时，他点明"诗者，吟咏情性也"，划清了诗和禅的界限。他毕竟是以禅喻诗，而非以禅为诗。严羽以禅喻诗的直接目的是揭示江西

---

① 以上禅宗语录引文均据《五灯会元》，中华书局1984年版。
② 引文据《沧浪诗话校释》，人民文学出版社1983年版。

诗派的弊病，推崇以李白、杜甫为顶峰的盛唐诗法。所以，他在论诗品时说："诗之极致有一，曰入神。诗而入神，至矣，尽矣，蔑以加矣！惟李杜得之，他人得之盖寡也。"

严羽所谓的"入神"，联系他的"妙悟"说和"兴趣"说，也可理解为"神韵"。在中国诗学史上，清人王士禛力倡神韵论。王士禛神韵论①的直接先导当推司空图和严羽。他说："表圣论诗，有二十四品，予最喜'不著一字，尽得风流'八字。"又说："严沧浪以禅喻诗，余深契其说。"王士禛所谓的神韵多指清远，冲淡，句中有余味，篇终有余意，兴会神到，天然成趣。他认为"严沧浪借禅喻诗，归于妙悟"，"乃不易之论"。他进而提出"舍筏登岸，禅家以为悟境，诗家以为化境，诗禅一致，等无差别"。他举例说明道："如王、裴辋川绝句，字字入禅。他如'雨中山果落，灯下草虫鸣'，'明月松间照，清泉石上流'，以及太白'却下水精帘，玲珑望秋月'，常建'松际露微月，清光犹为君'，浩然'樵子暗相失，草虫寒不闻'，刘眘虚'时有落花至，远随流水香'，妙谛微言，与世尊拈花，迦叶微笑，等无差别。通其解者，可语上乘。"又说："唐人五言绝句，往往入禅，有得意忘言之妙，与净名默然，达磨得髓，同一关捩。观王、裴《辋川集》及祖咏《终南残雪》诗，虽钝根初机，亦能顿悟。"

从严羽的"以禅喻诗"到王士禛的"诗禅一致"，核心都是贯通禅之妙悟和诗之神韵。在严羽和王士禛之间的各家诗话中，也时有论及神韵者，并且不约而同地借喻禅悟。谢榛在《四溟诗话》②中提出作诗"体贵正大，态贵高远，气贵雄浑，韵贵隽永。四者之本，非养无以发其真，非悟无以入其妙"。他倡言"妙在含糊，方见作手"。他说："诗有可解、不可解、不必解，若镜花水月，勿泥其迹可也。"他认为"作诗有专用学问而堆垛者，或不用学问而匀净者，二者悟不悟之间耳。惟神会以定取舍，自趋乎大道，不涉于歧路"。胡应麟在《诗薮》③中提出"作诗大要不过二端，体格声调、兴象风神而已"。所谓"风神"或"神韵"主要是指盛

---

① 王士禛神韵论引文均据《带经堂诗话》，人民文学出版社1982年版。
② 引文据《历代诗话续编》下册，中华书局1983年版。
③ 引文据《诗薮》，上海古籍出版社1979年版。

唐诗艺（如"盛唐以风神胜"，"盛唐气象浑成，神韵轩举"）。他认为"筋骨立于中，肌肉荣于外，色泽神韵充溢其间，而后诗之美善备"。他将"体格声调"称之为"法"，将"兴象风神"称之为"悟"。他说："吾于宋严羽卿得一悟字，于明李献吉得一法字，皆千古词场大关键。"又说："严氏以禅喻诗，旨哉！禅则一悟之后，万法皆空，棒喝怒呵，无非至理。诗则一悟之后，万象冥会，呻吟咳唾，动触天真。"

在中国美学中，神韵论源远流长。但在宋代以前，神韵主要用于品评人物和书画。钱锺书《管锥编》指出："首拈'韵'以通论书画诗文者，北宋范温其人也。"范温著有《潜溪诗眼》，今已失传。钱锺书从《永乐大典》中发掘出范温论韵一则诗话，"洋洋千数百言，匪特为'神韵说'之弘纲要领，抑且为由画'韵'而及诗'韵'之转捩进阶"①。范温给韵下的定义是："有余意之谓韵。"具体地说："备众善而自韬晦，行于简易闲澹之中，而有深远无穷之味。观于世俗，若出寻常，至于识者遇之，则暗然心服，油然神会。测之而益深，究之而益来，其是之谓矣。"值得我们特别注意的是，范温也打通禅之悟和诗之韵，以禅喻韵："如释氏所谓一超直入如来地者，考其戒定神通，容有未至，而知见高妙，自有超然神会，冥然吻合者矣。是以识有余者，无往而不韵也。"②

总之，自宋至清的诗学中，神韵和禅悟形影相随。或者说，在中国诗学神韵论的产生和发展中，禅宗妙悟说始终起着催化剂的作用。从诗艺的角度看，诗和禅的关系并不在于诗中是否含有禅理或传达禅意。所谓以禅喻诗或诗禅一致，究其实质是以禅喻韵或韵禅一致。

中国韵和印度韵

中国传统诗学中的一些批评术语往往语义含混。同样以韵论诗，对韵的理解和把握常常因人而异，各有侧重。但大体说来，韵的内涵可以分成广狭两种，前者以范温为代表，后者以王士禛为代表。范温将"韵"明确

---

① 钱锺书：《管锥编》第四册，中华书局1979年版，第1361页。
② 范温论韵引文均据《宋诗话辑佚》上册，中华书局1980年版。

界定为"有余意"。凡诗中"有深远无穷之味",即有韵。同时,文体风格"有巧丽,有雄伟,有奇,有巧,有典,有富,有深,有稳,有清,有古"。只要"一长有余,亦足以为韵"。也就是说,韵适用于所有的文体风格。但韵的表现形态往往以"简易闲澹"为特色,诸如"巧丽者发之于平澹,奇伟有余者行之于简易"。范温以陶渊明为典范,说陶诗"体兼众妙,不露锋芒,故曰:质而实绮,癯而实腴,初若散缓不收,反复观之,乃得其奇处;夫绮而腴,与其奇处,韵之所从生,行乎质与癯,而又若散缓不收者,韵于是乎成"。他所举陶诗有韵之例是:"《归田园居》诗,超然有尘外之趣。《赠周祖谢》诗,皎然明出处之节。《三良》诗,慨然致忠臣之愿。《荆轲》诗,毅然彰烈士之愤。"

严羽将诗的品格分为九种:高、古、深、远、长、雄浑、飘逸、悲壮和凄婉。或大致分为两种:优游不迫和沉着痛快。而诗的极致只有一种,即入神。换言之,入神是各种诗品的极致。他以李白和杜甫为"入神"典范,也充分说明这一点。如上所述,严羽所谓的"入神"也可理解为"神韵"。因此,他的神韵内涵与范温一致。

而王士禛的神韵内涵偏于清远冲淡一路。他尤为欣赏严羽所谓"羚羊挂角,无迹可求"和司空图所谓"不著一字,尽得风流"。他说:"或问'不著一字,尽得风流'之说。答曰:太白诗:'牛渚西江夜,青天无片云;登高望秋月,空忆谢将军。余亦能高咏,斯人不可闻;明朝挂帆去,枫叶落纷纷。'襄阳诗:'挂席几千里,名山都未逢;泊舟浔阳郭,始见香炉峰。常读远公传,永怀尘外踪;东林不可见,日暮空闻钟。'诗至此,色相俱空,正如羚羊挂角,无迹可求,画家所谓逸品是也。"王士禛所引李白诗和孟浩然诗都是抒发怀古之幽情,前者蕴含知音难遇的悲凉,后者蕴含若有所失的惆怅。"羚羊挂角,无迹可求"和"不著一字,尽得风流"确实道出韵之真髓。只是王士禛作茧自缚,独主清远冲淡,限制了神韵的适用范围。正如《四库全书总目》所说:"士禛论诗,主于神韵,故所标举,多流连山水,点染风景之词,盖其宗旨如是也。"又说:"其推为极轨者,惟王、孟、韦、柳诸家。"[1]司空图在《与李生论诗书》中标举

---

[1] 《四库全书总目》,中华书局1981年版。

"韵外之致"和"味外之旨",也以风格"澄澹精致"的王维和韦应物为典范①。这说明王士禛的神韵内涵实与司空图一致。

清人翁方纲倡"肌理说",但不否定"神韵论"。他只是觉得王士禛的神韵论有失偏颇:"专举空音镜象一边","堕入空寂"(《神韵论上》)。他认为"神韵乃诗中自具之本然,自古作家皆有之"(《坳堂诗集序》)。而且,"神韵无所不该,有于格调见神韵者,有于音节见神韵者,亦有于字句见神韵者,非可执一端以名之也。有于实际见神韵者,亦有于虚处见神韵者,有于高古浑朴见神韵者,亦有于情致见神韵者,非可执一端以名之也"(《神韵论下》)②。这样,翁方纲的神韵论回归原始,与范温一致。

在印度古典诗学中,也有韵论。欢增的《韵光》(Dhvanyāloka)③是印度韵论的奠基作,产生于九世纪,相当于中国的唐代。欢增认为韵是"诗的灵魂",是"一切优秀诗人的诗的奥秘"。他对韵的本质和分类作了详尽的阐释。

诚然,印度古典诗学在发展过程中,也曾吸收瑜伽哲学的养分。例如,新护将《瑜伽经》中的心理"潜印象"(vāsanā)运用于味论,以揭示美感的奥秘④;王顶在《诗探》中提到有的梵语诗学家认为"三昧"(即禅定)是诗歌创作成功的首要因素,因为只有思想专注,才能认清事物,看出意义。但印度韵论的产生与瑜伽或禅定没有直接关联。它是在梵语语法理论的启示下产生的。这"韵"(dhvani)字本身就是借用的语法术语。

按照梵语语法理论,一个词由几个音组成,其中个别的音不能传达任何意义,只有这几个音连在一起发出时才能传达某种意义。以 gauḥ(牛)为例,这个词是通过连续发出 g、au、ḥ三个音素展示的。其中,任何一个单独的音素都不能形成牛的词义。而这三个音素也不可能同时发出。那只是依次发音至最后一个音素ḥ时,才能结合保留在印象中的前两个音素 g

---

① 《诗品集解》,人民文学出版社1981年版。
② 翁方纲论神韵引文均据《中国历代文论选》下册,中华书局1963年版。
③ 引文据 K. Krishnamoorthy 编订本(德里,1982)。
④ 参阅拙文《印度古典诗学和西方现代文论》,《外国文学评论》1991年第1期。

和 au，形成牛的词义。这种能展示某种词义的发音就叫做"韵"①。梵语诗学家正是受此启发，将诗中具有暗示作用的词音和词义也称作"韵"。所以，欢增在《韵光》第一章中说道："在学问家中，语法家是先驱，因为语法是一切学问的根基。他们把韵用在听到的音素上。其他学者在阐明诗的本质时，遵循他们的思想，依据共同的暗示性，把所指和能指混合的词的灵魂，即通常所谓的诗，也称作韵。"

梵语语法家一般确认词有两种功能——表示功能和转示功能，由此产生表示义（字面义）和转示义（引申义）。而梵语诗学家认为词还有第三种暗示功能，由此产生暗示义（暗含义）。以"恒河上的茅屋"这个短语为例，"恒河"一词的表示义在这个短语中不适用，因为茅屋不会座落在恒河上。于是，采用这个词的转示义——"恒河岸"。而这个短语还具有暗示义，即恒河岸上的茅屋清凉圣洁。我们可以换用一个汉语例句，如杜甫《春望》中的"白头搔更短"。"白头"一词的表示义在这个短句中不适用，于是采用这个词的转示义——"白发"。而这个短句还具有暗示义，即离乱催人衰老。印度韵论中的"韵"指的就是这种暗示功能及其产生的暗示义。

欢增给"韵"下的定义是："若诗中的词义或词音将自己的意义作为附属而暗示那种暗含义，智者称这一类诗为韵。"欢增在这里是从诗篇的角度给韵下定义，即韵是具有暗含义的诗篇。而在欢增的具体论述中，韵实际上是泛指诗中一切起暗示作用的因素和所暗示的内容，相当于翁方纲说的"神韵无所不该"。诗中能起暗示作用的因素有词、句、篇、音素、词形变化和词语组合方式，所暗示的内容有味、本事和庄严。欢增依据诗中表示义和暗示义的关系，将韵分成两大类：非旨在表示义和旨在依靠表示义暗示另一义。

所谓"非旨在表示义"是指不重视表示义，仿佛作者无意用它表达意义。例如：

---

① 梵语 dhvani 一词源自动词词根 dhvan（发音、发声），词义为声音、回声、余音或音调。作为诗学术语，译作汉语的"韵"，最为贴切。

> 如今月亮不如太阳
> 有魅力，月轮笼罩在雾中，
> 犹如因哈气而失明的
> 镜子，它不再发出光芒。

这首诗描写冬季的月夜。诗中的"失明"（andha，盲目）一词的表示义是"丧失视力"。但镜子并没有眼睛，因而这个词是暗示"失去映照能力"。读者领会了这个暗示义后，"失明"的表示义就被抛弃。这一类韵的特点相当于中国神韵论中常说的"得鱼忘筌"、"得意忘言"和"舍筏登岸"。

所谓"旨在依靠表示义暗示另一义"是指诗中的表示义本身适用，同时又涉及暗示义。例如：

> 这小鹦鹉在哪座山上，用了
> 多长时间，修炼哪种苦行，
> 女郎啊！因而能吃到这频婆
> 果，像你的嘴唇那样殷红？

这首诗描写某个男子恭维某个女子。诗中的表示义是称羡小鹦鹉吃到殷红的频婆果，而它的暗示义是希望自己能亲吻这个女子的嘴唇。

这类韵又分为"暗示过程明显"和"暗示过程不明显"两类。所谓"暗示过程明显"是指从表示义转化为暗示义的过程可以觉察到。它也被称作"余音"韵。欢增说："暗示义逐步展示，犹如余音。"印度古代注家对"余音"（anusvāna）的释义是："如钟等等的余音。"这正如范温论韵时，借王偁之口，以余音喻韵："盖尝闻之撞钟，大声已去，余音复来，悠扬宛转，声外之音，其是之谓矣。"这类"余音"韵按照暗示的内容分成本事韵和庄严韵。本事（vastu）是指故事或情节。庄严（alaṅkāra）是指修辞意义。上引"小鹦鹉"这首诗可以作为本事韵例举。下面是庄严韵例举：

> 坐在诗人莲花嘴上，

> 语言女神胜过一切，
> 仿佛为了嘲笑老梵天，
> 展现另一个崭新世界。

这首诗暗示较喻（vyatireka）修辞手法，即以梵天大神坐在毗湿奴大神肚脐上长出的莲花中创造世界，比喻语言女神借助诗人的嘴表现世界，而梵天创造的这个世界已经陈旧，语言女神能展示另一个崭新的世界，由此表明语言女神优于梵天大神。

所谓"暗示过程不明显"是指从表示义转化为暗示义的过程迅速，几乎觉察不到其中的先后次序。这类韵主要是味韵。味（rasa）是印度诗学中的重要术语，用现代美学概念来说，就是由审美感情体验获得的快感。味的著名定义是："味产生于情由、情态和不定情的结合。"味一般分为九种：艳情、滑稽、悲悯、暴戾、英勇、恐怖、厌恶、奇异和平静。与九种味相对应的是九种常情（即人的基本感情）：爱、笑、悲、怒、勇、惧、厌、惊和静。情由是指诗中的背景和人物，情态是指诗中人物感情的外在表现，不定情是指辅助基本感情的各种感情。情由、情态和不定情的结合激起常情，读者由此品尝到味。例如：

> 看到卧室空寂无人，
> 新娘轻轻从床上起身，
> 久久凝视丈夫的脸，
> 没有察觉他假装睡着；
> 于是放心大胆吻他，
> 却发现他脸上汗毛直竖；
> 她羞涩地低下头去，
> 丈夫笑着将她久久亲吻。

在这首诗中，情由是空寂无人的卧室和一对新婚夫妇，情态是亲吻和汗毛直竖，不定情是羞涩和喜笑，这三者的结合激起常情爱，读者品尝到艳情味。也就是说，这首诗中的情由、情态和不定情是表示义，艳情味是暗示义。而读者通过情由、情态和不定情直接感受到艳情味,因此,"暗示过程不明显"。

我们也可以范温所举陶渊明有韵之诗为例。《归田园居》(五首)描写岑寂恬静的田园风光和诗人悠然自得的农耕生活,《赠周祖谢》描写周续之、祖企和谢景夷三郎应官府之请讲礼校书,而诗人不改归隐田园的志趣,两者都传达超脱的平静味。《三良》描写秦国子车氏三子以死效忠秦穆公,《荆轲》描写荆轲为燕太子复仇,行刺秦王未遂而被杀,两者都传达悲壮的英勇味。宋张戒在《岁寒堂诗话》①中称"陶渊明诗,专以味胜"。他也以《归田园居》为例:"渊明'狗吠深巷中,鸡鸣桑树颠'、'采菊东篱下,悠然见南山',此景物虽在目前,而非至闲至静之中,则不能到,此味不可及也。"而味和韵是相通的。所以,他又说道:"渊明'狗吠深巷中,鸡鸣桑树颠',本以言郊居闲适之趣,非以咏田园,而后人咏田园之句,虽极其工巧,终莫能及。……所谓含不尽之意者此也。"

欢增还强调指出:"对味的领会与味的名称(即艳情、滑稽和悲悯等等味的名称)无干,只能通过特殊的情由、情态和不定情。只有味的名称,无从领会味。"而"即使诗中出现味的名称,对味的领会也主要是依靠诗中对特殊的情由、情态和不定情的描述"。这相当于司空图所说"不著一字,尽得风流"。或者,如《金针诗格》(旧题白居易著)所说"诗有义例七:一曰说见不得言见,二曰说闻不得言闻,三曰说远不得言远,四曰说静不得言静,五曰说苦不得言苦,六曰说乐不得言乐,七曰说恨不得言恨。"②也就是景淳《诗评》所说:"一曰高不言高,意中含其高;二曰远不言远,意中含其远;三曰闲不言闲,意中含其闲;四曰静不言静,意中含其静。"③遍照金刚在《文镜秘府论》中列举九意:春意、夏意、秋意、冬意、山意、水意、雪意、雨意和风意,引用了大量诗句,均不直接使用春夏秋冬山水雪雨风这些字眼。④又如沈义父指出:"咏物词,最忌说

---

① 引文据《历代诗话续编》上册,中华书局1983年版。
② 《中国历代诗话选》,岳麓书社1985年版。
③ 同上。
④ 《文镜秘府论校注》,中国社会科学出版社1983年版。

出题字。如清真梨花及柳，何曾说出一个梨、柳字？"① 王骥德更是贯通禅和韵，说道："咏物毋得骂题，却要开口便见是何物。不贵说体，只贵说用。佛家所谓不即不离，是相非相，只于牝牡骊黄之外，约略写其风韵，令人仿佛中如灯镜传影，了然目中，却摸捉不得，方是妙手。"② 当然，咏情不同于咏物，但两者在暗示的表达方式上是一致的，前者是味韵，后者是本事韵。

欢增对韵的分类，以上只是择要言之，略去了大类底下的一些细小分类。无疑，这表明印度古人擅长理论的抽象思维和分析，也说明印度韵的适用范围是很广的。印度古代诗学家是将韵作为一种带有普遍性的、诗的艺术特征提出的。

从理论上说，范温所说的"有余意之谓韵"，加上翁方纲所说的"神韵无所不该"，大体相当于印度韵，尤其是印度味韵。而实际上，中国韵的适用范围并不像印度韵那样广泛。究其原因，大致有四：一是范温的韵论长期默默无闻，二是中国的韵论与出世间的禅悟结下不解之缘，三是严羽的以禅喻诗的影响远甚于他的入神说，四是力倡神韵论的王士禛偏爱清远冲淡的诗风。这样，尽管中国韵和印度韵基本原理一致，但就其发展的最终结果而言，定名为"神韵"的中国韵的内涵和表现形态偏向于清远、冲淡、飘逸、空灵、含蓄、朦胧、幽闲和洒脱，成为中国诗学中别具一格的诗美理论。

（原载《文艺研究》1993年第5期）

---

① 《乐府指迷笺释》，人民文学出版社1981年版。
② 《中国古典戏曲论著集成》（四），中国戏剧出版社1980年版。

在梵语诗学烛照下

——读冯至《十四行集》

好诗经得起时间检验,也经得起读者从各种角度阅读。读者可以凭自己的生命体验和艺术神经读诗,也可以按某种诗学观念读诗。这后一种读者未免让人看成学究式的,但实际上任何读者都有自己的诗学观念,只是自觉或不自觉罢了。

梵语诗学是古代印度诗学。它与古代希腊和中国诗学形成世界诗学的三大源头。诗学发展到二十世纪,理论形态已发生很大变化。但世界上许多事物,万变不离其宗。无论是古代诗学,还是现代诗学,其基本原理是相通的。这犹如蜡烛和电灯,其照明功能是一致的。

从公元前后不久诞生的《舞论》(即《戏剧论》)为起点,梵语诗学经历了千余年的发展历史,形成别具一格的诗学体系。它有自己的一套批评术语,如庄严、诗德、诗病、味、情、韵、曲语和合适等。梵语诗学体系中最重要的三个批评原则是庄严、味和韵,分别体现诗的语言美、感情美和意蕴美。

梵语诗学家将诗歌修辞称作"庄严"(alaṅkāra)。婆摩诃在《诗庄严论》中给诗下的定义是:"诗是音和义的结合。"由此,庄严也分成"音庄严"和"义庄严"。音庄严是指能产生特殊的声音效果的修辞手法,如谐音、双关等。义庄严是指能产生曲折的意义效果的修辞手法,如明喻、隐喻、奇想、夸张等。通过这些修辞手法,形成诗歌语言曲折优美的表达方式。而这正是诗歌语言和普通语言的区别所在。

诗人未必通过修辞学著作学会修辞,但优秀的诗歌必定包含修辞。首先,诗歌的韵律就属于修辞方式。冯至的十四行诗是移植欧洲商籁体

(Sonnet)。它有固定的四四三三的分节分行格式，也有一定的押韵方式。例如，《十四行集》① 第二十二首《深夜又是深山》：

  深夜又是深山，
  听着夜雨沉沉。
  十里外的山村、
  念里外的市廛。

  它们可还存在？
  十年前的山川、
  念年前的梦幻，
  都在雨里沉埋。

  四围这样狭窄，
  好像回到母胎；
  我在深夜祈求

  用迫切的声音：
  "给我狭窄的心
  一个大的宇宙！"

这首诗的押韵方式是 abba cddc eef ggf。冯至《十四行集》的押韵方式通常是前两节为两组，或押同样的交韵 abab 和 cdcd，或押同样的抱韵 abba 和 cddc；后两节为一组，押韵方式有 eff egg、eef ggf、efe gfg、efg efg 等。押韵体现诗歌语言的音韵美。同时，《十四行集》中的每首诗，每行字数相等，至多有时相差一两个字，追求诗歌语言的整齐美。

  梵语诗歌格律表现在长短音节有规则的组合，类似中国古代律诗的调平仄。韵脚不属于梵语诗歌格律，而属于梵语诗韵修辞中的"谐音"

---

① 本文中的《十四行集》引文均据《冯至选集》第一卷，四川文艺出版社 1985 年版。

（anuprāsa），即"重复使用相同的字母"。梵语诗歌每个诗节分成两行四个音步（相当于中国古诗两联四行），每行每个音步音节数量相同。这不仅体现诗歌语言的整齐美，也是为了便于吟咏和记诵。可以说，这是诗歌语言艺术的一个原始特征。

　　在上引第二十二首中，除了和谐的韵律外，还运用了对偶、互文、比喻和警句等修辞手法。"十里外的山村、念里外的市廛，它们可还存在？"和"十年前的山川、念年前的梦幻，都在雨里沉埋"。形成空间和时间的对偶。其中，"它们可还存在？"和"都在雨里沉埋"又构成互文。"四围这样狭窄，好像回到母胎"，以母胎比喻狭窄。"给我狭窄的心一个大的宇宙！"是言简意赅、发人深思的警句。同时，这首诗中，深、夜、山、雨、沉、十、念、里、年、外、前以及深夜和狭窄这些字或词的交替重复使用，不仅与韵律共同构成反复回环的音韵美，而且加强了这首诗要传达的沉重压抑的氛围。

　　在诗歌修辞中，最普遍、也最重要的修辞手法是比喻。所以，亚里士多德在《诗学》中称比喻是天才的标志。《十四行集》中，精妙的比喻触目皆是。如第五首《威尼斯》中，以一座座岛比喻一个个寂寞的集体，以水上的桥比喻朋友握手，以对面岛上开窗比喻相视而笑。第十七首《原野的小路》中，以原野中的一条条小路比喻心灵中的一缕缕记忆。第二十七首《从一片泛滥无形的水里》中，以椭圆的瓶使无形的水得到一个定形，飘扬的风旗把住一些把不住的事体，比喻自己的诗表达了一些难以表达的思想和感情。有时，比喻还与其他修辞手法结合使用，更增添比喻的艺术魅力。如第二首《什么能从我们身上脱落》，比喻（秋日的树木、蜕化的蝉蛾和歌曲）是与排比（我们安排我们……）和层递（脱落、入土和死亡）结合使用的。第十四首《画家梵诃》中，以"热烘烘向着高处呼吁的火焰"比喻梵诃的热情：

　　　　你的热情到处燃起火，
　　　　你燃着了向日的黄花，
　　　　燃着了浓郁的扁柏，
　　　　燃着了行人在烈日下——

这里，比喻中又运用了排比（燃着了……）。接着，又以"永不消溶的冰块"比喻背阴处的监狱小院，贫穷的人低着头在剥土豆。这两组比喻中都含有夸张性。在梵语诗学中，这种含有夸张性的比喻被称作"奇想"（utprekṣā）。例如：

> 这些名叫金苏迦的火焰窜上树顶，
> 仿佛俯瞰燃烧和尚未燃烧的树林。

这首梵语诗歌将金苏迦花比作火焰，含有夸张性。它与冯至将梵诃的热情比作火焰相似。而冯至这首诗中的两组夸张性比喻又在内容上构成强烈的对比。所以，这首诗中的比喻是与夸张、排比和对比结合使用的。

味（rasa）在梵语诗学中最初是指戏剧艺术的感情效应。味有九种：艳情味、滑稽味、悲悯味、暴戾味、英勇味、恐怖味、厌恶味、奇异味和平静味。它们与人的九种常情相应：爱、笑、悲、怒、勇、惧、厌、惊和静。味的著名定义是："味产生于情由、情态和不定情的结合。"也就是说，演员只要表演特定的情由、情态和不定情，就能传达某种常情，激发观众品尝到某种味。后来，味论也被运用于诗歌艺术，并与韵论相结合。

韵（dhavani）是指诗的暗示功能。欢增在《韵光》中给韵下的定义是："若诗中的音和义将自己或自己的意义作为附属而显示那种暗含义，智者们称这类诗为韵。"也就是说，诗的内容可以分成表述的和未表述的两部分。表述的是直接诉诸文字的部分，未表述的是通过文字暗示的部分。这暗示的部分就是"韵"。如果暗示的是思想内容，便是"本事韵"；如果暗示的是感情，便是"味韵"。欢增确认韵是"诗的灵魂"，并以韵为准则，将诗分成韵诗、以韵为辅的诗和无韵的诗。此后的梵语诗学家分别将这三类诗称作上品诗、中品诗和下品诗。

冯至的《十四行集》蕴含深厚的韵和味。这部诗集写于1941年。冯至在《〈十四行集〉序》中回忆说，当时他"住在昆明附近的一座山里"，已经很久不写诗了。"但是有一次，在一个冬天的下午，望着几架银色的飞机在蓝得像结晶体一般的天空里飞翔，想到古人的鹏鸟梦，我就随着脚步的节奏,信口说出一首有韵的诗,回家写在纸上,正巧是一首变体的十四行。"①这首诗就是现在收在《十四行集》中的第八首《一个旧日的梦想》。这首诗蕴含深刻的哲理,即古人的科技梦想逐步得到实现,而人世的纷争迄今难以解决。在这一哲理中,又蕴含着诗人的悲悯之情。

冯至这首十四行诗的产生与印度古代"最初的诗人"蚁垤创造输洛迦诗体相仿。《罗摩衍那·童年篇》第二章中记叙道:一天,蚁垤仙人在森林里看见一对麻鹬悄悄地愉快交欢。忽然,一个尼沙陀(即猎人)射中了公麻鹬。公麻鹬坠地翻滚,满身鲜血,母麻鹬凄惨哀鸣。蚁垤仙人心生悲悯,安慰母麻鹬,谴责尼沙陀。他的话语脱口而成一颂诗:

> 你永远不会,尼沙陀!
> 享盛名获得善果;
> 一双麻鹬耽乐交欢,
> 你竟杀死其中一个。

说完后,蚁垤仙人自己也感到惊异,反复琢磨自己究竟说了什么。最后,他意识到自己说出的是诗。他对徒弟说道:"我的话都是诗,音节均等,可以配上笛子,曼声歌咏,因为它产生于我的输迦(śoka,悲),就叫它输洛迦(śloka,颂)。"后来,蚁垤仙人就用这种"输洛迦"诗体创作了二万余颂的史诗《罗摩衍那》②。

冯至写出那首十四行诗后,接连不断写下去,总共写了二十七首。冯至说:"这开端是偶然的,但是自己的内心里渐渐感到一个要求:有些体验,永远在我的脑里再现,有些人物,我不断地从他们那里吸收养分,有些自然现象,它们给我许多启示:我为什么不给他们留下些感谢的纪念呢?"③在此以前的十年(1930—1940)中,冯至很少写诗。但他在人生的旅程中积累了丰富的经验和感情,也领悟了许多人生哲理。它们在诗人心

---

① 《冯至选集》第一卷,第 256 页。
② 参阅季羡林译《罗摩衍那》第一卷,人民文学出版社 1980 年版,第 17—26 页。
③ 《冯至选集》第一卷,第 256 页。

中已经酝酿成酒,一遇机会,就自然而然地汩汩涌出。而且,正因为已经酝酿很久很久,所以涌出来的是格外芳香的醇酒。

按照味论,在蚁垤创作输洛迦诗体这个故事中,情由是猎人射中正在交欢的公麻鹬,情态是公麻鹬翻滚流血,母麻鹬凄惨哀鸣,由此激起常情悲,产生悲悯味。也就是说,这个故事通过情由和情态暗示悲悯味。欢增在《韵光》中也引证了这个故事。他说:"唯独这种意义(即暗示义——引者注)是诗的灵魂。它正如古时候最初的诗人(即蚁垤——引者注)因一对麻鹬分离而引起悲伤,变成输洛迦诗体。"

冯至领悟的人生哲理和心中积聚的感情,也都是通过特定的情由和情态暗示的。他说:"从历史上不朽的人物到无名的村童农妇,从远方的千古的名城到山坡上的飞虫小草,从个人的一小段生活到许多人共同的遭遇,凡是和我的生命发生深切的关联的,对于每件事物我都写出一首诗。"[①] 这也就是艾略特所说的诗歌表达思想感情必须通过"客观关联物"。否则,直露地宣泄感情或直白地宣说哲理,也就失去了诗的艺术魅力。

而冯至有感而发,"信口说出一首有韵的诗",恰恰是十四行诗体。这一偶然中也寓有必然。早在二十年代,闻一多和朱湘等新诗人已在中国移植十四行诗。但当时没有引起冯至的兴趣。1928年,冯至出于偶然的机会,翻译过法国诗人阿维尔斯的一首十四行诗。但他本人无意写作十四行诗。尽管如此,十四行诗的艺术形式已经储存在冯至的记忆库中。到了1941年冬天的这一个下午,冯至感到胸中的诗泉突涌。而等不及冯至斟酌选择,诗泉已经自动流入十四行诗体的渠道。冯至后来认识到了其间的必然性,因为十四行诗的"结构大都是有起有落,有张有弛,有期待有回答,有前题有后果,有穿梭般的韵脚,有一定数目的音步,它便于作者把主观的生活体验升华为客观的理性,而理性蕴蓄着深厚的感情"[②]。冯至那时已步入中年,经过了五四新文化运动的洗礼,也接受了擅长哲理思辨的基尔克郭尔、里尔克和歌德等德国思想家和文学家的熏陶,而眼前面对的

---

① 《冯至选集》第一卷,第257页。
② 冯至:《我和十四行诗的因缘》,《世界文学》1989年第1期。

又是国难当头的痛苦现实。他的思想成熟而趋于理性,他的感情深沉而趋于含蓄,这决定了他无意之中采用了十四行诗体,而且在写作中感到得心应手,运用自如。这也如同蚁垤仙人无意之中创造的输洛迦诗体,最适宜吟唱史诗故事。

《十四行集》前三首表达一个共同的主题:成长、蜕变和死亡是自然和人生的永恒规律。自然万物的生命或长或短,只是相对而言,最终都会"化作一脉的青山默默"。因此,我们要沉着地承受人生历程中"狂风乍起,彗星的出现"。正如——

> 那些小昆虫,
> 它们经过了一次交媾
> 或是抵御了一次危险,
>
> 便结束它们美妙的一生。

人生中有春暖,也有冬寒;有花开,也有叶落;有诞生和成长,也有衰老和死亡;有幸福和享受,也有痛苦和牺牲。人必须坦然地承受这一切,尤其是其中的痛苦、牺牲和死亡。唯有这样,才符合自然规律,才是完整的人生,美妙的人生。

读者从这些诗中既能领悟到人生哲理,也能品尝到一种平静味。因为这种人生哲理的底蕴是庄重的平静,而不是脆弱的伤感。这种人生哲理在歌德身上获得充分体现。在第十三首《歌德》中,冯至赞叹歌德"八十年的岁月是那样平静":

> 好像宇宙在那儿寂寞地运行,
> 但是不曾有一分一秒的停息,
> 随时随处都演化出新的生机,
> 不管风风雨雨,或是日朗天晴。
>
> 从沉重的病中换来新的健康,

> 从绝望的爱里换来新的营养,
> 你知道飞蛾为什么投向火焰,
>
> 蛇为什么脱去旧皮才能生长;
> 万物都在享用你的那句名言,
> 它道破一切生的意义:"死和变。"

第六首《原野的哭声》便是暗喻人类生活中永恒存在痛苦的一面。诗人撷取生活中最常见的现象;一个村童"为了一个惩罚"或"为了一个玩具的毁弃"而啼哭;一个农妇"为了丈夫的死亡"或"为了儿子的病创"而啼哭。他们"啼哭得那样没有停息"——

> 像整个的生命都嵌在
> 一个框子里,在框子外,
> 没有人生,也没有世界。

这里,"框子"的比喻含有深意:人的生命是以个体的方式存在的,因此,人遇到一己一时的痛苦,容易陷身其中,仿佛失去了全部人生和世界。这或许是人性中的一个弱点,但它自古以来就已存在,并且将永远存在下去。所以,这首诗传达的人生哲理中也含有悲悯味。

梵语诗学家新护对味论有创造性的阐发。他认为味是普遍化的知觉。诗人描写的是特殊的人物和故事,但传达的是普遍化的知觉。同样,读者读到的是特殊的人物和故事,但品尝的是普遍化的知觉。这是因为诗中特殊的人物和故事经过了诗人的普遍化处理。同时,新护认为每个读者都具有心理潜印象,这是生生世世生活经验的心理沉淀。在日常生活中,人们在一定的情况下,会激起某种感情;也能依据一定的情境,判断他人心中的感情。读者在阅读时,诗中的情由、情态和不定情,唤醒了读者心中普遍存在的感情潜印象。读者自我知觉到这种潜印象,也就是品尝到了味。

新护的"心理潜印象"论揭示了艺术审美快感的根源。但他将人的心理潜印象追溯到生生世世(即轮回转生),带有唯心色彩。应该说,人的各种心理潜印象不排除含有遗传的因素，但主要源自人的各种生活经验。这种心理感应现象类似"条件反射"，犹如冯至在第二十三首中描写"几只初生的小狗"：

> 第一次领受光和暖，
> 日落了，又衔你们回去。
> 你们不会有记忆，
>
> 但是这一次的经验
> 会融入将来的吠声，
> 你们在深夜吠出光明。

新护的"普遍化"论揭示了艺术创作中特殊和一般的辩证关系。艺术作品以激发读者心中潜伏的感情为指归。作品中特殊的情由、情态和不定情必须寓有普遍性。唯有这样，才能在读者中产生普遍的感情效应。新护的"普遍化"论是针对味韵而言，其实也适用于本事韵，即作品的思想内涵应该具有普遍意义。

冯至《十四行集》的艺术特色正是通过特殊的自然现象、人物和事物，表达普遍的人生哲理，而人生哲理中又蕴含深沉的感情。自然现象、人物和事件的特殊性是多方面的，冯至选取的是契合人生哲理的某种特殊性，或者说，是某种特殊性激发冯至感悟到人生哲理。如第四首《鼠曲草》：

> 我常常想到人的一生，
> 便不由得要向你祈祷。
> 你一丛白茸茸的小草
> 不曾辜负了一个名称；
>
> 但你躲避着一切名称，
> 过一个渺小的生活，

不辜负高贵和洁白,
默默地成就你的死生。

一切的形容、一切喧嚣
到你身边,有的就凋落,
有的化成了你的静默:

这是你伟大的骄傲,
却在你的否定里完成。
我向你祈祷,为了人生。

鼠曲草是冯至在昆明附近山林里见到的一种小草,每逢暮春和初秋开满山坡。它们在欧洲又名贵白草。这首诗抓住鼠曲草的两种特殊性:一是它的白茸茸的形态,二是它静默的生存方式,并与它们的欧洲名称贵白草(即高贵和洁白)相联系。正是在鼠曲草的这两种特殊性中,寓有一种普遍的人生哲理。冯至在他的散文《一个消逝了的山村》中,对鼠曲草蕴含的人生哲理作了比较具体的表述。他称颂这些鼠曲草"谦虚地掺杂在乱草的中间。但是在这谦虚里没有卑躬,只有纯洁,没有矜持,只有坚强"。他也从一位牧羊的村女身上看到这种鼠曲草精神:"一个小生命是怎样鄙弃了一切浮夸,孑然一身担当着一个大宇宙。"由此,他还联想到"那消逝了的村庄必定也曾经像是这个少女,抱着自己的朴质,春秋佳日,被这些白色的小草围绕着,在山腰里一言不语地负担着一切。后来一个横来的运命使它骤然死去,不留下一些夸耀后人的事迹"[①]。

鼠曲草精神深深铭刻在冯至心中,时时闪现在冯至笔端。在散文《人的高歌》中,冯至记叙一位石匠,十多年如一日,凿出一条山路;一位渔民,以自己的一生为代价,建成一座灯塔。冯至由衷赞美道:"人间实在有些无名的人,躲开一切的热闹,独自作出来一些足以与自然抗衡的事

---

① 《冯至选集》第二卷,第42页。

业。"① 在另一篇散文《工作而等待》中，冯至告诫人们"不要让那些变态的繁荣区域的形形色色夺去我们的希望，那些不过是海水的泡沫，并接触不到海内的深藏"。他强调"应该相信在那些不显著的地方"，"工作而忍耐"的人们，因为真正为社会作出奉献的，"正是这些不顾时代的艰虞、在幽暗处努力的人们"②。

从特殊到一般，是文学创作的重大奥秘。冯至把握住了这个奥秘，自觉地运用在诗歌和散文创作中。而冯至获得这个奥秘，主要是受歌德诗歌和中国古典诗词的启发。他在《读歌德诗的几点体会》中，对这一点奥秘作了精辟的阐释："从特殊到一般，意味着从个别具体的事物中看出普遍的情理，特殊与一般结合，才有较高的诗的意境。那些概念诗，现实生活中没有实感，语言中没有形象，只讲一般空洞的道理，不会有感人的力量。但若是只写特殊事物，客观地描写风景，叙述事实，体现不出更高的一般意义，也不能说是诗的上品。"③ 换用梵语诗学的说法，就是必须通过特殊的情由、情态和不定情暗示普遍的味。只有这样的诗，才是有韵的上品诗。

冯至还将歌德诗歌从特殊到一般的表现方式归纳为三种：一是"表现一种特殊，并不想到或明指到一般"。二是"有意识地从特殊到一般"。三是"隐蔽了特殊的'机缘'和'对象'，只写出'一般的、内心的、更高的境界'，读者不了解诗的写作缘由"，"也就难以懂得透彻"。冯至本人对第二种表现方式"格外感到亲切，因为中国古典的诗词里有大量意味深长的诗句，从自然和现实生活中摄取生动的形象，以表达诗人的内心世界和普遍真理，千百年后人们读了，仍然觉得新鲜"④。因此，冯至的《十四行集》主要采取第二种表现方式，只有个别的诗采用第三种表现方式，如第七首《我们来到郊外》：

和暖的阳光内

---

① 《冯至选集》第二卷，第50页。
② 同上书，第174、175页。
③ 《冯至学术精华录》，北京师范学院出版社1988年版，第275页。
④ 同上书，第276、277页。

我们来到郊外，
像不同的河水
融成一片大海。

有同样的警醒
在我们的心头，
是同样的运命
在我们的肩头。

要爱惜这个警醒，
要爱惜这个运命，
不要到危险过去，

那些分歧的街衢
又把我们吸回，
海水分成河水。

冯至专门为这首诗加了个脚注："敌机空袭警报时，昆明的市民都躲到郊外。"这其实是这首诗中隐去的"特殊的'机缘'和'对象'"。读者（尤其是异时异地的读者）只有结合这个脚注读这一首诗，才能深切领会这首诗从特殊到一般的妙处。

从特殊到一般的第一和第二种表现方式的区别在于诗人在写作时，是否从特殊中意识到一般。但无论是否意识到，其表现形式都是在特殊中寓有一般。因为即使诗人从特殊中意识到一般，这一般也不是直接说出的，而是通过特殊的意象暗示的。按照欢增在《韵光》中的说法，就是直接说出味的名称（如艳情、悲悯、暴戾、奇异、平静，等等），读者并不能真正品尝到味。读者对普遍的味的品尝，只能通过特殊的情由、情态和不定情。当然，这也不是说诗中绝对不能出现味的名称。欢增说："即使诗中出现味的名称，对味的领会也主要是依靠诗中对特殊的情由等等的描写。"

冯至《十四行集》中的诗都是在特殊的意象中寓有普遍的情理。即使有的诗中道出了主题，如第十三首《歌德》中点明了"死和变"的哲理，也使用了"平静"味的名称，但诗中充分提供了它们所寄寓的特殊的意象。正是冯至对从特殊到一般这种创作方法的纯熟运用，使《十四行集》保持着永久的生命力。《十四行集》写于抗战时期的 1941 年，而在抗战结束后的 1948 年，冯至重读这部诗集时，面对当时的现实景象，"仍然要情不自禁地说出一句"：

"你们在深夜吠出光明。"

仍然"要说出这迫切的祈求"：

"给我狭窄的心
一个大的宇宙！"

由于特殊中寓有一般，《十四行集》中诸如"深夜"和"光明"、"狭窄的心"和"大的宇宙"这类意象，都是意味深长而超越时空的。它们适用于历史和现实，也适用于未来；适用于民族和社会，也适用于个人。可以说，这是文学史上千古流传、常读常新的优秀诗歌的共同特征。

梵语诗学抓住了诗美的三个要素：庄严、味和韵。庄严属于外在的语言美，味和韵属于内在的感情美和意蕴美。而感情和意蕴通过语言暗示，因此，外在美和内在美是相辅相成的。本文依据梵语诗学提出的这三个要素，对冯至《十四行集》中的部分诗歌作了一点粗浅的分析，一是想说明古今中外的诗美理论是相通的，二是想告诉亲爱的读者朋友：冯至的《十四行集》是值得你我细细地品味的。

(原载《中国现代文学研究丛刊》1994 年第 2 期)

外国文学研究方法谈

外国文学研究方法可以读作外国文学的研究方法，也可以读作外国的文学研究方法。这里的外国文学的研究方法，显然是指中国学者研究外国文学的方法，其前提应该是存在中国学者研究中国文学的方法。从国内中外文学研究现状来看，似乎不存在外国文学的研究方法和中国文学的研究方法这样两种不同的文学研究方法。中国文学和外国文学只是两种不同的研究对象，在研究方法上没有根本的区别。其次，即使将文学研究方法分成中外，那么，可以用中国的文学研究方法研究外国文学，也可以用外国的文学研究方法研究中国文学，不存在外国文学和中国文学"各自为政"的研究方法。实际上，所谓中国和外国的文学研究方法也只是表现形态不同，本质仍然是相通的。

艾布拉姆斯在《镜与灯》中，总结文学研究的历史经验，确立文学批评的四个要素：作品、作者、世界和读者。并且，他把这四个要素排列成三角结构，作品属于三角的中心。这无疑是正确的。因为文学研究的主要对象毕竟是文学作品。正是为了欣赏作品，才需要研究作者、世界和读者。或者说，只有作品值得研究，作者、世界和读者才值得研究。纵然也可以说，没有作者、世界和读者，也就没有作品；而且在具体研究中，也可以侧重研究作者、世界或读者，但作为文学研究，它的中心，或显或隐，终归是作品。离开了这个中心，也就成为别样的或非文学的研究了。

当然，艾布拉姆斯这种以作品为中心的三角结构也含有简单机械的缺陷，体现不出作者、世界和读者之间的交互关系，以及它们与作品的交互关系。因此，刘若愚将作品、作者、世界和读者这四个要素排列成顺逆双向流动的圆圈结构，更体现出文学现象的有机性和整体性。而这样一来，又取消了艾布拉姆斯符号结构中的作品中心地位。符号结构的不同固然隐含理论运用上的差异。而即使设计出更复杂的符号结构，对于所要表示的对象，也永远是简单的。当然只要研究者采取尊重事实的态度，理论上的欠缺常常会在实践中自动补足。

在西方，二十世纪批评理论流派纷呈，堪称批评的世纪。近十余年来，国内已对这些批评理论作了大量介绍，从历史补课迅速达到共时同步。在众多的论著中，胡经之和张首映的《西方二十世纪文论史》的编写体例别具一格。全书围绕着文学批评的四个要素，分为四编，将表现主义、象征主义、文艺心理学派和原型批评归入"作者系统"，形式主义、英美新批评派、结构主义和文艺符号学归入"作品系统"，阅读现象学、文艺阐释学和接受美学归入"读者系统"，文化分析、新马克思主义和法兰克福学派归入"社会文化系统"。这种分类依据的是各种批评的主要理论倾向或研究重点，并不否认四个要素之间的有机联系。这种分类也与文学研究中的其他任何分类一样，都是迫不得已的事，要以不同程度的削足适履为代价。

但这种分类给予我们的一个重要启示是，古今中外的文学研究都离不开这四个要素。研究方法的差异主要表现在研究的侧重面，也就是我们现在常说的社会历史批评、作者批评、作品批评和读者批评。同时，我们应该确认，这四种类型或系统的批评方法，互相之间并无高低优劣之分。无论哪种方法类型都能产生优秀的研究成果。文学批评的对象本身是有机的整体，只是为了批评的方便，才划分出四个要素。这是一种权宜之计。侧重某个要素并不意味割断与其他要素的有机联系，更不意味以局部取代整体。批评史上的许多优秀成果都能证明这一点。

中国的文学批评遗产极其丰富。从总体上说，中国传统的文学研究注重应用批评，大量的诗话、词话、诗文序跋和点评便是明证。批评理论大多散见在应用批评中。系统的批评理论著作也有，但屈指可数，如刘勰的《文心雕龙》和叶燮的《原诗》等。就研究方法而言，上述以作品、作者、世界和读者为标志的四种方法，在中国文学批评传统中随处可见，源远流长。

孟子曰："颂其诗，读其书，不知其人，可乎？是以论其世也。"这便是中国文学批评常用成语"知人论世"的出处。章学诚在《文史通义》中对"知人论世"的阐释斩钉截铁："不知古人之世，不可妄论古人之文辞也。知其世矣，不知古人之身处，亦不可以遽论其文也。"关注作品与作家和世界（包括社会和自然）的关系，确实是中国文学研究的重要传统。历代文学批评中有关这方面的论述很多，诸如感物而动、不平则鸣、诗可以怨、穷而后工、声音之道与政通、文染乎世情，等等。作家的人品、修养、才、学和识，也是常见的论题。古代学者也注意为作家编撰传记或年谱。除了历代正史中的作家传略外，也有辛文房《唐才子传》和钱谦益《列朝诗集小传》这样的专集。在历代诗话中，还有孟棨《本事诗》和计有功《唐诗纪事》一类"以诗系事"的著作，着眼于记录诗人的生平行迹、创作缘起或其他遗闻轶事。可以说，在古代文明世界中，中国算是保存作家传记和背景资料最丰富的国家。

如果说孟子的"知人论世"切合作家和世界两个批评要素，他的"以意逆志"则属于读者批评要素。孟子曰："故说诗者，不以文害辞，不以辞害志。以意逆志，是为得之。"对于"以意逆志"，历来有两解：一是"以己意迎取作者之志"（朱熹《四书章句集注》），一是"以古人之意求古人之志"（吴淇《六朝选诗定论缘起》）。其实，依据读者接受作品的实际情形，这两种解释可以并存。在中国的读者批评或欣赏论中，影响深远的著名论点还有"见仁见智"（《易传·系辞上》："仁者见之谓之仁，知者见之谓之知"）、"诗无达诂"（《春秋繁露·精华》）和"得意忘言"（《庄子·外物》："言者所以在意，得意而忘言"）等。此外，还有重视审美感受的"滋味"说和重视鉴赏能力的"知音"说等。

按照韦勒克《文学理论》的内部研究和外部研究概念，读者研究似乎应该属于外部研究。而实际上韦勒克既在阐述文学和社会的关系时讨论读者问题，又将文学的评价问题列入内部研究。当然，韦勒克所谓的内部研究主要还是指文学作品本身的研究，诸如音韵、格律、文体、风格、意象、隐喻、象征、形式、技巧、文学类型和文学史。可以说，在中国文学批评传统中，这些方面的研究更普遍，成果尤为丰富。《尚书》提出的"诗言志"（包括后来陆机提出的"诗缘情"）是最基本的诗歌本质论。《诗大序》提出的"诗有六义"（风、赋、比、兴、雅、颂）是最早的诗歌文体技巧论。刘勰的《文心雕龙》体大思精，但重点还是作品论，主要篇幅用于论述文体、风格、创作方法和修辞技巧。

如果我们利用中国传统文学批评资料，突破批评史写作惯例，以作品、作家、世界和读者四个要素为框架，完全可以新编一部材料充实、精义迭出的中国文学批评概论或方法论。

而且，这项工作最好作为比较诗学来做。古今中外的批评方法基本相同，但它们的表现形态各具特色，在方法运用上各有千秋。通过比较，既可以互相发明，融会贯通，又可以互相检验，取长补短。令人欣喜的是，中国已有一些学者不畏艰难，正在向这座山峰攀登。

从世界批评史看，西方在近代以前，系统化的文学理论著作也不算很多。我们经常提到的也就是亚里士多德的《诗学》、贺拉斯的《诗艺》、朗加纳斯的《论崇高》和布瓦洛的《诗的艺术》。大量的文学观点也是散见在应用批评中。这种情况实际上与中国类似。在中国古代，除了诗学著作《文心雕龙》和《原诗》外，还能举出系统化的戏剧学著作如王骥德的《曲律》和李渔的《曲话》，以及司空图专论文体风格的《诗品》和陈骙专论文体修辞的《文则》。与西方和中国情况不同，印度古典梵语文学批评遗产却是以系统化的文学理论著作为主，如婆罗多的《舞论》、婆摩诃的《诗庄严论》、檀丁的《诗镜》、欢增的《韵光》、恭多迦的《曲语生命论》、曼摩吒的《诗光》和毗首那特的《文镜》等。应用批评主要体现在这些理论著作的例释中。

同样是古代文学理论，却神态各异。相对地说，西方富于哲学思辨，印度长于形式分析，中国则善于艺术表达。在古希腊，柏拉图以绝对"理念"作为标准，按照对"理念"的模仿层次，贬低艺术和诗人的地位。而亚里士多德充分肯定艺术对现实世界的创造性模仿。他对文学现象作了系统的分析和归纳，并贯彻形式和质料、必然和偶然、特殊和普遍等本体论哲学思想。印度梵语诗学偏重艺术形式本身，分析细致入微。梵语诗学的三个核心概念是庄严、味和韵，分别体现诗的语言美、感情美和意蕴美。庄严（即修辞）可以分成一百多种。味分成八种（或九种），与味的产生直接相关的情分成四十九种。韵（即暗示方式）的分类也名目繁多，在理论上可达一万多种。分门别类，不惮繁琐，是印度分析方法的明显特征。这种风貌，我们通过汉译佛经也能领略。明代高僧一如就编过一部名叫《三藏法数》的佛学辞典，专收法数辞目，诸如三界、四谛、五蕴、六度、十二因缘乃至八万四千法门。因此，我们不要笼统地说西方传统思维比东方擅长分析，至少这话不适合印度。刘勰曾经长期寄寓佛寺，整理佛经，他的《文心雕龙》结构严密，条分缕析，很可能受到佛教论藏著书方式的影响。而与亚里士多德《诗学》和梵语诗学著作相比，《文心雕龙》的独特之处是全书使用典雅的骈文，保持文体的美感。尽管如此，《文心雕龙》的说理还是明晰的，不像后来司空图的《诗品》那样优美而朦胧。总之，我们也许可以这样说，古代的文学论著，西方倾向哲学化批评，印度倾向形式化批评，中国倾向诗化批评。

西方在近代建立了美学，文学和艺术理论也被纳入美学，哲学化的倾向也就更加突出。从原则上讲，文艺美学也就是文艺哲学。但从发展的趋势看，美学越来越泛化。如今，文艺美学与文艺理论似乎没有严格的区别，将文艺理论或文艺观称作美学或美学观已经习见不鲜。另一方面，随着近代科学研究的发展，学科越分越细。文学理论照样独立发展，而在学科内部，研究向纵深和广延发展，对四个批评要素的探索也越来越精密。由此，派别林立，各执一端，在二十世纪蔚为大观。

虽然割裂整体，解剖局部，并不妨碍取得深刻的研究成果，但往往带有片面性。因此，这门学科始终处在对自己的不满之中。从形式主义发展到结构主义，马上又出现解构主义，这绝不是偶然的。德里达的解构主义旨在颠覆西方传统形而上学的"逻各斯（言语）中心主义"。德里达创制了一个"延异"概念，其实质是强调语言符号所指和能指之间的差异及其不确定性，并推向极端，得出任何言语都没有确定意义的结论。德里达用"延异说"颠覆"逻各斯中心主义"，犹如佛教用"因缘和合说"和"刹那生灭说"否定万物和人的自我实体存在（即"法我两空"）。显然，这种思路陷入了绝对主义。如果执意以绝对的标准衡量相对，结果只能是取消任何真理。

西方文学批评理论与哲学结下不解之缘，思辨深邃是其长处。但像解构主义这样的理论已经远远超越文学批评范畴，称之为哲学理论或文化理论更合适。我们确实也需要打通文学和哲学的研究。不仅文学和哲学，还有语言学、宗教学、史学、伦理学和心理学；不仅人文科学，还有社会科学和自然科学。人是整体，社会是整体，世界是整体。每门学科一般都是从某种角度反映整体的某个侧面或层次，某种系统或规律。如果我们只看到现象的差别，无穷无尽地加以分割，就会远离世界的真实。庄子所谓七窍凿而浑沌死，就是向往浑然一体的真实。我们惟有在整体的有机联系中审视各种现象，才能感悟活泼泼的真实。

同时，打通绝不意味泯灭一切界限，达到庄子所谓"未始有封"的无差别境界。佛教确实善于分析万物，但分析到最后，来个彻底颠覆，宣布一切分析皆非真谛。语言文字也是为分别事物而设，涅槃是无差别境界，非语言文字所能表达。这导致禅宗"不立文字，教外别传，直指人心，见性成佛"。我们尊重客观现实，不会去追求绝对的"无差别境界"。我们只能在整体和局部、同一和差异的辩证关系中，尽可能正确地把握现实。科际打通研究有助于分科深入研究，反之亦然。这个道理与"循环阐释"相通。两者相辅相成，无分轩轾。

在中国学术界，钱锺书堪称打通人文学科的典范。综观钱学著作，钱锺书是立足中国文艺学，打通古今中外人文学科。中国文化历史悠久，古代文史哲相通属于原生态。在现代文史哲明确分工的背景下，打通文史哲，是站在更高层次上认识古今中外人类共同的思维规律。在中国目前年青一代学者中，将来是否会出现钱锺书式的通才，还是未知数。但钱锺书的治学精神已在年青一代学者心中扎根。诚然，治学本无捷径。任何学者都必须亲自占有原始资料，潜心研读，涵泳默会，发前人之未见，道他人之未言。然而，自觉继承钱学遗产，吸收钱学精髓，学术境界自会高出一筹，断无疑义。

尤其值得国内外国文学研究者注意的是，钱学的中国作风和气派。《谈艺录》和《管锥编》都采用札记体，有话则长，无话则短，言之有物，信息密集。这是用中国传统的体裁，做着现代先进的学问。札记文字简约流丽，洋溢着诗美和诗性智慧。这也是中国传统文论的文体特色。凡论及外国文学和理论，均能经过中国思想和文学的消化，绝不像时下国内有些外国文学研究论文，读着仿佛是外国人在说半生不熟、似通非通的中国话。中国的外国文学研究自然应该有中国作风和气派。这也是判断我们对外国文学的消化接受能力、衡量我们的研究是否达到化境的重要标志。

（原载《外国文学评论》1994年第3期）

佛经翻译文质论

梁释僧祐《出三藏记集》是现存最早的中国佛经目录，也是最重要的一部中国佛经翻译史料集。所谓"出三藏"，是指三藏佛典的诵出和译出。此书分四个部分：一曰撰缘记，记叙印度经律论三藏的结集和中国译经的缘起。二曰诠名录，记载自汉至梁的汉译佛经目录。三曰总经序，汇集汉译佛经的前序或后记。四曰述列传，提供著名翻译家的传略。

僧祐在《胡汉译经音义同异记》中提出："译者释也，交释两国。"① 他对胡汉语言不同而造成的翻译困难作了详细的论述，也对自汉至梁的翻译成绩作了具体评价：

> 昔安息世高（即安世高）聪哲不群，所出众经，质文允正。安玄、严调（即严佛调）既亹亹以条理，支越（即支谦）、竺兰（即竺叔兰）亦彬彬以雅畅。凡斯数贤，并见美前代。及护公（即竺法护）专精，兼习华戎，译文传经，不愆于旧。逮乎罗什（即鸠摩罗什，也简称什）法师，俊神金照，秦僧融、肇，慧机水镜，故能表发挥翰，克明经奥，大乘微言，于斯炳焕。至昙谶（即昙无谶）之传《涅槃》，跋陀（即佛驮跋陀）之出《华严》，辞理辩畅，明逾日月，观其为美，继轨什公矣。至于杂类细经，多出四含（即四《阿含》），或以汉来，或自晋出，译人无名，莫能详究。然文过则伤艳，质甚则患野，野艳为弊，同失经体。故知明允之匠，难可遇矣。

---

① 本文中凡引文不标明出处者，均出自《出三藏记集》（《大正新修大藏经》第55卷）。同时，为行文简便，遇原文断句不当处，径自改正。凡有异文，择善而从。引文中加括号之词语，系作者酌情添加的说明词。

显然，文质论是僧祐翻译批评的主要原则。他推崇"质文允正"、"彬彬以雅畅"、"表发挥翰，克明经奥"和"辞理辩畅"，反对"文过"或"质甚"。他认为"野艳为弊，同失经体"，而译经文质"明允"与否主要取决于译者，即"义之得失由乎译人，辞之质文系于执笔"。他在论述同本异译时还说："出经之士，才趣各殊，辞有质文，意或详略，故令本一末二，新旧参差。"

文质论本是中国先秦以来传统的文学批评原则。孔子认为"言之无文，行之不远"（《左传·襄公二十五年》）。又说："质胜文则野，文胜质则史，文质彬彬，然后君子。"（《论语·卫灵公》）扬雄认为"实无华则野，华无实则贾，华实副则礼"（《法言·修身》）。又说："事胜辞则伉（即伉直、质直），辞胜事则赋，事辞称则经。"（《法言·君子》）班彪称赞太史公书"善述序事理，辩而不华，质而不野，文质相称"（《后汉书·班彪传》）。至魏晋南北朝，中国进入"文学的自觉时代"，更注重文字风格之美，也就是陆机所谓"遣言也贵妍"（《文赋》）。而刘勰坚持文质统一，要求作家"斟酌乎质文之间，而櫽括乎雅俗之间"（《文心雕龙·通变》）。这也正是与刘勰同时代的僧祐依据的翻译批评标准。

然而，僧祐犯了教条主义。他的译经文质论只是针对佛经汉译，并未顾及佛经原著。他有意无意将佛经文体等同于中国经典文体，一味要求佛经译文符合中国传统的"文质彬彬"或"文质相称"的文体标准。因此，他对以往佛经翻译家的评价也就难免失之肤廓。

其实，对于佛经翻译文和质的思考，贯穿于整个魏晋南北朝译经活动，是佛经翻译论的一个中心问题。三国支谦《法句经序》①是现存最早的一篇佛经翻译论。《法句经》由竺将炎传译，支谦写为汉文。支谦在序中说：

> 始有维祇难出自天竺，以黄武三年（即224年）来适武昌。仆从受此五百偈本，请其同道竺将炎为译。将炎虽善天竺语，未备晓汉，其所传言，或得胡语，或以义出音，近于质直。仆初嫌其辞不雅，维

---

① 《出三藏记集》中标为"未详作者"，但从序文内容和行文语气可知作者是支谦。

祇难曰:"佛言依其义不用饰,取其法不从严(即庄严、装饰)。其传经者,当令勿失厥义,是则为善。"座中咸曰:"老氏称'美言不信,信言不美'。仲尼亦云'书不尽言,言不尽意'。明圣人意深邃无极。今传胡义,实宜径达。"是以自竭受译人口,因循本旨,不加文饰。译所不解,则阙不传,故有缺失,多不出者。

钱锺书称"严复译《天演论》弁例所标'译事三难:信、达、雅',三字皆已见此"①。支谦实际上是一位重视文饰的佛经翻译家。僧祐称赞他的译文"彬彬以雅畅"。支愍度在《合首楞严经记》中称支谦"才学深彻,内外备通,以季世尚文,时好简略,故其出经,颇从文丽"。他只是在参与《法句经》翻译时,接受来华僧人维祇难的意见,"因循本旨,不加文饰"。维祇难指出佛经本身不重藻饰,译者只要忠实传达原文意义即可。在座其他人引证老子和孔子言论,表示赞同维祇难的意见,即佛经翻译重在信、达,无须求雅。当然,他们引证孔子,不引"言之无文,行之不远"或"文质彬彬,然后君子",而引"书不尽言,言不尽意"(《周易·系辞上传》),这是古已有之的、各取所需的引证法。

东晋道安是一位博学的高僧。但他不通梵文,阅读佛经"每至滞句,首尾隐没,释卷深思,恨不见护公、叉罗(即无叉罗)等"。他着意弘扬《般若经》,对照研究两种译本——《放光般若经》(无叉罗执胡,竺叔兰为译)和《光赞般若经》(胡公执胡本,聂承远笔受),撰有《合〈放光〉、〈光赞〉略解序》,指出前者"言少事约,删削复重,事事显炳,焕然易观也。而从约必有所遗,于天竺辞及(当作反)腾,每大简焉"。后者"言准天竺,事不加饰,悉则悉矣,而辞质胜文也。每至言首,辄多不便,诸反复相明,又不显灼,考其所出,事事周密耳"。按照梁启超对佛经翻译方法的总结,前者可称为意译,后者可称为直译。②无疑,道安此时认为这两种译法各有利弊,通过对照阅读,"互相补益,所悟实多"。

---

① 钱锺书《管锥编》第三册,中华书局1979年版,第1101页。
② 参阅梁启超《佛学研究十八篇》中的《翻译文学与佛典》,中华书局1989年版。

后来，道安在长安组织佛经翻译，得到胡本大品《般若经》，由"天竺沙门昙摩蜱执本，佛护为译，对而检之，慧进笔受。与《放光》、《光赞》同者，无所更出也。其二经译人所漏者，随其失处，称而正焉。其义异不知孰是者，辄并而两存之，往往为训其下"。道安为这个译本写了《摩诃钵罗若波罗蜜经抄序》。正是在这篇序中，他提出了著名的"五失本，三不易"。钱锺书称"吾国翻译术开宗明义，首推此篇"①。道安所谓的"五失本"是：

> 译胡为秦，有五失本也。一者，胡语尽倒，而使从秦，一失本也。二者，胡经尚质，秦人好文，传可众心，非文不合，斯二失本也。三者，胡经委悉，至于咏叹，丁宁反复，或三或四，不嫌其烦，而今裁斥，三失本也。四者，胡有义说，正似乱辞，寻说向语，文无以异，或千五百，刈而不存，四失本也。五者，事已全成，将更傍及，反腾前辞，已乃后说，而悉除此，五失本也。

关于第一"失本"，道安指出"胡语尽倒"，因为按照梵语句法，动词常常置后，如佛经常用语"如是我闻"（evaṃ mayāśrutam），按照汉语句法，应为"我闻如是"。关于第二"失本"，道安明确提出"胡经尚质"，也就是维祇难所说"佛言依其义不用饰，取其法不用严"。后三"失本"是针对胡经"委悉"、"反复"、"反腾"。若套用"胡经尚质，秦人好文"的说法，便是"胡经尚繁，秦人好简"。既然胡经质直和繁重，而秦人喜好文饰和简约，似乎译经在语言和文体上"失本"难以避免。但道安实际上是要求尽量不"失本"。就在这篇序中，他指出：

> 前人出经，支谶（即支娄迦谶）、世高审得胡本难系者也。叉罗、支越斲凿之巧者也。巧则巧矣，惧窍成而混沌终矣。若夫以《诗》为烦重，以《尚书》为质朴，而删令合今，则马（即马融）、郑（即郑玄）所深恨者也。

---

① 钱锺书：《管锥编》第四册，第1262页。

这表明道安推重支娄迦谶和安世高的直译，而反对无叉罗和支谦的意译。这与他在《合〈放光〉、〈光赞〉略解序》中表达的看法有所差异。他的这种观点是在亲自参与译经活动后形成的。在《比丘大戒序》中，他记叙自己在此之前曾组织翻译《比丘大戒》，由"竺佛念写其梵文，道贤为译，慧常笔受"。他嫌戒律"丁宁，文多反复"，要求慧常"斥重去复"。而慧常回答说：

> 大不宜尔！此土《尚书》及与《河》、《洛》，其文朴质，无敢措手，明祇先王之法言而顺神命也。何至佛戒，圣贤所贵，而可改之以从方言乎，恐失四依（即关于衣、食、住卧和用药的戒律）不严（即不为装饰）之教也。与其巧便，宁守雅正。译胡为秦，东教之士犹或非之，愿不刊削以从饰也。

结果，道安同意慧常"按梵文书，唯有言倒时从顺耳"，并指出前人"便约不烦者，皆蒲陶酒之被水者也"。

与道安共同组织译经活动的秘书郎赵政，也持同样的译经准则。道安在《鞞婆娑序》中记载说：

> 赵郎谓译人曰："《尔雅》有释古、释言者，明古今不同也。昔来出经者，多嫌胡言方质，而改适今俗，此政所不取也。何者，传胡为秦，以不闲方言，求知辞趣耳，何嫌文质？文质是时，幸勿易之。经之巧质有自来矣，唯传事不尽，乃译人之咎耳。"众咸称善，斯真实言也。遂案本而传，不令有损言游字，时改倒句，余尽实录也。

根据以上记载，可以认为在"五失本"中，道安和赵政只允许第一"失本"，即"胡语尽倒，而使从秦"。因此，罗根泽称"道安是主张极端直译者"[①]。

但是，在未详作者的《僧伽罗刹集经后记》中又记载说，译人佛念

---

① 罗根泽：《中国文学批评史》第一册，上海古籍出版社1984年版，第261页。

"常疑西域言繁质，谓此土好华，每存莹饰文句，减其繁长。安公、赵郎之所深疾，穷校考定，务在典骨。既方俗不同，许其五失胡本，出此之外，毫不可差。""许其五失胡本"，恐系用语不确。倘若允许"五失本"，则删繁从简，无可厚非，道安、赵政缘何"深疾"？

依据佛经翻译实际，可以将"一失本"还是"五失本"视为直译和意译的主要区别。僧叡曾师事道安，在道安去世后，成为鸠摩罗什译经的主要助手。他在《大品经序》中记叙他协助鸠摩罗什翻译《大品经》，"执笔之际，三惟亡师五失及三不易之诲，则忧惧交怀，惕焉若厉，虽复履薄临深，未足喻也"。而从翻译实践看，鸠摩罗什是允许"五失本"的。

据僧叡《大智释论序》，鸠摩罗什译《大智度论》一百卷，初品三十四卷为全译，二品以下为略译，即撮述大意。僧叡说："胡文委曲，皆如初品。法师以秦人好简，故裁而略之。若备译其文，将近千有余卷。"又据僧叡《中论序》，鸠摩罗什译《中论》，选用青目释本，但对青目释文中"乖阙烦重者，法师皆裁而裨之于经通之理尽矣"。另据僧肇《百论序》，鸠摩罗什译《百论》，"考校正本，陶练复疏，务存论旨，使质而不野，简而必诣"。同时，他只译出《百论》前十品，而认为后十品"无益此土，故阙而不传"。僧肇还在《维摩诘经序》中指出鸠摩罗什译《维摩诘经》"其文约而诣，其旨婉而彰"。可见，鸠摩罗什译经注重简约。

同时，鸠摩罗什译经也注重文饰。据梁释慧皎《高僧传·僧叡传》（卷第六）记载：

> 什所译经，叡并参正。昔竺法护出《正法华经·受决品》云："天见人，人见天。"什译经至此，乃言曰："此语与西域语同，但在言过质。"叡曰："将非'天人交接，两得相见'？"什喜曰："实然。"其领悟标出，皆此类也。

查现存《妙法莲华经》梵语原文①，此处确如鸠摩罗什所说，可直译

---

① P. L. Vaidya 编订本，第 129 页，Darbhanga，1960 年。或蒋忠新转写本，中国社会科学出版社 1988 年版，第 177 页。

为"天见人,人见天"——

> devā api manuṣyān drakṣyanti manuṣyā api devān drakṣyanti
> 天(主格)见人(宾格),人(主格)见天(宾格)。

现存鸠摩罗什译《妙法莲华经》,此处确实译作"天人交接,两相得见"[①]。而现存竺法护译《正法华经》,此处并未译作"天见人,人见天",而是译作"天上视世间,世间得见天上,天人世人往来交换"[②]。如果慧皎记载属实,则《正法华经》此处译文已经后人修改。但在佛经翻译中,后人一般不忌讳袭用前人译文。此处既有什译在先,如嫌护译质直,只要换用什译即可,无须再作这种"画蛇添足"的改写。估计多半是慧皎记闻有误。实际情况可能是鸠摩罗什译至此处,既嫌原文过质,又嫌护译过繁,因而采用僧叡既文又约的译法。

《出三藏记集》中还有一则重要记载:

> 初沙门慧叡,才识高朗,常随什传写。什每为叡论西方辞体,商略同异云:天竺国俗,甚重文藻,其宫商体韵,以入弦为善。凡觐国王,必有赞德。见佛之仪,以歌叹为尊。经中偈颂,皆其式也。但改梵为汉秦,失其藻蔚,虽得大意,殊隔文体,有似嚼饭与人,非徒失味,乃令呕秽也。

鸠摩罗什称"天竺国俗,甚重文藻",似乎与道安所说"胡经尚质"明显牴牾。这是一个需要澄清的重要问题,因为谈论佛经文体的文和质或直译和意译,不可能脱离佛经原文的文和质。

印度佛教起源于公元前五、六世纪,佛陀释迦牟尼本人在世时,为了争取民众,主张佛教徒用各自地区的方言俗语宣教。佛陀本人的传教活动地区主要在摩揭陀和拘萨罗,因而它主要使用这两个地区的俗语。传教的

---

① 《中华大藏经》第15卷,中华书局1985年版,第546页。
② 同上书,第660页。

方式是口头宣讲，口耳相传。佛陀逝世后，佛教徒举行过三次大结集。第一次在佛陀逝世后不久，目的是汇集佛陀在世时宣讲的教义和戒律。第二次在公元前四世纪。在这次结集中，佛教徒在戒律上出现分歧，分裂成上座部和大众部。第三次在公元前三世纪，主持人属于上座部。早期佛教经、律、论三藏定型于这次结集，使用的是摩揭陀语。在斯里兰卡流传至今的巴利语三藏就是这部由上座部编定的三藏。

无论是摩揭陀语还是巴利语，都是印度古代俗语。印度古代上层社会的通用语是梵语。相对各地区的俗语而言，梵语也可称作"雅语"。早期佛教的经典语言是俗语，传经方式又是口耳相传，这就决定了早期佛典语言的质朴和叙事说理的复沓。这是人类口头文体的共同特点。它们原本就不是供人阅读的。

早期佛教分裂成上座部和大众部后，这两部又进一步分裂成十八部派。在此期间，大约在公元前后不久，又产生一种新的佛教派别——大乘。随着小乘部派佛教的发展和大乘佛教的兴起，佛教徒开始抛弃佛陀的原始教导，逐渐采用梵语作为佛典语言。在佛典梵语化初期，多使用混合梵语，即与俗语相混合的梵语。而梵语本身也有雅俗之分。梵语佛典以通俗梵语为主，传经方式仍以口传为主，这就决定了梵语佛典依然具有口头文体的特点。梵语佛典中，只有少数采用古典梵语"大诗"文体的佛经，如马鸣的《佛所行赞》，圣勇的《本生鬘》，才具有典雅的风格。

佛教自东汉传入中国，译经活动也随之开始。东汉译出的佛经既有小乘佛经，也有大乘佛经，如安世高传译小乘禅法，支娄迦谶传译大乘般若学。魏晋以后，与印度本土大乘佛教兴盛相一致，传入中国的佛经以大乘为主。至于传入中国的佛经的原始语言，既有俗语，也有混合梵语和梵语，还有西域语言。只是到了隋、唐，译经才主要依据梵语佛典。因此，东晋道安《综理众经目录》（已佚）将译经统称为"译胡为秦"，南朝僧祐《出三藏记集》统称为"译胡为汉"。隋朝彦琮则认为称梵为胡，有失"真圣之苗"（《辩正论》）。此后，唐朝道宣《大唐内典录》和智升《开元释教录》一律将"胡"字改为"梵"字。然而，宋朝赞宁在《宋高僧传》中正确地指出：佛经语言"有梵有胡"（还应该包括俗语），佛经翻译有"直译"（即直接译自印度原本）和"重译"（即转译自西域胡本），故而"当初尽呼为胡，亦犹隋朝以来总呼为梵，所谓过犹不及也"。

综观佛经的文体和语言特点，应该说，道安所谓"胡经尚质"，或佛念所谓"西域言繁质"，大体上是正确的。他们是以中国经典文体和语言为参照系。儒家经典自然"文质彬彬"，连思想上与佛教较为接近的《老子》和《庄子》也文采斐然。道安只能勉强举出《尚书》和《诗经》为佛经的质朴和烦重辩护，以确立佛经的经典地位。《尚书》文字质直，接近上古口语体，所以后人读来反而"佶屈聱牙"。而道安称《诗经》烦重，可能是指《诗经》中经常采用的复叠手法。但这是诗歌艺术表现手段，与佛经叙事说理的复沓，性质不同。

鸠摩罗什所谓"天竺国俗，甚重文藻"，一方面是指当时印度上层社会通行的古典梵语文学，尤其是"大诗"文体；另一方面是指印度古代文体中，诗体尤其普及。后者与印度古代盛行口耳相传的传播方式有关。在印度古代文化中，诗体不仅适用于文学作品，也适用于政治、法律、哲学和科学著作。但这些非文学作品使用诗体，并非出于追求"藻蔚"，而是便于记诵。佛经中的偈颂也是如此，既可用于文学性的叙事、抒情和礼赞，也可用于理论性的阐释、概括和说教。因此，不能笼统地说"改梵为秦，失其藻蔚"。佛经偈颂在汉译过程中，失去的主要是原文朗朗上口的诗律。汉译偈颂既不讲究诗律，又仿照原文，强求字数整齐划一，在译文上难免削足适履，颇多生涩费解之处。这才是鸠摩罗什所谓"虽得大意，殊隔文体，有似嚼饭与人，非徒失味，乃令呕秽也"。

尽管鸠摩罗什译经注重文饰和简约，但他译出的佛经，按照中国经典文体的标准，依然偏于质朴和繁重。如《大品般若经》和《小品般若经》是鸠摩罗什主译的两部大乘佛经。而僧叡在《大品经序》中说："幸冀遵实崇本之贤，推而体之，不以文朴见咎，烦异见慎也。"又在《小品经序》中说："胡本雅质，按本译之，于丽巧不足，朴正有余矣。幸冀文悟之贤，略其华而几其实也。"慧远也在《大智论抄序》中指出，鸠摩罗什译《大智度论》，"因方言易省，故约本以为百卷，什所遗落，殆过参倍。而文藻之士，犹以为繁，咸累于博，罕既其实"。他认为究其原因，在于佛经"辞朴而义微，言近而旨远"，"故令玩常训者牵于近习，束名教者惑于未闻"。赞宁在《宋高僧传》中也指出"秦人好略"，"天竺好繁"。

而他主张译经"与其典也，宁俗"。但又认为"傥深溺俗，厥过不轻；折中适时，自存法语，斯谓得译经之旨矣"。由此，他称赞鸠摩罗什"译《法华》，可谓折中，有天然西域之语趣矣"。

经过魏晋南北朝佛经翻译讨论，道安的"五失本，三不易"已成定论。隋朝彦琮在《辩正论》（道宣《续高僧传·彦琮传》）中，对"五失本，三不易"推崇备至，称道安"详梵典之难易，诠译人之得失，可谓洞入幽微，能究深隐"。彦琮对早期佛经翻译的总结是：汉魏"或简或繁，理容未适；时野时华，例颇不定。晋宋尚于谈说，争坏其淳；秦凉重于文才，尤从其质。"道安组织佛经翻译，即在秦凉时期。彦琮本人所持译经观点也是"宁贵朴而近理，不用巧而背源，傥见淳质，请勿嫌烦"。

而彦琮对于佛经翻译论的主要贡献在于他提出的"八备"说，即佛经翻译家应当具备的八个条件：

> 经不容易，理藉名贤。常思品藻，终惭水镜。兼而取之，所备者八：诚心爱法，志愿益人，不惮久时，其备一也。将践觉场，先牢戒足，不染讥恶，其备二也。筌晓三藏，义贯两乘，不苦暗滞，其备三也。旁涉坟史，工缀典词，不过鲁拙，其备四也。襟抱平恕，器量虚融，不好专执，其备五也。耽于道术，淡于名利，不欲高衔，其备六也。要识梵言，乃闲正译，不坠彼学，其备七也。薄阅苍雅，初谙篆隶，不昧此文，其备八也。八者备也，方是得人，三业必长，其风靡绝。

这是对翻译家德、才和识的全面要求。其中也涉及译经文质问题。一方面彦琮告诫译者"常思品藻，终惭水镜"。这也就是慧远在《大智论抄序》中所说"令正典隐于荣华，玄朴亏于小成"。另一方面，彦琮也要求译者具备中国文史修养，做到"不昧此文"，"不过鲁拙"。

彦琮提出的"八备"在唐玄奘身上得到完美的体现。玄奘重在翻译实践，没有留下翻译专论。玄奘提出的"五不翻"原则，只是局限于名词的意译和音译问题。但据玄奘传记提供的有关材料，也能约略窥见玄奘的翻译主张。道宣曾参加玄奘主持的译经活动。他在《续高僧传·玄奘传》

中说：

> 自前代已来所传经教，初从梵语倒写本文，次乃回之顺同此俗，然后笔人乱理文句，中间增损，多坠全言。今所翻传都由奘旨，意思独断，出语成章，词人随写，即可披玩。尚贤吴魏所译诸人，但为西梵所重，贵于文句钩锁，联类重沓，布在唐文，颇居繁复，故使缀工专司此位，所以贯通词义，加度节之，诠本勒成，秘书缮写。

这表明玄奘要求译出原经全文，反对随意增损。同时，译文要符合汉语习惯。不仅梵语倒置的词序要"顺同此俗"，繁复的语法结构也要适度简化，以求句义顺畅通达。

在玄奘弟子慧立和彦悰编撰的《大慈恩寺三藏法师传》中，也有两则颇能说明玄奘译风的事例。一则是唐太宗向玄奘询问《金刚般若经》"先代所译，文义具不？"玄奘答曰："今观旧经，亦微有遗漏。据梵文具云'能断金刚般若'，旧经直云'金刚般若'。欲明菩萨以分别为烦恼，而分别之惑，坚类金刚，唯此经所诠无分别慧，乃能除断。故曰'能断金刚般若'。故知旧经失上二字。"也就是说，旧经为求词语简约，造成经义缺失。玄奘还举出旧译本其他漏译之处。最后，玄奘奉唐太宗之命，重翻此经。慧立和彦悰评论道："然经本贵理，不必须饰文以乖义也。故今新翻《能断金刚般若》，委依梵本。"另一则是玄奘主译《大般若经》，"梵本总有二十万颂，文既广大，学徒每请删削"。玄奘曾起念顺从众意，"如罗什所翻，除繁去重"。但当夜便做恶梦，"流汗颤栗"。于是，他决定不作删略，按梵本全译。

从玄奘的译经实践看，他的翻译原则与道安、彦琮一脉相承。梁启超称"玄奘者，则意译直译，圆满调和，斯道之极轨也"。其实，梁启超创造性地将早期译经分为"未熟的直译"（即"语义两未娴洽，依文转写而已"）和"未熟的意译"（即"顺俗晓畅，以期弘通，而于原文是否吻合，不甚厝意"），他完全可以顺着这条思路，将鸠摩罗什的翻译称作"成熟的意译"，而将玄奘的翻译称作"成熟的直译"。

就佛经翻译而言，意译注重译文的文和约，允许"五失本"，而直译不嫌原文的质和繁,允许"一失本"。"未熟的直译"病在"时有不达"(道安评安世高语),"未熟的意译"病在"丽其辞,迷其旨"(僧叡评支谦语),两者均失于译者未能兼通梵汉。而玄奘和鸠摩罗什精通佛学,前者本人兼通梵汉,后者虽然只是初通汉文,但有僧叡和僧肇等一大批晓法能文的高僧助译,"陶练复疏,务存论旨"。因此,玄奘和鸠摩罗什分别代表中国佛经翻译史上成熟的直译和意译,诚如唐释澄观所说"会意译经,姚秦罗什为最;若敌对翻译,大唐三藏称能"(《大方广华严疏钞会本》)①。

如果我们依据《金刚经》梵语原文②,对照玄奘和鸠摩罗什的译文,便会发现玄奘紧扣原文翻译,不回避任何繁复或难解之处,而鸠摩罗什时有删削或改易,以追求译文简约流丽。这样,鸠摩罗什的译文字数比玄奘少了约四分之一。以《金刚经》中这首著名的偈颂为例,两者的翻译风格可略见一斑:

tārakā timiram dīpo māyāvaśyāya budbudam
星　　翳　　灯　幻　　露　　　泡
supinam ca vidyudabhram ca evam draṣṭavyam samskṛtam
梦　　闪电　　云　　如此　观　　　有为

奘译:诸和合所为,如星翳灯幻,
　　　露泡梦电云,应作如是观。

什译:一切有为法,如梦如泡影,
　　　如露亦如电,应作如是观。

或许,玄奘的翻译更符合现代翻译,尤其是现代理论著作翻译的标

---

① 转引自《钱锺书论学文选》第四册,花城出版社1990年版,第371页。钱锺书称"近世判别所谓主'达'之'意译'与主'信'之'直译',此殆首拈者欤"。
② E. Conze 编订本,Roma,1974年。

准。现代翻译一般都不赞成删削原文的做法，而文学翻译还普遍要求忠实传达原著的语言风格。但从接受的角度看，鸠摩罗什的翻译要比玄奘的翻译更具有可读性，更受读者欢迎。在鸠摩罗什和玄奘同本异译的著名佛经中，如《金刚经》（什译《金刚般若波罗蜜经》和奘译《能断金刚般若波罗蜜经》）、《维摩诘经》（什译《维摩诘所说经》和奘译《说无垢称经》）和《阿弥陀经》（什译《佛说阿弥陀经》和奘译《称赞净土佛摄受经》），长期以来，鸠摩罗什的译本更为通行。这一点似乎值得现代翻译家深长思之。

（原载《文学遗产》1994年第6期）

书写材料与中印文学传统

中国和印度都是文明古国，都有悠久的文学传统和丰富的文学遗产，同时，两国古代文学又具有各自的民族特色，文学形态的发展存在明显差异。在形成这种差异的诸多因素中，书写材料的不同也是一个至关重要的因素。

印度古代通行的书写材料是桦树皮（bhūrja）和贝叶（pattra 或 patra，音译贝多罗）。贝叶是多罗树（tāla，即棕榈树）的树叶。这种树叶既阔又长，质地厚实，印度古人将它们裁成统一的长条形，用竹签或铁笔在上面刻写，然后在字迹上涂上颜料。贝叶上打有洞眼，可以用绳串连。唐玄奘在《大唐西域记》中曾提及多罗树，称"其叶长广，其色光润，诸国书写，莫不采用"[①]。但是，桦树皮和贝叶这两种书写材料都不宜长期保存，因此，印度古代始终保持口耳相传的文化传播方式，书写一般用作记诵的辅助手段。

印度现存最古老的四部吠陀《梨俱吠陀》、《娑摩吠陀》、《夜柔吠陀》和《阿达婆吠陀》就是通过严格的吟诵方式传承的。唐义净在《南海寄归内法传》中就明确提到印度婆罗门"所尊典诰，有四薜陀书（即四吠陀书）"，"咸悉口相传颂，而不书之于纸叶"[②]。吠陀时代（约公元前十五世纪至公元前四世纪）的文献除了这四部吠陀外，还有各种梵书、森林书和奥义书。而在整个吠陀文献中，找不到任何有关文字书写的知识。因此，印度古代文字起源不明。印度现存最早的书写文字见于阿育王（公元前三世纪）石刻铭文，主要使用婆罗谜（Brāhmī）和佉卢（Kharoṣṭrī）两

[①] 《大唐西域记校注》，中华书局1985年版，第889页。
[②] 《南海寄归内法传校注》，中华书局1995年版，第205页。

种字体。婆罗谜字体自左至右书写，一般认为属于印度本土字体；佉卢字体自右至左书写，源于西亚的阿拉米字体。后来的印度本土文字绝大多数使用婆罗谜字体及其变种。

四部吠陀是为了适应祭祀需要而汇编成集的，主要是颂神诗、祈祷诗和咒语诗。它们是吠陀时代婆罗门教的圣典。在人类上古时代，宗教和神话在意识形态中占据主导地位，这是正常情况。

在吠陀时代末期，出现与婆罗门教相抗衡的沙门思潮，其中最有影响的是佛教。佛教也采用口耳相传的传播方式，这从现存佛经中的常用语"如是我闻"（evaṃ mayā śrutam）便可见出。东晋法显在《佛国记》中记载道："法显本求戒律，而北天竺诸国皆师师口传，无本可写，是以远步，乃至中天竺。"而中天竺"亦皆师师口相传授，不书之于文字"[①]。

印度吠陀时代是部落社会。吠陀时代末期，约公元前六世纪初，印度的部落大部分过渡到国家。此后，从公元前六世纪至公元四世纪为列国纷争和帝国统一的时代。印度的两大史诗《摩诃婆罗多》和《罗摩衍那》产生于这一时期。在印度古代，《摩诃婆罗多》被称作"历史"（itihāsa），《罗摩衍那》被称作"最初的诗"（ādikāvya）。我们现在按照世界通行的术语，称它们为史诗（epic）。史诗是以诗（韵文）的形式和诗（神话）的思维记叙民族的历史。希腊两大史诗是如此，印度两大史诗也是如此。在印度两大史诗的形成过程中，宫廷歌手苏多（sūta）起了重要作用。适应列国争霸的社会需要，宫廷歌手不断编制英雄颂歌，在宫廷中和节日集会上吟唱，或者陪随帝王出征，在征战间隙吟唱。这些英雄颂歌以口耳相传的方式创作和传播，经过历代宫廷歌手加工扩充，最终形成史诗。其内容或者围绕一个英雄人物，如《罗摩衍那》（即《罗摩传》）；或者围绕一个重大历史事件，如《摩诃婆罗多》（即《婆罗多族大战记》）。而以英雄传说为核心，又汇入各种神话传说和民间故事。在《摩诃婆罗多》中，还汇入各种政治、伦理、律法和哲学等内容，而成为一部"百科全书式"的史诗。《罗摩衍那》的最后定型约在公元二世纪，现存抄本约有两万四千颂；《摩诃婆罗多》约在公元四世纪定型，现存抄本约有十万颂。也就是

[①] 《法显传校注》，上海古籍出版社 1985 年版，第 141 页。

说，印度两大史诗的篇幅总量相当于希腊两大史诗的十倍。

在印度古代，与两大史诗同时产生和发展的另一类作品是往世书（Purāṇa，或译古事记），主要记叙创世神话以及天神、仙人和帝王的谱系。往世书也是韵文体，以口耳相传的方式创作和传播，定型时间晚于两大史诗。现存大小往世书各十八部。仅十八部大往世书的篇幅总量就达四十万颂。史诗和往世书，加上吠陀颂诗、梵书和森林书，还有佛教文献和耆那教文献，印度古代文献中的神话传说资料之浩瀚，令人叹为观止。

在中国，许多少数民族文字产生较晚，在漫长的历史时期中保持口耳相传的文化传播方式，也产生了丰富的神话传说、民间故事和史诗。近二十年来，我国少数民族文学研究突飞猛进，最引人注目的是藏族史诗《格萨尔》的发掘和整理。《格萨尔》和蒙古族的《江格尔》以及柯尔克孜族的《玛纳斯》并称为我国少数民族的三大史诗。《格萨尔》的整理工作还在进行之中，"估计诗行可达百万行"①。也就是说，这部史诗的篇幅相当于印度史诗《摩诃婆罗多》的五倍之多，堪称世界史诗宝库中一大奇观。当然，《格萨尔》直至近代和现代还处在创造性的发展中，是一部"活史诗"，与严格意义上的古代史诗是有所区别的。但可以肯定地说，对我国少数民族众多史诗的深入研究，必将大大丰富世界史诗理论。

印度两大史诗和中国少数民族三大史诗都是口耳相传的创作和传播方式结出的硕果。那么，中国汉族为什么没有产生这样的史诗呢？我们也可以从汉文化的传播媒介和方式这个角度切入，加以探讨。中国的夏商周时代类似印度的吠陀时代，而春秋战国时代类似印度的列国纷争和帝国统一时代。中国现存的最早文字是殷墟甲骨文，年代早至公元前一千三百年左右。但甲骨文肯定还不是中国的最早文字，因为甲骨文已经是相当成熟的汉字，汉代学者总结的汉字构造原则"六书"（象形、会意、形声、指事、转注和假借）均已具备。这说明汉字起源的时间还要大大提前，有待考古发掘证实。商周时代的甲骨文和金文（钟鼎文）之后的汉字字体由秦汉的小篆和隶书，发展成汉魏以后的楷书。

---

① 王沂暖：《关于藏族〈格萨尔王传〉的部数和行数》，载《格萨尔学集成》第 2 册，甘肃民族出版社 1990 年版，第 1285 页。

中国在西汉发明造纸术。在纸张用作书写材料之前，汉字的书写材料是龟甲（主要是腹甲壳）、兽骨（主要是牛胛骨）、青铜器、竹、木和帛等。其中用于抄写书籍的材料主要是竹、木和帛。这些书写材料都宜于长期保存。直至二十世纪七十年代，我国还从汉墓中发掘出用竹简和缣帛书写的大量文献。而在印度，上古乃至中古时代的桦树皮和贝叶抄本已荡然无存。例如《摩诃婆罗多》，现存最古的抄本也属于十六世纪。

　　纸张发明于西汉，而普遍用作书写材料始于魏晋。西晋傅咸曾作《纸赋》曰："既作契以代结绳兮，又造纸以当策。"荀勖在《穆天子传叙》中说："谨以二尺黄纸写上。"而东晋桓玄曾下令说："古无纸，故用简，非主于敬也。今诸用简者，宜以黄纸代之。"（《初学记》卷二十一引）据考古发现，现存最早的纸写本有西晋的佛经残卷和《三国志》残卷。纸张作为书写材料的普遍使用，促进了唐代雕版印刷术的发明。这样，除了抄写之外，书籍又可以以印刷的方式传播。而雕版作为印刷工具，纸张作为印刷材料，也有利于文献的保存。佛经梵语原典在印度本土基本失传，而在中国保存了卷帙浩繁的汉译佛典，就充分说明这一点。

　　中国的纸张至迟在七世纪末已经传入印度，但造纸术的传入还要晚一些，纸写的抄本出现在十一世纪以后[①]。尽管出现了纸写的抄本，更为流行的还是贝叶抄本和桦树皮抄本。至于印刷术传入印度，则是十六世纪以后的事了。

　　印度古代始终缺乏既实用又宜于长期保存的书写材料，因而一直保持口耳相传的文化传承方式。这就决定了印度古代口头文学创作——神话传说、史诗和民间故事——的异常发达。而中国古代早已具备既实用又宜于长期保存的书写材料，因而一向重视以书写文字为依据的文化传承方式。从古代"仓颉造字"的神话可以看出中国古人对文字的崇拜："仓颉制字，泄太极之秘"（《文脉》），"使天下义理必归文字"（《绎史》），"于是而天地之蕴尽矣。天为雨粟，鬼为夜哭，龙乃潜藏"（《路史》）。而中国古人重视书写文字，促成中国史学起源较早。

---

　　① 参阅季羡林《中国纸和造纸法输入印度的时间和地点问题》，载《中印文化关系史论文集》，生活·读书·新知三联书店 1982 年版。

据《尚书·多士》记载:"惟殷先人有册有典,殷革夏命。"说明商代就有记叙"殷革夏命"的历史典籍。据《礼记·玉藻》记载:"动则左史书之,言则右史书之。"说明周代有专职记事和记言的史官。《尚书》还只是关于尧舜至春秋的史料汇编。孔子讲授的《春秋》和司马迁编撰的《史记》则开创了中国史书编年体和纪传体这两种体例。司马迁编史注重利用文献和实地考察。《史记》中明确的纪年始于公元前841年(西周共和元年),在此之前的周、商和夏的帝王世系有世无年。然而,《殷本纪》中的帝王世系早已为殷墟甲骨史料证实。据此,现在人们推断《夏本纪》中的帝王世系也可能是信史,因为当时司马迁编撰《夏本纪》也是有史料依据的。如果将来能由考古证实,那么中国的历史编年还能推前一千多年。

中国历代史官仿照《史记》的体例,为后人留下了以二十四史为代表的浩瀚的历史文献。这与印度古人为后人留下两大史诗和大小各十八部往世书形成鲜明对照。印度现代历史学家认为,印度古代史(十二世纪以前)的"主要特点是缺乏任何正规的历史纪年"。直至十二世纪迦尔诃纳(Kalhaṇa)编撰的克什米尔地方史《王河》,才是第一部"真正意义上的历史著作"①。因此,我们阅读印度古代文学史,会发现印度古代作家和作品的年代大多是推测性的,倘若能确定在哪个世纪,就算万幸,不敢奢望像中国古代作家和作品的编年大多精确到年份。

中国古代史学发达,势必抑制神话传说的发展。从中国古籍《山海经》、《楚辞》和《淮南子》等可以看出,中国上古神话原本也是绚丽多彩的,各种神话母题大体具备,但没有得到充分发展,零星片断地记载在各种古书中。一般认为,儒家"六经"(易、书、诗、礼、乐和春秋)是由孔子整理编定的。孔子是一位历史感极强的人物,重视文献证据:"夏礼,吾能言之,杞不足征也。殷礼,吾能言之,宋不足征也。文献不足故也。足,则吾能征之矣。"(《论语·八佾》)孔子也是一位现实感极强的人物,"不语怪力乱神"(《论语·述而》)。但他也不断然否定鬼神世界,而是采取"敬鬼神而远之"(《论语·雍也》)的态度,"祭如在,祭神如

---

① 马宗达(R. C. Majumdar)主编:《吠陀时代》(伦敦,1952),第47、49页。

神在"(《论语·八佾》)。因此,在孔子编订的"六经"中,保存的神话传说资料自然十分有限。

孔子这种重人事而轻鬼神的态度也是有所本的。《礼记·表记》中说:"殷人尊神,率民以事神,先鬼而后礼。"而"周人尊礼尚施,事鬼敬神而远之,近人而忠焉"。孔子直接秉承殷周时代先人从神话向现实转化的思维精神。而史学的成熟显然对这种转化起了促进作用。

司马迁继承了孔子的史学观念。他在《史记》中也采入一些神话传说,但坚持"考信于六艺"(《史记·伯夷列传》),也就是依据"六经"梳理神话传说。《五帝本纪》"太史公曰"中指出:"百家言黄帝,其文不雅驯,荐绅先生难言之。"因此,他"择其言尤雅者","著为本纪"。《大宛列传》"太史公曰"中又指出:"言九州山川,《尚书》近之矣。至《禹本纪》、《山海经》所有怪物,余不敢言之也。"

中国古代史学发达,也就注定史诗难以产生。与印度文化史类比,中国的周代和春秋战国是应该产生史诗的时代。但自殷周以来,有史官制度,"有册有典",促成诗(神话思维和虚构想象)与史的分离。孟子有"诗亡然后春秋作"(《孟子·离娄下》)之说,这里的"诗"不能理解为《诗经》,而应理解为诗和史浑然不分的史前诗或史前史。这样,孟子此说也可以理解为神话传说的消亡和史学的兴起。

古希腊两大史诗大约成型于公元前八世纪。古希腊史学诞生在两大史诗之后,以公元前五世纪希罗多德的《历史》为标志。这部《历史》主要记叙希波战争史。希罗多德的写作目的是"为了使希腊人和异邦人的那些可歌可泣的丰功伟绩不致失去其应有的光彩,特别是为了要把他们之间发生战争的原因记载下来,以永垂后世"①。同时代稍后的修昔底德撰写了《伯罗奔尼撒战争史》,史学规范更严谨,书中没有"奇闻轶事","材料的确凿性,总是尽可能用最严格、最仔细的考证方法检验过的"②。公元前四世纪亚里士多德则在《诗学》中对诗和史的区别作了理论概括:"诗人的职责不在于描述已经发生的事,而在于描述可能发生的事";"诗倾向于

---

① 转引自郭圣铭编著《西方史学史概要》,上海人民出版社1983年版,第17页。
② 同上书,第26页。

表现带普遍性的事，而历史却倾向于记载具体的事"①。亚里士多德这里所说的"诗"包括史诗，但不限于史诗。

《诗经》雅诗中有不少诗篇记叙从后稷出世到武王灭商以及宣王征伐四夷而中兴的传说和史迹，如《生民》、《公刘》、《绵》、《皇矣》、《大明》、《六月》、《采芑》、《常武》、《出车》和《江汉》等，原本是英雄史诗的绝好素材，但终究没有发展成史诗。同样，屈原的《天问》也是创世史诗和英雄史诗的绝好素材，但在汉文化背景中，已经失去发展成史诗的机会，因为春秋战国时代标志着中国神话传说时代的结束。

神话传说同史诗的生命依靠口头创作和传诵维系。一旦受到文字记载的历史束缚，相关的神话传说和史诗也就失去发展的活力。当然，神话传说时代的结束，并不意味神话传说的灭亡。一是原有的神话传说能通过文字记录保存下来，二是神话传说作为文化活动的一个支流还会顽强地生存和发展，三是神话传说作为素材和创作手法不断在文学艺术中得到运用。

文字记录与神话传说和史诗的本性相违背。印度史诗和往世书在口头创作和传诵中保持着旺盛的生命力。印度史诗和往世书都采用韵文体，也是出于方便记诵的需要。而中国古人容易依赖书面文字传承，上古时代最重要的神话传说集《山海经》采用的就是散文体。五部儒家原典除《诗经》外，《周易》、《尚书》、《仪礼》和《春秋》都是散文体。在古代印度，不仅史诗和往世书采用韵文体，许多民间故事集，甚至各类学术理论著作也采用韵文体或韵散杂糅体。而古代中国尽管也是诗歌大国，诗经、楚辞、乐府、唐诗、宋词和元曲源远流长，但宏观地看，文献总量中仍然是散文体占据绝对优势。

中国古代没有产生史诗，从文学形式继承发展的角度看，造成中国古代缺乏长篇叙事诗。印度文学从史诗时期进入古典梵语文学时期后，出现"大诗"（mahākāvya，即叙事诗），大多取材于史诗和往世书中的题材。印度古人把史诗《罗摩衍那》称作"最初的诗"，实际上是说明"大诗"直接导源于史诗。但"大诗"不能称作"史诗"，因为它们是诗人独立创作的诗歌艺术作品。檀丁（七世纪）在《诗镜》中对"大诗"的内容和

---

① 亚里士多德：《诗学》，陈中梅译，商务印书馆1996年版，第81页。

形式作了理论概括："大诗"分成若干章，故事取材于传说或真实事件，主角是勇敢高尚的人物，诗中应该描写风景、爱情、战斗和主角的胜利，讲究修辞和韵律，等等。同时，在七世纪产生了富有传奇色彩的散文体长篇叙事文学作品——檀丁的《十王子传》和波那的《迦丹波利》。这种古代长篇小说体裁的出现，在世界文学史上算是相当早的。从这两部作品可以看出，它们在题材上继承了民间故事文学的世俗性，在叙事方式上继承了两大史诗和民间故事集的框架式叙事结构，在语言修辞艺术上继承了"大诗"的风格。

　　中国古代叙事文学的充分发展，是在佛教传入中国之后。佛教文献具有明显的印度文学传统特色。汉译佛经《佛所行赞》（北凉昙无谶译）、《普曜经》（西晋法护译）和《方广大庄严经》（唐地婆诃罗译）这样的长篇叙事文学是中国前所未有的。许多佛经中还包含有大量用作譬喻的印度民间故事。印度佛教采取口耳相传的方式宣教，因而佛经文体大多是通俗的，采用韵文体或韵散杂糅体。

　　在中国佛经翻译史上，有过佛经翻译文体文和质或者说文言和白话的讨论。中国古人早就明白口头语言和书面语言的区别，所谓"言以足志，文以足言"，或者，"书不尽言，言不尽意"，都体现这种区别。而中国古代文化传统也可以说是书面文化传统。中国古代典籍都是用文言写的，文体趋向简约文雅。中国佛教高僧习惯于中国典籍的文化，经过长期的佛经翻译实践，才渐渐认识到佛经原典本身大多是用白话文体撰写的。这样，也就不必忌讳用白话文体翻译佛经①。禅宗是佛教中国化的典型代表，大量的禅宗语录也都采用白话文体。显然，汉译佛经促进了中国古代白话文（近代汉语）的发展。

　　同时，纸张作为书写和印刷材料得到普及，也有利于白话文献的保存和传播，为白话文的发展提供了坚实的物质基础。追究中国上古时代汉语文体简约文雅的原因，字体书写繁难是一个方面，另一方面是书写材料的限制，简牍嫌重，缣帛嫌贵。据《史记》记载，秦始皇"衡石量书"（《秦始皇本纪》），也就是每天要批阅一百二十斤简牍文书。汉武帝时，

---

① 参阅拙文《佛经翻译文质论》，载《文学遗产》1994年第6期。

东方朔"至公车上书，凡用三千奏牍。公车令两人共持举其书，仅然能胜之"（《滑稽列传》）。因此，《后汉书》为蔡伦立传，指出"缣贵而简重，并不便于人。伦乃造意，用树肤、麻头及敝布、鱼网以为纸"（《宦者列传》）。而佛教传入中国，恰好赶上中国纸张逐渐普及的时期。

在唐代出现的变文是一种韵散杂糅的民间说唱文学体裁，主要用于讲述佛经故事，宣传佛教教义。这种韵散杂糅的文体就是采用佛经的叙事方式。由唐代变文发展成宋元话本，由宋元话本发展成明清长篇小说。明清长篇小说如《西游记》、《三国演义》、《水浒传》、《红楼梦》乃至近代章回体长篇小说中，保持着在散文叙述中夹杂一些诗词歌赋，也就是保留着唐代变文韵散杂糅的原始特征。

佛经对中国古代叙事文学的影响并不局限于文体形式，佛经中的印度神话观念激发中国古代文人的艺术想象力，业报轮回思想也给中国古代叙事文学的主题和情节烙上深深的印记。没有佛教传入中国，不可能出现像《西游记》这样的神话小说。即使是描写中国世俗生活的小说，如《水浒传》中一百零八条好汉是三十六员天罡星和七十二员地煞星下凡，死后回归原来的星宿；《说岳全传》中岳飞是天上大鹏金翅明王下凡托胎投生；《红楼梦》中贾宝玉和林黛玉是仙石和仙草下凡；《金瓶梅》中西门庆死后转生为孝哥；《醒世姻缘传》中晁源转生为狄希陈，仙狐转生为薛素姐，计氏转生为童寄姐，珍哥转生为小珍珠，这些全都体现化身下凡和轮回转生的印度神话观念。这样的例子不胜枚举，如果有心搜集，可以写成一部专门著作。但国内研究佛教和中国文学关系的学者，似乎迄今在这方面还没有下够功夫。

（原载《外国文学评论》1999年第3期）

季羡林先生治学录

季羡林出生在山东省清平县一个农民家庭。童年时代，家境贫寒，是村里最穷的一家。常年吃的是"红高粱饼子就苦咸菜"，心目中天下的最高享受是能吃上"白面馒头"。童年的艰苦生活养成了他日后吃苦耐劳、自强不息的刚毅性格。

六岁时，叔父接他去济南，供他上学。学生时代，喜爱文学，在给予他深刻影响的中学国文教员中，既有桐城派古文作家王昆玉，也有新文学作家胡也频和董秋芳。同时，他刻苦学习英语，成绩在班上名列前茅。因此，季羡林在中学时代就已在报刊上发表多篇文学创作和译作。

1930年，季羡林中学毕业，同时考取清华大学和北京大学。他选择了清华大学，入西洋文学系，专修方向是德语。在大学四年中，专业成绩始终优秀，毕业论文是 The Early Poems of Holderlin（《荷尔德林的早期诗》）。在清华园里，以共同的兴趣和爱好，与同学中的吴组缃、林庚和李长之结为好友。在清华期间，季羡林先后发表散文创作和译作十多篇。

1934年，季羡林大学毕业，应母校山东省立高中校长之邀，回母校任国文教员。他认真教书，平等待人，与学生关系融洽。教书之余，还为一家大报主编一个文学副刊。当时，郑振铎要为他出一个散文集。季羡林本人也有意于此，并为自己的散文集想好了一个书名，叫《因梦集》。恰好在这期间，他考上了清华大学与德国的交换研究生，此事暂时搁浅。直至半个世纪后，即1986年北京大学出版社出版的《季羡林散文集》中才用上这个书名。这部集子共收入季羡林的四个散文集：《因梦集》、《天竺心影》、《朗润集》和《燕南集》。

留学德国是季羡林学术生涯的转折点。倘若没有遇上这个机会，季羡林一生对中国文化的贡献或许会集中在散文创作上。留学德国后，季羡林走上东方学研究道路,毫不吝惜地奉献自己的才智和心血。但散文创作仿佛已成为他生命的有机组成部分,永远无法割弃。几十年来,在研究工作之余,季羡林一直坚持散文创作。而且,十分奇特,季羡林进入老年后,创作活力愈发旺盛。继上述四个散文集后,近些年结集出版的还有《万泉集》、《小山集》、《留德十年》和《牛棚杂忆》,在国内文学评论界享有"老生代"的美称。季羡林已成为中国现代学者散文流派的重镇,荣获1995—1996年鲁迅文学奖中的全国优秀散文杂文荣誉奖。

季羡林的散文创作成就值得国内学术界认真研究。季羡林在青年时代广泛阅读中国古典诗文。他尤其喜欢抒情性散文,如司马迁的《报任少卿书》、陶渊明的《桃花源记》、李密的《陈情表》、韩愈的《祭十二郎文》、欧阳修的《泷岗阡表》、苏轼的《前后赤壁赋》和归有光的《项脊轩记》。他也十分欣赏辞藻华丽的六朝骈文,李商隐和李贺的诗,姜白石和吴文英的词。而季羡林性格内向,感情往往积聚心中,唯有散文能叩开他的心扉。季羡林天性也正直质朴。因此,他的散文最终没有走上追求辞藻华丽的一路,而坚持有感而发,以情驭文。

季羡林对中国古典散文的借鉴主要有三条:"感情必须充沛真挚";"遣词造句必须简练、优美、生动";"整篇布局必须紧凑浑成"①。在充沛真挚的感情表达上还要补充一条,即"讲究含蓄,讲究蕴藉,讲究神韵,言有尽而意无尽"②。他认为中国现代许多散文大家的作品都继承了中国优秀古典散文的传统。当然,中国现代散文也接受西方散文的影响。季羡林的散文也在潜移默化中接受英国散文、俄国散文(主要是屠格涅夫)和日本散文的影响。但他认为同样接受西方影响,与中国现代诗歌、小说和戏剧相比,中国现代散文的"中国味"还是"颇为浓烈"的③。而季羡林爱读日本现代散文,也是觉得日本散文中有一种"东方的神韵"④。正因为季羡林在散文创作中注重真情实感,追求神韵,讲究遣字造句和布局结构,通读季羡林的散文不仅能享受到艺术美,而且能深切体验一位中国杰

---

① 《季羡林文集》第 2 卷,江西教育出版社 1996 年版,第 175 页。
② 同上书,第 180 页。
③ 同上书,第 179 页。
④ 《季羡林文集》第 13 卷,第 131 页。

出学者在二十世纪的心路历程。

　　1935年秋，季羡林到达德国，进入哥廷根大学。开始的时候，为选择专业科目，有过一阵彷徨和烦恼。后来，在大学教务处看到教授开课的布告中，有瓦尔德施米特（Waldschmidt）教授开设的梵文课。他顿时心里一亮，决定学梵文。这一决定看似偶然，却寓有必然。在清华大学读书时，选修课中给他影响最深的是朱光潜的《文艺心理学》和陈寅恪的《佛经翻译文学》。他曾与几个同学一起请求陈寅恪开梵文课，未能如愿。如今他终于在哥廷根大学圆了这个梦。人生中的机会真是可遇而不可求。

　　巧中还有巧。瓦尔德施米特是吕德斯（H. Lüders）的学生。而陈寅恪早年留学德国学习梵文和其他东方古文字，业师就是吕德斯。陈寅恪回国后，利用梵文、巴利文和其他古代文字史料，拓展中国边疆史地、佛教和中外文化交流研究领域，备受学术界同仁景仰。季羡林在清华大学读书时，就深知梵文对于中国文化研究的重要性。此刻，他决定学梵文，也是一种理性的选择。他在当时的留德日记中写道："我终于非读Sanskrit（梵文）不行。中国文化受印度文化的影响太大了。我要对中印文化关系彻底研究一下，或能有所发明。"①

　　季羡林随瓦尔德施米特教授学了五个学期后，开始撰写博士论文，题目是《〈大事〉偈颂部分中限定动词的变化》。《大事》是一部用混合梵语写成的佛典。混合梵文（Hybrid Sanskrit）是佛典语言从俗语向梵语转化过程中产生的一种语言，对于佛教文献研究具有重要意义。而在第二次世界大战爆发后不久，瓦尔德施米特教授被征从军，于是，已经退休的西克（E. Sieg）教授代替瓦尔德施米特教授上课。西克教授是吐火罗语专家。吐火罗语（Tocharian）是中国新疆出土的一种古代文献语言，由西克和西格灵两位教授在比较语言学家舒尔策帮助下读通，并合著吐火罗语的奠基作《吐火罗语法》。这样，季羡林一面撰写博士论文，一面跟随西克教授学习梵文和吐火罗语。经过五年的收集资料、研究和写作，季羡林于1940年完成博士论文，并于1941年以优等的成绩获得博士学位。

　　学业完成后，季羡林一心想要回国，但战争期间交通受阻，无法如

---

① 《季羡林文集》第2卷，第440页。

愿。在此后被迫滞留德国的四年中，季羡林专心从事佛典语言研究。在险恶的战争环境中，他长期忍受饥饿的折磨。当时，季羡林读到俄文原著果戈理《钦差大臣》中，仆人奥西普躺在主人床上的一段独白："唉，我的天，哪怕有点菜汤喝喝也好呀。我现在恨不得要把整个世界都吞下肚子里去"，引起强烈共鸣，感到这话"写得何等好呀！"[①] 轰炸和饥饿交相压迫，季羡林却在佛典语言研究中找到强烈的生命乐趣。诚如他在后来结集的《印度古代语言论集》前言中所描述："机声隆隆，饥肠雷鸣，人命危浅，朝不虑夕。然而我却是积稿盈案，乐此不疲，开电灯以继晷，恒兀兀以穷年。稍有所获，则拍案叫绝。此中情趣，诚不足为外人道也。"[②]

季羡林记取瓦尔德施米特教授在指导他写作博士论文时，要求他删去一切陈言的训示，在研究中恪守学术贵在创造的信条。他先后写成并发表了三篇重要论文。《〈福力太子因缘经〉吐火罗文本的诸异本》运用包括汉译本在内的《福力太子因缘经》各种文本，进行比较研究，以解决吐火罗语语义问题。这种文本比较方法是研究失传的古文字的最有效途径。《中世印度语言中语尾 am 向 o 和 u 的转化》揭示中世印度西北方言的一个重要语法特点。《使用不定过去时作为确定佛典年代和来源的标准》揭示中世印度东部方言多用不定过去时以及其他五个语法特点。由于印度古人历史观念淡薄，历史和神话传说长期混淆不清，给现代学者从事包括佛教史在内的印度古代史研究造成极大困难。而季羡林通过语言比较研究，确定各个地区古代语言的语法特点，为探索佛教起源、发展和传播提供了一种可靠的论证手段。季羡林在留学德国期间撰写的这几篇富有创见的论文现已成为佛教语言研究史上的重要文献。

1945 年，第二次世界大战一结束，季羡林就辗转取道回国，历经种种困难，于 1946 年 5 月到达上海，回到阔别十年的祖国怀抱。同年秋，经陈寅恪推荐，季羡林被聘为北京大学教授，创建东方语文系。他确定了东方语文系的办学宗旨和方案。他还著文宣传东方语文学的重要性：在实用方面，可以培养派往东方国家的合格外交人员，不至于在外交工作中给中

---

① 《季羡林文集》第 2 卷，第 475 页。
② 《印度古代语言论集》，中国社会科学出版社 1982 年版，第 1 页。

国人丢脸；在学术方面，中国与东方国家的文化交流史，应该由我们中国学者自己研究，而不应该由西方学者越俎代庖。尤其是在中国出土的吐火罗语、于阗语和粟特语等古代语言文献资料，若让外国学者包揽研究，而我们自己视若无睹，更是民族的耻辱。还有，佛教对于中国文化的影响众所周知，而对佛教的深入研究又离不开梵文、巴利文和其他古代语言。因此，季羡林鼓励青年学者要有勇气投身东方语文学这块学术研究的新园地。

季羡林回国后，随着学术环境和研究条件的变化，不可能像在德国那样专供佛典语言，尤其是混合梵语和吐火罗语，而是以自己掌握的多种古代语言为工具，着重研究佛教史和中印文化关系史，发表了一系列富有学术创见的论文。

《浮屠与佛》（1947），揭示梵语 Buddha（佛陀）一词在早期汉译佛经中译作"浮屠"是源自一种古代俗语，译作"佛"则是源自吐火罗语，从而纠正了长期流行的错误看法，即认为佛是梵语 Buddha（佛陀）一词的音译略称。这里顺便指出，季羡林在 1989 年又写了《再论浮屠与佛》，进一步论证汉文音译"浮屠"源自大夏语。这样，根据梵文 Buddha 一词的汉文音译，可以看出佛教从印度向中国传播有两条途径：

(1) 印度→大夏（大月支）→中国
Buddha→Bodo, Boddo, Boudo→浮屠
(2) 印度→中亚新疆小国→中国
Buddh→But 等→佛

由此也可以证明东汉《牟子理惑论》中关于《四十二章经》译自大月支的说法是符合历史事实的。这样，汉代之所以称佛为"浮屠"也就得到满意的解释。

《论梵文ṭḍ的音译》（1948），揭示汉译佛经中用来母字译梵文的顶音ṭ和ḍ是经过了ḷ的一个阶段，而ṭ〉ḍ〉ḷ。这种语音转变现象不属于梵文，而属于俗语。因此，依据汉译佛经中梵文ṭḍ的音译情况，可以将汉译佛经分为汉至南北朝、南北朝至隋和隋以后三个时期。前期汉译佛经的原文大

半不是梵文，而是俗语或混合梵文；中期的原文也有很多是俗语和混合梵文，但梵文化程度有所进步；后期的原文是纯粹的梵文。

季羡林的这两篇论文在中国佛教史研究领域中别开生面，用比较语言学研究方法，令人信服地证明汉译佛经最初并不是直接译自梵文，而是转译自西域古代语言。季羡林也据此提醒国内运用音译梵字研究中国古音的音韵学家，在进行"华梵对勘"时，一定要注意原文是不是梵文这个大前提。唐玄应《一切经音义》、慧琳《一切经音义》和玄奘《大唐西域记》中常常指称某某词语的旧译"讹也"或"讹略也"也都是在这个大前提上失误。

《论梵文妙法莲华经》（1947），指出《妙法莲华经》有多种汉译本，互相之间的不同表明梵文原本的不同。而依据现存《妙法莲华经》不同梵文原本中残留的俗语语法特点，可以推断这部佛经最早是用印度东部方言写成，后来传到印度西北部，期间经过梵文化过程，由印度西北部传入中亚，由中亚传到中国。

《记根本说一切有部律梵文原本的发现》（1950），揭示根本说一切有部律的梵文也留有俗语痕迹，说明它是由俗语转化过来的梵文。而与唐代义净的汉译本对勘，可以看出散文部分汉译忠实，偈颂部分则多有删削。

《三国两晋南北朝正史与印度传说》（1949），揭示中国正史中所记帝王形貌受佛经中所谓"三十二大人相"和"八十种好"的影响。

《〈列子〉与佛典》（1949），揭示《列子·汤问篇》中抄袭《生经》（西晋竺法护译）中的机关木人故事，证明《列子》不是先秦古籍，而是东晋张湛制造的伪书。

1956年，为纪念佛教创始人释迦牟尼涅槃二千五百周年，季羡林撰写了《论原始佛教的语言问题》，依据五种汉译佛经异本，说明国外学者多少年来争论不休的巴利语《小品》中那句佛陀的话，只能译为"我允许你们，比丘呀，用（你们）自己的语言来学习佛所说的话"。这个结论的重要性在于它涉及佛陀的语言政策。佛教初起时，之所以在民众中传播很快，而佛经异本很多，语言很杂，都与这一语言政策有关。

1958年，季羡林又撰写了《再论原始佛教的语言问题》。这是一篇与美国梵文学者爱哲顿（F. Edgerton）展开学术论争的文章。爱哲顿在《佛教混合梵文文法和字典》（1953）一书中否认存在一种用"原始语言"写成的佛典。而季羡林同意德国梵文学者吕德斯的观点，在论文中以确凿的语言材料证明存在一种用"原始语言"写成的佛典。这种"原始语言"就是印度古代东部的方言，即古代"半摩揭陀语"。

在中印文化关系史研究方面，以往国内外学者大多偏重研究佛教对中国文化的影响，甚至有论者据此认为中印文化关系是"单向贸易"（one-way traffic）。季羡林认为这种看法不符合文化交流的历史实际。因此，季羡林在研究中，一方面重视佛教对中国文化的影响，另一方面着力探讨为前人所忽视的中国文化输入印度的问题。他先后写成《中国纸和造纸法输入印度的时间和地点问题》（1954）、《中国蚕丝输入印度问题的初步研究》（1955）和《中国纸和造纸法最初是否是由海路传到印度去的?》（1957）等论文，以翔实的史料，考证了中国纸张、造纸法和蚕丝传入印度的过程。

与此同时，季羡林兼治梵文文学，翻译出版了印度古代寓言故事集《五卷书》（1959）、迦梨陀娑的剧本《沙恭达罗》（1956）和《优哩婆湿》（1962），并撰写有《印度文学在中国》、《印度寓言和童话的世界"旅行"》、《〈五卷书〉译本序》、《关于〈优哩婆湿〉》和《〈十王子〉浅论》等论文。

从季羡林回国二十年中奉献的丰硕学术成果看，佛教史、中印文化关系史和梵文文学，确实是一座座学术富矿，亟待中国学者努力开采。但梵文、巴利文和其他有关古代语言是开采的必备工具，而中国缺少这方面的人才，难以形成一定的规模，以发挥原本属于中国的学术优势。为了使这门学科后继有人，发扬光大，季羡林于1960年开设新中国成立以来的第一届梵文、巴利文班，与金克木合作，亲自执教五年。我有幸也是这个班的学生之一。两位先生对我们这个班寄予厚望，悉心培养。季羡林依据留学德国的经验，尤其注重激发学生学习的积极性和主动性。凡学习梵文课文，都要求我们事先预习，培养我们独立解决问题的能力。在课堂上采取讨论式教学方法，先由学生讲解课文，最后由老师解答疑难。梵文文法繁琐复杂，应该说是一种比较难学的外国语言。如果学生在学习中缺乏积极主动的思维能力，纵然勉强坚持读完五年，也未必能把梵文真正学到手。

因此，这届梵文、巴利文班中，后来在学术上有所作为的学生都永远铭记两位先生的恩德。

季羡林倾心尽力完成这届梵文、巴利文班的教学任务后，没过一年，就遇上了"文化大革命"。季羡林在"文化大革命"中备受折磨，经历了生死考验。这在他"和泪写成"的《牛棚杂忆》中有详细记述。因为我毕业后分配在中国科学院（后中国社会科学院）外国文学研究所工作，这本书中记述的许多读来令人心酸的情况，当时我并不知道。1973年，我们研究所已初步开始恢复业务。所长冯至写信给季先生，拜托他指导我的业务。不久，冯先生告诉我季先生已回信表示"愿效绵薄之力"。于是，我兴冲冲地前往北京大学东语系找季先生，却不是在系主任办公室，而是在学生宿舍值班室找到先生。原来，他当时还未"解放"，被安排在学生宿舍楼里看门、收发和传呼电话。先生邀我坐在长条板凳上，与我促膝而谈，授我治学之道。这次问学，先生给我留下印象最深的一句话是"做学问要从 Bibliography（目录学）入手"。

季羡林从我们研究所开始恢复业务，肯定能预感到中国学术有复兴的希望。正是从1973年起，他开始偷偷翻译梵语史诗《罗摩衍那》。年复一年，矢心不渝。季羡林着手翻译这部巨著，并不存在出版的奢望。他只是出于一个学者的本能，为翻译而翻译。《罗摩衍那》是印度两大史诗之一，共有七卷。到1976年，季羡林已译出将近三卷。人民文学出版社得知消息后，立即委托我与他联系，将《罗摩衍那》列入出版计划。季羡林原先只准备译到第三卷为止，也算这几年里没有虚度光阴，以后便集中全力撰写《印度佛教史》，现在却欲罢不能了。这样，他坚持译下去，七卷八册的《罗摩衍那》中译本终于在八十年代头五年里全部出齐，为中印文化交流史建立了又一座新的丰碑。结合《罗摩衍那》的翻译，季羡林还写了一部专著《罗摩衍那初探》（1979）。这部专著不仅对《罗摩衍那》的思想内容和艺术特点作了全面评价，还对与分析《罗摩衍那》密切相关的印度种姓、印度古代社会性质和历史分期问题提出自己的见解。他还发掘多种文字资料，撰写了长篇论文《〈罗摩衍那〉在中国》（1984），论证《罗摩衍那》在中国汉族、傣族、蒙族、藏族和新疆地区的传播和影响。

1978年，季羡林恢复北京大学东语系系主任职务，随即又担任北京大学副校长，兼任中国社会科学院和北京大学合办的南亚研究所所长。在这期间，季羡林为了振兴中国的印度学，已经招收几名研究生。他将我们这批"文革"前的学生称作他的"第一代学生"，而将现在的这几名研究生称作他的"第二代学生"。从1981年年底起，他组织我们这两代学生举行每月一次的学术聚会。聚会的宗旨是交流国际印度学研究动态。与会者先按照分工，浏览国外的东方学杂志，在会上介绍印度学研究的近期和最新动态。这个学术聚会坚持了整整一年，对我们开阔学术视野，选择研究课题，起到很好的作用。先生在聚会上也时常谈及治学方法，教导我们要依据原文，依据第一手材料进行研究；要熟悉前人的研究成果，以免"炒冷饭"，重复劳动；要经常了解学科发展的新情况，不要孤陋寡闻，固步自封；学术研究一定要有新发现，新见解，新贡献。

季羡林随着八十年代进入古稀之年，但他的学术生命仿佛进入了黄金时期。尽管行政事务和社会活动缠身，他依然故我，"咬定青山不放松"，抓紧一切可以利用的时间，潜心研究，勤奋写作，学术成果犹如高产油井中的石油喷涌而出。

季羡林主持的《大唐西域记校注》于1985年问世。玄奘的《大唐西域记》是一部蜚声海内外的史地名著，在国外已有多种语言译本。由于校注难度极大，此书在国内一直未有校注本。季羡林于1977年受中华书局委托，组织了一个各有专长的学者班子，通力协作，费时五年，终于贡献给学术界一部厚实的《大唐西域记校注》。这部校注既充分吸收国内外学者的研究成果，也纠正前人成果中的错漏，并努力解决前人忽略的问题或遗留的难点。季羡林还结合校注，写了一篇十万字的长篇论文《玄奘与〈大唐西域记〉》，作为校注本的前言。这篇论文对唐初中国和六、七世纪印度的宗教文化背景、唐初中印交通情况、玄奘生平事迹以及《大唐西域记》的学术意义作了充分论述。完成《大唐西域记校注》后，他趁热打铁，又主持完成了《大唐西域记今译》（1985），为下一步完成《大唐西域记英译》创造了条件。因为现有的国外两种英译本都不可避免地存在不同程度的错误，实有重译的必要。这是中国学者对国际学术界应尽的职责。

随着国际学术交流机会增多，季羡林对国外学术的进展有了更深入的了解。1980年，他读到几本国外学者关于原始佛教语言的论文集，激发他对这一问题又作了一次深入研究，写成《三论原始佛教的语言问题》（1984）。与前两论相比，这篇《三论》探讨的问题更广泛，涉及原始佛典的形成、佛教的传播、宗派的形成以及对阿育王碑的评价等一系列问题。他有的放矢，对有没有一个"原始佛典"？"原始佛典"使用什么语言？是否有个"翻译"问题？释迦牟尼用什么语言说法？阿育王碑是否能显示方言划分？《毗尼母经》等经中讲的是诵读方法（音调），还是方言的不同？逐一阐述自己的看法。虽说具有论争性，他始终坚持以材料说话。季羡林在论证中也充分利用汉译佛经资料，体现中国学者在佛教研究领域的这一特殊优势。

在写作《三论》的同时，季羡林还发表了《中世印度雅利安语二题》（1984）。一是利用犍陀罗语《法句经》、吉尔吉特残卷、《妙法莲华经》和《佛母宝德藏般若波罗蜜经》等四种新材料，再次论证他早在四十年前就已提出的中世印度西北部方言一个重要的语法特点，即语尾am向o和u的转化，并指出这也是探索大乘佛教的一条途径。二是依据巴利文具有大量使用不定过去时等语法特点，确认巴利文是印度中世东部方言。在此之前，季羡林也曾接受西方学术界的通行看法，认为巴利文是印度西部方言。但这种看法与巴利文具有许多东部方言特点相矛盾。因此，他经过深入思考，确认巴利文是印度中世东部方言摩揭陀语的一种形式。这样，也就能与上座部佛教关于佛典语言的传统说法达成一致，呈现历史的本来面目。

在佛教语言研究方面，季羡林还写了一篇重要论文《论梵文本〈圣胜慧到彼岸功德宝集偈〉》（1988）。这部大乘般若经是用混合梵语写的，表明它是般若部中早出的；其语言的主要特点是语尾am变成o或u，表明它与印度西北部方言有关。这就涉及大乘佛教的起源问题。过去一般认为大乘佛教起源于南印度，几乎已成定论。而季羡林认为大乘佛教分成原始大乘和古典大乘两个阶段。原始大乘使用混合梵语，内容处于小乘思想向大乘思想发展的过渡阶段。古典大乘则使用梵语，内容是纯粹的大乘思想。原始大乘起源地应该是东印度，时间应该上溯到公元前二、三世纪，滥觞于阿育王时期。因此，《圣胜慧到波岸功德宝集偈》虽然是早出的般若经，还不是原始的般若经。季羡林在这里提出的关于大乘佛教起源的创见还有待进一步深化，但已向揭开笼罩在佛教神话传说中的大乘起源之谜迈出了可贵的一步。

佛教史研究中的空白和难点还有许多。季羡林于1985年以顾问身份参加以刘大年为团长的中国学者代表团，赴德国斯图加特出席第十六届国际历史科学大会，提交了一篇近十万字的长篇论文《商人与佛教》，论述商人在印度的起源和在古代社会中的地位，探讨商人与佛教关系密切的原因，并同中国商人与宗教的关系进行比较。季羡林的这篇论文丰富了佛教史的研究内容，表明佛教研究的深化也要与社会史研究相结合。

季羡林的另一篇论文《佛教开创时期的一场被歪曲遗忘了的"路线斗争"》(1987)，论述佛教史研究中长期受到忽略的提婆达多问题。提婆达多是释迦牟尼的堂兄弟，在佛经中通常被描绘成一个十恶不赦的叛逆。而实际上，他代表早期佛教内部的不同派系，有自己的戒律、教义和信徒。晋代法显、唐代玄奘和义净都在印度看到过他的信徒，足见他的影响深远。因此，季羡林认为以后再写印度佛教史，不应该再忽略这个佛教史上的重大问题。

季羡林还在《佛教的倒流》(1991)这篇论文中，钩稽中国佛教典籍中记载的史实，诸如永嘉禅师的《证道歌》传入印度；印度僧人叮嘱含光把智铠著作翻成梵文；玄奘在印度撰写梵文著作《会宗论》和《破恶见论》，回国后又将《大乘起信论》和老子《道德经》翻成梵文，揭示中国文化智慧融入佛教，传回印度的"倒流"现象。季羡林提出的这个问题发人深省。这也是他努力突破中印文化交流研究中所谓"单向贸易"论的又一次实践。

在吐火罗文研究中，季羡林撰写的《梅呾利耶与弥勒》(1989)，论证汉译佛经中弥勒的译名最早来自吐火罗文 Metrak（弥勒），而不是来自梵文 Maitreya（梅呾利耶）。前者出现在后汉和三国时期，后者出现在唐代。这篇论文与他的《论浮屠与佛》和《再论浮屠与佛》的论旨一致，说明佛教最早经由中亚传入中国，因此，最早的汉译佛典的原本不是梵文或巴利文，而主要是中亚（包括新疆）的古代语言。季羡林的另一篇论文《论"出家"》(1982)考证吐火罗中的"出家"一词译自汉文，提供了文化交流中"倒流"现象的又一例证。

1975年，新疆吐鲁番地区由于一个偶然的机会，发现八十八张吐火罗文A（焉耆文）《弥勒会见记剧本》，用印度婆罗米字母中亚斜体写成，时间估计为唐代。新疆博物馆研究人员不识内容，1982年送来放大照片，请季羡林鉴定。季羡林将第一页看了几行，就发现了书名《弥勒会见记剧本》（Maitreya-Samiti-Naṭkaṃ）。过去德国学者校订出版的残卷中，也有这部书的断片，但数量极少。这次新疆发现这样多而又连贯的残卷，实在是吐火罗文研究史上的空前盛举。季羡林认为这是我国博物馆工作者和考古工作者对世界学术的一个重要贡献。他义不容辞，自1982年开始，在自己的工作日程中又增加了这一项研究和译释吐火罗文《弥勒会见记剧本》的任务。他不断地挤出时间，历时七、八年，终于完成全书的译释工作。由于目前国内唯有季羡林通晓吐火罗文，此项译释工作的艰辛，别人也就难以真切体会。但我们只要读一下他的《吐火罗文A中的三十二相》（1982），多少也能窥豹一斑。"三十二相"也就是佛陀的"三十二大人相"，出现在该剧的第二幕中。季羡林通过有关"三十二相"的多种文字异本的对比研究，逐一确认吐火罗文三十二相的用字，纠正过去吐火罗文研究中一些弄错的或模糊不清的字义。这说明尽管西方学者早已读通吐火罗文，此后也不断有吐火罗文研究的成果问世，但一旦发现新的吐火罗文残卷，许多问题并无现成答案可查，仍要独立研究解决。方法就是不辞辛劳，参照各种平行的语言文字或译本，进行对比研究，别无捷径可走。而解决前人没有遇到或遇到而没有解决的种种问题，也就是为完善吐火罗文这门学科作出新贡献。

与译释吐火罗文《弥勒会见记剧本》同时，季羡林进行着另一项中印文化关系史研究中的重要课题——《糖史》研究。早在1978年季羡林撰写的《中印文化关系史论文集》前言中，就已经提出中印两国在制糖上互相交流的过程。印度最早制造出砂糖（Śarkarā），传到中国，也传到埃及和西方。因此，糖字的英文是sugar，法文sucre，德文zucher，俄文caxap，都源自梵文Śarkarā。后来，中国又提高制糖术，将紫砂糖净化为白糖，"色味愈西域远甚"。这样，白糖又输入印度。因此，印度印地语中称白糖为cīnī（意思是"中国的"）。1981年，季羡林考释一张有关印度制糖法传入中国的敦煌残卷,并以此为题发表了一篇论文。这张残卷记载了中国工匠制造砂糖和煞割令(即Śarkarā)的方法,需要考释的问题涉及甘蔗的种类、糖的种类、砂糖与煞割令的区别,等等。这激起季羡林全面深入研究糖史的兴趣。此后,他又发表两篇论文《古代印度砂糖的制造和使用》(1983)和《Cīnī 问题——中印文化关系交流的一个例证》(1987)。最终,于 1996 年完成一部近八十万字的皇皇巨著《糖史》。

为了写这部《糖史》,季羡林跑了几年图书馆,在浩如烟海的群籍中爬罗剔抉。我们现在看到书中的大量引证取自中国古代正史、农书、医书、科技书、地理书、游记、方志、类书、笔记、杂著、诗文集以及外国人的游记和著作,举凡与糖史有关的材料,几乎"竭泽而渔"。季羡林也在书中形容自己"用最原始、最笨拙,但又非此不可的办法:把想查阅的书,不管多厚多重,一页一页地,一行一行地搜索"。有时候,这样"看下去,看下去,直看得书上的字在我眼前跳舞,一动不动,枯坐几个小时,全身疲软,头昏耳鸣",但只要"能找到一两条对我有用的资料,我就兴会淋漓,手舞足蹈了"①。

季羡林穷数年之力,写成这样一部《糖史》,或许在一般人看来仿佛是"小题大做",殊不知他是以小见大,在追求一种理想,一种义理,一种"道"。他在引言中明确表示:"我的一个小小的希望就是通过我这一本《糖史》,把一个视而不见的历史事实揭露给大家,让大家清醒地意识到,在像糖这样一个微不足道的日用食品的背后,居然还隐藏着一部人类文化交流史。"而"文化交流是人类进步的主要动力之一。人类必须互相学习,取长补短,才能不断前进,而人类进步的最终目标必然是某一种形式的大同之域"②。

其实,季羡林近十年来积极参与国内东西方文化问题的讨论,也贯彻着这一思想。季羡林将人类文化分为四个体系:中国文化体系,印度文化体系,阿拉伯伊斯兰文化体系,自古希腊、罗马至今的欧美文化体系。而前三者共同组成东方文化体系,后一者为西方文化体系。季羡林为东方民族的振兴和东方文化的复兴呐喊,提出东西方文化的变迁是"三十年河

---

① 《文化交流的轨迹——中华蔗糖史》,经济日报出版社 1997 年版,第 115 页。
② 同上书,第 12、13 页。

东,三十年河西",在国内引起强烈反响。季羡林表达的是一种历史的、宏观的看法,也是对长期以来统治世界的"欧洲中心主义"的积极反拨。但反对"欧洲中心主义",并不意味提倡"东方中心主义",或提倡"东方文化救国论"。季羡林依然是主张学习西方文化的,学习西方文化的精华,结合东方文化的精华,就能迎来东方文化的复兴。他认为德国学者斯宾格尔在第一次世界大战中写作《西方的没落》,能认识到具有活力的西方文化也会"没落",是他的可贵之处。但美中不足的是,他还没有认识到东方文化和西方文化的存在和交流关系。后来,英国历史学家汤因比比斯宾格尔高明之处,是引入东方文化的讨论,并寄希望于东方文化。

国内对于东西方文化问题的讨论,已有一百多年历史,难有定论,今后还会讨论下去。我始终觉得,季羡林不是作为政治家,也不是作为哲学家,而是以一个终身从事东方学的学者身份参加东西方文化讨论的。他表达的是一种信念,对于在近代和现代经历了地狱折磨和炼狱煎熬的东方民族终将复兴的伟大信念。季羡林也并不是在充当预言师,因为他心里十分明白,二十一世纪的东西方文化关系"不是一个理论问题,而是一个将由历史的发展进程来证明的事实问题"①。

季羡林虽然也参加东西方文化问题讨论,但近十年的工作重心依然是佛教史研究、吐火罗文研究和糖史研究。季羡林多少年来一直有志于撰写两部专史——《中印文化关系史》和《印度佛教史》,但始终未能如愿。季羡林曾于1991年,为《神州文化集成》丛书写过一本《中印文化交流史》,但限于丛书体例,只能写十二万字。他认为只能大题小做,"戴着枷锁跳舞一场",以后还是要写一部《中印文化关系史》的。季羡林还没有写出这两部专史,原因固然不止一端,而究其深层原因,则与他的治学风格有关。季羡林通晓德语、英语和法语,掌握多种印度和西域古代语言,又有中国文史根底,若以综合前人研究成果为主的方式编写这两部专史,并非难事。但这不契合他的治学志趣。季羡林一向恪守学术研究贵在创造的信条。如果按照他的治学方法撰写这两部专史,那么,前人的研究成果要批判地吸收,研究史上的空白要努力填补,研究史上的难点要尽量解

---

① 《东西方文化议论集》,经济日报出版社1997年版,第16页。

决。实际上，季羡林几十年来一直在做这种准备工作，取得的成果陆续发表在各种学术刊物上，然后收在论文集中。但是，中印文化关系史和印度佛教史研究中的难点和空白又何其多，季羡林却乐此不疲。仅仅一个糖的文化交流，他越钻越深，追求"彻底性"，花费了几年的功夫。这样，撰写这两部专史的心愿一时也就难以实现了。

或许正是有感于此，季羡林曾在他的论文集《佛教与中印文化交流》（1990）后记中写道："专著诚然很好，但也有它的局限。一写专著，必求全面，结构框架，一一推敲。为了装点门面，中间必然掺上一些搔不着痒处的东西。论文则不然，可以就一个小问题阐述自己的看法，直抒胸臆，不用掺水。从世界学术史上和中国学术史上来看，论文的作用都不能低估。"① 确实，从学术发展史来看，有志于撰写专史或通史的学者都会不同程度地陷入一种两难境地。专著必须以创造性的专题研究为基础，一味地抄抄编编，学术就无从进步。而各项专题研究无有止境，专著也就无望诞生。在学术史上，这种两难境地多半只能依靠学者群体的学术分工来解决。但我们永远要对从事创造性学术研究的学者致以最高的敬意。今后国内诞生的《中印文化关系史》和《印度佛教史》，无论是由季羡林亲自动手撰写，或是由其他学者撰写，都将会充分吸收季羡林几十年来在这两个领域中提供的创造性研究成果。

季羡林自 1946 年从德国回国，受聘北京大学，创建东方语文系，开拓中国东方学学术园地。五十多年如一日，他每天天不亮就起身，争分夺秒，勤奋治学，在佛典语言、中印文化关系史、佛教史、印度史、印度文学和比较文学等研究领域创获良多，著作等身，成为享誉海内外的东方学大师。同时，在他的倡导、培植和促进下，国内东方学也已成为一门颇有实力的学科，教学和研究队伍蔚为壮观。中国东方学有季羡林这样一位学术大师，实为中国东方学之福祉。

（原载《中国社会科学院学术大师治学录》，1999 年）

---

① 《季羡林文集》第 13 卷，第 126 页。

金克木先生的梵学成就

——读《梵竺庐集》

近十几年来,金克木先生以学术随笔蜚声国内。在金先生的笔下,古今中外、文史哲经、旧学新知,无不得心应手,触类旁通,挥洒自如。他的随笔频频出现在报章杂志上,多家出版社竞相结集出版。金先生也对自己晚年转向随笔写作,又居然如此高产,颇感意外。但他认真一想,觉得自己一生读书做学问,其实是试图"破文化之谜"。在"信和疑之间翻腾,在热和冷之间动荡,过了七十多年",因而,"在生命的最后年月不得不将思想化为文字"。我们读金先生的学术随笔,应该抓住这个主旨。

金先生随笔的大多数读者也许并不知道金先生的学术本行是梵学,即使知道,大概也不会真切了解金先生的梵学成就。我是金先生的学生,愿意在这方面为大家作点介绍。为此,我写了这篇《梵竺庐集》读后感。今年恰逢金先生八十八米寿,也以此文向恩师略表敬意。

《梵竺庐集》是金先生梵学成果结集,分三卷:甲卷《梵语文学史》、乙卷《天竺诗文》、丙卷《梵佛探》。

正如可以用汉学指称中国学(Sinology),我们也可以用梵学指称印度学(Indology)。但梵语是印度古代通行语,因此,确切地说,梵学是指古典印度学。《梵竺庐集》中的论著和译作以古典印度学为主,也兼及现代印度学。

金先生与梵学结缘于其四十年代的印度之行。1941年,金先生经朋友周达夫介绍,到印度一家中文报社当编辑。他在加尔各答与周达夫同住一室。周达夫当时在加尔各答大学研究院协助印度教授校刊《瑜伽师地论》梵本,沉浸在梵学研究中,故而为他俩的居室取名"梵竺庐"。金先生起初对这室名不以为然,因为他并无钻研梵典的意向。可是,出于好学深思的本性,凡事喜欢"由今溯古,追本求源"的金先生先拜师学习印度现代北方通行语印地语,而后不由自主地开始自学梵语。不久,金先生前往印度佛教圣地鹿野苑钻研佛学,一面阅读汉译佛藏,一面跟随印度著名学者憍赏弥(Dharmanand Kosambi)学习梵文和巴利文。此后,他曾跟随迦叶波法师学习《奥义书》,又曾协助戈克雷教授校刊《集论》梵本。从此,金先生走上梵学研究之路。《梵竺庐集》这个书名正是"纪念这长征开始时的一段因缘"。

1946年,金先生返回祖国。回国后,他有志于写出两本书,一是印度哲学史,一是印度文学史。这在中国学术领域具有开创意义,因为两千年以来,中国的印度学研究始终局限于佛学。而佛学只是印度古代文化的一个组成部分,虽然也曾盛极一时,并在亚洲广为流布,但在印度国内并不属于主流文化,且已在十二世纪消亡。印度古代的主流文化是婆罗门教(或称印度教)文化。十九世纪西方学者开创的印度学是对印度语言、历史、宗教、文学和社会习俗的全面研究。由对印度梵语的研究,确认印欧语系,开创了比较语言学。由对印度宗教、神话和寓言故事的研究,开创了比较宗教学、比较神话学和比较文学。而十九世纪中国学者忙于应对西学的挑战,无暇顾及印度学。长期以来,由于印度学知识在中国不普及,一般人士都沿袭古代高僧的说法,视印度为"佛国",以为印度自古迄今是个佛教国家。

二十世纪,中国开拓梵学研究的先驱者是陈寅恪先生和汤用彤先生。陈寅恪先生先后在美国哈佛大学(1919—1921)和德国柏林大学(1921—1924)学习梵文和巴利文。回国后,他主要将梵文和巴利文用于中国佛教史研究,包括佛经的翻译、佛教的传播和对中国文化的影响。几乎与陈寅恪先生同时,汤用彤先生也在美国哈佛大学(1920—1922)学习梵文和巴利文。回国后,他也主要将梵文和巴利文用于中国佛教史研究,著有《汉魏两晋南北朝佛教史》和《隋唐佛教史稿》。汤先生率先突破中国梵学研究局限于佛学研究的传统,撰写了一部《印度哲学史略》。他还遍览汉文佛经,辑录了一部《汉文佛经中的印度哲学史料》。这也是中国学者对国际印度哲学史研究的独特贡献。

继陈寅恪和汤用彤之后,季羡林先生在德国哥廷根大学(1935—1945)学习梵文、巴利文和吐火罗文。他回国后,在北京大学创建东方语文系。1960年,他和金克木先生一起开设了梵文巴利文班。两位先生共同开拓梵学研究领域,终于使中国的梵学研究成为名副其实的印度学研究。他们发挥各自的特长,季先生侧重研究佛典语言、佛教史、中印文化交流史和梵语文学;金先生侧重研究梵语语言学、梵语文学、印度哲学和宗教。

在六十年代,金先生除了在梵文巴利文班上教授梵文外,还开讲《梵语文学史》课程,讲义列入文科教材计划,于1964年由人民文学出版社出版。这部《梵语文学史》是中国梵语文学研究的奠基作。与国外的同类著作相比,它有自己的显著特色和长处。它努力运用唯物史观,将梵语文学的发展置于社会历史发展的背景中。对作家和作品的介绍和分析,采取"历史和美学"相结合的文学批评方法。但是,因印度古代历史本身的研究难度就很大,故采取这种写作方法绝非轻而易举。金先生为开辟梵语文学史的写作新路作出了自己的贡献。联想到五、六十年代中国学者撰写的外国文学史著作屈指可数,更显出这部《梵语文学史》的难能可贵。

这部《梵语文学史》收在《梵竺庐集》的甲卷中。在甲卷中,还收有《古代印度文艺理论五篇》,是五种梵语诗学名著重要章节的译文。其中三篇于1965年首先发表在《古典文艺理论译丛》第十辑中,后又增译两篇,合成单行本《印度古代文艺理论文选》,作为《外国文艺理论丛书》之一,于1980年由人民文学出版社出版。由这五篇译文以及金先生撰写的引言,中国学术界才得以初步认识印度古代文艺理论的风貌。万事开头难。金先生在这五篇译文中确定了梵语诗学一些基本术语的译名,并在引言中介绍了梵语诗学的一些基本著作及其批评原理,为梵语诗学研究指点了门径。我后来正是沿着金先生指点的门径,深入探索梵语诗学宝藏,写出了一部《印度古典诗学》。

收入《梵竺庐集》乙卷中的梵语文学译作有《印度古诗选译》、迦梨陀娑的《云使》和伐致呵利的《三百咏》。《印度古诗选译》仿佛是提供梵语诗歌各种类型样品,如吠陀诗、史诗、格言诗和抒情诗,尝鼎一脔。《云使》是抒情长诗,能代表梵语抒情诗艺术的最高成就。这个译本最初出版于1956年。该年，迦梨陀娑是世界和平理事会纪念的世界文化名人，人民文学出版社将这个译本和季羡林先生译的《沙恭达罗》（剧本）合为一集出版，作为"纪念印度古代诗人迦梨陀娑特印本"。伐致呵利的《三百咏》分作世道百咏、艳情百咏和离欲百咏。这是梵语"百咏体"诗歌中传诵最广的一部集子。金先生是译诗高手，这也不奇怪，因为金先生本人就是诗人，1936年就出版了新诗集《蝙蝠集》，后又出版新诗集《雨雪集》，最近又出版了新诗和旧诗合集《挂剑空垄》。我曾对照梵语原文读过《云使》译本，对金先生的翻译艺术由衷钦佩。这个译本可以列为中国现代翻译史上的典范译品之一。只是国内的翻译理论家们不谙梵文，无法真切体认。我总惋惜金先生翻译的梵语诗歌不够多。梵语诗库中的一些珍品，惟有金先生这样的译笔才能胜任，也不至于辜负印度古代诗人的智慧和才华。

《印度古诗选译》中的《莎维德丽》是史诗《摩诃婆罗多》中的一个著名插话。这篇译文最初发表在1954年的《译文》杂志上。1979年，金先生又译出《摩诃婆罗多》的楔子《蛇祭缘起》，并写了一篇剖析文章，发表在《外国文学研究》杂志上。八十年代初，季羡林先生翻译的史诗《罗摩衍那》（七卷八册）陆续出版。这便激发我的同学赵国华献身《摩诃婆罗多》翻译的决心。《摩诃婆罗多》卷帙浩繁，篇幅约为《罗摩衍那》的四倍。于是，先从翻译《摩诃婆罗多》的插话故事入手。由金先生领衔，开列篇目，赵国华与另外两位同学合作，译出了《摩诃婆罗多插话选》，于1987年由人民文学出版社出版。随后，开始了《摩诃婆罗多》全书翻译的浩大工程。金先生亲自动笔翻译了前四章，为全书的翻译体例作了示范。译本第一卷于1993年由中国社会科学出版社出版。不幸，赵国华于1991年英年早逝，未及见到这第一卷的出版。此后，这项翻译工程由我主持，现在翻译的任务已经完成过半。可以有把握地说，印度两大史诗的翻译将在我们师生两代手中完成。

《梵竺庐集》丙卷是梵学研究单篇论文的结集，主要涉及梵语语言学、印度哲学和佛学。金先生在印度通晓梵文后，首先注重研究梵语语法学和印度哲学。1945年，他还在印度时，就已写出《梵语语法〈波你尼经〉概述》和《〈吠檀多精髓〉译述》两篇长文。《波你尼经》是大约产生于公元前四世纪的一部梵语语法著作，以近四千句经文，囊括了"复杂的梵语语法全部"。十九世纪西方学者读到《波你尼经》时，无不惊叹印度古人的语言学天才。它早已被译成德文、英文和法文。金先生的这篇论文详细介绍了《波尔尼经》的体例及其构建的语法体系。金先生在本卷的"自序"中，还从语言哲学的角度，将《波你尼经》与中国的《易经》相比，认为"两书虽然以符号组成，但所蕴含及传达的信息和传达信息的方式彼此不同，而符号网络的构成及内含的思想根源却有相通之处"。他指出印度古人重语音，中国古人重文字，"一个是以声音为主的语词网络系统。一个是以形象为主的文字网络系统"。他还精辟地提示我们，这些"不仅是语言学问题，而是语言哲学问题，又不仅是古代哲学问题而是连贯下来的思想文化问题"。

吠檀多是印度古代的主要哲学派别。《吠檀多精髓》是一部通行的吠檀多哲学入门读物。金先生在《〈吠檀多精髓〉译述》中，也介绍了印度哲学概况，并从三个方面阐明印度古人"着重修行亲证"的思想特色："一是修行以解脱为最上目标，二是解脱是超出生死轮回，三是轮回原于业报。"这是印度古代"一切哲理探索的出发点"。据此，我们得以理解印度古代哲学和宗教密不可分。换言之，"如此哲学化的宗教以及如此宗教化的哲学也正是印度思想的特色"。

金先生从印度回国后，曾在武汉大学和北京大学教过两年半的印度哲学史，可惜没有留下讲义，后来也没有机会实现自己写一部印度哲学史的心愿。但他为我们提供了一篇深思熟虑的《印度哲学思想史设想》，对拟议中的印度哲学史的分期、篇目和需要着重探索的问题都作了提纲挈领的说明。他还提出要采取文献、文物和民俗相结合的研究方法，"读解出其结构和意义，互相参照而发现其内在系统，才比较可以看出印度哲学思想的全貌"。

"文革"结束后的一段时间内，金先生的研究兴趣侧重在印度哲学思想方面。先是撰写了《〈蛙氏奥义书〉的神秘主义试析》和《古代印度唯物主义哲学管窥》，后又撰写了有关《梨俱吠陀》的一系列论文。《梨俱吠陀》是印度哲学思想的源头。金先生从文化人类学的角度深入探讨印度上古时代的宗教和哲学思想，并将《梨俱吠陀》与中国古代文化典籍

(《易经》、《诗经》和《楚辞》）作比较。记得金先生也曾示意我可以考虑研究吠陀。但我发现《梨俱吠陀》这部印度最古老的诗集读解难度较大，其中不少词语在古代就已出现歧解，现代学者也是言人人殊。因此，我不敢轻易投身其中。不过，我相信吠陀文献是人类文化学的一座富矿，以后国内总会有学者沿着金先生开辟的路径进山探宝。

佛学是印度宗教和哲学思想的组成部分，与中国文化的关系最为密切。金先生在这个时期也写了一组有关佛学研究的文章，总题目是《佛学谈原》。"谈原"是指谈论汉译佛经而追溯原本。汉译佛经的原本主要是梵语佛经。金先生指出："汉语和梵语不仅是语言不同，还包含思想习惯在内，所以在东土发展后所著的佛教文献似是一事而有区别，仿佛欧化汉语或汉化欧语不等于欧洲语。因此，我们为注意原本并非无益而有必要。"实际上，金先生提出了一个事关中国当代佛学研究的重大问题，也就是应该加强对佛经梵语原典的研究。惟有追究原本，才能加深对汉文佛经的理解。同时，在准确理解文本的基础上，才能比较容易用现代思想和语言作出解说。金先生以鸠摩罗什的译经文体以及另外两部汉译佛经《楞伽经》和《心经》为实例，作了示范分析。回顾近代以来，对中国佛学研究作出贡献的陈寅恪、汤用彤和吕澂等先生都是通晓梵文和巴利文的。而近几十年来，国内佛学研究界鲜有通晓梵文和巴利文者。这种状况希望在二十一世纪能够得到改善。

《梵竺庐集》为我们留下了一份宝贵的梵学遗产。金先生一生的主要职业是教师，从小学教师、中学教师直至大学教授。他擅长授业解惑，指点门径。他的论著也具有一种激发后来者参与研究的魅力，无形中起到"传薪火"的作用。因而，《梵竺庐集》的意义不仅在于它对中国梵学作出了开拓性贡献，更在于它对中国梵学的发展将会产生久远而深刻的积极影响。

（原载《外国文学评论》2000 年第 3 期）

《故事海选》译本序

《五卷书》、《本生经》和《故事海》是印度最著名的三部故事集。《五卷书》早已有汉语全译本[①]，《本生经》也有汉语选译本（即《佛本生故事选》）[②]。现在，我们实现多年心愿，把《故事海》也介绍给国内读者。

月天（Somadeva，音译苏摩提婆）的《故事海》（Kathāsarītsāgara）是德富（Guṇāḍhya，音译古那底耶）的俗语故事集《伟大的故事》（Bṛhatkathā，或译《故事广记》）的梵语改写本。《故事海》写于十一世纪，而《伟大的故事》现已失传，成书年代难以确定。但它至少早于七世纪。因为七世纪的梵语作家檀丁和波那都已提到这部故事集。檀丁在《诗镜》中将《伟大的故事》归入散文体故事，并说"《伟大的故事》内容奇异，是用鬼语（bhūtabhāṣā）写的"。波那在《戒日王传》序诗中称赞"《伟大的故事》犹如湿婆大神的游戏，点燃爱神，装饰高利女神，谁不为之惊奇？"

《故事海》第一卷讲述了德富用"鬼语"写作《伟大的故事》的缘起：湿婆大神应妻子波哩婆提的要求，为她讲述新奇的故事。湿婆的一个侍从布湿波丹多出于好奇，偷听了湿婆讲述的七位持明王的故事。为此，波哩婆提罚他下凡人间。湿婆的另一位侍从摩利耶凡为布湿波丹多说情，也受到同样的处罚。后经他们请求，波哩婆提说，布湿波丹多一旦遇见一位名叫迦那菩提的毕舍遮人，并把偷听到的故事复述给这人听后，就能返回天国；而摩利耶凡一旦听到迦那菩提向他复述这些故事，并使他们在大

[①] 《五卷书》，季羡林译，人民文学出版社1959年版。
[②] 《佛本生故事选》，郭良鋆、黄宝生译，人民文学出版社1985年版。

地上传播后，也能返回天国。

这样，布湿波丹多下凡人间，成为一位国王的大臣。后来，他在文底耶森林遇见迦那菩提，复述了这些故事，返回天国。同时，摩利耶凡下凡人间，名叫德富，成为国王娑多婆诃那的大臣。这位国王不懂梵语语法，向德富请教。德富答应在六年内教会他。而另一位大臣说只须六个月。德富与他打赌，如果他能在六个月内教会国王梵语语法，自己就终生不说梵语、俗语和方言。结果，另一位大臣获得成功。德富只得缄口不语，带着两个徒弟离开宫廷，出外漫游，来到文底耶森林。在森林中，他学会毕舍遮族的"鬼语"，并遇见迦那菩提。迦那菩提用"鬼语"向他复述了七位持明王的故事。

此后，德富在七年内，用"鬼语"在贝叶上写下这些故事，总共七十万颂。为了使这些故事得以在大地上传播，他派遣他的两个徒弟将这部故事集献给国王娑多婆诃那。然而，国王瞧不起这部用"鬼语"写成的故事集，拒绝接受。德富感到绝望，点燃一堆火，面对鸟兽朗诵这些故事，念完一叶，烧掉一叶。这样，总共烧掉六十万颂。只是由于他的两个徒弟特别喜爱持明王那罗婆诃那达多的故事，才保留了最后十万颂。此时，国王娑多婆诃那闻讯赶来，接受了这十万颂的《伟大的故事》。德富完成使命，摆脱肉身，返回天国。

这里，《伟大的故事》的写作缘起显然已被神话化。而拨开神话的迷雾，我们至少可以窥见两个基本的历史事实：一、所谓的"七十万颂"或"十万颂"表明印度古代故事文学无比丰富；二、所谓"鬼语"表明这些故事主要是民间创作，最初使用的是民间语言，后来才被改写成梵文。

月天的《故事海》，作为《伟大的故事》的梵语改写本，共有二万一千多颂，分作十八卷，一百二十四章。月天在《故事海》的开头说："本书从头至尾忠实原著，绝不窜改；仅仅为了缩紧原著的庞大篇幅，才更动语言。我尽力做到用词恰当，句义连贯；对全诗各部分加以组合时，不损伤故事的情味。我的这种努力并非为了炫耀才智，博取名声，而是为了让这丰富多彩的故事集易于记诵。"根据月天的这段自我表白，我们还不能断定他依据的原著就是德富用毕舍遮"鬼语"撰写的《伟大的故事》。在印度古代俗语中，许多著名的俗语如巴利语、摩诃剌陀语、耆那摩诃剌陀语、修罗塞纳语、摩揭陀语、半摩揭陀语和阿波布朗舍语，都通过宗教文献或文学作品保存了下来，惟独毕舍遮语已经失传。而且，失传的时间也许比较早。因此，很有可能，月天依据的"原著"是另一种梵语改写本，但规模肯定要比《故事海》"庞大"。

《故事海》采用印度传统的故事套故事的框架式叙事结构。第一卷以德富《伟大的故事》的写作缘起为主干。第二和第三卷以优填王的两次婚姻为主干。第四至第十八卷以优填王的儿子那罗婆诃那达多的故事为主干，从他诞生，以后一次又一次娶妻，直至最后成为持明王为止。全书围绕以上主干故事，插入大大小小的故事，总共约有三百五十多个。故事种类很多，有神话传说、寓言故事、宗教故事、幻想故事、历险故事、宫廷故事、爱情故事、妓女故事、荡妇故事、贞女故事、智慧故事、傻瓜故事、骗子故事、动物故事、巫术故事和鬼故事，等等。可以说，几乎没有哪一类印度古代故事不见于《故事海》。因此，《故事海》堪称"印度古代故事大全"。《故事海》这个书名按梵文直译是《故事河海》，意思是"故事河流汇成的大海"。这个书名显然是名副其实的。

《故事海》中汇集的许多故事在古代印度长期流传，家喻户晓。它们也是印度古典梵语文学取之不尽的创作源泉。例如，跋婆（二、三世纪）的戏剧《负轭氏的誓言》和《梦见仙赐》（又译《惊梦记》）描写优填王与仙赐、莲花的两次婚姻故事（见《故事海》第二和第三卷），迦梨陀娑（四、五世纪）的戏剧《优哩婆湿》①描写天女优哩婆湿和国王补卢罗婆娑的爱情故事（见《故事海》第三卷），戒日王（七世纪）的戏剧《龙喜记》②描写云乘太子舍身求法的故事（见《故事海》第四和第十二卷），薄婆菩提（七、八世纪）的戏剧《茉莉和青春》描写两对青年追求婚姻自由的故事（见《故事海》第六和第十三卷），波那（七世纪）的长篇传奇小说《迦丹波利》描写两对恋人生死相爱的故事（见《故事海》第十卷）。

《故事海》中也汇入了印度古代著名的故事集《五卷书》和《僵尸鬼

---

① 《优哩婆湿》，季羡林译，人民文学出版社 1962 年版。
② 《龙喜记》，吴晓铃译，人民文学出版社 1956 年版。

故事》。《五卷书》的成书年代也难以确定。但它至少早于六世纪。因为在六世纪，波斯一位名叫白尔才的医生，奉国王艾努·施尔旺（531—579年在位）之命，将《五卷书》译成巴列维语（中古波斯语）。这个巴列维语译本早已失传，而依据这个译本转译的六世纪下半叶的古叙利亚语译本（残本）和八世纪中叶的阿拉伯语译本得以留存。这三种译本的书名都叫《卡里来和笛木乃》①。卡里来（Kalila）和笛木乃（Dimna）是《五卷书》第一卷中两个豺狼主人公迦罗吒迦（Karaṭaka）和达摩那迦（Dhamanaka）的大致对应的音译。后来，通过八世纪中叶的这个阿拉伯语译本，《五卷书》被辗转译成世界许多语言。

　　现在印度通行的《五卷书》是十二世纪的版本。季羡林先生的《五卷书》汉译本就是依据1199年耆那教徒补哩那婆多罗的编订本（又称"修饰本"）。我们可以将这个编订本与《卡里来和笛木乃》和《故事海》中的《五卷书》故事做一个简略的比较：补哩那婆多罗的《五卷书》（以下简称"修饰本"）第一卷的主干故事与《卡里来和笛木乃》（以下简称"阿拉伯本"）中的"狮子和黄牛"和《故事海》第十卷（以下简称"故事海本"）第四章中的故事相同，而围绕主干故事插入的故事，修饰本有三十个，阿拉伯本有十四个，故事海本有十三个。修饰本第二卷的主干故事与阿拉伯本中的"鸽子"和故事海本的第五章中的故事相同，而插入的故事，修饰本有九个，阿拉伯本和故事海本都是四个。修饰本第三卷的主干故事与阿拉伯本中的"猫头鹰和乌鸦"和故事海第六章中的故事相同，而插入的故事，修饰本有十七个，阿拉伯本有九个，故事海本有十个。修饰本第四卷的主干故事与阿拉伯本中的"猴子和乌龟"和故事海本第七章的故事相同，而插入的故事，修饰本有十一个，阿拉伯本和故事海本都只有一个。修饰本第五卷的主干故事与阿拉伯本中的"教士和猫鼬"和故事海本第八章中的故事不同，而插入的故事，修饰本有十一个，阿拉伯本只有一个，故事海本没有。从主干故事和插入故事的情况看，阿拉伯本和故事海本十分接近，很可能属于时间相近的早期《五卷书》传本，而且当时尚未定名为《五卷书》。而修饰本属于最后定型的晚期《五卷书》传本。

------

　　① ［阿拉伯］伊本·穆加发：《卡里来和笛木乃》，林兴华译，人民文学出版社1959年版。

在《卡里来和笛木乃》中，除了以上五个系列故事之外，其他一些独立成章的故事也能从修饰本《五卷书》或《故事海》中找到出处。例如，"巡礼者和金匠"的故事见于《五卷书》第一卷第九个故事和《故事海》第十卷第九章，"老鼠和猫"的故事见于《故事海》第六卷第七章。即使有的故事不见于《五卷书》和《故事海》，一般也能找到它们的印度源头。例如，"白尔才外传"中的人生譬喻故事见于印度史诗《摩诃婆罗多》，"白拉士、伊拉士和玉兰皇后"的故事见于汉译佛典《杂宝藏经》卷第九"迦梅延为恶生王解八梦缘"，其中插入的故事"猴子和豌豆"和"一对鸽子"也见于汉译佛典《百喻经》。

《故事海》中的《五卷书》故事还有个明显的特点：它们作为五组智慧故事，有一系列傻瓜故事相陪衬。《故事海》第十卷中先后讲述了五十多个傻瓜故事。而我们将它们与汉译佛典《百喻经》相对照，则发现其中的绝大多数故事都见于《百喻经》。只是《百喻经》将这些傻瓜故事用作譬喻，宣传佛教教义。据汉译《百喻经》末尾题署："尊者僧伽斯那造作痴花鬘竟"，可知此经原名《痴花鬘》。唐慧琳《一切经音义》引玄应音义曰："梵云摩罗，此译云鬘。"摩罗即梵文 mālā 的音译，意为花环。用作书名，取其由花朵编缀而成之意。梵文用作愚蠢或傻瓜一词多为 mugdha。《故事海》中用作"傻瓜故事"这个词组的梵文也是 mugdha-kathā。这样，《痴花鬘》可以还原成梵文 Mugdhamālā，也就是《傻瓜故事集》。因此，《故事海》中不仅汇入了《五卷书》，也汇入了印度古代另一部故事集《痴花鬘》。

《故事海》中的《僵尸鬼故事》也是一部在印度广为流传的故事集。现存传本有湿婆陀娑本、婆罗帕罗婆本和占帕罗达多本。前两种传本是韵散杂糅体，后一种是散文体。这三种传本的成书年代不详，但却都晚于故事海本。这部《僵尸鬼故事》也传入我国藏族地区和蒙族地区。现存藏蒙《僵尸鬼故事》（或译《尸语故事》）的版本很多，但在故事内容上已经发生了很大变异。我们现在译出了故事海传本的《僵尸鬼故事》，可以供国内藏学和蒙学学者进行横向比较研究。

印度古代故事可以分成寓言故事和世俗故事两大类。《五卷书》和《本生经》都是以寓言为主，前者借以宣传婆罗门教的政治观和伦理观，后者借以宣传佛教教义。随着商业发展，城市繁荣，世俗故事日益发达，产生了《伟大的故事》、《僵尸鬼故事》、《宝座故事》和《鹦鹉故事》等以世俗故事为主的故事集。从《故事海》看，这些世俗故事充分反映商人和市民意识。正是在这个意义上，英国梵文学者基思（A. B. Keith）将《故事海》称作是"一部中产阶级史诗"（"a bourgeois epic"）。

　　印度是个宗教发达的国家。印度古代任何文学作品都带有宗教烙印。《故事海》中弥漫的宗教气氛主要是印度教的，尤其是印度教中的湿婆教。全书各卷开头的祝词大多数赞颂湿婆大神、湿婆的妻子波哩婆提和湿婆的儿子象头神。它所依据的《伟大的故事》也被假托出自湿婆大神之口。故事中的人物遇到困难或陷入危机时，大多祈求湿婆或波哩婆提（又称高利女神或难近母）庇护。而且，许多故事中还反映与湿婆教密切相关的性力（Śākta）崇拜和密教（Tantra）实践。但《故事海》中也收入了一些佛教故事，例如第六卷第一和第二章中的"业报"故事和"弃世"故事，第十卷第九章中的佛本生故事和第十二卷第五章中的"六波罗蜜多"（布施、持戒、忍辱、精进、禅定和智慧）故事等。因此，《故事海》虽然以世俗故事为主，但其中许多故事的传奇性，在相当程度上还是依赖印度教和佛教的一些传统的宗教神话观念，诸如神、半神、魔、仙人、咒语、巫术、神通、业报、转生、下凡和变形，等等。这些神奇的或神秘的宗教色彩，与许多故事本身蕴含的趣味性和幽默感，形成了《故事海》经久不衰的艺术魅力。

　　还应该指出，与其他梵语文学形式相比，印度古代社会生活在故事文学中得到最广泛的反映。所以，在今天，《故事海》不仅依然保留着很高的故事文学欣赏价值，而且对于研究印度古代社会、政治、经济、宗教、文化和民俗等，具有珍贵的文献价值。

　　这部《故事海选》是我们的业师季羡林先生建议翻译的。我们的分工如下：我译第一卷《故事缘起》、第二卷《优填王和仙赐因缘》（原文名《故事开端》）和第十卷《那罗婆诃那达多和舍格提耶娑姻缘》（原文名《舍格提耶娑》），郭良鋆译第三卷《优填王和莲花姻缘》（原文名《罗婆那迦》）、第四卷《那罗婆诃那达多的诞生》和第六卷《那罗婆诃那达多和摩陀那曼朱迦姻缘》（原文名《摩陀那曼朱迦》），蒋忠新译第十二卷中的《僵尸鬼故事》。

  我们的译文依据印度摩迪拉尔·贝那罗希达斯出版社出版的梵文《故事海》（1977）译出。

1994 年 4 月

（原载《故事海选》，人民文学出版社 2001 年版）

《摩诃婆罗多》译后记

　　《摩诃婆罗多》全诗译稿终于完成了。从第一篇《初篇》出版的 1993 年算起，迄今已有十年时间，而加上 1993 年以前做的工作，总共有十多年时间。当然，我们集中全力投入这项翻译工程是在它 1996 年列入中国社会科学院重点项目之后。无论如何，用"十年磨一剑"形容我们的这部译作，还是十分恰当的。

　　其实，花费十年或十多年时间翻译《摩诃婆罗多》是正常现象。想当初，印度一批优秀的梵文学者历时近半个世纪，完成了《摩诃婆罗多》精校本。其间，首任主编苏克坦卡尔逝世后，由贝尔沃卡尔接任主编，而贝尔沃卡尔年迈体衰后，又由威迪耶接任主编，真可谓"前仆后继"。在精校本问世前，《摩诃婆罗多》的翻译只能依据通行本。印度学者 K. M. 甘古利用散文体翻译的《摩诃婆罗多》（1883—1896）是第一部英语全译本。印度学者 M. N. 杜德用诗体翻译的《摩诃婆罗多》（1895—1905）是第二部英语全译本。在这两种英译本产生之前，法国梵文学者福歇（H. Fauche，1797—1869）就已着手翻译《摩诃婆罗多》全诗，但他翻译出版了全诗十八篇中的前八篇（巴黎，1863—1870），不幸逝世而中断。按照他的生卒年推算，倘若他不是在六十多岁，而是在五十多岁时动手翻译，就能在十九世纪六十年代完成《摩诃婆罗多》的法语全译本了。美国梵文学者布依特南（Van. Buitenen）于 1967 年开始依据精校本翻译《摩诃婆罗多》，相继出版了三卷（芝加哥，1973、1975 和 1978），包括全诗的前五篇。在第三卷的前言中，按照他的估计，全诗译完出版大约要到 1983 年以后。可是，他不幸于 1979 年去世，享年五十一岁。倘若天假其年，他在六十岁以前就能完成全诗翻译，实在令人惋惜。

　　确实，对于一个梵文学者来说，必须有了充分的学养积累之后，才能着手翻译《摩诃婆罗多》这样一部百科全书式的史诗。也就是说，一个梵文学者决定翻译《摩诃婆罗多》，就意味着要为它奉献自己一生中的学术成熟期。幸运的是，我们这个中文全译本依靠集体的力量，最终得以完成，没有夭折。然而，这项翻译工程的发起人，我的同学赵国华已于1991年英年早逝（享年四十八岁）；我们的老师金克木先生亲自翻译了《初篇》前四章，为我们确立了翻译体例，此后经常关心我们的翻译进程。他也未能见到这项翻译工程完工，而于2000年去世（享年八十八岁）。现在，全诗译稿已经完成，即将付梓出版，也可告慰他俩的在天之灵了。

自1996年这项翻译工程列入中国社会科学院重点项目后，翻译任务由郭良鋆、席必庄、葛维钧、李南、段晴和我共同承担。我作为项目主持人，除了承担翻译任务外，还负责全书译稿的校订和统稿工作。这些年来，我把我的主要精力全都投入这项工作了。随着工作的进展，我越来越感到这是一场持久战，一场"马拉松"长跑，既是对自己学术能力的检验，更是对自己意志和毅力的考验。我有一种愚公移山，天天挖山不止的真切感受。而劳累时，看到眼前已经完成的工作量，又会激发信心和力量。尤其是离最终目标越来越接近的这一两年中，我全神贯注，日以继夜地工作。常常是夜半搁笔入睡后，梦中还在进行翻译。在这些日子里，《摩诃婆罗多》仿佛已与我的生命合二而一，使我将生活中的其他一切置之度外。我能体验到淡化身外之物给人带来的精神愉悦，而这种精神愉悦又能转化成超常的工作效率。我暗自将这称为"学问禅"，也就是进入了思维入定的"三昧"境界。

对于翻译《摩诃婆罗多》的意义，也是随着翻译工作的进展而加深认识。我以前对《摩诃婆罗多》的理解侧重于它的主要故事情节和一些著名的插话。《摩诃婆罗多》中插话的内容包括各种神话、传说、寓言故事以及宗教、哲学、政治、律法和伦理等。我早在1973年就曾作为翻译练习，译出过其中最重要的宗教哲学插话《薄伽梵歌》[①]。而这些插话数量之多，大约占据了《摩诃婆罗多》全诗的一半篇幅。由此，《摩诃婆罗多》成了

[①] 当时，"文革"尚未结束，但我们研究所已经可以非正规地从事科研业务。我翻译《薄伽梵歌》的笔记本上偶然记有译完的时间为1973年5月3日，否则，事隔这么多年，肯定记不清了。这份译稿经过校订加工，收入了这个译本。

一部百科全书式的史诗。它的内涵溢出了西方的史诗概念。我们这次译出《摩诃婆罗多》全诗，尤其是其中的《和平篇》和《教诫篇》，我对这一点有了更直接的体会。

英语中的史诗（epic）一词源自古希腊语，原义是"言论"或"说话"。正如伏尔泰所说："习惯使此词变成专指对英雄冒险行为的诗体叙述。"[①]这是西方传统的史诗概念，或者说，史诗主要是指英雄史诗。按照这种史诗概念，《摩诃婆罗多》可以说是一部以英雄史诗为核心的长诗。然而，《摩诃婆罗多》自称是"历史传说"（itihāsa，意思是"过去如是说"）。这样，《摩诃婆罗多》倒是更符合 epic 的汉语译名"史诗"。它是以诗的形式吟唱印度古代历史传说。它涉及创世神话、帝王谱系、政治制度、宗教哲学、律法伦理和天文地理，全都以婆罗多族大战的故事主线贯穿了起来。也就是说，它以古代英雄传说为核心，全方位地记述印度古代历史。它的功能类似中国司马迁开创的纪传体史书。它是印度古人在没有书写习惯的条件下，记述历史和保存文化的一种特殊手段。

史诗和史书存在一些本质的区别。史诗记述历史传说，史书记述历史事实。史诗饱含艺术想象，史书崇尚实有其事。史诗（尤其是原始史诗）以口头方式创作和传播，史书以书面方式写作和传播。然而，史诗内容的传说性主要是指诗中的人物和事件，诗中提供的社会和文化背景并非完全虚构。《摩诃婆罗多》的成书年代处在印度从原始部落社会转化为国家社会的时代，也是从吠陀时期的婆罗门教转化为史诗时期的新婆罗门教（即印度教）的时代。在《摩诃婆罗多》中提供的种姓制度、宗教礼仪、律法伦理和风俗习惯都是当时社会的真实写照。而且，史诗作者依据他们所处的时代，在这部史诗中充分表达了他们的宗教哲学思想和社会理念。这些思想和理念不仅通过直接的说教方式表达，也通过史诗人物和故事形象地表达。可以说，这些思想和理念是印度古人世世代代积累的人生经验和智慧的集中体现。因此，这部史诗在印度古代最终也被尊奉为宗教经典，称作"第五吠陀"。

基于这种情况，印度古人对两大史诗《摩诃婆罗多》和《罗摩衍那》

[①] 《伏尔泰论文学》，丁世中译，人民文学出版社 1993 年版，第 296 页。

的文化定位有所不同。他们将前者称为"历史传说",而将后者称为"最初的诗"(ādikāvya)。《罗摩衍那》的人物和故事比较集中,虽然也有插入成分,但不像《摩诃婆罗多》那样内容庞杂。它更接近西方传统的英雄史诗概念。当然,作为史诗中英雄的品质,《罗摩衍那》和《摩诃婆罗多》一样,具有强烈的宗教伦理色彩,也就是以"正法"为规范。这一点明显不同于西方原始史诗中英雄的品质。

印度传统将《罗摩衍那》称为"最初的诗",主要是着眼于艺术形式上的变化。《罗摩衍那》虽然与《摩诃婆罗多》一样,也主要采用通俗简易的"输洛迦"诗体,但语言在总体上要比《摩诃婆罗多》精致一些,开始出现讲究藻饰和精心雕镂的倾向。而这种语言艺术特点在后来出现的"大诗"(mahākāvya)中得到充分体现。"大诗"也就是古典梵语叙事诗。按照檀丁(约七世纪)在《诗镜》中的描述,"大诗"分成若干章,故事取材于传说或真实事件,主角是勇敢高尚的人物,诗中应该描写风景、爱情、战斗和主角的胜利,讲究修辞和韵律,篇章不要过于冗长[①]。这说明"大诗"的艺术特征更直接导源于《罗摩衍那》。因此,印度古人将《罗摩衍那》称作"最初的诗",同时把传说中的《罗摩衍那》作者蚁垤称作"最初的诗人"。

我们译出了《摩诃婆罗多》,对于国内学术界来说,起码有印度学和史诗学两方面的研究价值。前面已经说到,《摩诃婆罗多》是一部百科全书式的史诗,堪称印度古代文化集大成者。它为研究印度古代神话、传说、宗教、哲学、政治、军事、伦理和民俗提供了丰富的资料。因此,现代印度学者对《摩诃婆罗多》经常就这些专题进行分门别类的深入研究。国际梵文学界也公认《摩诃婆罗多》对于印度学研究的重要性。美国梵文学者英格尔斯(D. H. H. Ingalls)在评价《摩诃婆罗多》精校本的功绩时,首先强调对于《摩诃婆罗多》的研究"将会成为照亮印度历史的光芒"。接着说道:"然而,没有这部校勘本,没有班达卡尔东方研究所对梵文学术作出的这一伟大贡献,就不可能获得这种光芒。"[②]美国学者布依特南在他的《摩诃婆罗多》英译本第一卷导言中说道:"如果不能充分和自觉地

---

① 参阅檀丁《诗镜》第一章。
② S. P. 纳朗主编:《〈摩诃婆罗多〉的现代评价》(德里,1995),第8页。

吸收《摩诃婆罗多》中的史料，那么，西方关于印度文明进程的学问是很不完善的。"①荷兰梵文学者狄雍（J. W. De Jong）则直截了当地说道："如果不了解《摩诃婆罗多》，怎么能阐释印度文化？"②

而我在翻译过程中，还深切体悟到《摩诃婆罗多》中隐含着一种悲天悯人的精神。与史诗通常的特征相一致，《摩诃婆罗多》中的人物和故事也与神话传说交织在一起。这完全符合史诗时代人类的思维方式。但是，这部史诗并没有耽于神话幻想，而富有直面现实的精神。它将婆罗多大战发生的时间定位在"二分时代和迦利时代之间"，也就是"正法"（即社会公正或社会正义）在人类社会逐渐不占主导地位的时代。这样，《摩诃婆罗多》充分展现了人类由自身矛盾造成的社会苦难和生存困境。而史诗作者为如何解除社会苦难和摆脱生存困境煞费苦心，绞尽脑汁。他们设计出各种"入世法"和"出世法"，苦口婆心地宣讲，也将他们的救世思想融入史诗人物和故事中。但他们同时又感到社会矛盾和人类关系实在复杂，"正法"也非万能，有时在运用中需要具有非凡的智慧。

无论如何，史诗作者代表着印度古代的有识之士。他们确认"正法、利益、爱欲和解脱"为人生四大目的。他们肯定人类对利益和爱欲的追求，但认为这种追求应该符合正法，而人生的最终目的是追求解脱。他们担忧的是，人类对利益和爱欲的追求一旦失控，就会陷入无休止的争斗，直至自相残杀和自我毁灭，造成像婆罗多族大战这样的悲剧。因此，《摩诃婆罗多》是一部警世之作。它凝聚着沉重的历史经验，饱含印度古代有识之士们对人类生存困境的深刻洞察。自然，他们的"正法"观也具有明显的历史局限。但是，人类自从进入文明社会以来，历经种种社会形态，生存方式并无根本改变。马车变成汽车，依然是车辆；茅屋变成楼房，依然是房屋；弓箭变成导弹，依然是武器；古人变成今人，依然是人。社会不平等依旧，对财富和权力的争夺依旧，恃强凌弱依旧，由利害、得失、祸福和爱憎引起的人的喜怒哀乐依旧，人类面对的社会难题和人生困惑依旧。所以，《摩诃婆罗多》作为一面历史古镜，并没有完全被绿锈覆盖，

---

① V. 布依特南：《摩诃婆罗多》（芝加哥，1973），第一卷导言，第35页。
② 参阅《印度伊朗杂志》（Indo-Iranian Journal）1994年第1期。

依然具有鉴古知今的作用。我通过这次翻译工作，对《摩诃婆罗多》这部史诗由衷地生出一份敬畏之心。

如今，我们有了印度两大史诗《摩诃婆罗多》和《罗摩衍那》①的汉语全译本，这就为国内学术界提供了研究的方便。新时期以来，国内学者对我国少数民族史诗的研究成绩卓著。最近，译林出版社又出版了一套"世界英雄史诗译丛"，也是对国内学者长期以来翻译世界各民族重要史诗的成果总汇。有感于此，我在为收入"世界英雄史诗译丛"的《罗摩衍那·森林篇》撰写的前言中说道："如果我们能对印度两大史诗、古希腊两大史诗、中国少数民族史诗和世界其他各民族史诗进行综合的和比较的研究，必将加深对人类古代文化的理解，也有助于世界史诗理论的完善和提高。"

我在从事翻译《摩诃婆罗多》的工作中，自然会关注国内学术界有关史诗研究的状况。我发现国内的史诗学理论建设还比较薄弱，尚未对国际史诗学的学术史进行系统的梳理和研究。二十世纪著名的帕里（M. Parry）和洛德（A. B. Lord）的"口头创作理论"也是最近才得到比较认真的介绍②。长期以来，国内学者在运用西方史诗理论概念时，有一定的随意性。而在史诗研究中提出有别于西方理论的某种创新见解时，也不善于与国外史诗进行比较研究，以促进自身理论的通达和完善。这里，我想从"什么是史诗"出发，提出一些值得商讨的问题。

史诗属于叙事文学。叙事文学分成诗体和散文体。史诗采用诗体，属于叙事诗。据此，我们通常把散文体叙事文学排除在史诗之外。例如，《埃达》和《萨迦》都记述冰岛古代的神话和传说。《埃达》是诗体，《萨迦》是散文体。这样，《萨迦》明显不能称作史诗，而只能称作神话和英雄传说集。现在，译林出版社将《萨迦》也收入"世界英雄史诗译丛"，我以为欠妥。至于《埃达》，是称作史诗，还是称作神话和英雄诗集更适合，还可以讨论。

史诗的分类也很复杂。国际上有口头史诗和书面史诗的分类，与此相应，有原始史诗和非原始史诗的分类。口头史诗是以口头方式创造和传诵

---

① 《罗摩衍那》，季羡林译，人民文学出版社1980—1984年版。
② 参阅《口头诗学：帕里—洛德理论》，朝戈金译，社会科学文献出版社2000年版。

的史诗，如《吉尔伽美什》、《伊利亚特》、《奥德赛》、《摩诃婆罗多》、《罗摩衍那》、《贝奥武甫》和《罗兰之歌》等。书面史诗是以书面形式创作和传诵的史诗，如维吉尔的《埃涅阿斯纪》、卡蒙斯的《卢济塔尼亚人之歌》、塔索的《被解放的耶路撒冷》和弥尔顿的《失乐园》等。口头史诗本质上是集体创作，经由历代歌人长期传唱，不断加工和改编，最后定型，并以书面形式记载保存下来。书面史诗（或称文学史诗）本质上是个人创作，是诗人采用或模仿史诗形式。因此，口头史诗可以称作原始史诗，而书面史诗可以称作非原始史诗。国内现在似乎将中国少数民族三大史诗《格萨尔》、《江格尔》和《玛纳斯》称为口头史诗，而将古希腊两大史诗和印度两大史诗称作书面史诗，我以为不妥。应该说，这些都是口头史诗，区别在于中国少数民族三大史诗是"活形态"的口头史诗。实际上，中国少数民族三大史诗现在也正在以书面形式记载保存下来。

帕里—洛德的"口头创作理论"为口头史诗的语言创作特点提供了有效的检测手段。我们在翻译《摩诃婆罗多》的过程中，就发现诗中有大量程式化的词组、语句和场景描写。尽管在字句上并不完全互相重复，但在叙述模式上是一致的，或者说大同小异。这些应该是史诗作者或吟诵者烂熟于心的语汇库藏，出口成章。同时，《摩诃婆罗多》中的一些主要人物都有多种称号，甚至有的人物的称号可以多达十几或二十几种。这些称号有两方面的作用。一方面，这些称号的音节数目不等，长短音配搭不同，这就可以根据需要选用，为调适韵律提供了极大的方便。另一方面，这些称号或点明人物关系，或暗示人物性格和事迹，具有信息符号或密码的作用，能强化史诗作者或吟诵者的记忆，以保持全诗人物性格和故事情节发展的前后连贯一致。这些都是口头史诗明显不同于书面史诗的语言特征。国外已有学者对《摩诃婆罗多》中的惯用语进行专题研究，并编写《〈摩诃婆罗多〉惯用语词典》[①]。

在史诗的一般定义中，通常都确认史诗是长篇叙事诗。而现在国内有倾向将在题材和内容上与史诗类似的短篇叙事诗也称作史诗。这在理论上

---

① 参阅 D. H. H. 英格尔斯《论〈摩诃婆罗多〉》，载 S. P. 纳朗主编《〈摩诃婆罗多〉的现代评价》。

能否成立？如果能成立，那么，我们就应该在史诗定义中去掉"长篇"这个限制词，正如在小说的一般定义中无须加上篇幅的限制词。最明显的例子是，在国内一些论著中，将《诗经》中的《生民》、《公刘》、《绵》、《皇矣》和《大明》等诗篇确认为史诗。倘若此说能成立，那么，接踵而来的问题是，在中国历代诗歌中，凡是涉及重大历史事件和英雄业绩的诗篇，是否也都能称作史诗？而且，在世界各国古代诗歌中，也有许多这类题材的民歌、民谣和短篇叙事诗，其中有些被吸收进史诗，有些与史诗并行存在，是否也可以一律称作史诗？这关乎世界文学史中文体分类的一个大问题，应当慎重处理。

说到史诗的题材和内容，西方传统的史诗概念主要是指英雄史诗。国内现在一般倾向分成创世史诗和英雄史诗两类。创世史诗又进而分成创世神话史诗和创世纪实史诗两类。这主要是依据中国少数民族史诗的状况作出的分类，自有道理。但我们应该注意到，这是对传统史诗概念的延伸。在一定意义上，史诗成了长篇叙事诗的指称。由此，我联想到在印度古代文学中有一类与《摩诃婆罗多》同时发展的神话传说作品，叫做"往世书"，也采用通俗简易的"输洛迦"诗体，总共有十八部。印度古代辞书《长寿字库》（约七世纪）将往世书的主题归纳为"五相"：一、世界的创造，二、世界毁灭后的再创造，三、天神和仙人的谱系，四、各个摩奴时期，五、帝王谱系。其实，《摩诃婆罗多》中也含有这些主题，但它们交织在主线故事中，并非史诗叙述的主体。所以，同样作为长篇叙事诗，《摩诃婆罗多》的叙述主体是英雄传说，而往世书的叙述主体是神话传说。那么，我们是否也应该将往世书称作神话史诗或创世神话史诗？

我的困惑在于，如果我们将史诗概念中的英雄传说扩大到神话传说，长篇扩大到短篇，诗体扩大到散文体，这是对史诗概念的发展，还是对史诗概念的消解？因此，我迫切感到国内学术界应该加强史诗理论建设。否则，我们在史诗理论的表述和运用中难免互相矛盾，捉襟见肘。中国具有丰富的少数民族史诗资源，而且还保存着许多"活形态"史诗，这些是得天独厚的有利条件。但我们必须重视对国际史诗理论学术史的梳理，同时在对中国少数民族史诗的研究中，必须与对世界各民族史诗的研究结合起来进行。这样，在综合和比较研究的基础上，就能提出带有普遍意义的理论创见，以充实和完善世界史诗理论。在这个领域，中国学者大有可为。

  这些年来，我将主要精力全部投入了《摩诃婆罗多》的翻译工作中，对于相关的史诗理论问题无暇进行深入研究。以上只是提出自己的一些理论困惑，企盼获得解决。学术研究的要义就是提出问题和解决问题。而我和我的同事们译出了《摩诃婆罗多》，也就是为国内史诗理论研究增添了一份重要的资料。每门学科的发展都需要有一批甘愿献身于基础建设的学者。这里，我又想起丹麦梵文学者泽伦森（S. Sörensen，1849—1902）花了二十年时间编制《〈摩诃婆罗多〉人名索引》，以致他很晚才获得教授职称。然而，他却于这部索引开始排印的当年逝世，未及见到这部厚重的索引（十六开本，八百多页）面世。但后世从事《摩诃婆罗多》研究的学者都会感谢他的这部索引的。同样的道理，我们的这部《摩诃婆罗多》全译本问世后，如果能受到国内印度学和史诗学学者们的重视和利用，我们这些年来耗费的时日和付出的辛劳，也就得到回报了。

（原载《外国文学评论》2003 年第 3 期）

《摩诃婆罗多》前言

一　翻译缘起

《摩诃婆罗多》和《罗摩衍那》并称为印度两大史诗。中国早在五世纪初就已知道这两大史诗。鸠摩罗什（344—413）译《大庄严论经》卷五曰："时聚落中多诸婆罗门，有亲近者为聚落主说《罗摩延书》，又《婆罗他书》，说阵战死者，命终生天。"但这两大史诗属于印度婆罗门教文化系统，也就没有进入中国历代佛教高僧的译经范围。倘若这两大史诗是佛教典籍，尽管卷帙浩繁，凭中国古代高僧们的译经能力和气魄，将它们转梵为汉是不成问题的。这样，这两大史诗的翻译任务延宕了一千多年，留给了我们。

1960年，北京大学东方语言文学系开设了一个梵文巴利文班，季羡林和金克木两位先生亲自执教五年，培养了一批弟子。这批弟子踏上各自工作岗位不久，国内便爆发了"文化大革命"。两位先生在"文革"中备受折磨，弟子们也是学业荒废。在"文革"后期，季羡林先生尚未"解放"，却在学术本能的驱使下，开始偷偷翻译《罗摩衍那》。从1973年到1976年，已经译出近三卷。"文革"结束后，有了出版机会，季先生便乘兴继续译下去。在八十年代头五年中，七卷八册的《罗摩衍那》汉译本全部出齐。

随着季先生的《罗摩衍那》汉译本陆续出版，我们这些弟子很自然会想到什么时候能把《摩诃婆罗多》也译出来？《摩诃婆罗多》的篇幅相当于《罗摩衍那》的四倍，令人望而生畏。而根据西方学者译介《摩诃婆罗多》的经验，可以先从其中的插话入手。早在五十年代，金克木先生就曾选译《摩诃婆罗多》中的一个著名插话故事《莎维德丽》发表在《译文》杂志上。1979 年,金先生又译出《摩诃婆罗多》的楔子《蛇祭缘起》,并写了一篇剖析文章,发表在《外国文学研究》杂志上。当时,我的同学赵国华有志于献身《摩诃婆罗多》翻译,译出了另一个著名的插话故事《那罗和达摩衍蒂》,于 1982 年由中国社会科学出版社出版。

随后,赵国华与席必庄和郭良鋆合作,由金先生开列插话故事篇目,译出了《摩诃婆罗多插话选》,于 1987 年由人民文学出版社出版。与此同时,在金先生支持下,赵国华约定席必庄、郭良鋆和我一起合作翻译《摩诃婆罗多》全书。译文决定采取散文体,译本拟分作十二卷。金先生亲自动笔翻译了《摩诃婆罗多》的前四章。这前四章中包含全书的篇目纲要,翻译难度很大。金先生的译文为全书的翻译起了示范作用。

当时,我和郭良鋆手头有别的工作,与赵国华商定,我们从第五卷开始参加进去,前四卷主要由他和席必庄承担,先译起来。这样,到了 1986 年,他和席必庄译出了第一卷。可是,这时国内出版社普遍开始注重经济效益,在寻找出版单位方面遇到了困难。直至 1990 年底,中国社会科学出版社以学术事业为重,接纳了这个出版计划。

就在译出第一卷后不久,赵国华在平时读书中,突然获得一个学术灵感。他从解开八卦符号原始数字意义入手,探讨原始人类的生殖崇拜文化。前后用了两年时间,凭着他的聪明才智,广泛搜集材料,调动自己毕生积累的知识学养,写成一部三十万字的专著《生殖崇拜文化论》,于 1990 年由中国社会科学出版社出版,在国内学术界赢得好评。他本人也有意于将这门课题的研究继续引向深入。他自信地认为"如果能将产食经济文化与生殖崇拜文化结合起来研究,文化人类学会发生一场革命"。

在这个时期,赵国华如痴如醉,与我们相见,言必"八卦符号"和"生殖崇拜"。但他也念念不忘《摩诃婆罗多》的翻译宏图。1990 年年底,中国社会科学出版社正式决定出版《摩诃婆罗多》后,他再次和我们商定翻译计划的分工和实施,由我和郭良鋆承担第五、九、十和十一卷的翻译,其他各卷的翻译由他和席必庄承担。

不料,正当《摩诃婆罗多》翻译工程重新启动之时,赵国华于 1991 年突发心肌梗塞,猝然逝世。他年仅四十八岁,正处在学术生命的巅峰期。噩耗传开，他的老师、老同学和同事们无不为他英年早逝而扼腕痛惜。《摩诃婆罗多》第一卷《初篇》于1993年年底出版，他也未及看到。当时，我们读到这第一卷译本的后记中，赵国华写有这样的话语："翻译这部大史诗，却犹如跋涉在无际的沙漠，倾尽满腔热血，付出整个生命，最终所见或许只是骆驼刺的朦胧的绿。好吧，就为了那朦胧的绿！"读来仿佛是他的谶语，令人黯然神伤。命运有时确实显得过于残酷。

赵国华逝世后，对于这项翻译工程是否继续进行下去，我们有些犹豫。而《摩诃婆罗多》第一卷问世后，社会反响很好。中国社会科学出版社领导希望我们继续完成《摩诃婆罗多》全书的翻译，并委托我主持这项工作。我考虑到《摩诃婆罗多》本身的文化意义，也考虑到应该实现亡友赵国华的遗愿，便决定担起这份责任。席必庄和郭良鋆是原定的参加者，我又邀请葛维钧和李南参加进来。后来，段晴也志愿加入我们的行列。翻译工作基本按照第一卷确定的体例进行。这项翻译工程也得到中国社会科学院科研局的支持，在1996年列为院重点科研项目，向我们提供必要的经费资助。

这样，又经过近十年的艰苦努力，我们终于完成全书的翻译工作。全书原计划分成十二卷出版，现在按照出版社的要求，合并成六卷。按照最初的翻译设想，大家分头翻译，文责自负。后来，季羡林先生提醒我，这样的集体翻译，译文应该互相校订一下。由于大家手头的工作都很繁重，全书的译文便由我负责校订和定稿。1993年版的《摩诃婆罗多》第一卷《初篇》这次重新排版，与《大会篇》合成一卷，作为新版第一卷。趁此机会，我也对《初篇》译文作了校订。原有的"翻译说明"和"后记"作为附录收入新版第一卷，以示对赵国华翻译《摩诃婆罗多》首创之功的纪念。

《摩诃婆罗多》这部史诗规模宏大，内容庞杂，为方便读者阅读，我决定为每卷译义撰写导言。导言的任务是介绍每卷的主要内容，进行简要的评析，也可以提供必要的文化背景资料，或对值得研究的问题作些提示。这样做也有助于对《摩诃婆罗多》的深入研究，符合我们翻译这部史诗的本意。

当然，按照金克木先生在《译本序》中表达的想法，译者可以不写这样的导言,让读者自己去读。但我考虑再三,还是忍不住要这样做。这或许正如金先生所说:"译者本不需要在书前讲话,而似乎又不能不讲话。"因此,对于我撰写的这些导言,我也仿效金先生的说法:"读者可以看,也可以不看。"

二 《摩诃婆罗多》的成书年代

关于《摩诃婆罗多》的成书年代是梵文学者长期探讨和研究的一个问题。虽然不能说已经形成确切的定论,但也产生了一些多数学者可以在原则上表示同意的看法。

首先,我们可以排除一种将神话传说当作历史的印度传统说法,即认为《摩诃婆罗多》写成于公元前三千一百年。这种说法的依据是《摩诃婆罗多》中写道:

> 这位黑岛生大仙,
> 孜孜不倦整三年,
> 终于完成这杰作——
> 摩诃婆罗多故事。(1. 56. 32)①

黑岛生即传说中的《摩诃婆罗多》作者毗耶娑(Vyāsa)的本名(出生在岛上,皮肤是黑的,故得此名)。《摩诃婆罗多》中又写道:

> 在迦利时代和
> 二分时代之间,
> 普五地区发生
> 俱卢般度之战。(1. 2. 9)

---

① 《摩诃婆罗多》引文依据印度班达卡尔东方研究所精校本,括号中的数字依次为篇、章、颂。本文中的引文,我按照诗体译出,与本书采用的散文体译法有所不同。

按照印度神话传说，迦利时代开始于公元前三千一百零二年，黑天死于迦利时代的第一天。又按照《摩诃婆罗多》故事，般度族五兄弟在黑天死后，结束统治，远行升天。而毗耶娑在般度族五兄弟升天后，开始创作《摩诃婆罗多》，用了三年时间。这样，成书年代便是三千一百年。

这种成书年代貌似精确，但只能当作神话看待，绝对不足凭信。奥地利梵文学者温特尼茨（M. Winternitz）曾经提出《摩诃婆罗多》的成书年代"在公元前四世纪至公元四世纪之间"，尽管时间跨度八百年，长期以来反倒为多数学者所接受。温特尼茨的结论主要依据如下事实：首先，整个吠陀文献没有提及《摩诃婆罗多》，只有一部年代无法确定的《阿湿婆罗衍家庭经》（āśvalāyana-gṛhyasūtra）中提到过两部圣书名《婆罗多》和《摩诃婆罗多》。最早明确记载俱卢和般度两族战争故事（虽然未提及书名《婆罗多》或《摩诃婆罗多》）的文献是波颠阇利（约公元前二世纪）的《大疏》。公元前三、四世纪的佛教巴利文经典没有提及《摩诃婆罗多》，只有其中的《本生经》提到这部史诗中的一些人物名，但具体事迹与史诗颇有出入。因而，《摩诃婆罗多》的原始形式不可能出现在吠陀时代结束前，即不可能早于公元前四世纪。其次，古典小说家波那（约七世纪）和哲学家枯马立拉（约八世纪）的著作以及公元五世纪的铭文记载表明这部史诗在那时已经成为一部宗教经典，而且在篇幅上已经达到十万颂。因而，《摩诃婆罗多》的现存形式不可能晚于公元四世纪[①]。

至于《摩诃婆罗多》在这八百年间的具体形成过程，学者们经过多年探讨，现在一般倾向于分成三个阶段：（1）八千八百颂的《胜利之歌》（Jaya）；（2）二万四千颂的《婆罗多》（Bhārata）；（3）十万颂的《摩诃婆罗多》（Mahābhārata）。这三种字数的《摩诃婆罗多》故事，在现存抄本的第一篇中都曾提及：

> 我和苏迦知道
> 这八千八百颂，
> 或许全胜也知道

---

① 参阅 M. 温特尼茨《印度文学史》（新德里，1972），第 1 卷，第 454—475 页。

> 这八千八百颂。①
>
> 他编了《婆罗多本集》，
> 共有二万四千颂，
> 里边没有加插话，
> 智者称作《婆罗多》。(1.1.61)
>
> 他又编了另一部，
> 颂数总计六百万，
> 其中一半三百万，
> 流传天国天神间。
>
> 列祖列宗百五十万，
> 罗刹药叉百四十万，
> 余下这个十万颂，
> 流传尘世凡人间。②

这里所引第一和第三首见于某些抄本，精校本正文未收。第一首中的"我"是吟诵史诗的歌手，八千八百颂指最早由毗耶娑口授，群主记录下来的原始版本③。第二、三首中的"他"是指毗耶娑。当然，这八千八百颂和二万四千颂的说法也带有传说性质，但可以作为象征性的参考数字。因为《摩诃婆罗多》的篇幅经历了一个逐渐膨胀的过程，这一点是毫无疑义的。

《摩诃婆罗多》的原始形式可能叫做《胜利之歌》。这是因为在一些抄本的开卷第一首的献诗是这样的：

---

① 这颂见《摩诃婆罗多》精校本《初篇》第884—885页校勘记。
② 这两颂见《摩诃婆罗多》精校本《初篇》第12页校勘记。
③ 《摩诃婆罗多》通行本（青项本）开头讲到毗耶娑创作了婆罗多故事，但不知找谁记录下来。于是大神梵天推荐群主（象头神）担任毗耶娑的记录员。精校本编者认为这是晚出成分，因而没有采入正文。

> 首先向人中至高的
> 那罗和那罗延致敬!
> 向娑罗私婆蒂女神致敬!
> 然后开始吟诵《胜利之歌》。(1. 1 献诗)

另外,在《摩诃婆罗多》中,"胜利"一词有时也直接用作这部史诗的代名词。例如:

> 渴望胜利的人都应听取
> 这部名曰《胜利》的历史,
> 听后他能征服大地,
> 也能击败一切仇敌。(1. 56. 19)

可以设想,毗耶娑的《胜利之歌》讲述的是婆罗多族大战的核心故事。毗耶娑将这《胜利之歌》传授给自己的五个徒弟,由他们在世间漫游吟诵。这些徒弟在传诵过程中,逐渐扩充内容,使《胜利之歌》扩大成各种版本的《婆罗多》。

> 向苏曼度和阇弥尼,
> 向拜罗和儿子苏迦,
> 传授四部吠陀以及
> 第五部《摩诃婆罗多》。(1. 57. 74)

> 赐人恩惠的导师
> 也向护民子传授,
> 从此婆罗多本集
> 由他们分别传诵。(1. 57. 75)

现存《摩诃婆罗多》是护民子传诵的本子。毗耶娑的这五个徒弟实际上是各种宫廷歌手苏多①和民间吟游诗人的象征。据此我们可以想象《摩诃婆罗多》的早期传播方式及其内容和文字的流动性。

如果说从《胜利之歌》向《婆罗多》的演变，主要是充实故事内容，"里边没有加插话"。那么，从《婆罗多》向《摩诃婆罗多》（意译是《伟大的婆罗多》或《大婆罗多》）的演变，主要不是充实故事内容，而是汇入大量与核心故事关系不太紧密的插话。这些插话大多是可以独立成章的神话传说、英雄颂歌、寓言故事以及婆罗门教的哲学、政治、伦理和法律论著。精校本主编苏克坦卡尔令人信服地证明，这二万四千颂左右的《婆罗多》曾经一度被婆罗门婆利古族垄断。由于《婆罗多》是颂扬刹帝利王族的英雄史诗，因而婆利古族竭力以婆罗门观点改造《婆罗多》，塞进大量颂扬婆利古族和抬高婆罗门种姓地位的内容。此后，原始的《婆罗多》失传，代之以《摩诃婆罗多》流传至今②。

关于这部史诗的作者毗耶娑，我们目前所知道的都是传说，很难断定他是真实的历史人物。他既是这部史诗的作者，又是这部史诗中的人物。按照史诗本身的故事，毗耶娑是渔家女贞信嫁给福身王之前的私生子，名叫黑岛生。贞信和福身王的儿子奇武婚后不久死去，留下两个遗孀，面临断绝后嗣的危险。于是，贞信找来在森林中修炼苦行的黑岛生，让他代替奇武，生下三个儿子——持国、般度和维杜罗。此后，毗耶娑仍然隐居森林，但他目睹和参与了持国百子（俱卢族）和般度五子（般度族）两族斗争的全过程。在般度族五兄弟升天后，他创作了这部史诗。如果史诗中的这些内容不是后人杜撰添加的，那么可以认为毗耶娑是这部史诗的原始作者。

按照印度传统，毗耶娑不仅被说成是《摩诃婆罗多》的作者，还被说成是四部吠陀的编订者、往世书的编写者、吠檀多哲学经典《梵经》的作者，等等。将相距数百乃至上千年的著作归诸同一作者，显然是荒谬的。不过，我们应该注意到，毗耶娑这个名字本身具有"划分"、"扩大"、

---

① 苏多（sūta）通常是刹帝利男子和婆罗门妇女结婚所生的儿子。他们往往担任帝王的御者和歌手，经常编制英雄颂歌称扬古今帝王的业绩。

② 参阅苏克坦卡尔《婆利古族和〈婆罗多〉》，载《苏克坦卡尔纪念文集》（孟买，1944），第 1 卷，第 278—337 页。

"编排"等含义。因此，将毗耶娑看作一个公用名字或专称，泛指包括《摩诃婆罗多》在内的古代印度一切在漫长历史时期累积而成的庞大作品的编订者，也未尝不可。在往世书神话中，就提到有二十八个毗耶娑，依次在循环出现的二分时代，将吠陀编排一次。这或许可以作为这一看法的一个佐证。

由于印度古代史学不发达，可供引为旁证的史料有限，近代以来，印度国内外学者对《摩诃婆罗多》成书过程的研究只能主要依据这部史诗本身，以印度古代宗教和文化发展背景为参照，探寻它的思想内容中隐约存在的差异、层次和发展轨迹。1986年，印度班达卡尔东方研究所出版了耶尔迪（M. R. Yardi）的《〈摩诃婆罗多〉的起源和发展——统计学研究》。这部著作另辟蹊径，对《摩诃婆罗多》的诗律进行统计学研究，试图由此确定这部史诗的内容层次和发展过程。

《摩诃婆罗多》全书绝大部分采用一种简单易记的阿奴湿图朴（anustubh）诗律。这种诗律的一般规则是每颂（"输洛迦"）即每个诗节两行四个音步，每个音步八个音节，总共三十二个音节。每个音步的第五个音节要短，第六个音节要长，第七个音节长短交替。除了这几个音节之外，其他音节长短自由。耶尔迪正是依据那些自由音节的长短音使用特点，运用统计学方法，归纳出五种诗律风格，分别代表《摩诃婆罗多》文本中的五个层次或五个发展阶段。按照他对《摩诃婆罗多》精校本的统计，全书共有75595.5颂。其中，最初由护民子诵唱的《婆罗多》有21161.5颂。此后，毛喜增加17284颂，毛喜之子厉声增加26728.5颂，《诃利世系》作者增加9053颂，《篇章总目篇》作者增加1368.5颂。

依据《摩诃婆罗多》现存文本，整个故事是由厉声讲述给飘忽林中的仙人们听的。而厉声讲述的故事又是在镇群王蛇祭大会上从护民子那里听来的。同时，厉声讲述的故事中也包含他从自己的父亲毛喜那里听来的内容。《诃利世系》是《摩诃婆罗多》的附篇。《篇章总目篇》是《摩诃婆罗多》第一篇《初篇》中的第二章。耶尔迪对《摩诃婆罗多》中分属这五个层次的篇目章节都有具体说明。

按照耶尔迪的看法，通常所说的十万颂《摩诃婆罗多》应该包括《诃利世系》在内。因为根据《篇章总目篇》中提供的篇章颂数，总共也只是八万二千多颂。而根据现存通行本（青项本），《摩诃婆罗多》约八万四千颂，《诃利世系》约一万六千颂，这样，总共约十万颂。这也是通行本编者青项表示过的看法①。

耶尔迪的这项统计学研究花费了十余年时间。当然，他的研究结论还有待验证。无论如何，对《摩诃婆罗多》成书过程的研究，采取多种视角，运用多种方法，确实是应该提倡的。

三　关于《摩诃婆罗多》精校本

我们的译文依据印度班达卡尔东方研究所出版的《摩诃婆罗多》精校本。这里值得介绍一下这个精校本的编订过程和校勘原则。

如上所述，《摩诃婆罗多》在古代印度始终以口耳相传的方式创作和传诵。这部史诗经历了漫长的成书过程，现存形式大约定型于四世纪。有关文献记载表明这部史诗在那时已经成为一部宗教经典，篇幅为十万颂。此后，这部史诗以抄本的形式传承。抄写使用的材料主要是桦树皮和贝叶。

到了十九世纪，开始出现《摩诃婆罗多》的印刷文本。《摩诃婆罗多》的各种抄本大体分为南北两种传本。而最早整理出版的两种文本——加尔各答版本（1839）和孟买版本（1863）均属于北传本。显然，为了适应现代研究的需要，应该利用各种抄本，进行认真校勘，编订一部《摩诃婆罗多》精校本。

最早主张编订《摩诃婆罗多》精校本的学者是奥地利梵文学者温特尼茨（M. Winternitz）。他在1897年巴黎召开的第十一届国际东方学者会议上提出这个建议，旨在"为《摩诃婆罗多》研究以及一切与印度史诗有关的研究提供一个坚实的基础"。在此后的几年中，他一再重申这个建议。开始的时候，只有少数学者赞同这个建议，而大多数学者持怀疑态度，认为"要编出这部史诗的精校本是不可能的。现有的加尔各答版本和孟买版本已经足以代表北印度版本，我们只能满足于再编印一部南印度版本"。

---

① 青项的通行本是北方传本。然而，按照南方传本，《摩诃婆罗多》本身就有十万颂。

直到 1904 年，国际科学院协会采纳了温特尼茨的这个建议，决定着手编订《摩诃婆罗多》精校本。在柏林和维也纳科学院的资助下，编订工作开始启动。德国学者吕德斯（H. Lüders）首先编了一个精校本样本（《摩诃婆罗多·初篇》的头 67 颂），于 1908 年提交在哥本哈根召开的第十五届国际东方学者会议。此后，由于第一次世界大战爆发，西方学者从事的这项编订工作中断，不了了之。

1917 年，印度班达卡尔（Bhandarkar）东方研究所成立，决定编订《摩诃婆罗多》精校本。1919 年，编订工作正式启动。1923 年，乌特吉迦尔（N. B. Utgikar）编出《摩诃婆罗多·毗罗吒篇》精校本（试验本），分送国内外梵文学者征求意见，受到普遍好评和热情鼓励，并提供了许多建设性意见。1925 年，苏克坦卡尔（V. S. Sukthankar）担任《摩诃婆罗多》精校本主编，印度许多著名梵文学者参加这项工作。1933 年出版精校本第一卷，1966 年出齐全书，共十九卷。整个编订工作历时将近半个世纪。其间苏克坦卡尔于 1943 年逝世，继任主编是贝尔沃卡尔（S. K. Belvalkar），最后一任主编是威迪耶（P. L. Vaidya）。

班达卡尔东方研究所编订《摩诃婆罗多》精校本的工作步骤，首先是搜集和整理《摩诃婆罗多》的各种抄本，以通行的《摩诃婆罗多》青项本（Nīlakaṇṭha）为基础，逐字逐句进行对勘，记录下不同之处。收集到的抄本共有一千二百多种，其中全本占少数，多数是单篇抄本。经过鉴别，确定具有校勘价值的抄本，排除重复的抄本。这样，用作校勘的抄本为七百多种。

《摩诃婆罗多》的抄本分为北传本和南传本两大类。北传本又可按字体分为舍罗陀、尼泊尔、梅提利、孟加拉和天城体传本，南传本也可按字体分为泰卢固、葛兰陀和马拉雅拉姆传本。这些传本也还可以作出进一步细分。各种抄本在词、句、诗行、诗节上存在不同程度的歧异。总的说来，南传本的篇幅大于北传本。北传本全书分为十八篇，南传本分为二十四篇。与北传本相比，南传本在故事细节描写上更为丰富，词句更为正确，语义更为连贯。因此，北传本可称作"简朴本"（textus simplicitor），南传本可称作"修饰本"（textus ornatior）。

在北传本中，舍罗陀字体本是一个相对独立的传本，最少受其他传本影响，保存了这部史诗比较古朴的形式，因而它对于编订精校本最有参考价值，在校勘过程中最受重视。

在校勘中，优先采纳北传和南传各种抄本一致的词、句、诗行和诗节。但各种抄本完全一致的情况毕竟有限，更多的情况是互有差异。凡有差异，则采纳南北传本多数抄本一致的地方，也可采纳北传抄本之间或者南传抄本之间一致的地方。凡与上下文不协调或不连贯的篇章、诗节或诗句，只要不见于一种重要的抄本，便可作为衍文删去。

古代写本在传抄过程中，一般容易简化难词僻语。而按照校勘原理，一些难词僻语可能恰恰表明它们是古老原始的形式。如果许多抄本在这些地方具有一致性，就不应该怀疑它们是错讹。史诗的原始文本不一定语言规范，措辞精确。"简朴本"往往比"修饰本"更接近原始形式。因此，不管校勘的结果怎样，都应该尽可能客观地依据抄本提供的证据，确定精校本的文本。

在校勘中，重要的是作出解释和说明，而不应该随意改动原文。对于明显的传抄中形成的错讹，则在有关词句下面加上曲线。有时北传本和南传本出现歧异，而两种读法都能读通，也在有关词句下面加上曲线。

校勘的目的无非是"求古本之真"，恢复作品的原始形式。但对于《摩诃婆罗多》来说，这是一种不可企及的理想。与一般的古典作品不同，史诗以口耳相传的方式创作和传诵，文本始终处在流动中，现有的规模也是逐渐扩充而成，很难确定它的原始形式。因此，《摩诃婆罗多》精校本不是恢复传说中的毗耶娑创作的《摩诃婆罗多》，也不是恢复毗耶娑的弟子传诵的《摩诃婆罗多》。它只是在现存的各种并不古老的抄本基础上，提供一种尽可能古老的版本，也就是可以称作现存所有抄本的共同祖先的版本。

这样，最终完成的这部《摩诃婆罗多》精校本排除了传抄中的一些错讹和伪增，也抢救了在传抄中逐渐流失的古老成分，而成为现存抄本中最古老和最纯洁的版本。精校本的篇幅总量不是十万颂，而是近八万颂。但它以脚注和附录的方式将所有重要抄本的重要异文一一列出。这使它实际上比现存任何抄本都完全，确实为《摩诃婆罗多》研究奠定了一个"坚实的基础"。

《摩诃婆罗多》精校本于1966年出齐后,班达卡尔东方研究所又继续完成《摩诃婆罗多》的附篇《诃利世系》的校勘本(两卷本,1969—1971),并编制了《摩诃婆罗多》诗句索引(The Pratīka Index of the Mahābhārata,六卷本,1967—1972)。同时,《摩诃婆罗多》文化索引(The Cultural Index to the Mahābhārata)编制工作也在进行之中,已经出版第一卷第一分册(1993)和第二分册(1995),全部索引的完成还有待时日。这些工作都为《摩诃婆罗多》研究提供了极大方便。

我们的译文原则上依据《摩诃婆罗多》精校本正文,精校本中列出的异文只是用作参考。我们坐享精校本的校勘成果,理应向前仆后继从事这项校勘工作的印度梵文学者们表示崇高的敬意和衷心的感谢!

四 《摩诃婆罗多》的社会背景

史诗的叙事特点是现实和神话交织。《摩诃婆罗多》呈现的是神话化的历史。因此,现代读者阅读《摩诃婆罗多》应该对印度史诗时代的社会背景和神话形态有所了解。

印度现存最早的文献是四部吠陀本集:《梨俱吠陀》、《娑摩吠陀》、《夜柔吠陀》和《阿达婆吠陀》,成书年代约在公元前十五世纪至公元前十世纪。十八、十九世纪的西方学者通过印度古代语言和欧洲语言的比较研究,确认吠陀语和梵语属于印欧语系。而且,通过《梨俱吠陀》和波斯古经《阿维斯陀》之间语言、神话和宗教的比较研究,发现两者之间存在密切的文化亲缘关系。同时,在小亚细亚出土的泥板文书中,有公元前十四世纪赫梯王和米丹尼王签订的和约,以一些吠陀神祇为见证者和保护者。由此,多数学者认为大约公元前十五世纪前,居住在中亚地带的部分雅利安人离开故乡,向南迁徙,一支向西进入伊朗,成为伊朗雅利安人;一支向东进入印度,成为印度雅利安人。

雅利安人原本是些游牧部落,在进入印度的初期,仍然过着部落生活。每个部落由若干村落组成,每个村落由若干父权大家庭组成。部落的首领称作王("罗阇"),由部落"议事会"选举。有关部落的大事由"人民大会"讨论决定。因此,部落社会的政体具有共和制性质。而吠陀时代的部落社会战争频繁，开始是雅利安人征服以"达娑"（或"达休"）为代表的印度土著居民，后来是雅利安人各部落之间互相掠夺吞并。《梨俱吠陀》中描写的十王之战就是当时影响很大的一次战争。

约在公元前六世纪初，印度的雅利安人部落大部分过渡到国家。同时，社会政体逐渐由共和制演变为君主制。当时有阿槃底、犍陀罗、憍萨罗、跋祇和摩揭陀等十六个大国，还有许多小国。此后，印度进入列国纷争和帝国统一的时代。从公元前六世纪至公元四世纪，印度大小王国林立，互相争霸。其间出现过统一规模较大的难陀王朝、孔雀王朝、贵霜王朝和笈多王朝，但大多不超出北印度范围。

《摩诃婆罗多》的成书年代约在公元前四世纪至公元四世纪，正是处在列国割据和争霸的时代。这个时期的印度社会推行种姓制度。种姓是社会分工和阶级分化的产物，出现在吠陀时代后期。在吠陀后期文献中，用作种姓的专门名词是"瓦尔那"（varṇa）。然而，这个名词在《梨俱吠陀》中的意思是"色"，并无种姓的含义。《梨俱吠陀》中说到的"雅利安色"和"达娑色"，是从肤色上区分雅利安人和印度土著居民。在《梨俱吠陀》中，只有一首晚出的颂诗（一般称作《原人颂》）提到后来的所谓"四种姓"。这首颂诗描写众神举行祭祀，以原始巨人补卢沙作祭品。当众神分割补卢沙时，"他的嘴变成婆罗门，双臂变成罗阇尼耶（即刹帝利——引者注），双腿变成吠舍，双脚生出首陀罗"（X. 90. 12）。这是在吠陀时代后期出现种姓区分后，婆罗门祭司将种姓的起源神话化。

这种种姓区分随着印度部落社会向国家社会转变，逐渐制度化。第一种姓婆罗门是祭司阶级，执掌神权，教授吠陀，主持祭祀；第二种姓刹帝利是武士阶级，执掌王权，从事战争，治理国家；第三种姓吠舍是平民阶级，主要从事商业和农业。这前三种种姓统称"再生族"，也就是他们出生后，到达入学年龄，要举行"再生礼"，佩戴圣线。他们都有学习吠陀和举行祭祀的权利。第四种姓首陀罗是低级种姓，担任各种仆役，为前三种姓服务。他们没有私人财产，也没有学习吠陀和举行祭祀的权利，对前三种种姓有人身依附关系，类似奴隶。在这四种姓之外，还有各种"贱民"，主要从事渔猎、屠宰、制革、酿酒、清扫和焚尸等所谓"不洁的"职业。种姓是世袭的，由家庭出身决定。可是，不同种姓之间通婚也时常发生，由此产生"杂种姓"。原则上，高种姓男子与低种姓女子通婚称为"顺婚"，但所生子女依然属于低种姓。而高种姓女子与低种姓男子通婚称为"逆婚"，所生子女则沦为贱民。

从《摩诃婆罗多》中反映的情况看，既有对种姓制在理论上的严格要求，也有在实践中的宽松现象。毗耶娑是渔家女贞信与婆罗门仙人婆罗奢罗的私生子，但他仍然是婆罗门仙人。贞信与福身王生下的花钏和奇武先后担任国王。维杜罗是毗耶娑代替奇武王与一位首陀罗侍女所生之子，但他始终担任俱卢族王室的总管和顾问，是一位伟大的智者。《森林篇》（第196至206章）中讲到婆罗门憍尸迦向首陀罗猎人法猎求教正法。在毗湿摩对坚战的教诲中，也讲到首陀罗可以担任国王的大臣（12.86.7）。迦尔纳的身份是车夫之子，而难敌王依然封他为盎伽王。这些可能反映种姓制在形成过程中的早期状况，也可能反映婆罗门教理论和实际脱节的现象。

当然，在《摩诃婆罗多》中，这些理论和实际不一致的现象都经过神话化处理，而得到化解。贞信是一位国王的精子落入河中，在一条雌鱼肚中孕育而成，因此，她是刹帝利之女。维杜罗则是正法之神的化身。首陀罗法猎前生是婆罗门。迦尔纳是刹帝利公主贡蒂和太阳神的私生子。尽管如此，神话不能取代现实。

在史诗时代，婆罗门精心制定种姓法，强调四种姓各自的职责，确立婆罗门在种姓社会中的至高地位。婆罗门垄断吠陀教学和祭祀活动。刹帝利有义务向婆罗门分封土地和施舍财物。尤其是婆罗门为刹帝利王族主持各种祭祀仪式，能获得大量"酬金"，也就是说，与刹帝利分享社会财富。

在《和平篇》中，毗湿摩教导坚战说："具有学问和吉祥标志，通晓一切经典，国王啊！人们称赞这些婆罗门与梵天相同。具备祭官和老师的资格，履行自己的职责，国王啊！这样的婆罗门与天神相同。祭官、王室祭司、大臣、使者和司库，国王啊！这样的婆罗门与刹帝利相同。马兵、象兵、车兵和步兵，国王啊！这样的婆罗门与吠舍相同。那些缺乏高贵出身和职业，猥琐卑微，国王啊！这样的婆罗门与首陀罗相同。没有学问，不侍奉祭火，遵行正法的国王应该向这样的婆罗门征收赋税，派遣劳役。听差、神像守护者、星宿祭祀者、村庄祭祀者，第五是出海经商者，这些是婆罗门中的旃陀罗（贱民）。除了与梵天相同和天神相同的婆罗门之外，国王国库不足，可以向这些婆罗门收税。"（12.77.2—9）这说明在现实生活中，出于谋生的需要，也有婆罗门从事其他种姓职业的情况。但按照婆罗门教的种姓法，婆罗门的主要职责是教授吠陀和为刹帝利王族主持祭祀，并由此享有特权。

婆罗门和刹帝利是种姓社会的统治阶级。王权保护神权，神权辅佐王权。但婆罗门和刹帝利也难免互相争权夺利，存在矛盾和斗争。《森林篇》中著名的持斧罗摩传说（第116和117章）具有象征意义，讲述食火仙人之子持斧罗摩三七二十一次杀尽人间侵害婆罗门利益的刹帝利。精通武艺本来是刹帝利的职责，正如精通吠陀是婆罗门的职责。但婆罗门想要保持自身在种姓社会中的至高地位，似乎单靠神权还不够，有时也要仰仗武力。因此，毫不奇怪，在《摩诃婆罗多》中，俱卢族和般度族王子们的教师爷德罗纳和慈悯是两位武艺高强的婆罗门。

刹帝利王族的基本职责是执掌王权，保护臣民。辅佐国王的朝廷成员有大臣、将军和王室祭司。国王必须努力抵御外来侵略，镇压国内盗匪，保证农业丰收和商业繁荣。一旦国库充实，武力强大，国王就能征服世界，成为统一天下的转轮王。或者获取胜利，或者捐躯疆场，这是刹帝利武士们的人生追求。因此，在史诗时代，王族内部争夺王权，列国之间争夺霸权，成了社会的常规政治形态。

史诗时代的经济基础是农业、手工业和商业，主要由吠舍种姓承担，通常以收益的六分之一向国家交纳赋税。首陀罗种姓主要承担各种仆役工作，也可以从事农业和手工业。一旦发生战争，吠舍和首陀罗也都可以充当士兵。

尽管史诗时代的印度属于农业文明社会，但《摩诃婆罗多》中人物活动的背景主要是城市和森林。城市（尤其是首都）是政治活动的中心，宫廷的所在地。而森林既是婆罗门仙人们修行处，也是失去王国的刹帝利王族们的流亡处。当然，这是就《摩诃婆罗多》的主体故事而言。如果将史诗中的神话传说也包括在内，故事的背景可谓崇山峻岭，江河大海，天上地下，无所不包。

五 《摩诃婆罗多》的神话背景

　　史诗时代的婆罗门教已从吠陀时代的多神崇拜转变成为三大主神崇拜，这与部落社会变成国家社会以及列国纷争趋向帝国统一的历史发展相对应。三大主神梵天、毗湿奴和湿婆与吠陀神话有联系，也有区别。梵天司创造，由吠陀时代抽象的创造主——梵演变而成。毗湿奴司保护，原是吠陀神话中一位同名的次要的神。湿婆司毁灭，由吠陀神话中一位次要的神楼陀罗演变而成。而在史诗神话的发展中，又逐渐将毗湿奴或湿婆塑造成集创造、保护和毁灭于一身的至高之神。

　　在史诗神话中保留了吠陀诸神，如因陀罗（天王）、阿耆尼（火神）、苏摩（酒神）、苏尔耶（太阳神）、双马童（医神）、伐楼拿（护法神）、伐由或伐多（风神）、摩录多（暴风雨神）、楼陀罗（凶神）、俱比罗（恶神）、阎摩（死神）、毗诃波提（祭司神）、娑罗私婆蒂（语言女神）和阿提底（母亲女神）等，但都被说成是由梵天创造的。同时，其中一些神的功能有所变化，如苏摩变成月神，伐楼拿变成海神，俱比罗变成财神。另外，在吠陀神话中，与天神为敌的恶魔是达娑（或达休），与凡人为敌的恶魔是罗刹。阿修罗在《梨俱吠陀》中原本的含义是天神，只是在晚出的成分中才含有恶魔的意思。而在史诗神话中，阿修罗成为恶魔的通称，达娑（或达休）则失去恶魔的含义，主要是指盗匪。

　　按照史诗神话，整个世界处在创造和毁灭的无穷循环之中。世界在每次毁灭后，淹没在汪洋中。而在每次创造之初，毗湿奴躺在水面上，从他的肚脐上长出一株莲花，从莲花中诞生梵天。然后，梵天按照自己的心意创造出摩利支等六个儿子，由他们繁衍产生包括天神、仙人、凡人、恶魔、动物和植物在内的世界万物。例如，摩利支的儿子迦叶波娶陀刹的十三个女儿为妻。其中，迦叶波与阿提底生下包括因陀罗和伐楼拿在内的十二位阿提迭，与提底生下一位提迭，与檀奴生下四十位檀那婆①。在史诗中，阿提迭是天神的同义词，提迭和檀那婆则是阿修罗的同义词。

---

① 参阅《初篇》第59章。

天神和阿修罗原本都生活在天国。后来，众天神和众阿修罗一起搅乳海，搅出月亮、吉祥天女、酒女神、白马和摩尼珠等宝物，最后搅出甘露。天神和阿修罗为争夺甘露，发生一场大战。结果，阿修罗战败，纷纷逃往地下和海中①。甘露是喝了能长生不死的仙液。天神们分享了甘露，因此，天神又称"不死者"。

在史诗神话中，阿修罗和天神的威力不相上下。他们使用的武器大同小异，双方都有法宝，也都能变化自己的形体和施展幻术。天神能打败阿修罗，阿修罗也能打败天神。天神能够保住天国，主要依靠三大主神的庇护。一旦天神不能战胜阿修罗，面临危机，便由大神毗湿奴或湿婆出面诛灭阿修罗。阿修罗也经常通过修炼苦行，取悦梵天，向梵天乞求不可战胜的恩惠。梵天考虑到天神和阿修罗都是自己的后代，也会赐予阿修罗恩惠，但所赐的不可战胜的恩惠中都留有余地，即不包括被凡人战胜。于是，获得这种恩惠的阿修罗往往能打败天神，最终却死在人间英雄手中。

按照史诗神话，天国位于高耸入天的弥卢山上。天神们的形体和生理功能一般与凡人相同，特异之处在于他们能随意变形，还有就是不流汗、不眨眼、没有污垢、没有影子、佩戴的花环不会枯萎和脚不沾地。他们拥有豪华的宫殿和美丽的花园，有女神作为配偶，有能歌善舞的天女和健达缚相伴。他们身穿华丽的衣服，佩戴顶冠、首饰和花环，乘坐狮、象、牛、马和车，也乘坐凌空而行的飞车。天神们之间也有职能的分工，如因陀罗是天王，双马童是医师，毗首羯磨是工匠，俱比罗是司库，室建陀是天兵统帅，毗诃波提是天师，等等，此外，还有天神使者、天神差役、飞车护卫、门卫和车夫等。可以说，史诗神话中关于天神生活形态的描写，并没有超出对人间帝王宫廷生活的模拟和想象。

至于天神们日常的饮食，则来自人间的祭祀。婆罗门和刹帝利举行各种祭祀，向天神供奉各种食品、酥油和苏摩汁。这些祭品投入祭火中，也就是通过火神传送给天神。因此，天神们也理所当然，努力保护婆罗门和刹帝利，维持正常的社会秩序，消灭侵扰人间的阿修罗和罗刹。

阿修罗虽然住在地下或海中，但他们的生活水准并不亚于天神。他们

---

① 参阅《初篇》第16和17章。

也拥有豪华的宫殿和美丽的花园，也讲究穿戴和装饰，也有歌舞伎相伴。他们的工匠大师摩耶技艺高超，甚至胜过天国工匠神毗首羯磨。因此，阿修罗们的城堡、宫殿和飞车的工艺成就与天国相比，有过之而无不及①。但阿修罗的食物全靠自己取得，不像天神依靠人间祭祀供奉。他们坚持与天神为敌，企图夺取天国，取代天神的地位。同时，他们也侵扰人间社会，破坏祭祀，践踏正法，杀害崇拜天神的婆罗门和刹帝利。

一旦阿修罗肆虐人间，众生陷入苦难，大神便采取化身下凡的方法，消灭阿修罗，拯救众生。《摩诃婆罗多》中写到大神毗湿奴曾向摩根德耶仙人显身，告诉他说："什么时候正法衰微，非法猖獗，优秀者啊！我就创造自己。提迭热衷杀生，而优秀的天神消灭不了他们。一旦他们和凶恶的罗刹在这世界上横行，我就诞生在善人家里，采取人的形体，平息一切。"（3.187.26—28）黑天（毗湿奴化身）也对阿周那说过类似的话："一旦正法衰落，非法滋生蔓延，婆罗多子孙啊！我就创造自己。为了保护善人，为了铲除恶人，为了维持正法，我一次次降生。"（6.26.7、8）

在《摩诃婆罗多》中，除了黑天本身是毗湿奴化身外，还提到毗湿奴曾经化身罗摩、野猪、侏儒和人狮。其中，化身罗摩诛灭十首魔王罗波那的传说见于《森林篇》中的插话《罗摩传》（第258至275章），化身野猪诛灭恶魔、拯救大地的传说见于《和平篇》第202章，而化身侏儒降服魔王钵利和化身人狮诛灭恶魔希罗尼耶西格布只是偶尔提及。毗湿奴化身下凡的传说在后来的往世书神话中得到充分发展，所描述的毗湿奴化身下凡事迹有二十多次。《摩诃婆罗多》中有些传说，如洪水传说、搅乳海传说和持斧罗摩传说，在往世书神话中，也都变成毗湿奴化身下凡的传说。

化身下凡的概念不同于轮回转生。按照史诗神话，三大主神梵天、毗湿奴和湿婆是永恒的，而众天神喝了甘露，也都长生不死②。人、动物和阿修罗则有生有死，处在轮回转生中。每个人死后，灵魂不灭，按照生前的业，

---

① 在《摩诃婆罗多》中，阿周那协助火神焚烧甘味林时，曾经救护过摩耶。摩耶为报救命之恩，为般度族在天帝城建造了一座大会堂。那罗陀仙人称赞这座大会堂胜过所有天神和阿修罗的大会堂。参阅《初篇》第219章和《大会篇》第1至11章。

② 这种长生不死是指在世界从创造到毁灭的一个周期（一万两千年）内。一旦世界毁灭，众天神也随之毁灭。

或投胎为人（其中有高级种姓、低级种姓乃至贱民的区分），或投胎为动物（其中有高级动物和低级动物的区分），或投胎为阿修罗，或堕入地狱，或升入天国。天神化身下凡，也采取投胎的方式，但不以原有生命的死亡为前提。因此，天神化身下凡，又称作"部分化身"，类似于采用"分身术"。一旦完成化身下凡的使命，又返回天国，即返回自身。还有另一种化身下凡的情况。那是天神或天女，由于某种原因受到仙人或大神诅咒，贬谪下凡，化身为人或动物。一旦诅咒期满，便摆脱诅咒束缚，返回天国。

《摩诃婆罗多》的主体故事也与天神化身下凡传说交织在一起。在《初篇》第58至61章中讲述阿修罗在天国战败后，纷纷投生大地，转生为各种人和动物，其中许多是暴戾的国王，横行不法，危害众生。大地女神忍受不了这种重负，向大神梵天寻求庇护。梵天便安排众天神化身下凡铲除阿修罗。大神毗湿奴应众天神的请求，也与他们一起化身下凡。这样，婆罗多族大战实际成了神魔大战。俱卢族一方的大多数国王和王子是阿修罗和罗刹转生，而般度族一方的大多数国王和王子则是众天神化身下凡。其中，黑天是毗湿奴，坚战是正法之神，怖军是风神，阿周那是因陀罗，无种和偕天是双马童，德罗波蒂（黑公主）是吉祥女神。

当然，在《摩诃婆罗多》中，主体故事基本上是按照现实生活展开的，神魔的身份始终隐藏在故事背后。天神的化身在大地上也都按照人间的方式行事。这样，《摩诃婆罗多》才得以演出宫廷争夺王权的复杂斗争场面，展现列国时代群雄争霸的宏大历史画卷。

以上粗略勾勒了《摩诃婆罗多》的神话背景。《摩诃婆罗多》中神、魔和人关系密切，含有丰富的神话传说，异彩纷呈，错综复杂，是研究史诗神话的一个宝贵的资料库。诸如史诗神话的起源和发展，与政治、经济、宗教、哲学、道德和文化心理的关联，象征和隐喻，神魔之争是否含有上古时代雅利安游牧部落和印度河流域城市文明冲突以及雅利安部落生活内部冲突的基因，这些都是有待深入探讨的论题。无论如何，神话研究是史诗研究的题中之义，两者不可能截然分割，因为这是史诗时代的文化现实，真实反映古人的思维形态。

（原载《摩诃婆罗多》，中国社会科学出版社2005年版）

神话和历史

——中印古代文化传统比较之一

中印两国都是历史悠久的文明古国,又互相毗邻,但古代文化的发展和表现形态迥然有别。就神话和历史而言,印度古代神话发达而史学不发达,中国古代史学发达而神话不发达,形成鲜明对照。个中原因,值得研究和探讨。

印度公元前十五世纪至公元前四世纪,属于吠陀时代;公元前六世纪至公元四世纪属于列国时代,也可称史诗时代。与印度这两个时代大致对应,中国公元前十六世纪至公元前771年属于商周时代;公元前770年至公元220年属于春秋战国和秦汉时代。

世界各民族都有一个从神话传说时代进入历史时代的过程。进入历史时代的标志是史书的产生。中国春秋时期出现的《春秋》是第一部编年体史书,汉代司马迁的《史记》是第一部纪传体史书。《史记》的纪年追溯到西周共和元年即公元前841年。此后,历朝历代编撰史书,绵延不绝。然而,印度古代称之为"历史"(itihāsa)和"往世书"(purāṇa)的众多作品并非真正意义上的"史书",而是神话和历史传说。印度直至十二世纪产生的迦尔诃纳的《王河》才是"一部真正意义上的史书"①。

神话的产生和发展既与人类早期的原始思维方式有关,也与口耳相传的文化传播方式有关。据现有的文献资料判断,中国夏商时代的传播方式也是以口耳为主。但从商代后期开始重视文字记录。《尚书》中所谓"惟殷先人,有册有典"指的就是用竹简或木牍记录历史事实。从迄今为止考

---

① 马宗达(R. C. Majundar):《吠陀时代》(伦敦,1952),第49页。

古发掘的文物资料看，现存最早的简帛文献属于战国时期。章学诚在《文史通义》中曾说过："古初无著述，而战国始以竹帛代口耳。"（《诗教上》）但他说的"著述"是指诸子的著述，而非收藏在皇家"石室金匮"中的"谱牒"和"六经"之类的典籍。这些情况大体说明中国上古时代早期的传播方式也是以口耳为主。而从战国时期开始盛行书面文化。

中国古代重视书面文字记录和史学发达，势必强化理性思维而抑制神话的发展。而印度古代长期采用口耳传播方式，口头文化发达，创制和传承下来的古代神话传说在数量上堪称世界之最。与印度相比，中国古代文献中记载的上古神话传说大多是零散的片断，散见于各种古籍，不成系统，《山海经》这样的专集成了罕见的例外。但从这些零散的记载看，中国上古神话中，各种神话母题、原型或因子也都具备。这说明世界各民族上古时代的神话思维是相通的，只是在中国古代缺乏合适的文化土壤，没有获得充分的发展。

《梨俱吠陀》是印度，也是印欧语系最古老的诗歌总集。《诗经》是中国最古老的诗歌总集。将这两部诗集进行比较，便可发现《梨俱吠陀》以赞颂天神为主，而《诗经》以展现现实生活为主。《梨俱吠陀》中赞颂的众天神是自然现象或社会现象的人格化。即使其中有一些诗侧重描写自然现象或社会现象，也往往含有颂神的内容。阅读《梨俱吠陀》会强烈感受到印度吠陀时代是一个天神主宰人类世界的时代。《诗经》中的诗篇分成"风"、"雅"和"颂"三类，其中大多描写世俗和人情。虽然"颂"中也有一些用作祭祀的颂诗，但数量不多。这些颂诗主要赞颂天或帝和祖先。天或帝是自然之天或氏族始祖的神化。祖先则是传说中的氏族祖先。虽然在追溯祖先的出生时，有时带有神话色彩，如《生民》一诗中记叙有姜嫄踩了帝的大脚趾印，怀孕生下后稷（周人的祖先），又如《玄鸟》一诗中记叙有"天命玄鸟，降而生商"，意谓简狄吞食玄鸟之卵，生下契（殷人的祖先），但都没有将祖先视为天神，或者说，至多视为带有神性的氏族英雄。

《梨俱吠陀》的颂神诗中有时也会涉及历史事件。但《梨俱吠陀》注重的是颂神，而不是历史事件本身。譬如，提到战争胜利，目的是颂扬得到因陀罗或其他天神的庇护和帮助，而不是颂扬人间英雄的事迹。因而，

《梨俱吠陀》中涉及的历史事件大多是零散的片断，如著名的"苏达斯和十王之战"散见于一些颂神诗中，并无连贯一致的完整描述，具体情节模糊不清。而《诗经》中则有一些具体描写民族历史（《生民》、《公刘》、《緜》、《皇矣》和《大明》）和民族战争（《出车》、《六月》、《采芑》、《江汉》和《常武》）的诗。如果说《春秋》是用散文体记叙的历史，那么，《诗经》中这些诗可以说是用诗体记叙的历史。事实上，《诗经》也成为《史记》依凭的史料，正如司马迁自己所说："余以《颂》次契之事，自成汤以来，采于《书》、《诗》。"（《殷本纪》）现在国内学术界常常把《诗经》中的这些历史叙事诗称作"史诗"，并不妥当。因为这些并不是真正意义上的"史诗"。这显然由于中国将 epic 一词译成"史诗"，久而久之，很容易让人按照这个译名的字面义，将"史诗"简单地理解为描写历史的诗。其实，《诗经》中的这些历史叙事诗，完全可以按照中国传统诗学术语，称为"咏史诗"。或许用久了，要改也难。但在学术上，应该分清这两个概念。

印度吠陀时代产生的四部吠陀——《梨俱吠陀》、《娑摩吠陀》、《夜柔吠陀》和《阿达婆吠陀》在吠陀时代后期成为婆罗门教经典。而中国先秦时代产生的五经——《诗经》、《尚书》、《三礼》、《易经》和《春秋》在汉代成为儒家经典。儒家思想富有历史意识和理性思维。孔子所谓"不语怪力乱神"以及"祭如在，祭神如神在"，大致可以说明儒家对待神话传说和宗教祭祀的基本态度。这样，中国上古神话传说没有进入中国古代文化主流，而是作为一个支流存在和发展。

在印度吠陀时代后期产生的各种梵书是阐释吠陀的祭祀学著作。婆罗门祭司在解释一些祭祀仪式的起源和意义时，采用或创制神话传说。宗教和神话处在一种相辅相成的互动关系中。与《梨俱吠陀》相比，梵书中的这些神话传说的故事情节具体充实，为此后史诗和往世书神话传说的充分发展开辟了道路。印度列国时代产生的史诗和往世书都以口头方式创作和传播，经历了层层累积的漫长成书过程，最终形成两大史诗《摩诃婆罗多》和《罗摩衍那》以及大小各十八部往世书。两大史诗的定型时间约在公元四、五世纪，各种往世书的定型时间还要晚得多。而这些作品最后定型的篇幅都很庞大，尤其是《摩诃婆罗多》达到"十万颂"，相当于希腊两大史诗《伊利亚特》和《奥德赛》篇幅总和的八倍。史诗和往世书是婆罗门教系统的作品。此外还有佛教和耆那教经籍中的神话传说。因此，印度古代的神话传说资源在世界各民族中最为丰富。而与印度形成鲜明对照，中国古代以二十五史为代表的史书资源在世界各民族中最为丰富。

　　印度古人将《罗摩衍那》称为"最初的诗"，而将《摩诃婆罗多》称为"历史"（itihāsa）。itihāsa 这个词在印度现代语言中就用作"历史"。但《摩诃婆罗多》并非现代意义上的"历史"。《摩诃婆罗多》展现的是神话化的历史。也就是说，《摩诃婆罗多》描述的婆罗多族大战即使有历史依据，也早已淹没在神话传说中了。例如，前面提到在《梨俱吠陀》中记载有婆罗多族首领苏达斯和十王之战，大致讲述苏达斯与特利楚族结盟，战胜十王联盟。但在现存《摩诃婆罗多》中，既未见有名为苏达斯的婆罗多族首领，也未见有名为特利楚族的盟友。印度现代考古学家也曾试图发掘婆罗多族大战遗址，但没有取得像西方发掘希腊史诗中的特洛伊城遗址那样的成绩。为了证明婆罗多族大战是历史，也有印度学者引用玄奘《大唐西域记》（卷四《萨他泥湿伐罗国》）中的材料："闻诸耆旧曰：昔五印度国二王分治，境壤相侵，干戈不息。两主合谋，欲决兵战，以定雌雄，以宁氓俗。……两国合战，积尸如莽。迄于今日，遗骸遍野，时既古昔，人骸伟大。因俗相传，谓之福地。"① 玄奘于七世纪访问印度，他在这里记叙的印度古代传说，确实类似《摩诃婆罗多》的主体故事。但是，距玄奘一千多年前发生的战争，大批遗骸还暴露在野外，难以置信。无疑，玄奘的《大唐西域记》以其丰富的史料为印度现代史学家构建印度七世纪戒日王时代的历史做出了宝贵的贡献。但上引材料难以成为证明婆罗多族大战是历史的证据。

　　中国古代神话虽然远远不如印度古代神话丰富和系统，但有些神话体现的原始想象力和思维方式，双方是一致的。例如，在创世神话方面，《梨俱吠陀》中有一首"原人颂"（10.19），描写"原人（Puruṣa）有千

---

① 参阅古普特（S. P. Gupta）和罗摩钱德兰（R. S. Ramachandran）编《〈摩诃婆罗多〉——"神话和现实"论争集》（德里，1976），第 185、191 页。

头、千眼和千足，覆盖整个大地，还超出十指"。众天神举行祭祀，以这位原始巨人作祭品。众天神宰割这个"原人"时，他的"嘴成为婆罗门，双臂成为刹帝利，双腿成为吠舍，双脚成为首陀罗①。从他的心中产生月亮，眼中产生太阳，嘴中产生因陀罗和火，呼吸中产生风。从他的肚脐中产生空，头中产生天，脚中产生地，耳中产生方位，组成世界"。这则神话的特殊之处是将祭祀说成创世的动因，充分体现婆罗门教崇尚祭祀的宗教意识。吠陀时代后期的奥义书哲学宣扬"梵我同一"，也利用和改造这则神话，将"自我"（即"梵"）说成是创世的动因。《爱多雷耶奥义书》中描述道："最初，自我就是这个。他是唯一者，没有其他睁眼者。他想：'现在让我创造世界。'他创造这些世界：水、光、死亡和水。水在天国之上，天国是支撑者。光是天空。死亡是大地。地下是水。他思忖道：'这些是世界，现在让我创造世界保护者。'于是，他从水中取出原人，赋予形状。他给原人加热。原人受热后，嘴张开，似卵。从嘴中产生语言，从语言中产生火。鼻孔张开，从鼻孔中产生气息，从气息中产生风。眼睛张开，从眼睛中产生目光，从目光中产生太阳。耳朵张开，从耳朵中产生听觉，从听觉中产生方位。皮肤张开，从皮肤中产生汗毛，从汗毛中产生草木。心张开，从心中产生思维，从思维中产生月亮。肚脐张开，从肚脐中产生下气，从下气中产生死亡。生殖器张开，从生殖器产生精液，从精液中产生水。"（1.1.1—4）

而在中国古代神话中，有盘古"垂死化身"的神话："首生盘古，垂死化身。气成风云，声为雷霆，左眼为日，右眼为月，四肢五体为四极五岳，血液为江河，筋脉为地里，肌肉为田土，发髭为星辰，皮毛为草木，齿骨为金石，精髓为珠玉，汗流为雨泽，身之诸虫，因风所感，化为黎甿。"（《绎史》卷一引《五运历年记》）还有盘古"开天辟地"的神话："天地浑沌如鸡子，盘古生其中。万八千岁，天地开辟，阳清为天，阴浊为地。盘古在其中，一日九变，神于天，圣于地。天日高一丈，地日厚一丈，盘古长一丈。如此万八千岁，天数极高，地数极深，盘古极长。后乃有三皇。"（《艺文类聚》卷一引《三五历记》）这里描述的盘古正像印度

---

① 婆罗门、刹帝利、吠舍和首陀罗是四种种姓。这里是将吠陀时代形成的种姓社会制度神话化。

神话中的"原人",也是原始巨人。而盘古生于"鸡子"中,则与印度史诗和往世书中的梵天创世神话相似:梵天沉睡在金卵中,醒来后,金卵分成两半,变成天和地。《摩奴法论》则指出这位"梵天"就是那位"原人"(1.11)。无论是原人、梵天或盘古创世神话,都体现古人将宇宙拟人化或拟生物化的原始思维方式。

由于盘古创世神话在中国古代神话中属于晚出部分,又主要流传于南方,中国现代学者往往推测它源自印度神话。根据之一是三国吴竺律炎与支谦共译《摩登伽经》中记载有自在天创世神话:"自在天者,头以为天,足成为地,目为日月,腹为虚空,发为草木,流泪成河,众骨为山,大小便利,尽成于海。"汉译佛经中的这则材料早于中国古籍中有关盘古神话的记载①。另外,有学者从字音上探源,盘古的盘字起首辅音是唇音p,印度梵天(Brahma)一词的起首辅音是唇音b,因而盘古源自梵天(Brahma)。最近,有学者认为印度"原人"(Puruṣa)前两个音节中,第一音节pu的辅音p和第二音节ru的元音u,与盘古两字中盘字的辅音p和古字的元音u一致,因而盘古源自"原人"(Puruṣa)②。这两种对音探源似乎都有点勉强,但可以聊备一格。

夸父逐日和精卫填海是《山海经》中两则著名的神话。而在上座部佛典《本生经》中,也有在神话思维上相似的故事。第476《快天鹅本生》讲述两只勇敢的小天鹅决定与太阳赛跑,结果"精疲力竭,翅膀关节像着了火",无功而返。第146《乌鸦本生》讲述一只雌乌鸦被海浪卷走,众乌鸦一齐用嘴叼水,决心把海水舀干,最终"嘴巴发涩,咽喉疼痛,大海依旧,徒劳无功"③。当然,与这两则本生故事相比,夸父逐日和精卫填海显得更有悲壮色彩。

这说明即使是一些相同的神话类型,也会呈现不同的民族色彩。例如,在世界各民族中,一般都有洪水传说:巴比伦史诗《吉尔伽美什》中的洪水传说,《旧约·创世记》中的"挪亚方舟"传说,希腊神话中的

---

① 参阅饶宗颐《梵学集》,上海古籍出版社1993年版,第69页。
② 参阅谭中和耿引曾《印度和中国》,商务印书馆2006年版,第94页。
③ 《佛本生故事选》,郭良鋆、黄宝生译,人民文学出版社1985年版,第92、299页。

"丢卡利翁方舟"传说。印度和中国也不例外。在印度史诗和往世书神话中，描写洪水来到时，大神梵天（或毗湿奴）化身为一条头上长角的鱼，牵引一条船，拯救人类始祖摩奴，让他躲过灭顶之灾。洪水过后，摩奴修炼苦行，创造各种生物。中国则有"鲧禹治水"传说："洪水滔天。鲧窃帝之息壤以堙洪水，不待帝命。帝令祝融杀鲧于羽郊，鲧复（腹）生禹。帝乃命禹卒布土定九州。"（《山海经·海内经》）其中，"鲧复（腹）生禹"，有的文献描述为"鲧死三岁不腐，剖之以吴刀，化为黄龙"（《山海经·海内经》注引《开筮》）。或"大副（劈）之吴刀，是用出禹"（《初学记》卷二十二引《归藏》）。关于大禹治水，有的文献描述为"禹尽力沟洫，导川夷岳，黄龙曳尾于前，玄龟负青泥于后"（《拾遗记》卷二）。也就是说，鲧治理洪水采用填堵的方法，而禹采用疏导和填堵相结合的方法。还有文献描述大禹治水过程中，逐共工，杀相柳，诛防风氏，擒无支祁，历尽艰险。

相比之下，印度洪水传说中突出人类依靠大神救助，度过洪水灾难，而中国洪水传说中，突出人类依靠自身力量，顽强奋斗，克服自然灾害。在中国古代神话中，鲧禹治水的传说散见于各种典籍，累积的资料还是比较丰富的。但考察这些资料，可以发现这则上古神话在儒家文化背景中传承，逐渐被历史化。屈原在《天问》中，对鲧禹治水传说中的一些神话因素提出疑问，体现理性的思维方式。而在《孟子·滕文公上》和《史记·夏本纪》中记载的大禹治水传说，神话因素和色彩删削殆尽，神话已全然变成历史传说。

将神话历史化的一个著名例子是孔子对"黄帝四面"的解释："子贡问孔子曰：'古者黄帝四面，信乎？'孔子曰：'黄帝取合己者四人，使治四方，不计而耦，不约而成，此之谓四面也。'"（《太平御览》卷七十九引《尸子》）黄帝是中国古代神话中统治宇宙的天帝，居住在"百神之所在"的昆仑山上，犹如印度众天神居住在弥卢山上，希腊众天神居住在奥林匹斯山上。按照《山海经》中的描述，昆仑山上有各种神怪，诸如"虎身而九尾"、"人面而虎爪"的神陆吾，"蛇身人面"的神窫窳，看护琅玕树的"三头人"，九首人面的"开明兽"。因此，"黄帝四面"也不足为奇。孔子的高明之处在于将神话读作隐喻，充分体现儒家理性思维的力度。

　　这里顺便提及，章学诚在《文史通义》中对佛教神话的阐释可谓深得孔子解释神话方法的精髓。他指出佛经中的"丈六金身，庄严色相，以至天堂清明，地狱阴惨，天女散花，夜叉披发，种种诡幻，非人所见，儒者斥之为妄，不知彼以象教，不啻《易》之龙血玄黄，张弧载鬼。是以阎摩变相，皆即人心营构之象而言，非彼造作诳诬以惑世也"（《易教下》）。他的这种洞见底蕴的阐释无疑是依据《易经》"立象以尽意"的原理。故而他认为"《易》象通于《诗》之比兴"。按钱锺书的说法，也就是"《易》之有象，取譬明理也"①。

　　与"黄帝四面"相对应，印度有"梵天四面"的神话传说。《罗摩衍那》描写梵天"有四个面孔，威力无穷"（1.2.12）。《摩诃婆罗多》描写梵天"有四部吠陀、四个形体和四张脸"（3.194.12）。《罗摩衍那》的描写隐含梵天统治四方。《摩诃婆罗多》的描写还隐含梵天的四张脸（catur-mukha，也可读作"四张嘴"）创造四吠陀。而在往世书中，围绕"梵天四面"的形象又衍生出各种神话传说。《薄伽梵往世书》描写梵天从毗湿奴的肚脐莲花中诞生后，依次观看四方，由此形成四张脸。而在别的往世书中，则描写梵天创造出第一个女人娑罗私婆蒂后，为女性美所震慑，满怀激情地盯着她。娑罗私婆蒂害羞，往梵天左右和后面躲，梵天的头部随之长出另外三个面孔。娑罗私婆蒂不得不跳上空中，而梵天头顶上又长出一个面孔。这第五个面孔后来被湿婆砍掉，因此，梵天仍然保留四个面孔的形象。而关于湿婆砍掉梵天第五个面孔，在往世书中又有不同描述。有的描述毗湿奴先创造出五头梵天，又创造出湿婆。梵天和湿婆互争高下，招惹湿婆发怒，砍掉梵天的一个头。有的则描述梵天和毗湿奴互争高下，湿婆竖起巨大的林伽柱②，让他俩寻找它的两端，以决高下。毗湿奴向下寻找底端，梵天向上寻找顶端，都没有找到。然而，梵天谎称自己找到，招惹湿婆发怒，砍掉梵天的一个头。

　　除了将神话读作隐喻，孔子还利用语言表达中常有的模糊性，采用不

---

① 钱锺书：《管锥编》第一册，中华书局1979年版，第12页。
② 林伽（liṅga）即男性生殖器，象征大神湿婆的巨大创造力。

同的句读，消解神话。《尚书·尧典》中记载夔是舜的乐官，而《山海经·大荒东经》中记载夔是一种神兽，"状如牛，苍身而无角，一足，出入水必风雨，其光如日月，其声如雷"。故而，鲁哀公问于孔子曰："吾闻古者有夔一足，其果信有一足乎？"孔子对曰："夔非一足也，一而足也。"（《韩非子·外储说左下》）这里，孔子将"夔，一足"读作"夔一，足"，也就割断了夔与神话的关联。《吕氏春秋·察传》中也引用此例，称颂孔子善于辨察："辞多类非而是，多类是而非。是非之经，不可不分。此圣人之所慎也。然则何以慎？缘物之情及人之情以为所闻，则得之矣。"

而对于印度古人，语言表达中的模糊性恰好成为发挥神话想象力的空间。毗湿奴在《梨俱吠陀》中是一位小神。在有关颂诗中，常常提到他的"三个跨步"。但对这"三个跨步"的描写并不清晰。或说"他的永不衰弱的三步充满甜蜜，维持三要素，大地、天空和一切生物"（1.154.4）。或说"他步伐宽阔，三步到达众神欢乐的天国"（8.24.7）。在后来的梵书中，便将毗湿奴的"三步"说成意味覆盖三界。在史诗和往世书神话中，毗湿奴升格为三大神之一。这"三步"进而演化为毗湿奴化身侏儒救世的神话传说：阿修罗王钵利曾经夺得三界统治权。于是，毗湿奴化身侏儒，在钵利举行祭祀时，向他乞求三步之地。待钵利答应后，毗湿奴的身躯顿时由侏儒变成巨人。他跨出两步就占据了大地和天国，第三步则把钵利踩入地下（《薄伽梵往世书》）。

这类情况说明，中国古代的许多神话种子如果具有印度古代那样的文化土壤，也会长成一棵棵枝叶繁茂的大树。然而，中国古人历史意识成熟较早。历史意识必然倾向于消解神话思维，而强化理性思维。这样，中国古代的神话的发展不仅受到抑制，还遭遇历史化。

在中印神话比较中，还可以发现对某个同样问题的思考，在印度形成神话，而在中国没有形成神话。例如，在印度古代的宇宙论中，有一种时代循环论神话。按照印度史诗和往世书神话，宇宙处在创造和毁灭的无穷循环中。而在宇宙从创造到毁灭的一个周期内，人类社会也处在四个时代的循环往复中。四个时代是圆满时代、三分时代、二分时代和迦利时代。圆满时代是指充满正义的时代，以下三个时代正义依次减却四分之一。这样,迦利时代正义只剩四分之一,也就是正义不占主导地位而充满混乱和争斗。最后,由大神化身下凡铲除邪恶,恢复正义,重建圆满时代。

　　这种时代循环论神话体现一种历史退化论观念。它类似古希腊赫西俄德的《工作与时日》中描述天神依次创造五个时代:黄金时代、白银时代、青铜时代、英雄时代和黑铁时代。在用金属标志时代这一点上,中国古代也有类似做法。汉代《越绝书》中以兵器标志时代:"轩辕、神农、赫胥之时,以石为兵","黄帝之时,以玉为兵","禹穴之时,以铜为兵","当此之时,作铁兵"。中国古人同样有对人类社会盛衰变易的思考,却没有神话化。《礼记·礼运》中将人类社会发展分成"大同"和"小康",即由原始公有社会变成私有社会。这也是一种历史退化论,其中包含对原始公有社会的理想化。韩非子也表达有类似看法:"上古竞于道德,中古逐于智谋,当今争于气力。"(《韩非子·五蠹》)而在《淮南子》中,既有历史退化论:从"至德之世"逐渐衰微,最后成为"离道以伪"之世(《俶真训》),也有治乱交替的历史进化论(《览冥训》)。还有,邹衍依据阴阳五行学说,提出"五行相胜"、"五德终始"的历史循环论,其中虽然含有天命观,但立足点还是人事观。这些都是中国古人试图总结社会盛衰和王朝兴亡的历史经验,并没有形成由天神创造或操控的历史循环论。这也可以说是中国古人历史意识成熟较早的又一种表现。

　　以上围绕神话和历史这个命题,对中印两国古代神话的形态和特点,做了一些分析和比较。但这里需要申明的是,以上所谓中国神话是指中国汉族神话,没有包括中国少数民族的神话。如果说中国汉族神话不发达,也缺少史诗,那么,中国少数民族的神话和史诗资源却十分丰富。国内有不少从事中国少数民族神话和史诗研究的学者。他们在比较神话学领域中,"英雄大有用武之地",必然会有更多的学术创获。

(原载《外国文学评论》2006年第3期)

宗教和理性

——中印古代文化传统比较之二

印度现存最早的文献是四部吠陀。就它们各自的主要特征而言，《梨俱吠陀》是颂神诗集，《娑摩吠陀》是颂神歌曲集，《夜柔吠陀》是祈祷诗文集，《阿达婆吠陀》是巫术诗集。它们的编订成集，尤其是前三种吠陀，是适应祭祀仪式的需要，体现由原始宗教转化成人为宗教（婆罗门教）的过程。

婆罗门教祭祀通常分成家庭祭和天启祭两类。家庭祭是有关出生、婚丧、祭祖和祈福等日常生活祭祀仪式，只需要点燃一堆祭火，由家主本人担任司祭者，至多请一个祭司协助。天启祭是贵族和富人，尤其是国王举行的马祭和王祭等重大祭祀仪式，需要点燃三堆祭火，由四位祭官统领一批祭司担任司祭者。四位祭官分别是：劝请者祭司，由他念诵《梨俱吠陀》颂诗，赞美诸神，邀请诸神出席祭祀仪式；咏歌者祭司，由他伴随供奉祭品，高唱《娑摩吠陀》颂诗；行祭者祭司，由他执行祭祀仪式，同时低诵《夜柔吠陀》中的祷词和祭祀规则；监督者祭司（"梵祭司"），由他监督整个祭祀仪式，避免出现任何差错。

从语言和诗律以及诗中反映的地理和文化背景表明《阿达婆吠陀》的编订成集晚于前三种吠陀。但这并不意味《阿达婆吠陀》中的巫术诗产生时间晚于前三种吠陀中的颂神诗。巫术是属于原始宗教乃至前于宗教的古老社会现象。颂神诗的主要特点是向诸神表达崇拜、敬畏、赞美、祝祷和祈求。而巫术诗的主要特点不是抚慰和乞求自然力量或超自然力量，而是命令和劝说。在原始宗教中，这两者有时也难以截然区分。实际上，《梨俱吠陀》中也有巫术诗，《阿达婆吠陀》中也有颂神诗，只是前者以颂神诗为主，后者以巫术诗为主。

在吠陀时代形成的种姓社会制度中，种姓地位的排列次序是婆罗门、刹帝利、吠舍和首陀罗。执掌宗教事务的婆罗门地位居于执掌王权的刹帝利之前。随着宗教祭祀活动的发展，祭祀与巫术渐渐分离，并出现祭司排斥巫师的现象。上层婆罗门祭司经常将《梨俱吠陀》、《娑摩吠陀》和《夜柔吠陀》统称为"三吠陀"，而将《阿达婆吠陀》排除在外。尽管如此，《阿达婆吠陀》依然在宗教祭祀活动中，尤其在家庭祭中，具有一定的地位和作用。如在《摩奴法论》中，提到梵天创造吠陀时，只提到《梨俱吠陀》、《娑摩吠陀》和《夜柔吠陀》，合称"三吠陀"（1.23）。而在另一处又提到婆罗门应以《阿达婆吠陀》为语言武器，打击敌人（11.33）。实际上，在史诗和往世书以及古典梵语文学作品中，带有巫术性质的诅咒和祝福（尤其是赐予恩惠）现象屡见不鲜[①]，体现巫术思维在古代社会中的顽强生命力。

在吠陀时代，印度古人崇拜神祇，热衷祭祀。而婆罗门主导祭祀活动，并在祭祀活动中接受布施和酬金，是最大的实际受益者。在吠陀时代后期出现的各种梵书是婆罗门的"祭祀学"著作。它们为各种祭祀仪式制定规则，诸如祭火和祭司的数目、祭祀的时间和地点、吟诵的颂诗、供奉的祭品和祭祀用品，等等，并千方百计将祭祀仪式繁琐化和神秘化，以便婆罗门祭司独揽祭祀大权。在梵书中，祭祀本身成了最高目的。一切力量都源自祭祀，连天神也不例外。而婆罗门祭司执掌祭祀，也被抬高到等同天神的地位。婆罗门教的祭祀论至此达到鼎盛。

此后出现的各种森林书和奥义书，体现对祭祀意义的另一种思路。森林书强调内在的或精神的祭祀，以区别于外在的或形式的祭祀。这样，森林书标志由梵书的"祭祀之路"转向奥义书的"知识之路"。奥义书的核心内容是探讨世界的终极原因。奥义书确认梵（Brahman）是世界的本原，提出"梵我同一"（即世界灵魂和个体灵魂同一）的理念。与此相应，还有轮回论和业报论。奥义书认为人死后，通过灵魂转移获得再生。但再生

---

① 关于史诗《摩诃婆罗多》中的诅咒和祝福现象，参阅拙著《〈摩诃婆罗多〉导读》，中国社会科学出版社 2005 年版，第 88—90 页。

为什么，取决于人生前的行为（"业"）。然而，人生的最高目标是解脱，即超脱轮回。解脱的方法就是认识自我与梵的同一。

如果说奥义书的哲学思辨代表婆罗门教内部的思想革命，那么，在此期间出现的沙门思潮则是反对婆罗门教的各种宗教和哲学思想派别。其中的佛教、耆那教和顺世论具有代表性。佛教和耆那教都否认婆罗门教经典吠陀的权威性，反对杀生祭祀，反对婆罗门祭司的特权地位。他们都相信轮回论和业报论。耆那教主张恪守各种戒律，尤其是奉行苦行和不杀生，以求得解脱。佛教主张通过"戒、定和慧"，灭寂欲望，以求得"涅槃"。佛教和耆那教都体现对婆罗门教崇拜神祇和祭祀的理性质疑。在对世界和人的思考中，也都含有丰富的哲学思辨，如佛教的"缘起说"和耆那教的"七支论法"。但佛教和耆那教都相信轮回和业报，因此，在追求解脱的终极目标上，依然囿于非理性思维。顺世论是印度古代唯物主义思想派别。顺世论认为世界的本原是"地、水、火、风"四大物质元素，否认脱离肉体的灵魂存在，反对业报、轮回、祭祀和苦行等一切宗教教义。在印度古代宗教氛围浓重的社会背景中，顺世论成为一种思想异端，既受到正统的婆罗门教排斥，也得不到非正统的佛教和耆那教的认可。因此，顺世论的原始著作未能留传于世。有关它的思想资料是通过其他著作将它作为批判对象，以零散、片断或歪曲的方式保存了下来。

整个沙门思潮对婆罗门教形成巨大冲击。佛教和耆那教不仅对低层民众有吸引力，也受到刹帝利王族的支持。这说明吠陀时代的婆罗门教已经不能适应社会需要。于是，婆罗门教开始吸收奥义书以及佛教和耆那教的一些观念，也吸收各种民间信仰，以争取群众。婆罗门教由吠陀时代的多神崇拜演变成史诗和往世书时代的三大主神崇拜。三大主神是梵天、毗湿奴和湿婆，分别象征创造、保护和毁灭。毗湿奴和湿婆由吠陀神祇中的毗湿奴和楼陀罗演变而成。梵天的形成过程相对复杂一些。按照印度学者巴苏（S. P. Basu）的描述，由梵（Brahman，中性）演变成梵天（Brahman，阳性）的过程大致如下：Brahman（中性）在早期吠陀文献中意味颂诗和祷词，进而演变成 Brahman（阳性），意味创作或吟诵颂诗的婆罗门仙人或祭司，进而意味祭司中的监督者祭司（"梵祭司"），又意味祈祷主（Brahmaṇaspati）、天国祭司毗诃波提（Bṛhaspati）和生主（Prajāpati），最后演变成创造主梵天。例如，在《摩诃婆罗多》描写洪水传说的插话中，就将梵天称为"生主梵天"（3.185.48）。与此相平行的另一种演变过程是：Brahman（中性）意味祭祀，进而意味作为世界本原的至高存在梵（Brahman，中性），最后演变成创造主梵天（Brahman，阳性）[①]。因此，梵天实际上是祭司、祭祀和世界本原的神化。通过史诗和往世书的创作和传播，围绕这三大主神的神话传说在民间得到普及。这种新婆罗门教（或称印度教）在发展中，逐渐形成毗湿奴教派、湿婆教派和性力教派以及各种支派，遍布印度各地。

中国殷商时代也是崇拜神祇的时代。而直接记录殷商宗教的史料稀缺，因此，现代学者十分重视《国语·楚语》中观射父关于"绝地天通"的论述。按照观射父的说法，中国上古时代曾经由"民神不杂"转变成"民神杂糅"。"民神杂糅"是指"家为巫史"，人人都可以通神和祭祀。这样，人神混同，百姓失去敬畏之心，祭祀失效，招惹灾祸。于是，颛顼"命南正重司天以属神，命火正黎司地以属民，使复旧常，无相侵渎，是谓绝地天通"。也就是明确社会分工，通神和祭祀专职化，由巫觋担任。这类似印度吠陀时代后期形成种姓社会，由婆罗门执掌宗教祭祀，不同的是，婆罗门在印度种姓社会中的地位高于刹帝利（王族），而中国古代的巫觋依附王权。

巫觋的任务是降神，向神供奉祭品。巫觋中还有"祝"和"宗"的分工。按照《周礼·春官宗伯》中的记载，执掌宗教礼仪的职官分工很细，有七十类。但一般通称为"宗祝巫史"，或简称"巫史"。因此，巫的职能大体相当于印度古代的婆罗门祭司。如今，英语 magic 一词译为"巫术"。一般读者见到"巫"字，很容易理解为"巫师"（magician）。其实，中国上古时代巫的职能主要是祭司（priest），或者兼作巫师。这也与印度古代婆罗门祭司的情况类似。印度吠陀时代有《阿达婆吠陀》这样的巫术诗集，而在中国上古文献中，要寻找祭神的颂诗和祷词还容易，而要

[①] 参阅 S. P. 巴苏《梵天的概念》（德里，1986），第66页。这里顺便提及，在国内有关论著或译著中，常有混淆梵和梵天的现象。因此，在英语著作中遇到 Brahman（或 Brahma）一词时，要特别留心上下文，以确认是梵还是梵天。

寻找巫术诗这类资料却很困难。《周礼·夏官》中记载："方相氏掌蒙熊皮，黄金四目，玄衣朱裳，执戈扬盾，帅百隶而时难，以索室驱疫。"这是施展巫术，驱逐疫鬼。《山海经·大荒北经》中记载："魃时亡之。所欲逐之者，令曰：'神北行！'先除水道，决通沟渎。"这是用咒语驱逐旱魃。至于《吕氏春秋·古乐》中记载："昔葛天氏之乐，三人操牛尾，投足以歌八阕：一曰载民，二曰玄鸟，三曰遂草木，四曰奋五谷，五曰敬天常，六曰达帝功，七曰依地德，八曰总万物之极。"这里提及的"歌八阕"看来不像巫术诗，而更像祭神的颂诗。还有，《史记·滑稽列传》中记载的田者祝辞："瓯窭满篝，污邪满车，五谷蕃熟，穰穰满家"；《礼记·郊特牲》中记载的伊耆氏蜡辞："土返其宅，水归其壑，昆虫毋作，草木归其泽"；《文心雕龙·祝盟》中记载的舜祠田辞："荷此长耜，耕彼南亩，四海俱有。"这些都不是巫术诗或咒语，而是祭神的颂诗或祷词。

在中国古代，巫史并称，也是一个值得重视的文化现象。很可能在殷商早期，宗祝巫史可以互兼，一身多任。后来，分工越来越细。如《周礼·春官宗伯》中所记载，分为大宗伯、小宗伯、内宗、外宗、大祝、小祝、司巫、男巫、女巫、大史、小史、内史、外史和御史，等等。其中，"史"的职责主要是记录时事，起草文书，掌管典籍，并参与卜筮和祭祀。《礼记》中记载："王前巫而后史，卜、筮、瞽、侑皆在左右。"（《礼运》）"动则左史书之，言则右史书之。"（《玉藻》）按照"惟殷先人，有册有典"（《尚书·多士》）的说法，中国古代的修史传统应该始于殷代。然而，留存于世的最早典籍主要是《易》、《书》、《礼》、《诗》和《春秋》，也就是说，殷周时代的典籍绝大多数已经亡佚。但现代学者从春秋战国文献中辑录的亡佚典籍书名仍达七八十种之多①。其中多数是《尚书》和《春秋》一类的典籍。这表明殷周时代史官制作的文书档案和编撰的史书数量可观。因而，春秋时期编年体史书《春秋》和汉代司马迁纪传体史书《史记》的产生绝非偶然。

尤其重要的是，史官掌管文献，记录王族世系、政治、战争、灾变、卜筮和祭祀等等，利于总结历史经验，促进理性思维。《礼记·表记》中

---

① 参阅江林昌《中国上古文明考论》，上海教育出版社2005年版，第478、479页。

说：“殷人尊神，率民以事神，先鬼而后礼。”而"周人尊礼尚施，事鬼敬神而远之，近人而忠焉"。这标志中国思想史上的一个重大转折：由重鬼神转向重人事。《尚书》中提出"天聪明，自我民聪明；天明畏，自我民明威"（《皋陶谟》）；"天视自我民视，天听自我民听"（《泰誓中》）。孔子便是这个思想转折的代表人物。他以"不语怪力乱神"（《述而》）著称，强调"务民之义，敬鬼神而远之，可谓知也"（《雍也》）。但他也不完全否定鬼神和祭祀，而是采取"祭如在，祭神如神在"（《八佾》）的灵活态度，将宗教祭祀改变成道德礼仪，由对鬼神的崇拜改变成对天地和祖先的敬畏和感恩。

在人和神的关系上，重人事的言论在春秋战国思想家中所在多见。季梁曰："夫民，神之主也，是以圣王先成民而后致力于神。"（《左传·桓公六年》）史嚚曰："神，聪明正直而壹者也，依人而行。"（《左传·庄公三十二年》）叔兴曰："是阴阳之事，非吉凶所生也。吉凶由人。"（《左传·僖公十六年》）而在兵法著作《孙子》中，重人轻神的思想表现尤为鲜明："先知者不可取于鬼神，不可象于事，不可验于度，必取于人，知敌之情者也。"（《用间篇》）显然，春秋战国时代这种理性思维的勃发应该归功于殷周以来史学的发展。实践经验记录在案，便于检验和总结，自然而然形成正视现实、祛除巫魅的理性思维方式。

中国自殷周时代起，由以口头文化为特征的神话传说时代转向以书面文化为特征的历史时代，历史意识促进理性思维，至春秋战国形成以孔子为代表、以礼教为核心的儒家思想。而印度在列国时代以及此后很长的历史时期内，依然保持以口耳相传为主的创作和传播方式。历史不断转化为神话传说，史学无法产生。神话传说和宗教信仰互相依存，携手并进。因而，在印度列国时代，吠陀神话转变为史诗和往世书神话，婆罗门教转变为印度教。即使在这个时代与婆罗门教抗衡的佛教和耆那教，也都有自己的宗教信仰和神话传说。

然而，印度古代宗教和神话发达，并不意味印度古代缺乏理性思维。因为宗教并不涵盖全部社会生活，同时，对超自然力量的信仰也不是宗教的全部内容。起码，人类为了生存，制作和改良生产工具，不断提高生产能力，就离不开理性思维。理性思维一般分成实用理性和思辨理性。还有一种称作"直觉"的思维方式，可以有两种理解：一种是理解为依据经验的直接判断，另一种是理解为超越经验和理性的体悟。这样，直觉思维既可以通向实用理性或思辨理性，也可以通向非理性。

吠陀时代出现的"六吠陀支"即礼仪学、语音学、语法学、词源学、诗律学和天文学，是研究吠陀的辅助学科。其中关于语言和天文的研究主要体现实用理性。吠陀时代后期产生的梵书是祭祀学著作，宣扬祭祀万能，体现非理性。随后产生的奥义书探讨终极真实，确认梵是世界的本原，体现思辨理性。按照奥义书，梵是抽象的本体，不可言说，不可思议，只能通过直觉体认，或采用"遮诠法"，或采用譬喻和类比。奥义书的思辨理性开了印度哲学的先河。

印度正统哲学分为六派：数论、瑜伽、胜论、正理、弥曼差和吠檀多。印度哲学通常将认知世界的方式归纳为四种：一为现量，依据感觉；二为比量，依据推理；三为喻量，依据类比；四为声量，依据权威言论。这些哲学派别大多运用概念或范畴展开思维，体现思辨理性，称之为"哲学"（按照印度术语则是"见"），名副其实。然而，由于婆罗门教在印度古代思想领域中占据统治地位，这些哲学派别大多不能完全摆脱有神论。甚至以逻辑学见长的正理派，也会运用推理论证神的存在。这说明这些哲学派别尚未脱离宗教而独立。正因为如此，它们被称为"正统哲学"，即属于婆罗门教系统的哲学。

与正统哲学相对应的非正统哲学是顺世论、佛教和耆那教。顺世论重视感觉经验，体现实用理性。佛教和耆那教与婆罗门教一样，都具有宗教信仰，但在宗教思想中也含有实用理性和思辨理性。佛教提出的"俗谛"和"真谛"就体现这两者：认知"俗谛"依据实用理性，认知"真谛"依据思辨理性或直觉。

中国春秋战国的诸子百家中，以孔子为代表的儒家体现实用理性。儒家主要关注政治和伦理，理论构建以实用为目的。《易经》在这个时期经过《易传》的阐释，也已由卜筮之书变成哲理之书。它以八卦为象征符号，展示天、地和人的各种关系和变化规律。以老子为代表的道家和以墨子、惠施、公孙龙为代表的名辩学体现思辨理性。老子的《道德经》确认道是世界的本原。如同奥义书中的梵，道作为抽象本体，不可言说，即

"道可道，非常道；名可名，非常名"。或按《庄子》中的说法："道不可闻，闻而非也；道不可见，见而非也；道不可言，言而非也。"（《知北游》）老子以道贯通天、地和人，即"人法天，地法天，天法道，道法自然"。老子本人出身史官。与奥义书哲学相比，老子哲学更多体现历史经验的升华。如果我们将奥义书哲学称为宗教哲学，而将老子哲学称为历史哲学，也未尝不可。而名辩学旨在探索逻辑思维方法。但与印度古代逻辑学相比，名辩学与政治伦理结合紧密，对逻辑思维形式的分析和归纳不够充分和明晰。它最终未能形成一门专门研究逻辑思维形式的独立学科。印度的正理派哲学确立推理"五支论式"：宗、因、喻、合和结。后来佛教因明学将"五支论式"改造成"三支论式"或"两支论式"。玄奘在七世纪引入印度佛教因明学，也未受重视，后继乏人。这表明中国古人对待思辨理性，更乐于接受老庄式的思辨理性，兼容实用理性和直觉体悟，灵活自由，而非纯粹的思辨理性。

中国古代文化格局在魏晋南北朝基本定型，儒家体现实用理性，道家、玄学和名辩学体现思辨理性，道教和佛教分担宗教信仰。大凡每个民族的文明发展中，实用理性、思辨理性和宗教信仰都会有各自存在的理由和价值。而在中国古代文化传统中，儒家实用理性占据主导地位，也是中国文明发展的自然选择。如上所述，形成这种选择的关键在春秋战国时代出现的思想重大转折。

印度列国时代也是思想激荡的时代，婆罗门教在沙门思潮冲击下，进行变革，转化为印度教。印度教确立三大主神崇拜，信仰轮回和解脱，也将政治和伦理纳入宗教思想体系。两大史诗和各种往世书提供神话传说，各种正统哲学提供解脱论，而各种法论提供政治和伦理法则。印度教确立人生的四大目的是法、利、欲和解脱。法是指社会职责和行为规范，利主要指财富，欲主要指爱欲，解脱是指摆脱生死轮回。印度教认为追求财富和爱欲是出于维系人类社会的需要，但必须遵循宗教、政治和伦理法则。而人生的最高目的是解脱。

可见，印度教中既含有宗教信仰，也含有实用理性和思辨理性。只是在功能发挥和表现形态上，与中国有所不同。儒家在中国古代文化传统中占据主导地位，以政治和伦理为核心的经学和史学发达。而印度教在印度古代文化传统中占据主导地位，神话和史诗发达，各种法论和哲学都烙有宗教信仰的深深印记。无疑，这种文化差异主要是在雅斯贝尔斯所谓的"轴心时代"即中国的春秋战国时代和印度的列国时代形成的。

（原载《中国社会科学院学术咨询委员会集刊》第3辑，2007年）

语言和文学

——中印古代文化传统比较之三

梵语属于印欧语系。现存《梨俱吠陀》是印欧语系中的最早文献。汉语属于汉藏语系。现存商周甲骨文是汉藏语系中的最早文献。文字是语言的书写符号。汉字从甲骨文,经由小篆和隶书,演变成自东汉至今通用的楷书字体。而在印度的吠陀文献中,找不到有关文字的记载。在吠陀神话中,语言被尊奉为女神,但没有中国上古神话中苍颉创制文字那样的传说。印度现存最早的、可以辨读的文字见于吠陀时代之后,即公元三世纪的阿育王石刻铭文,使用婆罗米(Brāhmī)和佉卢(Kharoṣṭrī,或称"驴唇体")两种字体。婆罗米字体由左往右书写,后来演变成包括梵语天城体在内的印度各种语言的字体。佉卢字体由右往左书写,显然受西亚波斯字体影响,后来在印度消亡[1]。中国藏文字体约在七世纪借鉴梵语字体创制而成,八思巴蒙文字体则是借鉴藏文字体。还有,古代龟兹和焉耆吐火罗语也采用印度婆罗米字体。

通常情况下,人类上古时代的作品如果不依靠文字记录,很难留存于世。埃及的《亡灵书》等作品书写在纸草纸上,巴比伦的史诗《吉尔伽美什》等作品刻写在泥版上,得以在近代考古发掘中重见天日;中国的"五经"书写在简帛上,得以传承至今。而印度的四部吠陀——《梨俱吠陀》、《娑摩吠陀》、《夜柔吠陀》和《阿达婆吠陀》,采用口头方式创作[2],

---

[1] 梁僧祐编撰的《出三藏记集》中提及印度古代这两种文字:"昔造书之主凡有三人。长名曰梵,其书右行。次曰佉楼,其书左行。少有苍颉,其书下行。梵及佉楼居于天竺,黄史苍颉在于中夏。"(《胡汉译经音义同异记》)梵天创造文字的传说出现在吠陀时代之后。

[2] 印度学者达德(N. S. Datta)著有《〈梨俱吠陀〉作为口头文学》(新德里,1999)一书,揭示《梨俱吠陀》作为口头文学的特征,诸如惯用语、复沓和音步重复等。

于公元前十五世纪至公元前十世纪之间编订成集后，不依靠文字书写，代代相传，历久不变，完整地保存至今，不能不说是世界文化史上的一个奇迹。其中的奥秘在于吠陀特殊的传承方式。每首吠陀颂诗有五种诵读方法：一、"本集诵读"：按照诗律诵读；二、"单词诵读"：拆开连声，每个词单独发音；三、"相续诵读"：每个词依照ab、bc、cd、de……的次序诵读；四、"发髻诵读"：每个词依照ab、ba、ab；bc、cb、bc……的次序诵读；五、"紧密诵读"：每个词依照ab、ba、abc、cba、abc；bc、cb、bcd、dcb、bcd……的次序诵读。这种传承方式不惮繁琐，旨在强化记忆。吠陀是婆罗门教的圣典。婆罗门祭司必须确保在宗教祭祀中吠陀颂诗的使用准确无误。

  吠陀的这种特殊传承方式起到与文字记录相同的作用。然而，吠陀语言保持不变，造成后人读解的困难。因为在现实生活中，语言总是随着时代变化发展的。这样，在吠陀时代后期产生"六吠陀支"，即六种辅助吠陀的学科：礼仪学、语音学、语法学、词源学、诗律学和天文学。其中的语音学、语法学和词源学构成印度古代语言学。现存最早的一部词源学著作是公元前五世纪耶斯迦的《尼录多》。这部著作是对一部汇集《梨俱吠陀》中僻字和难字的辞书《尼犍豆》的注释。其中也引用了十七位前贤的解释，而他们之间的观点常常互相牴牾。这说明在吠陀时代后期对吠陀词语的读解就已出现不少难点。耶斯迦在《尼录多》中将词分为四类：名词、动词、介词和不变词。他确立的词源学原则是名词源自动词，即从所有的名词中都能追溯出动词词根。《尼犍豆》和《尼录多》相当于中国汉代的训诂学著作《尔雅》和刘熙的《释名》。从训诂思想上看，《尼犍豆》以动词为中心，而《尔雅》以名词为中心。但《释名》有所不同，饶宗颐先生曾指出：刘熙"利用同声的语根以动词解说名词的法则"与耶斯迦的思想"暗合"①。

  公元前四世纪，印度产生了著名的梵语语法著作《八章书》。作者是波你尼，故而这部著作又称《波你尼经》。波你尼所处时代的语言已经不同于吠陀经典语言。这部著作便是分析和归纳当时通行语言的语法，予以

---

① 饶宗颐：《梵学集》，上海古籍出版社1993年版，第23页。

规范化，为此后的古典梵语奠定基础。《波你尼经》分为八章，总共3983个经句。它论述了梵语中的词根、词干、词尾、前缀、后缀、派生词和复合词等语法现象，是一部完整而严密的梵语词法学①。但它采用口诀式的表述方式，语言高度浓缩，必须依靠老师讲解，学生才能理解。这是印度古代经体著作的特点，用语力求简略，便于记诵。因此，有位《波你尼经》注释者说道："语法家们觉得能省略半个音，好似生个儿子。"②公元前三世纪迦旃延那的《释补》是对《波你尼经》的修订补充。公元前二世纪波颠阇利的《大疏》是对《波你尼经》的疏解。《大疏》不仅是一部重要的梵语语法经典，也开创了印度后来流行的经疏文体。

玄奘在《大唐西域记》（卷第二）中将波你尼的语法著作称为"声明论"。据玄奘描述，波你尼接受自在天教导，"研精覃思，捃摭群言，作为字书，备有千颂，颂三十二言矣。究极今古，总括文言"。义净在《南海寄归内法传》（卷第四）中将波你尼的语法著作称为"苏呾啰"（即"经"字的音译），并指出此经"是一切声明之根本经也。译为《略诠意明》、《略诠要义》，有一千颂"。另外，慧立和彦悰在《大慈恩寺三藏法师传》（卷第三）中将波你尼的语法著作称为"声明记论"，并记述其神话化的成书过程："昔成劫之初，梵王先说具百万颂，后至住劫，帝释又略为十万颂。其后北印度健驮罗国婆罗门睹罗邑波腻尼仙又略为八千颂，即今印度现行者是。"《波你尼经》并非颂体，这里玄奘和义净说它有一千颂，应该是转换成颂，以折算字数。慧立和彦悰说它有八千颂，则不确。

根据中国佛教史料判断，中国古代高僧一般都是通过《悉昙章》一类教材学习梵语的，估计未必直接研读《波你尼经》。义净将《悉昙章》解释为"斯乃小学标章之称"。这从日本入唐求法僧人的有关史料中也可以见出。圆仁在《入唐求法巡礼行记》中记叙自己于会昌二年"五月十六日起首，于青龙寺天竺三藏宝月处，重学悉昙，亲口受正音"③。三善信行

---

① 关于《波你尼经》的具体内容，可参阅金克木《印度文化论集》中的《梵语语法〈波你尼经〉概述》，中国社会科学出版社1983年版。
② 转引自佩雷特（R. W. Perrett）编《印度哲学论集》（纽约，2001），第2卷，第187页。
③ 顾承甫、何泉达点校：《入唐求法巡礼行记》，上海古籍出版社1986年版，第157页。

撰写的《天台宗延历寺座主圆珍传》中记载圆珍"于寺中遇天竺摩揭陀国大那兰陀寺三藏般若怛罗，受学梵字《悉昙章》"。并称"和尚（即圆珍）入唐，频遇天竺诸三藏，习学悉昙"①。这些表明在唐代的佛寺中，有教授"悉昙"的印度僧人。

在中国和印度，出于同样的"解经"需求，首先出现的是词源学或训诂学著作。然后，随着对语言本身加深认识，在印度出现包括语音学在内的语法学著作，以《波你尼经》为代表，而在中国出现文字学著作，以许慎的《说文解字》为代表。其原因在于两国的语言形态不同：梵语是屈折语，使用拼音文字；汉语是孤立语，使用表意文字。梵语的运用必须把握与词干和词缀变化相关的各种语法规则，诸如"界"（词根）、"缘"（后缀）、"八啭声"（名词变格）、"十罗声"（动词变化）、"六释"（复合词）以及连声、词性（阳性、阴性和中性）和词数（单数、双数和复数）等。而汉语的运用与文字密切相关，正如许慎在《说文解字序》中所说："文字者，经艺之本，王政之始，前人所以垂后，后人所以识古。"许慎通晓汉字的发展演变，通过对字形结构的分析研究，总结出汉字的六种造字原则（"六书"）：指事、象形、形声、会意、转注和假借。许慎的《说文解字》不仅在汉代起到对汉字的统一规范作用，也为此后的汉语文字学奠定了坚实的基础。

两汉之际印度佛教传入中国，随着译经活动展开，梵语语音学也得到传播。一旦认识到梵语的拼音特点，自然会促进对汉语音韵的研究。正如《隋书·经籍志》中所说："自后汉佛法行于中国，又得西域胡书，能以十四字贯一切音，文省而义广，谓之婆罗门书，与八体六文之义殊别。"这里，"以十四字贯一切音"指梵语中以十四个元音与各种辅音组合成词。而"八体六文"指汉语的八种字体和六种造字原则（即"六书"）。这样，通过梵汉语言比较，启发中国古人对汉语语音的辨析，促成汉语反切和四声的发明以及等韵学的发展。

声母、韵母和声调是构成汉字语音的三要素。其中，声母和韵母借鉴梵语的辅音和元音，很容易识别。而四声发明的起源有点模糊。1934年陈

---

① 白化文、李鼎霞校注：《行历抄校注》，花山文艺出版社2004年版，第129、172页。

寅恪先生在《清华学报》上发表《四声三问》，将四声发明的起源追溯至吠陀语中的三种声调（svara）："即指声之高低言，英语所谓 pitch accent 是也。"他认为"佛教输入中国，其教徒转读经典时，此三声之分别当亦随之输入"①。此说影响很大，国内学术界曾广泛引用。其实，陈先生的这个观点存在缺陷，俞敏先生和饶宗颐先生已先后著文提出异议。除了佛教徒按照戒律不会采用婆罗门诵法诵经这一点之外，饶先生特别指出吠陀语和梵语不同，即吠陀语"三声"已在梵语中消失②。

关于印度古代语言中的声调或重音问题，这里可以稍作介绍。吠陀语中存在三种声调，它们的使用涉及词的意义。例如，indraśatru 这个复合词由"因陀罗"和"杀死"两个词组成。若重音在前，意思是"因陀罗杀死者"；若重音在后，意思是"杀死因陀罗者"。而在梵语中，诵读时也有重音，但已经不涉及词义。按照印度学者摩尔提（M. S. Murti）的说法："古典语言（即梵语——引者注）废弃音高重音法（pitch accentuation），而转向强调重音法（stress accentuation）。"③因此，梵语中的重音与吠陀语中的声调有实质性的区别。与梵语中的重音不同，汉语中的四声涉及词义，但如上所述，对它们的发现也不可能是直接受到吠陀语影响。实际上，只要中国古人比照梵语，思考汉语语音问题，就必然会分辨出汉字的构成除了声母和韵母之外，还有四声。

这样，印度古代语言学包含词源学、语音学和语法学，而中国古代语言学包含训诂学、文字学和音韵学。印度古代并无文字学，这与梵语是拼音文字有关。而梵语随佛教输入中国，催生了汉语音韵学，却未促成汉语语法学的产生。这也与汉语是表意文字而无屈折变化有关。金克木先生曾以《波你尼经》和《说文解字》为例，指出"一个是以声音为主的语词网络系统，一个是以形象为主的文字网络系统"④。也就是说，印度古人重语音，中国古人重文字。中国古人在"解经"实践中，虽然也注意到汉语

---

① 陈寅恪：《金明馆丛稿初编》，上海古籍出版社 1980 年版，第 328 页。
② 参阅俞敏《俞敏语言学论文集》中的《后三国梵汉对音谱》，商务印书馆 1999 年版；饶宗颐《梵学集》中的《印度波儞尼仙之围陀三声论略》，上海古籍出版社 1993 年版。
③ 摩尔提（M. S. Murti）：《梵语语言学导论》（德里，1984），第 58 页。
④ 金克木：《梵佛探》，江西教育出版社 1999 年版，第 2 页。

语法现象，并不断予以总结，但在近代《马氏文通》出现之前，没有产生以语法结构本身作为研究对象的语法学著作。

梵语属于印欧语系，因而十九世纪欧洲学者一接触到梵语以及《波你尼经》，无不推崇梵语，并赞叹印度古代的语言学成就。马克斯·缪勒（Max Müller）说："梵语肯定构成比较语文学惟一坚实的基础。面对一切复杂现象，它始终是惟一可靠的向导。一位比较语文学家缺乏梵语知识，就像一位天文学家缺乏数学知识。"[①]由此，欧洲学者积极借鉴梵语语言学，充实和完善欧洲语言学。直至二十世纪都是如此，如美国语言学家布龙菲尔德（L. Bloomfield）称赞《波你尼经》"是人类智慧的丰碑之一。它极其详细具体地描写了作者本族言语的每一个词的屈折变化、派生词和合成的规则以及每一种句法的应用。直到今天，还没有别的语言得到这样完善的描写"[②]。

印度古人在语法学的基础上，也对语言进行哲学思考。思考的重点是音和义的关系。波颠阇利在《大疏》中指出表达意义是词的惟一目的。例如，一说出 gauḥ（"牛"）这个词，我们的脑子里就会出现一种具有颈垂肉、角、蹄和尾的动物形象。他认为词本身是原来存在的，恒定不变，不可分割。但它是由声音展示的。他把这种词本身称作"常声"（sphoṭa）[③]，即通过声音展示的原本存在的词。仍以 gauḥ（"牛"）为例，这个词是原本存在的，但它是通过连续发出 g、au 和 ḥ 三个音素展示的。其中，任何一个单独的音素都不能形成"牛"的词义。而这三个音素也不可能同时发出。那只是依次发音至最后一个音素 ḥ 时，才能结合保留在印象中的前两个音素 g 和 au，形成"牛"的词义。他把这种展示原本存在的词的发音称作"韵"（dhvani）。

波颠阇利的"常声"论在伐致呵利（约七世纪）的《句词论》（Vākyapadīya）中得到充分发挥。《句词论》是一部梵语语言哲学著作，分为三章。其中的第一和第二章有作者本人的注疏。《句词论》开宗明义

---

① 转引自摩尔提（M. S. Murti）《梵语语言学导论》（德里，1984），第 320 页。
② 布龙菲尔德：《语言论》，袁家骅等译，商务印书馆 2004 年版，第 10 页。
③ sphoṭa 一词的本义是"绽开"或"展露"，意思是由"音"展示"义"。这里采用金克木先生的译法，意译为"常声"。

指出:"无始、无终和不灭的梵,词('音')的本质,转化为各种对象('义'),创造世界。"(1.1)伐致呵利将梵与语言的本质等同,既可说梵是语言的本质,也可说梵以语言为本质。梵是世界的本原。由此,他也将语言与世界的创造等同。伐致呵利的这一说法与《新约·约翰福音》异曲同工:"太初有道,道与神同在,道就是神。"(In the beginning was the World; the World was with God; and the Word was God.)

在伐致呵利看来,正如梵产生和呈现世界万物,"常声"(sphoṭa)产生和呈现音和义。"常声"代表语言的终极存在,原本完整而不可分割:"正如字母不分部分,词也不分字母,同时,词也不能与句分离。"(1.73)句分成词,词分成字母,只是为了便于理解。伐致呵利将语言的表现形式分成微妙、中介和粗糙三个层次。微妙形式是语言的绝对真实,音和义浑然一体。中介形式是微妙形式的展现,通过思想把握。粗糙形式是中介形式的进一步展现,即通过人体内的气流运动,转化为声音,由发音器官说出,凭听觉器官听到。波颠阇利将这种发音称为"韵"。而伐致呵利进一步区分,将"中介形式"称为"原韵",将"粗糙形式"称为"变韵"。换言之,"原韵"是内在的思想展现,"变韵"是外在的声音展现。诚如伐致呵利所说:"正如引火木上的光是另一种光的原因,思想中的词是闻听到的词音的原因。思想中思考的词在先,进入某种对象('意义')在后,依靠发音('韵')把握。"(1.46、47)在发音过程中,词随着词中最后一个字母完成发音,而得到理解;同样,句随着句中最后一个词完成发音,而得到理解。伐致呵利的"常声"论让我们联想到索绪尔(Saussure)的"符号"论。索绪尔提出"用符号这个词表示整体,用所指和能指分别代替概念和音响形象"①。据此,常声便是符号(sign)。它呈现的音和义便是能指(即音响形象)和所指(即概念)。同时,也让我们联想到魏晋玄学家王弼在《老子道德经注》中对"大音希声"的阐释:"听之不闻名曰希。(大音),不可得闻之音也。有声则有分,有分则不宫而商矣。分则不能统众,故有声者非大音也。"据此,常声便是大音,即不可得闻之音,也就是语言的绝对真实。一旦有声,便分成字母和词。这

---

① 索绪尔:《普通语言学教程》,高名凯译,商务印书馆1996年版,第102页。

显然是一种对语言本质的整体论认识。

伐致呵利推崇语言，将语言的本质等同于梵。他依据"梵我同一"的观念指出："语言是说话者的内在自我，人们称它为伟大的如意神牛。谁通晓语言，就能达到至高灵魂（'梵'）；掌握语言活动本质，就能享有梵甘露。"（1.131、132）由此，伐致呵利强调语法的重要："语法最接近梵，是苦行中的最高苦行，吠陀的首要分支。"（1.11）他认为"词与事物（'意义'）活动的本质相连。离开语法，就无法理解词的本质。语法展现解脱之门，在运用中治疗语病，净化一切学问。正如一切事类与词类相连，语法这门学问是世上一切学问的根基"（1.13—15）。

义净在《南海寄归内法传》（卷第四）中介绍了伐致呵利的《句词论》。义净将《句词论》（Vākyapadīya）音译为《薄伽论》。按照义净的描述："《薄伽论》，颂有七百，释有七千，亦是伐致呵利所造，叙圣教量及比量义。次有《苾拏》，颂有三千，释有十四千。颂乃伐致呵利所造，释则护法论师所制。可谓穷天地之奥秘，极人理之精华矣。若人学至于此，方曰善解声明，与九经百家相似。"对照现存的《句词论》，义净所说的"颂有七百"，相当于现存《句词论》的前两章，即第一章156颂，第二章485颂，合计641颂，接近"七百"颂。义净所说《苾拏》实为现存《句词论》第三章，别名Prakīrṇaka，可意译为《杂论》。义净译为《苾拏》，显然是截取词头Pra的音译，如同他截取Vākyapadīya（《句词论》）这个复合词中的前一个词，音译为《薄伽论》。现存《句词论》第三章有1323颂，与义净所说"颂有三千"有差距。另外，义净说这部分的注释者是"护法论师"（Dharmapāla），而现存文本的注释者是海拉罗阇（Helārāja）。

印度古代语言哲学注重音和义的关系。伐致呵利在《句词论》中说："大仙人们是经、注和疏的作者，认为音和义的结合是永恒的。"（1.23）而中国古人注重名和实的关系。《公孙龙子·名实论》中说："夫名，实谓也。"《墨子·经说上》中说："所以谓，名也；所谓，实也。名实耦，合也。"名实说和音义说有所不同。音和义是就语言内部结构而言，而名和实是就语言和外部事物而言。但也有相通之处，因为梵语中的"义"（artha）也含有对象或事物的意思。

庄子指出："名，实之宾也。"（《庄子·逍遥游》）这里，确定了名和实的主宾关系：实为主，名为宾。这与印度古人对音义关系的看法一致。伐致呵利说："一旦意义得到表达，作为辅助意义的表达者实现目的，就不再被人感知。"（1.54）也就是说，音辅助义，感知音是为了理解义。这也与庄子所谓"言者，所以在意，得意而忘言"（《庄子·外物》）相通。但庄子对名实关系的看法没有停留在主宾关系上。在他看来，"名"并不能表达所有的"实"。他认为："可以言论者，物之粗也；可以意致者，物之精也；言之所不能论，意之所不能致者，不期精粗焉。"（《庄子·秋水》）他将事物（"实"）分成"物之粗"、"物之精"和"不期精粗"三者，语言只能表达"物之粗"，也就是事物的"形与色"。而"物之精"只能意会。至于"不期精粗"，即"道"，既不能言说，也不能意会。这也就是老子所谓"道可道，非常道；名可名，非常名"。

老庄哲学思想中的"道"，与印度奥义书哲学中的"梵"相通，都是指称世界的本原。庄子认为："道不可闻，闻而非道也；道不可见，见而非道也；道不可言，言而非道也。"（《庄子·知北游》）同样，奥义书哲学认为梵"不能用语言、思想和眼睛得知，除了说它存在之外，还能怎么得知？"（《伽陀奥义书》2.3.12）或者说，梵"不可目睹，不可言说，不可执取，无特征，不可思议，不可名状，以确信惟一自我为本质，灭寂戏论，平静，吉祥，不二"（《蛙氏奥义书》7）。

印度大乘佛教也强调语言不能表达佛法："般若波罗蜜不可说，禅那波罗蜜乃至一切法，若有为，若无为，若声闻法，若辟支佛法，若菩萨法，若佛法，亦不可说。"（鸠摩罗什译《摩诃般若波罗蜜经·方便品》）但为了教化众生，又不得不说，于是，诸佛"以无量无数方便、种种因缘、譬喻言辞而为众生演说诸法"。（鸠摩罗什译《妙法莲华经·方便品》）中观派认为万物因缘和合而成，并无"自性"，实质为"空"。龙树说："众因缘生法，我说即是空，亦为是假名，亦是中道义。"（鸠摩罗什译《中论》卷四）也就是说，因缘和合而成的万物实质为"空"（śūnyatā），因而关于它们的称谓或言说只是"假名"（prajñapti）。这里，既确认"空"，也确认"假名"，不偏执一端，故而是"中道"。因缘和合的万物（"假名"）和实质（"空"）也可称为"俗谛"和"真谛"。"真谛"

本不可说，又不得不说，则借助"俗谛"。或通过"因缘、譬喻言辞"，或通过"遮诠"表达方式。"遮诠"（apoha）指否定式表述。如龙树对"空"的表述："不生亦不灭，不常亦不断，不一亦不异，不来亦不出。"（鸠摩罗什译《中论》卷一）这与奥义书哲学中对"梵"的否定式表述（neti neti）一脉相承。如《大森林奥义书》将不灭者（"梵"）表述为"不粗，不细，不短，不长，不红，不湿，无影，无暗，无风，无空间，无接触，无味，无香，无眼，无耳，无语，无思想，无光热，无气息，无嘴，无量，无内，无外"（3.8.8）。同样，在老庄哲学中，"道"不可说，又不得不说，则借助"卮言"、"重言"和"寓言"（《庄子·天下》）。理解了印度奥义书哲学和大乘佛教以及中国老庄哲学的语言思想，对中国禅宗"教外别传，不立文字，直指人心，见性成佛"的宗旨及其说禅方式也就不难理解了。

在中国古人对语言哲学的思考中，除了名和实、道和名（言）的关系之外，还有意、言和书的关系。《周易·系辞上传》中说："书不尽言，言不尽意。"庄子则说："世之所贵道者，书也。书不过语。语有贵也。语之所贵者，意也。意有所随。意之所随者，不可以言传也。而世因贵言传书。世虽贵之哉，犹不足贵也，为其贵非其贵也。"（《庄子·天道》）这些论述中体现的意、言和书的等级次序，类似德里达所谓"逻各斯中心主义"中的"内在思想、口头语言、书面文字之间的等级关系"[1]。西方传统认为"逻各斯"（logos）兼有"理性"（ratio）和"言说"（oratio）两义。因此，"逻各斯中心主义"也可称为"语音中心主义"。这样，就"逻各斯"表示理性、思想或意义而言，接近中国古代语言哲学中的"意"，而就"逻各斯"表示语音或音和义的统一而言，接近印度古代语言哲学中的"常声"（sphoṭa）。然而，印度古人对语言的思考集中在音和义的关系，并不涉及书面文字。这不足为奇，因为轻视书写是印度古代文化本身固有的特点。

虽然中国古代语言哲学涉及意、言和书的关系，但更多的思考还是集中在意和言的关系。意和言的关系不同于道和名（言）或梵和言。意和言

---

[1] 参阅张隆溪《中西文化研究十论》，复旦大学出版社2005年版，第60页。

的关系是能不能尽意和怎样尽意,而道或梵已预设为不可言。中国儒家的主要倾向还是认为言可尽意。孔子说:"言以足志,文以足言。"(《左传·襄公二十五年》)又说:"圣人立象以尽意,设卦以尽情伪,系辞焉以尽其言。"(《周易·系辞上传》)这里的"象"不仅指卦爻,也含有"形象"、"意象"和"象征"之意。由此,将意和言的关系扩充为意、象和言的关系。欧阳建则在《言尽意论》(《全晋文》卷一百九)中强调"名逐物而迁,言因理而变。此犹声发响应,形存影附,不得相与为二矣。苟其不二,则言无不尽矣"。这里将言意不二比作"声发响应",类似印度的"常声"说。无论是"言不尽意"论、"言尽意"论、"意象言"论或道家的"道不可言"论都对后世产生了深远影响,尤其在中国古代诗学中得到运用,重视"义生文外,秘响旁通,伏采潜发"(《文心雕龙·隐秀》),充分激发语言潜藏的表现能力。而在印度古代诗学中,"常声"论和"梵不可言"论也起到同样的作用。梵语诗学家欢增就在《韵光》中将语法家称为学问家中的"先驱",指出:"他们把韵用在听到的音素上。其他学者在阐明诗的本质时,遵循他们的思想,依据共同的暗示性,把表示义和表示者混合的词的灵魂,即通常所谓的诗,也称作韵。"(1.13注疏)

文学是语言的艺术。语言可以分成口头语言和书面语言,文学也可以分成口头文学和书面文学。书面文学的语言不同于口头语言,这一点不言而喻。而口头文学既然成为文学,其语言也不完全等同于口头语言。郭绍虞先生曾将中国文学分成语言型文学和文字型文学,以此归纳中国文学的演变:春秋以前为诗乐时代,战国至汉为辞赋时代,魏晋南北朝为骈文时代,隋唐至北宋为古文时代,南宋至现代为语体时代。其中,"诗乐"是语言型文学,即接近口语的文学;"辞赋"是文字型文学,即脱离口语的文学;"骈文"是典型的文字型文学;"古文"和"语体"又回归语言型文学[1]。郭先生的这个归纳很有见地,揭示了中国文学语言演变的基本脉络。在概念上,口头文学和书面文学与语言型文学和文字型文学有相通之

---

[1] 参阅郭绍虞《中国语言与文字之分歧在文学史上的演变现象》,《照隅室古典文学论集》上编,上海古籍出版社1983年版。

处，但也不尽相同。口头文学主要指依靠口头创作和传播的文学，书面文学主要指依靠文字创作和传播的文学。从文学接受的角度看，前者主要是说和听的关系，后者主要是写和看的关系。而语言型文学和文字型文学的区别主要着眼于文学语言与口语的距离远近。

印度古代的吠陀、史诗和往世书都属于口头文学。大约从公元前后不久开始，印度进入古典梵语文学时期。吠陀使用的古梵语（或称吠陀语），史诗和往世书使用的史诗梵语，都是与当时的口语接近的梵语。而古典梵语文学使用的古典梵语则是注重藻饰的梵语。印度古代现存最早的古典梵语诗学著作《诗庄严论》和《诗镜》都是着重探讨文学语言的修辞手法。古典梵语诗学家将那些装饰语言的音和义的修辞手法视为文学语言不同于日常语言和科学语言的标志。当然，这并不是说吠陀、史诗和往世书中没有修辞，只是相对地说，这些口头文学中的修辞都比较质朴，而古典梵语文学中的修辞更趋精致。在七世纪的《诗庄严论》中论述的辞格为三十九种，此后不断充实和发展，达到一百多种。追求藻饰是古典梵语文学的普遍特点。而其中的极端者，则以雕琢繁缛的文体和艰难奇巧的修辞为诗才，甚至近乎文字游戏。这样的文学作品自然不能再像吠陀和史诗那样依靠口头创作和传播，而必须依赖文字和书写。因而，在王顶（九、十世纪）的诗学著作《诗探》中，在第十章论述"诗人的行为"时，提到"诗人的身边经常有箱箧，有的装有木片和白垩，有的装有笔、墨水壶、棕榈树叶、桦树皮、铁针和多罗树叶"。这些都是书写的工具和材料，其中的"棕榈树叶"和"多罗树叶"就是汉译佛经中所称的"贝叶"。

尽管如此，在古典梵语文学时期，依然存在口头文学。两大史诗的最后定型是在公元四、五世纪，各种往世书的最后定型则更晚。同时，许多故事文学作品也使用与口语接近的梵语。而且，在古代印度，除了梵语文学作品外，始终存在各种俗语文学作品。例如，于公元前三世纪结集的佛教经典《三藏》（Tipiṭaka）使用的是巴利语（Pāli），于公元五、六世纪结集的耆那教经典《阿笈摩》（āgama）使用的是半摩揭陀语（Ardhamā-gadhī）。在古典梵语文学时期，佛教由小乘演变为大乘，佛教高僧们开始使用梵语撰写佛经。出于口头宣教的需要，大乘佛经使用的梵语大多也是接近口语的通俗梵语，但也有一些佛经效仿古典梵语"大诗"文体，注重文采和修辞。以各地方言为基础的重要俗语还有摩诃剌陀语、修罗塞纳语、摩揭陀语、毕舍遮语和阿波布朗舍语等。这些俗语后来发展成印度现代各种语言，如印地语、孟加拉语和旁遮普语等。而作为印度古代社会（尤其是上层社会）的通用语梵语，却于十二世纪开始逐渐消亡。

印度古代语言的这种变化发展与拼音文字有关。拼音文字与语言的关系是文字依附语言，文字拼写随语言而变化。印度古代各地的方言随着时间推移，在词汇和语法上与通用语梵语的差异越来越大，最终拼写出来，成了各自独立的语言。而中国的汉语没有出现这种情况。汉字是表意文字。秦始皇统一中国后，推行"书同文"的语言政策。这样，文字始终对语言起着管辖作用。各地方言可以有语音差别，但相对应的文字依然是统一的。语言作品中也可以或多或少搀杂方言，借用同音的汉字表达。然而，它们听从历史的选择，或融入通用语，或被淘汰。在固定化的表意文字的统领下，各地方言不会发展成独立的语言。因此，汉语没有像使用拼音文字的梵语和拉丁语那样在历史发展中消亡，而成为世界语言之林中的常青树。

在汉语中，还有文言和白话的区分，由此也形成文言文学和白话文学的区分。它们与口头文学和书面文学以及语言型文学和文字型文学也是在概念上既相通，又有差异。另外，白话文学也可称为俗文学，但俗文学却不能径称白话文学，因为在古代被视为俗文学的小说和戏曲也可用文言创作。这类术语的多样化体现不同的视角或立足点，也反映文学与语言关系本身的复杂性。

文言文是随着战国时期开始盛行书面文化而逐渐成型的。当时尚未发明造纸术，受书写材料制约，简牍嫌重，缣帛嫌贵，故而文言文的文体特点必定趋于简约。在简约的前提下，追求"辞达"、"辞巧"和"文质彬彬"。这样，文言文逐渐形成有别于口语的词汇和句法系统，并在使用中得到继承和发展。同时，文言文也适应实用需要，依据不同的内容和表达方式形成不同的文体和风格。如曹丕《典论·论文》中所说："奏议宜雅，书论宜理，铭诔尚实，诗赋欲丽。"而刘勰《文心雕龙》中论述的文言文体达几十种之多。

魏晋南北朝是中国文学自觉的时代。在文学观念上有两个重大发展：

一是在"诗言志"的基础上提出"诗缘情";二是追求语言的艺术美,重视骈偶、声律和藻饰。按陆机《文赋》中的说法,就是"其会意也尚巧,其遣言也贵妍。暨音声之迭代,若五色之相宣"。以"四声八病"说为核心的永明声律论揭示了汉诗音韵美的奥秘,奠定了汉诗格律的理论基础。同时,在散文中也注重辞藻和声韵,尤其钟情骈偶,形成句式工整对称("骈四俪六")的骈文。可以说,骈文代表中国古代散文语言艺术达到极致的文体形式。

而魏晋南北朝恰恰也是佛经翻译昌盛的时期,故而在佛经翻译活动中,关于佛经翻译文体的文和质的讨论贯穿始终。中国佛教高僧熟习简约典雅的文言文体,这从他们为一些汉译佛经撰写的序文便可见出。乍一面对汉译佛经质朴繁琐的文体,自然会感到不适应,甚至心生疑惑。但随着佛经翻译实践的深入,渐渐认识到汉译佛经的这种文体符合佛经原典的本来面目。通过梵汉经籍文体的比较,得出"胡经尚质,秦人好文"(道安《摩诃钵罗若波罗蜜经抄序》)和"胡文委曲","秦人好简"(僧睿《大智释论序》)的结论。这并不难理解,因为佛经文体根植于口耳相传的宣教方式,用语趋向通俗质朴,叙事说理也不惮繁琐复沓。有了这样的认识,他们也就不再忌讳使用白话或接近白话的文体翻译佛经。有趣的是,他们还特别挑出儒家经典中文体接近口语的《尚书》和《诗经》为佛经文体撑腰:"若夫以《诗》为烦重,以《尚书》为质朴,而删令合今,则马、郑所深恨者也。"(道安《摩诃钵罗若波罗蜜经抄序》)

这样,在魏晋南北朝,一方面是骈文引领文言文体,另一方面是汉译佛经推动白话文体,两者在中国文学史上具有同等重要的意义。在此之前,只有散见于典籍中的一些谣谚以及《诗经》和汉乐府中那些采自民间的歌谣,可以称为白话或接近白话的文学。而此后,由佛经翻译文体推波助澜,白话文学与文言文学并驾齐驱,日益壮大。其中,最突出的事例是唐代变文促进了中国古代通俗叙事文学的长足发展。变文采用韵散杂糅的白话文体,最初用于演说印度佛经故事,后来也用于演说中国历史故事。韵散杂糅原本就是佛经的常用文体。在印度古典梵语叙事文学中,也有这类文体,称为"占布"(Campu)。唐代变文后来演变成宋元话本(即白话小说)。宋元话本又演变成明清章回体白话长篇小说。

唐宋叙事文学的发展也为戏剧的产生创造了条件。中国古代戏剧诞生于宋元时期，明显晚于希腊和印度。究其原因可能是多方面的，但中国早期叙事文学不发达肯定是原因之一。古代希腊和印度的戏剧都产生在史诗之后，而且最初的戏剧题材大多取材于史诗中的故事和传说。这说明有了以虚构为特征的叙事文学作为基础，转换成戏剧表演也就指日可待了。在中国古代，"传奇"一词既是唐宋小说的用名，也是元杂剧和明清戏曲的用名，也能印证这个道理。实际上，在元末明初的戏剧史料中，就有将传奇视为戏曲源头的说法。如夏庭芝说："唐时有传奇，皆文人所编，犹野史也，但资谐笑耳。宋之戏文，乃有唱念，有诨。"（《青楼集志》）陶宗仪说："稗官废而传奇作，传奇作而戏曲继。"（《南村辍耕录》）

同时，从魏晋南北朝起，受汉译佛经中偈颂的影响，佛教僧人也用白话写诗。其中著名的诗人有南北朝的宝志和傅大士，唐代的王梵志、寒山、拾得和庞居士等，形成中国古代别开生面的佛教白话诗派。自然，他们也意识到白话诗不符合士大夫文人的诗艺标准。但他们仰仗有群众基础，充满自信，认为自己的白话诗与文言诗享有同等地位。拾得在诗中表白说："我诗也是诗，有人唤作偈。诗偈总一般，读时须子细。"（《全唐诗》卷八百七）寒山也说："有人笑我诗，我诗合典雅。不烦郑氏笺，岂用毛公解。"（《全唐诗》卷八百六）另外，在唐代民间流行的词曲或曲子词，即配合乐曲歌唱的歌词，是以长短句为特征的唐宋词的先导。在这些词曲中，也包含佛教词曲。可以说，在唐代的白话文学运动中，佛教僧人始终是一支生力军。

唐代变文还有一个更直接、更重要的演变发展方向是民间说唱文学。元明时民间流行的宝卷与变文一脉相承，说唱的内容可以分成佛经类和非佛经类，而以佛经类居多。元明时另一类说唱文学统称为词话，但留存于世的作品很少。因而，1967年上海嘉定出土一批明成化年间的词话，显得格外珍贵①。这批词话共有十三种，其中讲史类三种，公案类八种，神怪类两种，说明说唱的内容已以中国历史故事和民间传说为主。另外，每种

---

① 这批词话于1973年由上海博物馆影印出版。另有朱一玄校点本《明成化说唱词话丛刊》，中州古籍出版社1997年版。

词话都配有若干幅图画，说明还传承着变文配图说唱的原始精神。这类词话的直接继承者则是明清的长篇说唱文学鼓词和弹词。其中鼓词流行于北方，弹词流行于南方。

陈寅恪先生晚年目盲，曾依靠助手，听读弹词《再生缘》，撰写了《论再生缘》。《再生缘》出自清代女作家陈端生的手笔，字数达六十多万。陈寅恪先生在文中称《再生缘》"乃一叙事言情七言排律之长篇巨制也"。又说："世人往往震矜于天竺希腊及西洋史诗之名，而不知吾国也有此体。外国史诗中宗教哲学之思想，其精深博大，虽远胜于吾国弹词之所言，然止就文体立论，实未有差异。"[1]陈先生的这一提示很有意义，也可以说是为比较文学点题。中国上古时代（先秦）没有产生史诗一类长篇口头叙事文学。而进入中古时代（唐宋），口头说唱文学日趋发达，至近古时代（明清）达到鼎盛，涌现大量长篇说唱叙事文学。单就弹词而言，"考诸各家书目所载，以及图书馆和私家藏书，估计至少有四百种"[2]。其中，篇幅达数十万字者不在少数，还有超过百万字者。如《玉钏缘》一百二十万字，《凤双飞》一百七十万字，都超过约百万字的印度史诗《罗摩衍那》。而最长的一部弹词是清代女作家李桂玉创作的《榴花梦》，近五百万字，远远超过约四百万字的印度史诗《摩诃婆罗多》，令人惊叹。这个有趣的文学现象，确实值得另外单独列为专题，进行深入的比较研究。

（原载《外国文学评论》2007年第2期）

---

[1] 参阅陈寅恪《论再生缘》，《寒柳堂集》，上海古籍出版社1980年版。
[2] 谭正璧、谭寻编著：《弹词叙录》，上海古籍出版社1981年版，第1页。

《梵语诗学论著汇编》导言

在中国,金克木先生是梵语诗学翻译介绍的先驱者。他在 1964 年出版的《梵语文学史》中列有"文学理论"一章,并在 1965 年为《古典文艺理论译丛》第十辑选译了三种梵语诗学名著(《舞论》、《诗镜》和《文镜》)的重要章节。后来,他又增译了两种梵语诗学名著(《韵光》和《诗光》)的重要章节,合成单行本《印度古代文艺理论文选》(约八万字),于 1980 年作为《外国文艺理论丛书》之一出版。

金克木先生是我的恩师。我曾在《金克木先生的梵学成就》[①]一文中写道:"由这五篇译文(即《印度古代文艺理论文选》)以及金先生撰写的引言,中国学术界才得以初步认识印度古代文艺理论的风貌。万事开头难。金先生在这五篇译文中确定了梵语诗学一些基本术语的译名,并在引言中介绍梵语诗学的一些基本著作及其批评原理,为梵语诗学研究指点了门径。我后来正是沿着金先生指点的门径,深入探索梵语诗学宝藏,写出了一部《印度古典诗学》。"

我是从八十年代中期开始研究梵语诗学的,于 1993 年出版了专著《印度古典诗学》。其实,我研究梵语诗学是与翻译梵语诗学著作同步进行的。研究梵语诗学首先要阅读和理解梵语诗学原著。翻译也是阅读,而且是"精读"。"精读"有助于加深理解。而理解的过程也就是研究的过程。同时,以研究和理解为基础,才能保证翻译的质量。因而,对于我来说,梵语诗学的研究和翻译,两者相辅相成,不可或缺。

在《印度古典诗学》出版后,我有个愿望:以我在撰写《印度古典诗

---

① 这篇文章原是我为庆贺金克木先生八十八米寿而写的,发表在《外国文学评论》2000 年第 3 期上。不料,金先生却于当年仙逝。这样,《北京大学学报》(哲学社会科学版)2000 年第 6 期转载了我的这篇文章,以表示对"北京大学老一辈的著名学者"金克木先生的"深切哀悼"。

学》一书过程中积累的翻译资料为基础，编一部梵语诗学论著选。但这项工作没有进行多久，我从九十年代中期开始将主要精力投入了由我主持的印度古代史诗《摩诃婆罗多》的翻译工程中。这样，直至 2003 年《摩诃婆罗多》全书翻译告竣，我才又回到这项工作中来。经过近四年坚持不懈的努力，我终于能高兴地将这部《梵语诗学论著汇编》奉献给读者。

这部《梵语诗学论著汇编》汇集了十部梵语诗学名著，其中四部是选译，六部是全译。应该说，我是凭着一股热情，想要为中国读者多提供一些梵语诗学原始资料。长期以来，国内梵语学者稀少。如果梵语学者多一些，其中能有几位专攻梵语文学和诗学，分担翻译，互相切磋，那么，这项工作也就能做得更多和更好。这样的理想只能留待将来了。

下面我要介绍一下梵语诗学的起源和发展历程，以便读者在阅读这些梵语诗学著作时，对梵语诗学的全貌有个总体了解。

一　梵语诗学的起源

印度古代梵语文学历史悠久，大致分为三个时期：吠陀时期（公元前十五世纪至公元前四世纪）、史诗时期（公元前四世纪至四世纪）和古典梵语文学时期（一世纪至十二世纪）。在这漫长的两千多年中，产生了印欧语系最古老的诗歌总集《梨俱吠陀》，宏伟的两大史诗《摩诃婆罗多》和《罗摩衍那》，丰富的神话传说和寓言故事，精美的抒情诗、叙事诗、戏剧和小说。在这广袤肥沃的文学土壤上，又产生了独树一帜的梵语文学理论体系。

文学理论体系的产生有一个从不自觉到自觉，从萌芽到成熟的过程。这需要联系文学的发展历史来考察。

吠陀有四部本集：《梨俱吠陀》、《娑摩吠陀》、《夜柔吠陀》和《阿达婆吠陀》。它们是婆罗门祭司为了适应祭祀仪式的需要而加以编订的。在一些重大的祭祀仪式中，劝请者祭司念诵《梨俱吠陀》中的颂诗，赞美诸神，邀请诸神出席祭祀仪式；咏歌者祭司高唱《娑摩吠陀》中的颂诗，向诸神供奉祭品；行祭者祭司低诵《夜柔吠陀》中的祷词和祭祀规则，执行祭祀仪式。《阿达婆吠陀》则为祭司提供咒语。

吠陀诗人通常被称作"仙人"（ṣti，即"先知"）。在这些仙人创作的颂诗中，时常表露他们具有超凡的视觉，与神相通，受神启示。因此，在吠陀文献中，常常把仙人创作颂诗说成是"看见"颂诗，同时把吠陀颂诗称作"耳闻"或"天启"（śruti 或 śruta）。

吠陀诗人崇拜语言，将语言尊为女神。《梨俱吠陀》中有一首颂诗借语言女神之口，赞美她是神中的王后，神力遍及天国和大地：

> 确实，我亲口说出的言词，
> 天神和凡人都会表示欢迎；
> 我使我钟爱的人强大有力，
> 成为婆罗门、仙人或圣人。（10. 125. 5）

在吠陀颂诗中可以发现，有些诗人创作颂诗不仅适应巫术和祭祀的实用需要，也兼顾诗歌的艺术性。他们认为"智者精心使用语言，犹如用簸箕筛选谷子"，"好运就会依附语言"，语言女神会向他"呈现自己的形体，犹如一位衣着漂亮的妇女出现在丈夫面前"（10. 71. 2、4）。有的诗人已经将诗歌视作一门技艺，说道："我们巧妙地制作新诗，犹如缝制精美的衣裳，犹如制造车辆。"（5. 29. 15）

但是，印度古人并不将吠陀视为诗，而视为婆罗门教的至高经典，即"天启经"。用作吠陀颂诗的专用名称是"曼多罗"（mantra，赞颂、祷词或经咒），有时也称作"阐陀"（chandas，意为韵律或韵文）。后来在梵语中指称诗的 kāvya 一词，在吠陀诗集中并非指称诗，而是指称智慧或灵感。吠陀诗集中的文学功能依附宗教功能。在整个吠陀时期，文学尚未成为一种独立的意识表现形态。因此，文学理论思辨也就不可能提到日程上来。辅助吠陀的六门传统学科（"吠陀支"）是语音学、礼仪学、语法学、词源学、诗律学和天文学。后来，学科范围扩大，如《歌者奥义书》（7.1.2）中提到十四门学科：语法学、祭祖学、数学、征兆学、年代学、辩论学、政治学、神学、梵学、魔学、军事学、天文学、蛇学和艺术学。其中仍然没有文学理论。

此后，在史诗时期产生了两大史诗《摩诃婆罗多》和《罗摩衍那》。

两大史诗和吠陀文学的重要区别在于后者主要产生于婆罗门祭司阶层，而前者主要产生于与刹帝利王族关系密切的"苏多"（sūta）阶层。"苏多"是刹帝利男子和婆罗门女子结婚所生的儿子。他们在王室中享有中等地位，往往担任帝王的御者和歌手。他们经常编制英雄颂歌赞扬古今帝王的业绩，形成一种有别于婆罗门以祭祀为中心的宗教文学的世俗文学传统。《摩诃婆罗多》约有十万颂，《罗摩衍那》约有两万四千颂。它们在古代印度以口头吟诵的方式创作和传播，经由历代宫廷歌手和民间吟游诗人不断加工和扩充，才形成目前的规模和形式。

而这两部史诗本身在内容和形式上也有所不同。《摩诃婆罗多》以婆罗多族大战为故事主线，插入了大量的神话、传说、寓言故事以及宗教、哲学、政治、律法和伦理等成分，成了一部"百科全书式"的作品。由于它特别注重历史传说和宗教，而自称为"第五吠陀"。与《摩诃婆罗多》相比，《罗摩衍那》的故事情节比较集中紧凑，虽然也插入不少神话传说，但不像《摩诃婆罗多》那样枝蔓庞杂。诗律也同样主要采用通俗简易的"输洛迦体"（śloka），但语言在总体上要比《摩诃婆罗多》精致一些，开始出现讲究藻饰的倾向。正因为如此，印度古人将《摩诃婆罗多》称作"历史传说"（itihāsa），而将《罗摩衍那》称作"最初的诗"（ādikāvya）。

这里的诗（kāvya）是文学意义上的诗。这种文学的自觉出现在史诗时期的中期，约公元前后一世纪之间。此时，梵语文学从史诗时期步入古典梵语文学时期。梵语文学已经不必完全依附宗教，梵语文学家开始以个人的名义独立创作。古典梵语文学家多数出身婆罗门，因而在宗教思想和神话观念方面受到婆罗门教的深刻影响。但除了往世书神话传说和其他一些颂神作品外，从总体上说，古典梵语文学已经与宗教文献相分离，成为一种独立发展的意识表现形态。

古典梵语文学的早期作品留存不多，主要有佛教诗人马鸣（一、二世纪）的叙事诗《佛所行赞》和《美难陀传》以及三部戏剧残卷，还有跋娑（二、三世纪）的《惊梦记》等十三部戏剧。同时，在石刻铭文中，也有古典梵语的散文文体。摩诃刹特罗波·楼陀罗达孟（二世纪）的吉尔那岩石铭文充满冗长的复合词，极少使用动词，并注重谐音。其中也提到诗分成散文体（gadya）和诗体（padya）。三摩答刺笈多（四世纪）的阿拉哈巴德石柱铭文开头有八首诗，结尾有一首诗，中间是散文。而这整篇散文只是一个长句子，里面包含许多冗长的复合词。其中有个复合词长达一百二十多个音节。句中大量使用谐音、比喻、双关、夸张和神话典故等修辞手法。这份铭文的作者是三摩答剌笈多的宫廷诗人诃利犀那。这些都体现古典梵语文学的重要特征，即追求语言文字表达的艺术性。

梵语文学成了一种独立的意识表现形态之后，必然引起梵语学者对它的性质和特征进行思考和总结，也就产生了梵语文学理论。现存最早的梵语文学理论著作是公元前后婆罗多的《舞论》。这是一部戏剧学著作，对早期梵语戏剧艺术实践做了全面的理论总结，其中也包括戏剧语言艺术。《舞论》第十五章和第十六章论述了梵语的语音、词态和诗律，第十七章论述了诗相、庄严（即修辞）、诗病和诗德。这是梵语诗学的雏形。后来的梵语诗学普遍采用庄严、诗病和诗德这三个文学批评概念。

现存最早的梵语诗学著作是七世纪婆摩诃的《诗庄严论》和檀丁的《诗镜》。这两部著作涉及的主要诗学概念是庄严、诗病、诗德和风格。这两部诗学著作中都引述了前人的诗学观点。这说明梵语诗学著作的实际存在可能早于七世纪。但是，根据现有的文献资料判断，在公元最初的几个世纪内，梵语诗学主要是依附梵语戏剧学和语法学产生和发展。

梵语语法学早在吠陀时期就已出现。而在梵语语法研究中，必定会逐渐涉及修辞方式。公元前六世纪耶斯迦的吠陀词语注疏著作《尼录多》中已涉及比喻修辞问题。公元前四世纪波你尼著有《八章书》（或称《波你尼经》），构建了相当完备的梵语语法体系，其中约有五十条经文涉及比喻修辞问题。六、七世纪跋底著有《跋底的诗》。这是一部以叙事诗形式介绍梵语语法的著作，其中也介绍了三十八种修辞方式。因此，最早脱离戏剧学和语法学而独立出现的梵语诗学著作估计也不会早于五、六世纪。

婆摩诃的《诗庄严论》（Kāvyālaṅkāra）这个书名代表了早期梵语诗学的通用名称。而在梵语诗学的形成过程中，有可能也采用过创作学（kriyākalpa）和诗相（kāvyalakṣaṇa）这两个名称。约四、五世纪筏蹉衍那的《欲经》（Kāmasūtra）中提到六十四种技艺，其中有一种是创作学[①]。

---

① 《欲经》1.3.16。

十三世纪的《欲经》注者耶索达罗将此词注为"诗创作学"（kāvyakriyā-kalpa）。约一、二世纪的梵语佛经《神通游戏》（Lalitavistara）提到释迦牟尼掌握的各种技艺中，也包括有创作学①。而在檀丁的《诗镜》中也有类似的提法："为了教导人们，智者们制定了各种语言风格的创作规则（kriyāvidhi）。"（1.9）

关于"诗相"，檀丁在《诗镜》的开头有这样的说法："综合前人论著，考察实际应用，我们尽自己的能力，写作这部论述诗相的著作。"（1.2）婆摩诃在《诗庄严论》结尾也将自己的著作归结为阐明"诗相"（kāvyalakṣma，6.64）。九世纪欢增的《韵光》中也提到"诗相作者"（kāvyalakṣmavidhāyin，1.1 注疏）。"诗相"的概念最早出现在《舞论》中。从《舞论》列举的三十六种"诗相"判断，主要是指诗的各种特殊表达方式，也就是诗的特征。但它们又有别于"庄严"。《舞论》中提到的"庄严"只有四种：明喻、隐喻、明灯和叠声。这说明在当时，作为诗学概念，"诗相"似乎比"庄严"更重要。然而，《舞论》中对这些"诗相"的分类显得有些杂乱，界定也比较模糊。甚至连《舞论》两种主要传本本身对三十六种"诗相"的确定和描述也存在很大差异。因此，在梵语诗学发展过程中，这些"诗相"概念逐渐被淘汰，或者经过改造，纳入了"庄严"之中。《舞论》中只列举四种庄严，而在婆摩诃的《诗庄严论》中列举了三十九种庄严。这表明后来的梵语诗学家用庄严取代了诗相。或者说，他们认为庄严就是诗相，即诗的特征。这样，庄严论（alaṅkāraśāstra）也就成了梵语诗学的通称。

梵语诗学起源的情况大体如此。现在，我们可以看看印度古人怎样讲述梵语诗学的起源。王顶（九、十世纪）在《诗探》第一章中说道：大神梵天向"从自己的意念中诞生的学生们"传授诗学。"在这些学生中，娑罗私婆蒂（语言女神）之子诗原人最受器重。"于是，"为了生活在地、空和天三界众生的利益"，梵天委托诗原人传播诗学（kāvyavidyā）。诗原人向十八位学生讲授了十八门诗学知识。其中"娑诃斯罗刹吟诵诗人的奥秘，乌格底迦尔跋吟诵语言论，苏婆尔纳那跋吟诵风格论，波罗积多吟诵

---

① 《神通游戏》，S. 莱夫曼校刊本，第 156 页。

谐音论，阎摩吟诵叠声论，吉多朗迦德吟诵画诗论，谢舍吟诵音双关论，补罗斯底耶吟诵本事论，奥波迦衍那吟诵比喻论，波罗舍罗吟诵夸张论，乌多提耶吟诵义双关论，俱比罗吟诵音庄严论和义庄严论，迦摩提婆吟诵娱乐论，婆罗多吟诵戏剧论，南迪盖希婆罗吟诵味论，提舍纳吟诵诗病论，乌波曼瑜吟诵诗德论，古朱摩罗吟诵奥义论"。然后，由他们分别编著各自的专论。

这里显然是将梵语诗学的起源神话化，正如《舞论》将戏剧的起源神话化[1]。这里提到的人名，除了吟诵戏剧论（即《舞论》）的婆罗多之外，其他都无案可查。而所谓的十八门诗学知识则是成型后的梵语诗学的一些基本诗学概念和批评原则。

王顶不仅将诗学起源神话化，也将诗的起源神话化。《诗探》第三章讲述"诗原人的诞生"：娑罗私婆蒂（语言女神）渴望儿子，在雪山修炼苦行。大神梵天心中感到满意，对她说道："我为你创造儿子。"这样，娑罗私蒂生下儿子诗原人。诗原人起身向母亲行触足礼，出口成诗：

> 世界一切由语言构成，展现事物形象，
> 我是诗原人，妈妈啊！向你行触足礼。

娑罗私婆蒂满怀喜悦，将他抱在膝上，说道："孩子啊！虽然我是语言之母，你的诗体语言胜过我这位母亲。音和义是你的身体，梵语是你的嘴，俗语是你的双臂，阿波布朗舍语是你的双股，毕舍遮语是你的双脚，混合语是你的胸脯。你有同一、清晰、甜蜜、崇高和壮丽的品质（'诗德'）。你的语言富有表现力，以味为灵魂，以韵律为汗毛，以问答、隐语等等为游戏，以谐音、比喻等等为装饰（'庄严'）。"后来，高利女神（大神湿婆的妻子）创造出"文论新娘"（sāhityavidyāvadhū），将她许配给"诗原人"。娑罗私婆蒂和高利女神祝愿"他俩永远以这种充满威力的形体居住在诗人们的心中"。

在王顶的时代，诗学早已在梵语学术领域中牢牢地确立了自己的地

---

[1] 《舞论》第一章讲述大神梵天创造戏剧后，委托婆罗多牟尼付诸实践。

位。因此，王顶在《诗探》第二章中论述"经论类别"时，明确将"语言作品分成经论和诗两类"。他认为，如果说"语音学、礼仪学、语法学、词源学、诗律学和天文学是六吠陀支"，那么，"庄严论是第七吠陀支"。如果说"哲学、三吠陀、生计和刑杖政事论是四种知识"，那么，"文学知识（sāhityavidyā）是第五种知识"。他甚至推崇说文学知识是"这四种知识的精华"，是"知识中的知识"。

王顶在《诗探》第一章中用作诗学的一词是 kāvyavidyā（即诗的知识或诗论），在第二章和第三章中又采用 sāhityavidyā（即文学知识或文论）一词。sāhitya（文学）一词源自梵语诗学最初对诗的定义："诗（kāvya）是音和义的结合（sahita）。"在梵语诗学中，kāvya 一词既指广义的文学，也指狭义的诗。而 sāhitya 一词更趋向于指广义的文学。因此，在王顶之后，有的梵语诗学著作的书名开始采用 sāhitya 一词，如十二世纪鲁耶迦的《文探》（Sāhityamīmaṁsā）和十四世纪毗首那特的《文镜》（Sāhityadarpaṇa）。

二 梵语诗学的发展历程

印度古代文学理论包含梵语戏剧学和梵语诗学两个分支。梵语戏剧学全面探讨戏剧表演艺术，其中也包括语言表演艺术，因此也含有诗学。而在梵语诗学中，诗的概念通常指广义的诗，即纯文学或美文学，有别于宗教经典、历史和论著。诗分成韵文体（叙事诗和各种短诗）、散文体（传说和小说）和韵散混合体（戏剧和占布）。这是梵语诗学家的共识。尽管如此，梵语诗学研究的主要对象是诗歌（包括戏剧中的诗歌）。有的梵语诗学家，如伐摩那在《诗庄严经》中论及诗的分类时，认为"在一切作品中，十色（即十种戏剧类型）最优美"。但他在《诗庄严经》中并不论述戏剧学。只有少数梵语诗学著作，如毗首那特的《文镜》辟有专章论述戏剧学。因此，梵语戏剧学和梵语诗学是印度古代文学理论在发展过程中自然形成的学术分工。前者产生在先，以戏剧艺术为主要研究对象，后者产生在后，以戏剧之外的文学艺术，尤其是诗歌艺术为主要研究对象，各有侧重，相辅相成。

梵语戏剧学

婆罗多（Bharata）的《舞论》（Nāṭyaśāstra，也可译作《戏剧论》）是现存最早的梵语戏剧学著作。它有两种传本，南传本三十六章，北传本三十七章。这两种传本的内容基本一致，只是在某些章节的编排和内容的细节上有些差异。《舞论》的现存形式含有三种文体：输洛迦诗体、阿利耶诗体和散文体。文体的混杂说明《舞论》有个成书过程。一般认为，《舞论》的原始形式产生于公元前后不久，而现存形式大约定型于四、五世纪。

《舞论》是早期梵语戏剧实践的理论总结，全书约有五千五百节诗和部分散文。在公元前后不久就已产生这样规模的戏剧学著作，在世界戏剧史上是绝无仅有的。它全面论述了戏剧的起源、性质、功能、表演和观赏，既涉及戏剧原理和剧作法，也涉及舞台艺术。而全书尤其重视戏剧表演艺术。它把戏剧表演分为形体、语言、妆饰和真情表演四大类，详细规定各种表演程式。因此，《舞论》既是一部梵语戏剧理论著作，也是一部梵语戏剧艺术百科。

《舞论》对于梵语戏剧起源的解释笼罩在神话的迷雾中。但它明确指出戏剧是不同于四部吠陀经典的第五吠陀，"一种既能看又能听的娱乐"（1. 11）。对戏剧的性质和功能也有深刻的理解：戏剧"具有各种感情，以各种境遇为核心"，"模仿世界的活动"，"再现三界的一切情况"。"从味、情和一切行为中，这种戏剧将产生一切教训。"它"有助于正法、荣誉、寿命和利益，增长智慧"。"吠陀经典和历史传说中的故事，圣典、法论、善行和其他事义，这种戏剧都会及时编排，激动人心。"（1. 104—118）

在梵语文学理论发展史上，《舞论》的最大贡献是提出了味论。后来的梵语文学批评家将味论运用于一切文学形式。婆罗多在《舞论》中给"味"下的定义是："味产生于情由、情态和不定情的结合。"他解释说："正如思想正常的人们享用配有各种调料的食物，品尝到味，感到高兴满意，同样，思想正常的观众看到具有语言、形体和真情的各种情的表演，

品尝到常情，感到高兴满意。"（6.31以下）

按照《舞论》的规定，味有八种：艳情味、滑稽味、悲悯味、暴戾味、英勇味、恐怖味、厌恶味和奇异味。与这八种味相对应的是八种常情：爱、笑、悲、怒、勇、惧、厌和惊。常情也就是人的基本感情，犹如中国古人所说的"喜怒哀惧爱恶欲"（《礼记·礼运》）或"好恶喜怒哀乐"（《左传·昭公二十五年》）。婆罗多在味的定义中没有提及常情。但结合他的解释，意思还是清楚的：戏剧通过语言、形体、妆饰和真情的展示情由、情态和不定情，激起常情，观众由此品尝到味。其中，情由是指感情产生的原因，如剧中人物和有关场景；情态是指感情的外在表现，如剧中人物的语言和形体表演。不定情是指辅助常情的三十三种变化不定的感情，如忧郁、疑虑、妒忌、羞愧和傲慢等等，它们也有各自的情由和情态。在戏剧表演中，正是通过这些情由、情态和不定情的结合，产生感染观众的味，也就是说，在观众的心中激起某种伴随有审美快乐的感情。

感情是一切艺术不可或缺的要素。艺术的创作和欣赏都离不开感情因素。《舞论》实质上认为感情是戏剧的灵魂，因为按照《舞论》的说法："离开了味，任何意义都不起作用。"（6.31以下）基于这种看法，《舞论》对戏剧艺术的感情要素不厌其详地作了细致入微的分析。因此，当代著名美学家苏珊·朗格在《情感与形式》一书中称赞说印度批评家"对戏剧感情的各方面的理解"，"远远超过其西方的同行"。

在《舞论》之后，胜财（Dhanañjaya，十世纪）的《十色》（Daśarūpaka）是另一部重要的梵语戏剧学著作。"十色"指的是十种梵语戏剧类型。这部著作是根据《舞论》编写的，可以说是《舞论》的简写本。全书分为四章。第一章论述情节，第二章论述角色和语言，第三章论述序幕和戏剧类型，第四章论述情味。从内容上看，《十色》侧重于剧作法，删除了《舞论》中有关音乐、舞蹈和表演程式的大量论述。尽管《十色》有关剧作法的大部分论述在观点上与《舞论》一致，但与《舞论》相比，这部著作不仅简明扼要，而且条理清晰。因此，在十世纪后，作为梵语戏剧学手册，《十色》的通行程度远远超过《舞论》。现代学者在十九世纪中叶着手研究梵语戏剧时，以为《舞论》已经失传，当时整理出版的第一部梵语戏剧著作就是《十色》。

与《十色》同时或稍后的梵语戏剧学著作是沙揭罗南丁（Sāgaranandin）的《剧相宝库》（Nāṭakalakṣaṇaratnakośa）。这部著作也侧重于剧作法，但涉及的论题要比《十色》广泛。全书共分十八章，论述主要依据《舞论》，但也引证了不少其他梵语戏剧学家的论点。其他梵语戏剧学著作有十二世纪罗摩月和德月合著的《舞镜》、十二世纪或十三世纪沙罗达多那耶的《情光》、十四世纪辛格普波罗的《味海月》和十五、十六世纪鲁波·高斯瓦明的《剧月》等。

梵语诗学

梵语诗学作为有别于梵语戏剧学的独立学科的成立，自然要以梵语诗学的出现为标志。印度现存最早的两部独立的诗学著作是七世纪婆摩诃的《诗庄严论》和檀丁的《诗镜》。而这两部著作中都引用了前人的诗学观点，说明梵语诗学著作的实际存在要早于七世纪。

婆摩诃（Bhamaha）的《诗庄严论》（Kāvyālaṅkāra），共分六章。第一章论述诗的功能、性质和类别。第二章和第三章论述各种庄严（即修辞方式）。第四章和第五章论述各种诗病。第六章论述词的选择。

婆摩诃认为"优秀的文学作品使人精通正法、利益、爱欲、解脱和技艺，也使人获得快乐和名声"（1.2）。婆摩诃提出这些文学功能，旨在说明从其他经论中能获得的一切，从文学作品中也能获得。进而，他强调文学比经论还要高出一筹。他说："智力迟钝的人也能在老师指导下学习经论，而诗人只能产生于天资聪明的人。"（1.5）他还说："如果掺入甜蜜的诗味，经论也便于使用，正如人们先舔舔蜜汁，然后喝下苦涩的药汤。"（5.3）此后的梵语诗学家一般都认可婆摩诃提出的这些文学功能。

早期梵语诗学的理论出发点是梵语语言学。梵语语言学认为语言是"音和义的结合"。婆摩诃在《诗庄严论》中依据这个语言学命题，提出"诗是音和义的结合"。而诗的音和义与一般语言的音和义的区别在于诗的音和义是经过修饰的音和义。由此，他论述了谐音和叠声两种音庄严，隐喻、明喻、夸张、奇想和双关等三十七种义庄严。音庄严是指产生悦耳动听的声音效果的修辞手法，义庄严是指产生曲折动人的意义效果的修辞手法。婆摩诃认为庄严"是词义和词音的曲折表达"(1.36)。"诗人应该通过这种、那种乃至一切曲语显示意义。没有曲语,哪有庄严?"(2.85)这说明他认为曲折的语言表达是文学语言和一般语言的区别所在。因此,他强调一切文学作品"都希望具有曲折的表达方式"(1.30)。

婆摩诃在《诗庄严论》中还指出诗的逻辑不同于一般逻辑。他说:"诗中的正理(逻辑)特征有所不同。"(5.30)因为"诗涉及世界,经典涉及真谛。"(5.33)也就是说,诗处理的是具体现象,而经论处理的是抽象真理。同时,诗采用曲折的表达方式,而经论采用逻辑的推理论式。在诗中,一些结论"即使没有说出,也能从意义中得知"(5.45)。显然,婆摩诃对文学语言与一般语言或文学作品与经论作品的区别作了认真思索,并确认"庄严"(即曲折的表达方式)是诗的本质特征。

婆摩诃在《诗庄严论》中也以相当的篇幅论述"诗病"问题,先后论述两组各十种诗病,还论述了七种喻病。他要求诗人在诗中"甚至不要用错一个词,因为劣诗犹如坏儿子,败坏父亲名誉"(1.11)。

婆摩诃的《诗庄严论》与八世纪优婆吒(Udbhaṭa)的《摄庄严论》(Kāvyālaṅkārasaṅgraha)和九世纪楼陀罗吒(Rudraṭa)的《诗庄严论》(Kāvyālaṅkāra)共同形成早期梵语诗学的"庄严论"派。优婆吒的《摄庄严论》专论庄严,共分六章,介绍了四十一种庄严,其中对不少庄严的界定和分析比婆摩诃更严密和细致。楼陀罗吒的《诗庄严论》与婆摩诃的著作同名,共分十六章,论述了诗的目的、诗人的条件、诗的风格、音庄严、义庄严、诗病、诗味和体裁等。但全书论述的重点仍是庄严。他提出的庄严比婆摩诃和优婆吒多二十几种,而且对庄严的分类也更为系统。他将音庄严分成五类:曲语、双关、图案、谐音和叠声,将义庄严分成四类:本事(二十三种)、比喻(二十一种)、夸张(十二种)和双关(十二种)。他也像婆摩诃一样重视"诗病"问题,论述了各种诗病和喻病。他将诗病分为音病和义病,又将音病分为词病和句病。

庄严论作为早期梵语诗学,在自觉地探索文学的特性和语言艺术的奥秘方面起了先驱作用。庄严论将有庄严和无诗病视为诗美的基本因素,对庄严和诗病作了深入细微的分析。而"有庄严"相对"无诗病"来说,是更积极的诗美因素。因此,在梵语诗学以后的发展中,有些梵语诗学家继续对庄严进行深入的探讨，庄严的数目由婆摩诃的三十九种、优婆吒的四十一种、楼陀罗吒的六十八种增至鲁耶迦（《庄严论精华》，十二世纪）的八十一种、胜天（《月光》，十三、十四世纪）的一百零八种和阿伯耶·底克希多（《莲喜》，十六世纪）的一百十五种。

与婆摩诃同时代的檀丁（Daṇḍin）在庄严论的基础上，提出了风格论。他的《诗镜》（Kāvyādarśa）共分三章。第一章论述诗的分类、风格和诗德。第二章论述义庄严。第三章论述音庄严和诗病。檀丁将风格分为两种：维达巴风格和高德风格。风格由诗德构成。檀丁论述了十种诗德：紧密、清晰、同一、甜蜜、柔和、易解、高尚、壮丽、美好和三昧。

从檀丁的具体论述看，紧密、同一和柔和属于词音范畴，甜蜜兼有词音和词义，其他各种则属于词义范畴。由此可见，檀丁所谓的风格是诗的语言风格，由音和义两方面的特征构成。檀丁认为这十种诗德是维达巴风格的特征。而高德风格中的诗德则与这十种诗德有同有异。大体上可以说，维达巴风格是一种清晰、柔和、优美的语言风格，而高德风格是一种繁缛、热烈、富丽的语言风格。檀丁在《诗镜》中，有时也称维达巴风格为南方派，称高德风格为东方派。语言艺术的地方特色，前人也已经注意到，如七世纪上半叶的波那在《戒日王传》的序诗中说道："北方充满双关，西方注意意义，南方喜爱奇想，高德（即东方）辞藻华丽。"而檀丁首先提出"风格"的概念，对这种文学现象进行了理论总结。

如果说檀丁是风格论的开创者，那么，八世纪下半叶的伐摩那（Vāmana）是风格论体系的完成者。他的《诗庄严经》（Kāvyālaṅkārasū-tra）以风格论为核心，提出了一套完整的诗学理论。这部著作采用经疏体，共分五章，分别论述诗的身体、诗病、诗德、庄严和运用。伐摩那认为"诗可以通过庄严把握。庄严是美，来自无诗病、有诗德和有庄严"（1.1.1—3）。这里，前两个"庄严"是指广义的庄严即艺术美，后一个"庄严"是指狭义的庄严即修辞方式。他给诗下的定义是："诗是经过诗德和庄严修饰的音和义。"（1.1.1注疏）但这只是诗的身体。因此，他进一步指出："风格是诗的灵魂。"（1.2.6）他给风格下的定义是："风格是词的特殊组合。这种特征性是诗德的灵魂。"（1.2.7、8）他也像檀丁一样提出十种诗德。但他将每种诗德分成音德和义德。这样，实际上有二十种诗德。他将风格分为三种：维达巴、高德和般遮罗，认为"维达巴风格具有所有诗德，高德风格具有壮丽和美好两种诗德，般遮罗风格具有甜蜜和柔和两种诗德"（1.2.11—13）。他指出："诗立足于这三种风格，正如画立足于线条。"（1.2.13注疏）

无论是庄严论，还是风格论，主要是探讨文学语言的形式美。檀丁和伐摩那所谓的"风格"也主要是语言风格。伐摩那将语言风格视为诗的灵魂，显然难以成立。但他提出的"诗的灵魂"这一概念，能启发后人探索诗歌艺术中更深层次的审美因素。九世纪和十世纪是梵语诗学发展的鼎盛期，产生了两位杰出的梵语诗学家欢增和新护。他俩的诗学以韵论和味论为核心。

欢增（Ānandavardhana，九世纪）的《韵光》（Dhvanyāloka）采用经疏体，共分四章。第一章提出韵论，批驳各种反对韵论的观点，第二章和第三章正面阐述韵论，第四章论述韵论的运用。欢增在《韵光》中给"韵"下的定义是："若诗中的词义或词将自己的意义作为附属而暗示那种暗含义，智者称这一类诗为韵。"（1.13）"韵"（dhvani）这个词是借用梵语语法术语。诚如欢增本人所说："在学问家中，语法家是先驱，因为语法是一切学问的根基。他们把韵用在听到的音素上。其他学者在阐明诗的本质时，遵循他们的思想，依据共同的暗示性，把表示义和表示者混合的词的灵魂，即通常所谓的诗，也称作韵。"（1.13注疏）

欢增在这里所说的意思是，按照梵语语法理论，一个词由几个音组成，其中个别的音不能传达任何意义，只有这几个音连接在一起发出才能传达某种意义。这种能传达某个原本存在的词义的声音就叫韵。梵语诗学中的韵论正是受此启发，对词的功能作了认真探讨，从而将诗中暗示的因素或暗含的内容称作韵，将具有暗示的因素或暗含的内容的诗称作韵诗。

具体地说，传统的梵语语法学家和哲学家确认词有两种基本功能——表示和转示，由此产生两种词义——表示义和转示义。表示义是指词的本义或字面义。转示义是指词的转义或引申义。而韵论发现词还有第三种功能——暗示，由此产生第三种词义——暗示义或暗含义。由此，韵论认为诗的灵魂，或者说诗的最大魅力就在于这种不同于表示性和转示性的暗示性。

在韵论关于词的功能的论述中,最常用的例子是"恒河上的茅屋"这个短语。在这个短语中,"恒河"一词按照本义不适用,因为茅屋不可能坐落在恒河上。因此,"恒河"一词必须依据词的转示功能引申理解为"恒河岸"。然而,这个短语的意思并不仅止于此。说话者的意图是用这个短语暗示这座茅屋濒临恒河,因而凉爽、圣洁。

发现词的暗示功能和诗的暗示义,是韵论对梵语诗学的创造性贡献。正如欢增所说:"韵的特征是一切优秀诗人的奥秘,可爱至极。而它未被过去的、哪怕是思维最精密的诗学家发现。"过去的诗学家只注重分析词的表面义,"而在大诗人语言中,确实存在另一种东西,即领会义。它显然不同于已知的肢体,正如女人的美"(1.4)。也就是说,过去庄严论派主要着眼于字面义的曲折表达,而在优秀的诗篇中,存在一种不同于字面义的领会义(即暗示义)。而这种领会义的魅力高于字面义的美,正如女人的魅力高于肢体的美。

欢增在《韵光》中,从暗示的内容和暗示的因素两个角度对韵作了广泛的探讨和细致的分类。其中主要的三类韵是本事韵、庄严韵和味韵。它们分别暗示诗中的内容、修辞和味。而欢增更重视的是味韵。他提出的味有九种,比《舞论》提出的八种味多一种平静味。他认为味通常是被暗示的。直接表示味和情的词,如艳情、滑稽、悲悯、暴戾、英勇、恐怖、厌恶、奇异和平静,或者,爱、笑、悲、怒、勇、惧、厌、惊和静,既不能刻画味,也不能激发味。诗人必须刻画味所由产生的景况及其表现,即有关的情由、情态和不定情,借以暗示味。这样,味就能作为一种被暗示的意义传达给读者,激起读者内心潜伏的感情,从而真正品尝到味。欢增对味韵的这种阐释,完全可以借用中国诗学的一句名言:"不著一字,尽得风流。"(《诗品·含蓄》)

就味韵而言,它本身可以分成许多类,而且各类味韵的情由、情态和不定情也多种多样,这就决定了诗歌内容变化的无限性。欢增指出:"即使是诗中的内容古已有之,只要把握住味,就能焕然一新,犹如春季的树木。"(4.4)因此,他强调诗人只要专心于味,在暗示义(即味和情)和暗示者(即音素、词、句和篇)上下功夫,他的作品就会展示新意。他还指出九种味中,有些味是互相冲突的,有些味是互相不冲突的。在同一个人身上，除非有一定的时间间隔，应该避免互相冲突的味。同时，在含有多种味的作品中，应该有一个主味贯穿其中，其他的味附属和加强主味，以保持味的统一。

欢增还在《韵光》中，以韵为准则，将诗分成三类：韵诗、以韵为辅的诗和画诗。韵诗是指诗中的暗示义占主要地位。以韵为辅的诗是指诗中的表示义占主要地位，而暗示义占附属地位，或者表示义和暗示义占同等地位。画诗是指诗中缺乏暗示义。此后，韵论派通常将这三类诗分别称作上品诗、中品诗和下品诗。

总之，欢增创立的韵论认为韵是诗的灵魂，味是韵的精髓。庄严属于诗的外在美，而韵和味属于诗的内在美。也就是说，韵论以韵和味为内核，以庄严、诗德和风格为辅助，构成了一个较为完善的梵语诗学体系。

新护（Abhinavagupta，十、十一世纪）著有《韵光注》（Kāvyālokalocana）和《舞论注》（Abhinavabhāratī）。《韵光注》是对欢增的《韵光》的注疏。欢增将韵视为诗的灵魂，并将韵分成本事韵、庄严韵和味韵。而新护惟独将味视为诗的灵魂，并将本事韵和庄严韵也最终归结为味韵。他认为诗中的本事韵和庄严韵总是或多或少与味相结合，全然无味的诗不成其为诗。同时，新护认为灵魂是相对身体而言，因此，味韵与优美的音和义不可分离。也就是说，诗是味韵（灵魂）与装饰有诗德和庄严的音和义（身体）的结合。新护还认为吠陀的教诲犹如主人，历史传说的教诲犹如朋友，惟独诗的教诲犹如爱人，因此，"欢喜"（ānanda，即审美快乐）是诗的主要特征，也是诗的最重要的功能。

《舞论注》是对婆罗多的《舞论》的注疏。其中最重要部分是对《舞论》中味的定义——"味产生于情由、情态和不定情的结合"所作的长篇注疏。新护将味的这个定义称作"味经"，因此，他的这部分注疏通常也被称作"味经注"。新护在"味经注"中对婆罗多的味论作了创造性的阐释。他首先对洛罗吒（九世纪）、商古迦（九世纪）和那耶迦（十世纪）等人的味论观点作了评述。这些作者的论著现已失传，依靠新护的评述，才保存了他们的理论观点。从新护的评述可以看出，自婆罗多在《舞论》中提出味论以来，梵语诗学家对味的理论思辨在九、十世纪达到了前所未有的高度。而新护深知理论发展中继承和创造的关系，在"味经注"中指出："先哲前贤铺设的知识阶梯相互连接，智慧不断地向上攀登，寻求事物真谛。"由此，他一方面强调说："重复前人揭示的真理，会有什么新意？缺乏见解和价值怎会获得世人好评？"另一方面也强调说："继承前人思想遗产，可以获得丰硕成果，因此，我们不否定，而是改善先哲的学说。"

正是这样，新护在"味经注"中批判地吸收前人探讨和思考中的合理成分，对味的本质作了创造性阐发。新护认为味是普遍化的知觉（或感情），诗人描写的是特殊的人物和故事，但传达的是普遍化的知觉。这里关键是诗歌或戏剧中的特殊的人物和故事经过了普遍化的处理。具体地说，当观众观赏戏剧时，演员的妆饰掩盖了演员本人的身份，观众直接将演员视为剧中人物。演员失去此时此地作为演员的时空特殊性。演员运用形体和语言表演剧中的情由、情态和不定情。这种特殊的情由、情态和不定情寓有普遍性，它们在观众的接受中得到普遍化。剧中人物失去彼时彼地的时空特殊性。这样，情由、情态和不定情呈示和暗示的常情，引起观众普遍的心理感应。因为每个观众都具有心理潜印象，这是日常生活经验的心理沉淀。在日常生活中，人们在一定的情境下，会激发某种常情；也能依据一定的情境，判断他人心中的常情。观众在观赏戏剧时，剧中普遍化的情由、情态和不定情，唤醒了观众心中的常情潜印象。观众自我知觉到这种潜印象，也就是品尝到了味。这种味虽由常情转化而成，但又不同于常情。常情有快乐，也有痛苦，而味永远是快乐的，因为它是一种超越世俗束缚的审美体验。新护的味论揭示了艺术创作中特殊和普遍的辩证关系，也揭示了艺术欣赏的心理根源。

可以说，欢增和新护的韵论和味论代表了梵语诗学取得的最高理论成就。在欢增和新护之后，梵语诗学家们的理论探索仍在进行。虽然它们的理论建树都已比不上欢增和新护，但也提供了一些具有独到见解的诗学著作，其中值得一提的是恭多迦的《曲语生命论》、摩希摩跋吒的《韵辨》和安主的《合适论》。

恭多迦（Kuntaka，十、十一世纪）的《曲语生命论》（Vakroktijīvata）采用经疏体，共分四章。第一章是总论，提出曲语的基本原理，后三章具体阐述六类曲语。恭多迦给诗下的定义是："诗是在词句组合中安排音和义的结合，体现诗人的曲折表达能力，令知音喜悦。"（1.7）他对"曲折"一词的解释是："与经论等等作品通常使用的音和义不同。"（1.7注疏）也就是说，诗是经过装饰的音和义，而这种装饰就是曲语。他将曲语视为诗的生命，并将曲语分为六类：音素、词干、词缀、句子、章节和整篇作品。

从恭多迦对曲语的分类和具体阐述看，正如韵论以韵和味统摄一切文学因素，他试图用曲语统摄一切文学因素。他不仅将庄严论中的音庄严和义庄严纳入曲语范畴，也将韵和味纳入曲语范畴。曲语本是庄严论提出的概念。恭多迦的曲语论显然是在庄严论基础上的创造性发展。尽管恭多迦是一位有气魄的梵语诗学家，创立的曲语论也自成体系，但在后期梵语诗学中，占主流地位的始终是韵论和味论。

恭多迦试图用一个旧概念来解释和囊括一切新观念，自有它的保守之处。但是，在曲语论中，恭多迦强调诗人作为创作主体的重要性，这一观点值得重视。恭多迦认为文学的魅力在于曲语，而曲语的根源在于诗人的创作想象活动。诗人的创造性体现在一切曲语之中。恭多迦明确指出"诗人的技能是一切味、自性和庄严的生命"（3.4注疏）。他在论述风格时，也紧密联系诗人自身的文化素质特点。在梵语诗学史上，庄严论和风格论重视文学的修辞和风格，味论和韵论重视文学的感情和读者的接受，而恭多迦注意到了诗人创作主体的重要性。

摩希摩跋吒（Mahimabhaṭṭa，十一世纪）的《韵辨》（Vyaktiviveka）采用经疏体，共分三章。这是一部试图以推理论取代韵论的诗学著作。在第一章开头，摩希摩跋吒就明确表示他写这部著作是"为了说明一切韵都包含在推理之中"。他引用了《韵光》中关于韵的定义，从论点和语法上指出这个定义有十条错误。他批驳韵论，否认词有暗示功能。他认为词只有一种表示功能，所谓的转示义或暗示义是由表示义通过推理表达的。因此，按照他的观点，词只有表示义和推理义两种意义，转示义和暗示义都包含在推理中。他认为表示义和暗示义的关系相当于逻辑推理中的"相"（中项）和"有相"（大项）的关系。暗示义不是通过表示义暗示的，而是通过推理展示的。他也否定恭多迦的曲语论，认为如果曲折表达方式传达的意义不同于通常的意义，那么这种曲语也像韵一样包含在推理中。摩希摩跋吒还在第三章中，以《韵光》中引用的四十首诗为例，说明欢增所谓的韵实际上是推理。

《韵辨》显示出摩希摩跋吒具有广博的学识和非凡的论辩能力。但在梵语诗学理论上并无实质性的重大建树。因为他的推理论的核心是以推理取代暗示，除此之外，他与韵论派并无重大理论分歧。他自己就在《韵辨》中说："就味等等是诗的灵魂而言，并不存在分歧。分歧是在名称上。如果不将味称作韵，分歧也就消除。"（1.26）又说："我们只是不同意说暗示是韵的生命，而其他问题略去不谈，因为基本上没有分歧。"（3.33）在后期梵语诗学家中，摩希摩跋吒的推理论没有获得支持者，现存惟一的一部《韵辨注》（十二世纪）也是对推理论持批评态度的。其实，摩希摩跋吒也不是推理论的首倡者。欢增在《韵光》第三章中就已对推理论作过评述，明确指出："在诗的领域，逻辑中的真理和谬误对于暗示义的认知不适用。"（3.33注疏）尽管如此，摩希摩跋吒仍向韵论提出理论挑战，说明这个问题还需要诗学家们进行认真的辨析，作出有说服力的回答。无论如何，这涉及诗学中的一个重要理论问题，即形象思维和逻辑思维的关系。

安主（Kṣemendra，十一世纪）的《合适论》（Aucityavicāracarcā）采用经疏体，不分章。安主在这部著作中企图建立一种以"合适"为"诗的生命"的批评原则。他认为诗歌中的各种因素只有与背景适合，又互相适合，才能发挥它们的功用，达到诗人的目的。他在《合适论》中，罗列了二十七种诗的构成因素，诸如词、句、文义、诗德、庄严、味、动词、词格、词性、词数、前缀、不变词和时态等，从正反两方面举例说明何谓合适，何谓不合适。其实，合适这一批评原则在欢增的《韵光》中已经形成，但只是作为诗歌魅力的辅助因素。而安主把合适看作高于一切的生命，加以详细阐发。从理论总体上，应该说欢增的观点更合理。但和谐和分寸感毕竟也是艺术创作的重要问题，安主细致入微的论述自有它一定的理论意义和实用价值。

在梵语诗学中，还有一类称作"诗人学"的著作，如王顶（九、十世纪）的《诗探》、安主（十一世纪）的《诗人的颈饰》、阿利辛赫和阿摩罗旃陀罗（十三世纪）的《诗如意藤》、代吠希婆罗（十三、十四世纪）

的《诗人如意藤》等。这类著作的侧重点不是探讨诗歌创作理论，而是介绍诗人应该具备的各种修养和写作知识，类似"诗人指南"或"诗法教程"。

王顶（Rājaśekhara）的《诗探》（Kāvymīmāṁsā）是这方面的代表作。全书共分十八章，讲述了诗学起源的神话传说、语言作品的分类、"诗原人"诞生的神话传说、诗人的才能、诗人的分类和诗艺成熟的特征、词句及其功能、语言风格、诗的主题来源、诗的描写对象、诗人的行为规范、诗歌创作中的借鉴和诗的各种习惯描写用语，等等。总之，论题相当广泛，提供了许多不见于其他著作的梵语诗学资料。

从十一世纪开始，梵语诗学进入对前人成果加以综合和阐释的时期。这类综合性和阐释性的梵语诗学著作很多，其中最著名的是曼摩吒（Mammaṭa，十一世纪）的《诗光》、毗首那特（Viśvanātha，十四世纪）的《文镜》和世主（Jagannātha，十七世纪）的《味海》。《诗光》（Kāvyaprakāśa）共分十章，分别论述诗的目的和特点、音和义、暗示、以韵为主的诗、以韵为辅的诗、无韵的诗、诗病、诗德、音庄严和义庄严。《诗光》以韵论为基础，将梵语诗学的所有概念和理论交织成一个有机整体。因而，这部著作十分流行，注本也最多。《文镜》（Sāhityadarpaṇa）也分十章，分别论述诗的特点、词句、味和情、韵、暗示、戏剧、诗病、诗德、风格和庄严。《文镜》的格局与《诗光》相似，但兼论戏剧。同时，在诗的本质问题上，《诗光》侧重韵，而《文镜》侧重味。《味海》（Rasagaṅgādhara）仅存第一章和第二章的部分。第一章论述诗的特点、诗的分类、情、味和诗德，第二章论述韵的分类和庄严。《味海》表明世主透彻了解梵语诗学遗产，准确把握各家观点的歧异，并能提出自己的一些独到见解。他是梵语诗学史上最后一位重要的理论家。他的《味海》标志梵语诗学的终结。

印度现代学者古布斯瓦米·夏斯特里（S. Kuppuswami Sastri）曾以图表方式展示梵语诗学的总体面貌[①]：

[①] 参阅拉克凡和纳根德罗合编《印度诗学引论》（孟买，1970），第25页。

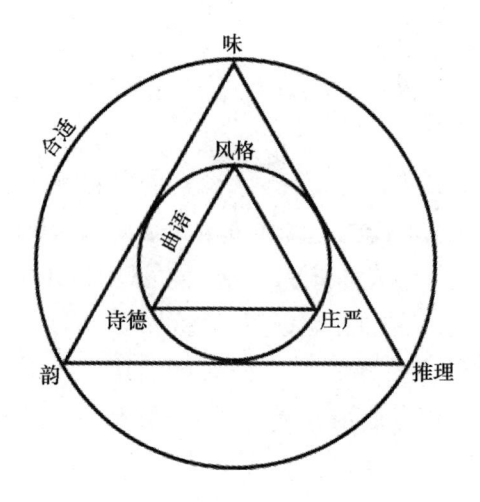

按照他的解释，味、韵和推理代表诗的内容。韵论和推理论都确认味，而前者强调暗示，后者强调推理。庄严、诗德和风格代表诗的形式。这三者都属于曲语，即曲折的表达方式，构成小圆圈。而无论内容或形式，都需要合适，构成大圆圈。同时，内容比形式重要，内容组成大三角，形式组成小三角。

我们也可以将这个图表加以改造，对最终形成的梵语诗学体系作出另一种表述：

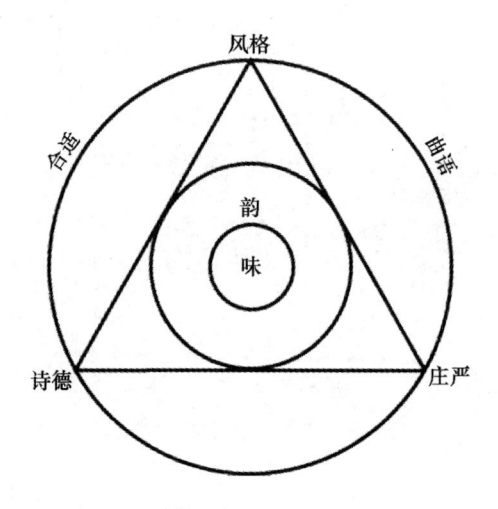

韵是诗的灵魂，味是韵的精髓，构成诗的内在美。庄严、诗德和风格

构成诗的外在美。而合适和曲语适用于内在美和外在美，是所有诗美因素的共同特征。

综上所述，梵语诗学经过漫长的历史发展，形成了世界上独树一帜的文学理论体系。它有自己的一套批评概念或术语，如味、情、庄严、诗德、诗病、风格、韵、曲语和合适等。它对文学自身的特殊规律作了比较全面和细致的探讨。就梵语诗学的最终成就而言，可以说，庄严论和风格论探讨了文学的语言美，味论探讨了文学的感情美，韵论探讨了文学的意蕴美。这是文艺学的三个基本问题。因此，梵语诗学这宗丰富的遗产值得我们重视。如果我们将它放在世界文学理论的范围内进行比较研究，就更能发现和利用它的价值。

2007 年 3 月 16 日

（原载《梵语诗学论著汇编》，昆仑出版社 2008 年版）

《奥义书》导言

奥义书（Upaniṣad）在印度古代思想史上占有重要地位，是印度上古思想转型的关键著作，对印度古代宗教和哲学的发展产生了深远影响。

印度上古时代也称吠陀时代。现存吠陀文献包括吠陀本集、梵书、森林书和奥义书。吠陀本集有四部：《梨俱吠陀》、《娑摩吠陀》、《夜柔吠陀》和《阿达婆吠陀》，约产生于公元前十五世纪至公元前十世纪之间。其中，《梨俱吠陀》(Ṛgveda) 是颂神诗集，《娑摩吠陀》(Sāmaveda) 是颂神歌曲集，《夜柔吠陀》（Yajurveda）是祈祷诗文集，《阿达婆吠陀》(Atharvaveda) 是巫术诗集。这些吠陀本集表明印度吠陀时代是崇拜神祇的时代。神祇分成天上诸神、空中诸神和地上诸神三类。许多天神由自然现象转化而成，如苏尔耶（太阳神）、阿耆尼（火神）、伐由（风神）、普利提维（大地女神）和乌霞（黎明女神）等，也有一些天神由社会现象或与自然现象相结合的社会现象转化而成，如因陀罗（雷神和战神）、陀湿多（工巧神）、苏摩（酒神）和毗诃波提（祭司神）等。《梨俱吠陀》中的颂神诗主要是向这些天神表达崇拜、敬畏、赞美和祈求。在印度上古初民的心目中，人间一切事业的成功都依靠天神的庇佑。

印度吠陀时代早期是氏族部落社会。随着生产力的发展和社会分工的加强，而形成种姓社会制度。社会成员分成四种种姓：第一种姓婆罗门（Brāhmaṇa）是祭司阶级，掌管宗教；第二种姓刹帝利（Kṣatriya）是武士阶级，掌管王权；第三种姓吠舍（Vaiśya）是平民阶级，主要从事农业、畜牧业、手工业和商业；第四种姓首陀罗（Śūdra）是低级种姓，主要充当仆役。从四种种姓的排列次序就可以看出，婆罗门祭司在社会中居于首要地位。《梨俱吠陀》有一首晚出的"原人颂"，已将种姓制度神话化。这首颂诗描写众天神举行祭祀，以原始巨人补卢沙作祭品。众天神分割补

卢沙时,"他的嘴变成婆罗门,双臂变成罗阇尼耶(即刹帝利),双腿变成吠舍,双脚变成首陀罗"。(10.90.12)

四部吠陀也是适应祭祀仪式的实用需要而编订成集的。婆罗门教的祭祀仪式分"家庭祭"和"天启祭"两大类。家庭祭是有关出生、婚丧和祈福等日常生活祭祀仪式,只要点燃一堆祭火,由家长本人担任司祭者,或者请一个祭司协助。天启祭则是贵族和富人,尤其是国王举行的祭祀仪式,需要在祭坛的东边、南边和西边点燃三堆祭火,由四位祭官统领一批祭司担任司祭者。这四位祭官分别是:诵者祭司(Hotṛ),由他念诵《梨俱吠陀》颂诗,赞美诸神,邀请诸神出席祭祀仪式;歌者祭司(Udgātṛ),由他伴随供奉祭品,尤其是苏摩酒,高唱《娑摩吠陀》赞歌;行祭者祭司(Adhvaryu),由他执行全部祭祀仪式,同时低诵《夜柔吠陀》中的祈祷诗文;监督者祭司(Brahman,梵祭司),由他监督整个祭祀仪式的进行,一旦发现差错,立即予以纠正。

《阿达婆吠陀》编订成集的时间晚于前三部吠陀。但这不意味《阿达婆吠陀》中的巫术诗产生时间晚于前三部吠陀中的颂神诗。巫术是属于原始宗教乃至前于宗教的古老社会现象。它更多体现始终在民间流行的通俗信仰。《阿达婆吠陀》的早期名称是《阿达婆安吉罗》。阿达婆和安吉罗是两位祭司的名字,也代表两种巫术咒语:祝福咒语和驱邪咒语。在《阿达婆吠陀》中也有不少颂神诗,但一般都与巫术相结合。在这里,《梨俱吠陀》中的诸神适应巫术的需要,几乎都成了降伏妖魔或敌人的神。

印度吠陀时代上古初民崇拜神祇,热衷祭祀。而婆罗门主导祭祀活动,并在祭祀活动中接受布施和酬金,是最大的实际受益者。在吠陀时代后期出现的各种梵书便是婆罗门的"祭祀学"著作。梵书(Brāhmaṇa)这一名称的词源是"梵"(Brahman,词根 bṛh 的意思是增长和发展)。"梵"在早期吠陀文献中常常用于指称吠陀颂诗,由此,念诵吠陀颂诗的人叫做婆罗门(Brāhmaṇa,阳性),解释吠陀颂诗的著作叫做"梵书"(Brāhmaṇa,中性)。现存梵书有十几种,分属四吠陀。婆罗门在这些梵书中,为各种祭祀仪式制定规则,诸如祭祀的种类、祭火和祭司的数目、祭祀的时间和地点、念诵或咏唱的颂诗、供奉的祭品和祭祀用品,等等,并千方百计将祭祀仪式繁琐化和神秘化,强调所有这些规则乃至最微小的细节都事关祭祀的成败。在这些梵书中，祭祀本身成了最高目的。包括天神在内的一切力量都源自祭祀。而婆罗门执掌祭祀，也被抬高到等同天神的地位。婆罗门的祭祀理论至此达到鼎盛。

在梵书之后出现的是各种森林书和奥义书。这两类著作性质相近。奥义书有时包含在森林书中，如《爱多雷耶奥义书》包含在《爱多雷耶森林书》中；有时本身既是森林书，又是奥义书，如《大森林奥义书》。但这两类著作一般都作为梵书的附录。森林书排在梵书之后，奥义书又排在森林书之后。因此，这两类著作，尤其是奥义书，又被称为"吠檀多"（Vedānta），即"吠陀的终结"。虽然排在梵书之后，但它们的主题思想并不是梵书的继续或总结，而是展现对于祭祀和人生的另一种思路。

森林书（Āyaka）这一名称的词源是"森林"（araṇya）。这类著作是在远离城镇和乡村的森林里秘密传授的。它们主要不是制定祭祀的实施规则，而是探讨祭祀的神秘意义。这些森林书的作者隐居森林，不仅摒弃世俗生活方式，也摒弃世俗祭祀方式。他们强调内在的或精神的祭祀，以区别于外在的或形式的祭祀。这样，森林书标志着由梵书的"祭祀之路"转向奥义书的"知识之路"。

奥义书（Upaniṣad）这一名称的原义是"坐在某人身旁"（动词词根 sad 加上前缀 upa 和 ni），蕴含"秘传"的意思。奥义书中经常强调这种奥义不能传给"非儿子或非弟子"。如《歌者奥义书》中说："确实，父亲应该将梵传给长子或入室弟子。不能传给任何别人，即使他赐予大海环绕、充满财富的大地。"（3.11.5、6）因此，upaniṣad 一词在奥义书中既表示书名，也表示"奥义"或"奥秘"，与奥义书中使用的 guhya（"秘密"）一词是同义词。

留传于世的奥义书很多。在一部名为《解脱奥义书》（Muktika Upani-ṣad）的奥义书中列出的奥义书有一百零八种。实际上，挂名"奥义书"的奥义书不下二百种。然而，它们大多产生年代很晚，与吠陀文献无关，不是严格意义上的奥义书。一般公认属于吠陀时代的奥义书只有十三种。这十三种奥义书按照产生年代，大体分为三组。

第一组：《大森林奥义书》（Bṛhadāraṇyaka Upaniṣad）

《歌者奥义书》（Chāndogya Upaniṣad）

《泰帝利耶奥义书》（Taittirīya Upaniṣad）

《爱多雷耶奥义书》（Aitareya Upaniṣad）

《憍尸多基奥义书》（Kauṣītaki Upaniṣad）

这五种奥义书是散文体，产生年代约在公元前七、八世纪至公元前五、六世纪之间，也就是在佛陀（公元前566—486）之前。

第二组：《由谁奥义书》（Kena Upaniṣad）

《伽陀奥义书》（Kaṭha Upaniṣad）

《自在奥义书》（Īśā Upaniṣad）

《白骡奥义书》（Śvetāśvatara Upaniṣad）

《剃发奥义书》（Muṇḍaka Upaniṣad）

这五种奥义书主要是诗体，产生年代约在公元前五、六世纪至公元前一世纪之间。其中，《由谁奥义书》兼有诗体和散文体，也可以归入第一组。

第三组：《疑问奥义书》（Praśna Upaniṣad）

《蛙氏奥义书》（Māṇḍūkya Upaniṣad）

《弥勒奥义书》（Maitrī Upaniṣad）

这三种奥义书是散文体，产生年代约在公元初。

奥义书的内容是驳杂的。但它们的核心内容是探讨世界的终极原因和人的本质。其中的两个基本概念是梵（Brahman）和自我（Ātman）。在吠陀颂诗中，确认众天神主宰一切。在梵书中，确认生主是世界创造主。而在奥义书中，确认梵是世界的本原。梵作为世界的本原的观念在梵书中已初露端倪，但在奥义书中得到充分发展，成为奥义书的主导思想。在奥义书中，"自我"一词常常用作"梵"的同义词，也就是说，梵是宇宙的自我、本原或本质。而"自我"一词既指称宇宙自我，也指称人的个体自我，即人的本质或灵魂。梵是宇宙的本原，自然也是人的个体自我的本原。正如《歌者奥义书》中所说："这是我内心的自我。它是梵。"（3.14.4）

在奥义书的创世说中，世界最初的惟一存在是自我，由自我创造出世界万物。这个"自我"也就是梵。《爱多雷耶奥义书》中的"自我创世说"便是对《梨俱吠陀》中的"原人创世说"的改造。"原人创世说"描写众天神举行祭祀,原始巨人补卢沙(Puruṣa,"原人")作为祭品,而化身为世界万物。"自我创世说"则描写自我首先创造出原人,然后原人衍生世界万物。《大森林奥义书》中指出:"正像蜘蛛沿着蜘丝向上移动,正像火花从火中向上飞溅,确实,一切气息,一切世界,一切天神,一切众生,都从这自我中出现。"(2.1.20)按照奥义书的种种描述,梵创造一切,存在于一切中,又超越一切。

奥义书中对于梵的认知和表述主要采用两种方式。一种是拟人化或譬喻的方式,如《大森林奥义书》:"这自我是一切众生的主人,一切众生的国王。正如那些辐条安置在轮毂和轮辋中,一切众生、一切天神、一切世界、一切气息和一切自我都安置在这个自我中。"(2.5.15)《自在奥义书》:"它既动又不动,既遥远又邻近,既在一切之中,又在一切之外。"(5)《剃发奥义书》:"他的头是火,双眼是月亮和太阳,耳朵是方位,语言是展示的吠陀,呼吸是风,心是宇宙,双足产生大地,他是一切众生的内在自我。"(2.1.4)另一种是否定的方式(或称"遮诠"),也就是《大森林奥义书》中所说的"不是这个,不是那个"(neti neti)的认知和表达方式。因为对于梵(或自我)来说,"没有比它更高者,只能称说'不是'"(2.3.6)。如《大森林奥义书》:"这个不灭者(梵——引者注)不粗,不细,不短,不长,不红,不湿,无影,无暗,无风,无空间,无接触,无味,无香,无眼,无耳,无语,无思想,无光热,无气息,无嘴,无量,无内,无外。"(3.8.8)《剃发奥义书》:"它不可目睹,不可把握,无族姓,无种姓,无手无脚,永恒,遍及一切,微妙,不变,万物的源泉。"(1.1.6)《蛙氏奥义书》:"不可目睹,不可言说,不可执取,无特征,不可思议,不可名状,以确信惟一自我为本质,灭寂戏论,平静,吉祥,不二。"(7)

奥义书中对梵的探讨始终与对人的个体自我的探讨紧密结合。《泰帝利耶奥义书》将人的个体自我分为五个层次:食物构成的自我、气息构成的自我、思想构成的自我、知识构成的自我和欢喜构成的自我。前两者是生理的自我,后三者是精神的自我。而其中欢喜构成的自我意味对梵的认知和与梵合一。正因为如此,任何人"如果知道梵的欢喜,他就无所畏惧"(2.9.1)。《歌者奥义书》中描述天神因陀罗和阿修罗维罗遮那向生主请教自我。维罗遮那只认识到人的肉体自我，而因陀罗进一步认识到梦中的自我和熟睡中的自我，最后认识到无身体的自我。生主指出："这个自我摆脱罪恶，无老，无死，无忧，不饥，不渴，以真实为欲望，以真实为意愿。"（8.7.1）《蛙氏奥义书》将自我的精神意识分成四种状态：觉醒状态、梦中状态、熟睡状态和第四状态。觉醒状态"认知外在"，梦中状态"认知内在"，熟睡状态"智慧密集"，而第四状态超越这三种状态，既非"认知"，也非"不认知"，达到与梵同一（"不二"）。

与梵和自我的关系相关联，奥义书中也探讨宇宙和人的关系。在探讨这种关系时，奥义书中的常用语是"关于天神"和"关于自我"。"关于天神"指关于宇宙，"关于自我"指关于人体。宇宙和人都是梵的展现，也就是以梵为本原。在奥义书的描述中，宇宙中的自然现象与人体的各种生理和精神功能具有对应关系。《大森林奥义书》第二章第五梵书讲述因陀罗传授给阿达婆家族达提掩的"蜜说"。其中，将宇宙中的水、火、风、太阳、方位、月亮、闪电、雷和空间分别与人的精液、语言、气息、眼睛、耳朵、思想、精力、声音和心相对应，并且确认宇宙中的"原人"和人体中的"原人"都是"这自我"，换言之，"这是甘露，这是梵，这是一切"（2.5.1）。奥义书中将人的生命气息分成五气：元气、下气、中气、行气和上气。《疑问奥义书》中，也将这五气分别与太阳、大地、空中、风和火相对应（3.7、8）。而且，在论述这种对应关系时，不仅将宇宙中的各种自然现象称为"天神"，也将人体的各种感官称为"天神"。这也在一定程度上表明，奥义书将吠陀颂诗中的神祇还原为自然和人。

奥义书对于梵和自我以及宇宙和人的探讨，其最终结论可以表述为"宇宙即梵，梵即自我"。《歌者奥义书》中说："这是我内心的自我，小于米粒，小于麦粒，小于芥子，小于黍粒，小于黍籽。这是我内心的自我，大于地，大于空，大于天，大于这些世界。包含一切行动，一切愿望，一切香，一切味，涵盖这一切，不说话，不旁骛。这是我内心的自我。它是梵。死后离开这里，我将进入它。信仰它，就不再有疑惑。"（3.14.4）在奥义书中，诸如"它是你"、"我是梵"和"自我是梵"都是常用语，以"梵我同一"为指归。

奥义书将梵和自我视为最高知识。知道了梵和自我，也就知道一切。

认识到梵我同一，也就获得解脱。《歌者奥义书》中说："这是自我。它不死，无畏，它是梵。这个梵，名为'真实'。"（8.3.4）然而，在日常生活中，"真实"常被"不真实"掩盖："正像埋藏的金库，人们不知道它的地点，一次次踩在上面走过，而毫不察觉。同样，一切众生天天走过这个梵界，而毫不察觉，因为他们受到不真实蒙蔽。"（8.3.2）因此，奥义书自始至终以揭示这个"真实"为己任。

奥义书确认梵为最高真实，以认知"梵我同一"为人生最高目的。这与梵书中体现的崇拜神祇和信仰祭祀的婆罗门教义迥然有别。奥义书崇尚知识，而将知识分为"上知"和"下知"。《剃发奥义书》中说："下知是梨俱吠陀、夜柔吠陀、娑摩吠陀、阿达婆吠陀、语音学、礼仪学、语法学、词源学、诗律学和天文学。然后，是上知。依靠它，认识不灭者。"（1.1.5）也就是将"四吠陀"和"六吠陀支"都归入"下知"，"上知"则是对梵的认知。这"上知"和"下知"与《疑问奥义书》中提出的"上梵和下梵"（5.2）有相通之处。在那里，"下梵"与凡界和月界相关联，而"上梵"与梵界相关联。这"上梵"和"下梵"又与《大森林奥义书》中的"有形"的梵和"无形"的梵有相通之处。其中，"无形"的梵相当于"上梵"，是"真实中的真实"（2.3.6）。

奥义书超越吠陀经典，突破梵书的祭祀主义樊篱，可以说是在婆罗门教内部发生的一场思想革命。从奥义书中反映的情况看，这场思想革命也得到刹帝利王族的积极支持。在著名的奥义书导师中，就不乏刹帝利国王，如《大森林奥义书》中的阿阇世和遮婆利，《歌者奥义书》中的竭迦耶，《憍尸多基奥义书》中的吉多罗·甘吉亚耶尼。在《大森林奥义书》中，婆罗门伽吉耶拜阿阇世为师时，阿阇世说道："这确实是颠倒次序，婆罗门拜刹帝利为师。"（2.1.15）婆罗门阿卢尼拜遮婆利为师时，遮婆利说道："这种知识在此之前，从未出现在婆罗门中，而我会将它传授给你。"（6.2.8）这些说明婆罗门一向垄断知识，崇拜神祇，推行祭祀主义，已经不能适应社会发展的需要，思想领域中的"革故鼎新"势在必行。

围绕梵和自我这个中心论题，奥义书还涉及其他许多论题，提出了不少新观念。其中之一是业和转生的观念。在《大森林奥义书》中，阿尔多薄伽向耶若伏吉耶请教人死后的问题，而耶若伏吉耶向他表示："此事不能当众说，让我们私下说。"然后，他俩离开现场进行讨论，确认"因善业而成为善人，因恶业而成为恶人"（3.2.3）。这说明"业和转生"问题在当时也是一种重要的"奥义"。耶若伏吉耶也向遮那迦描述了人死去时，自我离开身体转生的情状，而转生为什么，则按照在世时的业行。他指出："'人确实由欲构成。'按照欲望，形成意愿。按照意愿，从事行动。按照行动，获得业果。"（4.4.5）在《大森林奥义书》中，遮婆利向阿卢尼描述转生的两条道路：一条是"在森林里崇拜信仰和真理"的人们（即知梵者）死后进入天神世界和太阳，抵达梵界，"不再返回"；另一条是从事"祭祀、布施和苦行"的人们死后进入祖先世界和月亮，又返回凡界，"循环不已"（6.2.15、16）。在《歌者奥义书》中，对于转生凡界有更为具体的描述，并指出："那些在世上行为可爱的人很快进入可爱的子宫，或婆罗门妇女的子宫，或刹帝利妇女的子宫，或吠舍妇女的子宫。而那些在世上行为卑污的人很快进入卑污的子宫，或狗的子宫，或猪的子宫，或旃陀罗妇女的子宫。"（5.10.7）

而奥义书追求的人生最高目的是认知梵，达到"梵我同一"。人死后，自我进入梵界，摆脱生死轮回，不再返回，自然是达到"梵我同一"的标志。但达到"梵我同一"既是死后之事，更是在世之事。在《大森林奥义书》中，耶若伏吉耶向遮那迦传授了"自我"奥义后，说道："知道了这样，就会平静，随和，冷静，宽容，沉静。他在自我中看到自我，视一切为自我。……他摆脱罪恶，摆脱污垢，摆脱疑惑，成为婆罗门。这是梵界，大王啊！你已经获得它。"（4.4.23）

奥义书中产生的这种业报、轮回和解脱观念，不仅为婆罗门教所接受，也为后来的佛教和耆那教所接受，而成为印度古代宗教思想中的重要基石。佛教将轮回（saṁsāra）描述为"五道轮回"：地狱、畜生、饿鬼、人和天（神），后来加上一个"阿修罗（魔）"，为"六道轮回"。但佛教并不认同奥义书中提出的"梵"和"自我"，因而佛教的解脱（mokṣa）之道不是达到"梵我同一"，而是达到"涅槃"（nirvāṇa）。

在奥义书之后产生的印度古代哲学中，吠檀多（Vedānta）哲学是奥义书的直接继承者。而数论和瑜伽也能在奥义书中找到渊源或雏形。在奥义书中，数论和瑜伽是作为认知梵的手段或方法。正如《白骡奥义书》中所说："依靠数论瑜伽理解，知道这位神，便摆脱一切束缚。"（6.13）"数论"（Sāṅkhya）一词的原义是"计数"，引申为包括计数在内的分析方法。在奥义书中，数论便是通过分析人体的构成因素，以认知自我。如《伽陀奥义书》中认为"感官对象高于感官，思想（'心'）高于（感官）对象，智慧（'觉'）高于思想，伟大的自我（'个体自我'）高于智慧，未显者（'原初物质'）高于伟大的自我，原人（'至高自我'）高于未显者，没有比原人更高者，那是终极，至高归宿"（1.3.10、11）。而《疑问奥义书》（4.7、8）中的排列次序是：自我、气息、光、心（"意"）、我慢（"自我意识"）、思想（"心"）、五种行动器官（语言、双手、双脚、肛门和生殖器）、五种感觉器官（眼、耳、鼻、舌和身）和五大元素（地、水、火、风和空）。这些都是后来的数论哲学思辨运用的基本概念。

"瑜伽"（Yoga）一词的原义是"联系"或"驾驭"，引申为修炼身心的方法。《伽陀奥义书》将那吉盖多从死神那里获得的奥义知识称为"完整的瑜伽法"，说他由此"摆脱污垢和死亡，达到梵"（2.3.18）。《白骡奥义书》中描述了修习瑜伽的适宜地点以及通过控制身体和思想认知梵："犹如一面镜子沾染尘土，一旦擦拭干净，又光洁明亮，同样，有身者看清自我本质，也就达到目的，摆脱忧愁。"（2.14）《弥勒奥义书》中也将瑜伽作为与梵合一的方法加以描述，并将瑜伽分为六支："调息、制感、沉思、专注、思辨和入定。"（6.18）在后来出现的瑜伽经典《瑜伽经》（Yogasūtra）中，波颠阇利（Patañjali）将瑜伽分支确定为八支："禁制、遵行、坐法、调息、制感、专注、沉思和入定。"（2.2.29）两者的方法和精神基本一致。

此外，奥义书中也经常显示出对现实生活的关注，尤其是对食物和生殖的重视。还有，对伦理道德的崇尚，如在《大森林奥义书》（5.2.1—3）中提出的三 Da 原则：自制（dāmyata）、施舍（datta）和仁慈（dayadhvam）①。总之，奥义书中的论题广泛，内容丰富，以上只是着重介绍奥义书在印度上古思想转型时期的创造性探索中取得的主要思想成果，并做一些提示式的说明。

---

① 英国诗人艾略特（T. S. Eliot）将这个三 Da 原则用作素材，写进了他的著名诗篇《荒原》（1922）。

同时，这些奥义书也真实地反映了当时的思想探索方法和过程。因而，虽然这些奥义书的思想趋向是一致的，但它们的表述方式异彩纷呈，术语的使用也不尽相同。它们尚未形成周密的哲学体系，也未充分运用概念进行思维，这些是此后的印度哲学的任务。奥义书的理论思维正处在从神话的、形象的思维向哲学的、抽象的思维转变之中。因此，奥义书也就成了我们了解印度宗教和哲学发展历程的一个重要样本。

　　印度现存最早的奥义书注释是九世纪商羯罗（Śaṅkara）和十一世纪罗摩奴阇（Rāmānuja）的注释。现在对于十三种原始奥义书的确定，一方面是依据对文本内容本身的考察，另一方面也是依据他们注释和提及的奥义书文本情况。在十七世纪印度莫卧儿王朝时期，奥义书被翻译成波斯文。十九世纪初，法国学者迪佩隆（A. Duperron）依据这个波斯文译本，将奥义书翻译成拉丁文，题名为 Oupnekhat，其中含有五十种奥义书。当时，德国哲学家叔本华读到这个译本，给予奥义书极高的评价："在这整个世界，没有比研读奥义书更令人受益和振奋的了。它是我的生的安慰，也将是我的死的安慰。"① 他也在《作为意志和表象的世界》第一版序言中推崇奥义书，说道："我揣测梵文典籍影响的深刻将不亚于十五世纪希腊文艺的复兴，所以我说读者如已接受了远古印度智慧的洗礼，并已消化了这种智慧，那么，他也就有了最最好的准备来听我要对他讲述的东西了。"② 此后，奥义书在西方学术界得到广泛传播，先后出现多种译本，其中著名的有缪勒（Max Müller）的英译本《奥义书》（1879）、多伊森（P. Deussen）的德译本《六十奥义书》（1897）和休谟（M. Hume）的《十三主要奥义书》（1921）等。

　　中国翻译奥义书的先驱是徐梵澄先生。他自1945年起，侨居印度，在五十年代期间，潜心翻译奥义书，先后译出五十种。1979年回国后，他将译稿题名《五十奥义书》，交由中国社会科学出版社，于1984年出版。徐梵澄先生的译文采用文言体，故而对一般读者而言，在阅读和利用上会

---

　　① 转引自拉达克利希南（S. Radhakrishnan）主编《印度文化传统》（The Cultural Heritage of India，加尔各答，2001），第1卷，第365页。
　　② 叔本华：《作为意志和表象的世界》，石冲白译，商务印书馆1982年版，第6页。

有一定困难。鉴于奥义书在印度思想史上的重要地位，我觉得有必要为国内读者提供一部《奥义书》的现代汉语译本，也就着手做了这件工作。

我的翻译依据印度著名学者拉达克利希南（S. Radhakrishnan）的《主要奥义书》（The Principal Upaniṣads, 1953）中提供的梵语原文。拉达克利希南的《主要奥义书》收有十八种奥义书，我译出的是前面的十三种，也就是学术界公认的十三种原始奥义书。在翻译中，也参考美国学者奥利维勒（P. Olivelle）的《早期奥义书》（The Early Upaniṣads, 1998）中提供的梵语原文。奥利维勒的《早期奥义书》收有十二种奥义书，也就是没有收入十三种奥义书中一般认为较晚的《弥勒奥义书》。我对译文的注释既参考他们两位的注释，也参考其他的相关著作。我在注释中注意把握这两个原则：一是适应中国读者的需要，二是力求简明扼要，避免繁琐或过度诠释。

奥义书原本是口耳相传的，因此，文体具有明显的口语特征，诸如常用复沓式表述、惯用语、语气助词和借助手势等，其中不少也直接采用对话体。但它们最终毕竟形成书面文字，以抄本形式留传下来，也就有别于纯粹的口语。因而，我的译文也不刻意追求口语化，只是尽量做到文字表达上明白晓畅。至于效果如何，只能留待读者检验。

2007 年 11 月
（原载《奥义书》，商务印书馆 2010 年版）

《薄伽梵歌》导言

《薄伽梵歌》（Bhagavadgītā）是印度古代史诗《摩诃婆罗多》（Mahābhārata）中的一部宗教哲学诗。因此，在阅读《薄伽梵歌》之前，先要了解一下《摩诃婆罗多》。

《摩诃婆罗多》的成书年代约在公元前四世纪至公元四世纪，历时八百年。它以口头方式创作和传诵，不断扩充内容，层层累积而成，最后定型的篇幅达到"十万颂"（每颂一般为三十二个音节），译成汉语约四百万字。

《摩诃婆罗多》全诗共分十八篇，以印度列国纷争时代的社会为背景，叙述了婆罗多族两支后裔俱卢族和般度族争夺王位继承权的斗争。

象城的持国和般度是两兄弟。持国天生眼瞎，因而由般度继承王位。持国生有百子，长子难敌。般度生有五子，长子坚战。这便是伟大的婆罗多族的两支后裔，前者称为俱卢族，后者称为般度族。不久，般度死去，由持国摄政。坚战成年后，理应继承父亲的王位。但难敌不答应，企图霸占王位，纠纷从此开始。

难敌设计了一座紫胶宫，让般度族五兄弟去住，准备纵火烧死他们。般度族五兄弟幸免于难，流亡森林。其间，般遮罗国王的女儿黑公主举行选婿大典，般度族五兄弟乔装婆罗门前往应试。五兄弟之一阿周那按照选婿要求，挽开大铁弓，射箭命中目标，赢得了黑公主。从此，黑公主成为般度族五兄弟的共同妻子。而般度族也在这次事件中暴露了自己的真实身份。于是，持国召回他们，分给他们一半国土。

般度族在分给他们的国土上建都天帝城，政绩辉煌。难敌心生妒忌，又设计掷骰子赌博骗局。坚战并不愿意参加赌博，但出于礼节，还是接受了难敌的邀请。在掷骰子中，坚战输掉了一切财产和王国，又输掉了四个弟弟和自己，最后输掉了他们五兄弟的共同妻子黑公主。于是，难敌命令自己的弟弟难降将黑公主强行拽来，在赌博大厅当众横加羞辱。般度族五兄弟之一怖军怒不可遏，发誓要报仇雪恨。持国预感恶兆，不得不出面干预，答应黑公主的要求，释放般度族五兄弟。但难敌不死心，找回般度族五兄弟，要求再赌一次，讲定输者一方流放森林十二年，还要在第十三年过隐匿的生活，如被发现，就要再次流放十二年。这次赌博的结果自然又是坚战输掉。这样，般度族五兄弟被迫交出国土，流亡森林十二年，并在第十三年隐姓埋名，在摩差国毗罗吒王宫廷里充当仆役。

十三年期满后，般度族五兄弟要求归还失去的国土，难敌坚决不允。于是，双方各自争取盟友，准备战争。般度族获得多门城黑天（大神毗湿奴的化身）的支持。般度族和俱卢族双方使者来回谈判。难敌一意孤行，拒绝讲和。坚战为了避免流血战争，作出最大让步，提出只要归还五个村庄就行。而难敌宣称连针尖大的地方也不给。最后，双方在俱卢之野开战。

大战进行了十八天，经过反复的激烈较量，俱卢族全军覆灭。眼看般度族大功告成，没有料到俱卢族剩下的三员大将竟在夜间偷袭酣睡的般度族军营，杀死般度族全部将士。黑天和般度族五兄弟因不在军营而幸免。面对如此悲惨的结局，坚战精神沮丧，但在众人的劝说下，终于登基为王。坚战统治了三十六年后，得知黑天逝世升天。于是，他指定般度族的惟一后裔——阿周那的孙子为王位继承人，然后与自己的四个弟弟和黑公主一起远行登山升天。

以上只是《摩诃婆罗多》的核心故事。这部史诗采用故事中套故事的框架式叙事结构。整部史诗处在不断的对话中，在对话中展开故事，而大故事中可以插入中故事，中故事中可以插入小故事。这是一种开放式的叙事结构，为各种插叙敞开了方便之门。这样，这部史诗以婆罗多族大战为主线，插入了大量的神话、传说、寓言、故事以及宗教、哲学、政治和伦理等内容，最终成为一部"百科全书"式的史诗。这些插入成分几乎占据了全书篇幅的一半。这是印度古人保存民族思想文化遗产的一种特殊方式。这也是在这部史诗的成书过程中，史诗作者们有意识地这样做的，要让它成为一座集大成的"文化宝库"。因为这部史诗的开头和结尾都宣称：

"正法、利益、爱欲和解脱，这里有，别处有，这里无，别处无。"（1.56.33 和 18.5.38）也就是说，这部史诗的内容囊括了人世间的一切。印度现存最古老的四部吠陀（《梨俱吠陀》、《娑摩吠陀》、《夜柔吠陀》和《阿达婆吠陀》）是吠陀时代的圣典，《摩诃婆罗多》则成为史诗时代的圣典，被奉为"第五吠陀"。

而在《摩诃婆罗多》中有关宗教哲学的插入成分中，最重要的便是《薄伽梵歌》。它属于《摩诃婆罗多》第六篇《毗湿摩篇》（Bhīṣmaparvan）中的第二十三至四十章。这是在大战第一天，俱卢族和般度族双方军队已经在俱卢之野摆开阵容。阿周那却对这场战争的合法性产生怀疑，认为同族自相残杀破坏宗族法和种姓法，罪孽深重。他忧心忡忡，放下了武器，宁可束手待毙，也不愿意投身战斗。于是，黑天开导他，解除他心中的种种疑虑。他俩的对话构成了这篇《薄伽梵歌》。

《薄伽梵歌》共有十八章，七百颂。十八章这个数字与《摩诃婆罗多》共有十八篇和婆罗多族大战进行了十八天，想必不是偶然的巧合，而富有深意，即史诗作者将《薄伽梵歌》视为《摩诃婆罗多》的思想核心。"薄伽梵"（Bhagavat）是对黑天的尊称，可以意译为"尊者"或"世尊"。黑天是大神毗湿奴的化身，因此，《薄伽梵歌》也可译为《神歌》。

黑天在《薄伽梵歌》中向阿周那阐明达到人生最高目的解脱（mokṣa）的三条道路：业瑜伽、智瑜伽和信瑜伽。"瑜伽"在古代印度是指修炼身心的方法。波颠阇利（Patañjali）的《瑜伽经》（Yogasūtra）提到八种瑜伽修炼方法：禁制、遵行、坐法、调息、制感、专注、沉思和入定。而在《薄伽梵歌》中，黑天将瑜伽的含义扩大，泛指行动方式。"瑜伽"（yoga）一词源自动词词根 yuj，意思是约束、连接或结合。这样，黑天所谓的瑜伽，是要求行动者约束自己，与至高存在合一。

"业"（karma）是行动或行为。"业瑜伽"（karmayoga，行动瑜伽）是指以一种超然的态度履行个人的社会义务和职责，不抱有个人的欲望和利益，不计较行动的成败得失。黑天认为行动是人类的本质。拒绝行动，恐怕连生命也难维持。停止行动，世界就会走向毁灭。纵然一切行动难免带有缺陷，犹如火焰总是带有烟雾，一个人也不应该摒弃生来注定的工作。行动本身不构成束缚，执著行动成果才构成束缚。因此，不怀私利，不执著行动成果，只是为履行自己的社会职责而行动，就能获得解脱。

在印度上古时代的吠陀文献中，"业"常常特指祭祀活动，因为婆罗门将祭祀视为最高的"业"，宣扬祭祀保证现世幸福和死后升入天国。黑天并不全然否定吠陀推崇的祭祀。他将祭祀推衍为广义的行动，但认为遵循吠陀的教导，执著行动成果，不能获得解脱。黑天强调每个人要履行自己的社会职责，从事行动而不执著行动成果。

在印度古代种姓制社会中，社会职责主要是指种姓职责。婆罗门掌管祭祀和文化，刹帝利掌管王权和军事，吠舍从事农业、牧业和商业，首陀罗从事渔猎和各种仆役。种姓制度是印度古代社会等级制度或阶级制度的表现形式，起源于社会分工。种姓制度是一种历史产物，自然有其局限和弊端。但在人类进入大同社会之前，各个国家都会存在不同形式的等级制度。即使进入大同社会，也还会存在不同程度的社会分工，因为每个人不可能全知全能。这是人类的生存方式，也是不依人的主观意志为转移的客观规律。按照宗教的说法，则是神的安排。

黑天要求阿周那尽到刹帝利的职责，投身战斗。当然，般度族和俱卢族双方都是刹帝利，双方投身战斗，都是尽到刹帝利的职责。但是，战争发生在一定的历史背景中，会有合法与非法，也就是正义与非正义的区别。按照史诗本身的描写，般度族和俱卢族这场大战，般度族代表正义的一方。因此，黑天鼓励阿周那说："对于刹帝利武士，有什么胜过合法的战斗？"（2.31）

在黑天看来，人类社会始终处在创造、维持和毁灭的循环往复之中。战争也是人类存在方式中固有的。阿周那身为刹帝利，就不能逃避执掌王权和征战讨伐的社会职责。人生的最高目的是求得解脱。但解脱不是通过回避职责，放弃行动，而是通过履行职责，从事行动。履行职责，从事行动是第一位的，行动的成败得失是第二位的。只要尽心竭力履行自己的职责，行动和行动成果就不会成为个体灵魂的束缚，换言之，只要摆脱行动和行动成果对个体灵魂的束缚，也就达到了解脱。

要真正理解和实行业瑜伽，还必须与智瑜伽和信瑜伽结合，因为这三者是相辅相成的。"智"（jñāna）是知识或智慧。在《薄伽梵歌》中是指数论和奥义书的知识或智慧。"智瑜伽"（jñānayoga，智慧瑜伽）就是以数论和奥义书的哲学智慧指导自己的行动。

数论（Sāṅkhya）哲学认为世界有原人和原质两种永恒的实在。原人（puruṣa）是不变的、永恒的自我，也就是灵魂。原质（prakṛti，或译自性、自然）是原初物质。原质处于未显状态，是不可见的。但原质具有善、忧和暗三种性质（triguṇa，三性，或译三德）。善性（sattva，或译喜性，音译萨埵）是指轻盈、光明和喜悦的性质。忧性（rajas，音译罗阇）是指激动、急躁和忧虑的性质。暗性（tamas，音译多摩）是指沉重、阻碍和迟钝的性质。这三种性质始终处在运动之中，由此原质失去平衡，发生变化，产生觉（智）、我慢（自我意识）、心根（思想）、五知根（眼、耳、鼻、舌和身）、五作根（口、手、脚、肛门和生殖器）、五种精细成分（色、声、香、味和触）和五种粗大成分（地、火、水、风和空）。

黑天要求阿周那分清原人和原质。行动是原质的行动，而非原人（灵魂）的行动。原质体现人的本性。原质的三种性质始终处在运动之中。依据这三种性质组合的比例，人可以分为善性之人、忧性之人和暗性之人，行动也可以分为善性行动、忧性行动和暗性行动。这是古代印度的人性论。它既不是性善论，也不是性恶论，而是认为人性中包含有这三性。每个人的人性特征取决于这三性组合的比例。而黑天要求保持灵魂纯洁，不受这三性束缚。行动出自人的本性，而为履行社会职责从事行动，不谋求私利，不执著行动成果，灵魂就能摆脱原质的束缚，达到解脱的境界。

奥义书哲学追求"梵我同一"。"梵"（Brahman）源自动词词根 bṛh，即展现、增长或发展，因此这词最早含有"力量"的意思。在吠陀文献中，这词用作中性，指吠陀颂诗和咒语及其蕴含的力量；用作阳性，指祭司，尤其是四种祭司中的监督者祭司（"梵祭司"）。由 Brahman 派生的 Brāhmaṇa 则是指婆罗门。

奥义书中对梵的探讨，也就是对宇宙最基本和最根本力量的探讨。在奥义书中，对于梵究竟是什么，众说纷纭。但在探讨过程中逐渐趋向认为梵是绝对精神，宇宙的本体或本原。对梵的探讨又与对自我（ātman，即灵魂）的探讨相结合，由此得出"宇宙即我，梵即自我"的结论，也就是"梵我同一"，宇宙本体与个体灵魂同一。奥义书中的一些名言，诸如"自我是梵"、"我是梵"和"它是你"，表达的都是这个意思。

奥义书中将梵视为最高真实，而将现实世界视为幻力（māyā）的产物。幻力指至高存在的神秘创造力。幻力被等同于原质，即通过原质呈现为各种现实形式。然而，自我（个体灵魂）不同于原质。《大森林奥义书》（Bṛhadāraṇyaka Upaniṣad）中说："（自我）不可把握，因为它不可把握。不可毁灭，因为它不可毁灭。不可接触，因为它不可接触。不受束缚，不受侵扰，不受伤害。"（3.9.26）自我（灵魂）永恒不灭，它只是带着生前的善业或恶业，轮回转生。而如果人"没有欲望，摆脱欲望，欲望已经满足，自我就是欲望，他的那些生命气息不离开。他就是梵，也走向梵"（4.4.6）。"走向梵"就是与梵同一，摆脱轮回。承袭奥义书的这种哲学智慧，在《薄伽梵歌》中，梵被称为"不灭的至高存在"（8.3）。黑天多次提到的"与梵同一"（Brahmabhūta）和"梵涅槃"（Brahmanirvāṇa）都是指达到解脱的境界，也就是从事行动而不执著行动成果，自我（灵魂）摆脱原质的束缚，达到平静和至福。

"信"（bhakti）是虔诚、崇敬或虔信。"信瑜伽"（bhaktiyoga）就是虔诚地崇拜黑天，将一切行动作为对黑天的奉献。《薄伽梵歌》是对吠陀有神论和奥义书绝对精神的综合发展。吠陀时代的婆罗门教是多神崇拜，而在史诗时代演变成三大主神崇拜：梵天（Brahman）司创造，毗湿奴（Viṣṇu）司保护，湿婆（Śiva）司毁灭。奥义书绝对精神（梵）的一元论思维有助于促进形成一神论。尽管印度教最终没有形成一神论，但《薄伽梵歌》体现了这种努力。

黑天是大神毗湿奴的化身。他自称是"至高原人"，"超越可灭者，也高于不灭者"（15.18）。"至高原人"也就是至高的自我（灵魂）或至高的绝对精神。由此，阿周那也称黑天为"至高的梵"（10.12）。"可灭者"是指原质，"不灭者"是指自我（个体灵魂）。黑天作为至高原人是不显现的。至高原人只是通过原质，运用瑜伽幻力（yogamāyā）呈现宇宙万象。至高原人隐蔽在瑜伽幻力中，创造一切众生，维持一切众生。在世界毁灭时，一切众生复归至高原人的原质，等到世界再创造时，至高原人又释放出一切众生。这样，黑天（毗湿奴）成了宇宙的至高存在，至高之神，世界的创造者、保护者和毁灭者。

黑天要求阿周那一心一意崇拜他。崇拜黑天不需要采取吠陀时代婆罗门教繁琐的祭祀仪式，只要献上"一片叶，一朵花，一枚果，一掬水"（9.26），表示虔诚的心意就行。而更重要的崇拜方式是修习瑜伽和弃绝行动成果。修习瑜伽是沉思入定，把思想凝聚于黑天，以黑天为最高目的。弃绝行动成果是从事行动而不执著行动成果，把一切行动作为祭品献给黑天。创造、维持和毁灭是世界的存在方式，是神的安排。生而为人，就必须履行自己的社会职责，作为对神的奉献。黑天认为只要这样做，甚至出身卑微的吠舍和首陀罗也能达到至高归宿，与至高存在同一。

《薄伽梵歌》中倡导的黑天崇拜开创了中古印度教的虔信运动。而这部宗教哲学诗吸收和改造吠陀的有神论和祭祀论，融合数论哲学的原人和原质二元论以及奥义书哲学的梵我同一论，又采取瑰丽奇异的文学表现手法，在中古时代得到迅速普及。历代印度哲学家经常把它从《摩诃婆罗多》中抽出来，作为一部独立的经典进行注解和阐释。在苏克坦卡尔（V. S. Sukthankar）主编的《摩诃婆罗多》现代精校本的校勘说明中，列出的《薄伽梵歌》古代注本就有近二十种。

《薄伽梵歌》的这些注释家并非都是毗湿奴教派哲学家，也有吠檀多派哲学家和湿婆教派哲学家。因为各派哲学家都无法忽视《薄伽梵歌》的巨大影响。而《薄伽梵歌》本身也对各派宗教哲学思想具有包容性，容易让注释家按照自己的宗教哲学观点加以引申发挥。现存最早的《薄伽梵歌注疏》（Gitābhāṣya）的作者便是吠檀多哲学大师商羯罗（Śaṅkara，八、九世纪）。他本人并不接受毗湿奴教，而是以吠檀多不二论观点阐释《薄伽梵歌》。经过他的阐释后，《薄伽梵歌》与奥义书和《梵经》被并列为吠檀多哲学的三大原典（prasthānatraya）。

《薄伽梵歌》作为《摩诃婆罗多》的组成部分，也与《摩诃婆罗多》一样，有个逐渐定型的过程。在《摩诃婆罗多》的《毗湿摩篇》的校勘记中，注出有的抄本对《薄伽梵歌》的篇幅有这样的描述："黑天说了六百二十颂，阿周那说了五十七颂，全胜说了六十七颂，持国说了一颂。"这样，总共有七百四十五颂。而商羯罗的《薄伽梵歌注疏》将《薄伽梵歌》厘定为七百颂。此后的抄本或注本都以此为据。即使在有些文本中，会多出若干颂，但总体差异，尤其是这七百颂的文本差异并不大。

在近代和现代，《薄伽梵歌》依然对印度社会思想产生深刻影响。罗姆罗罕·罗易、维韦卡南达、提拉克、甘地、奥罗宾陀和拉达克利希南等等，这些印度思想家都曾利用《薄伽梵歌》阐释自己的哲学和政治思想。尤其是在印度争取民族独立运动的背景中，提拉克强调以智慧为根本和以虔信为支柱的行动瑜伽；甘地强调坚持真理，无私行动。诚如恰托巴底亚耶在他的《印度哲学》一书中所说："那时候一个爱国者只要手持一册《薄伽梵歌》，就能步伐坚定地走上绞刑架。"[1]《薄伽梵歌》至今仍是印度最流行的一部宗教哲学经典，几乎每年都有新的译本和注本出现。因此，《薄伽梵歌》在世界上常被喻称为印度的《圣经》（Bible）。

《摩诃婆罗多》中最早被翻译成英文的也是这部宗教哲学诗，即英国查尔斯·威尔金斯（Charles Wilkins）于1785年翻译出版的《薄伽梵歌》。当时，德国语言学家威廉·洪堡（William von Humboldt）无比推崇《薄伽梵歌》，说："《摩诃婆罗多》的这个插话是最美的，或许也是我们所知的一切文学中惟一真正的哲学诗"；又说："它也许是这个世界宣示的最深刻和最崇高的东西。"此后，《薄伽梵歌》相继译成多种西方语言，在西方思想和文学界产生了深远影响。衣修午德（C. Isherwood）也与普拉跋伐南陀（S. Prabhavananda）合译《薄伽梵歌》。艾略特（T. S. Eliot）曾说《薄伽梵歌》"是仅次于但丁《神曲》的最伟大的哲学诗"。赫胥黎（A. Huxley）也说"《薄伽梵歌》是永恒哲学最清晰、最全面的总结之一"，"或许也是永恒哲学最系统的精神表述"[2]。

可见，《薄伽梵歌》具有一种超越时空的思想魅力。我们今天阅读《薄伽梵歌》，可以不必拘泥于它的哲学唯心主义和宗教有神论。我们可以将宗教和神话读作隐喻。黑天作为"至高原人"或"至高的梵"代表宇宙精神（即内在规律），而"至高原人"的"原质"代表宇宙万象。宇宙包括自然和社会。人是宇宙的一分子。人要存在，就要从事行动。行动受"自我"（精神或思想）指导，而必须符合客观规律，这便是"梵我同一"。业瑜伽、智瑜伽和信瑜伽代表实践、认识和信仰，属于人类普遍的

---

[1] 恰托巴底亚耶：《印度哲学》，商务印书馆1980年版，第5页。
[2] 参阅韦尔摩（C. D. Verma）编《世界文学中的〈薄伽梵歌〉》（The Gita in World Literature），（新德里，1990）第121、161页。

生存方式。认识世界，尊重客观规律，无私无畏履行职责，从事行动，奉献社会，就能圆满实现人生，达到"天人合一"的崇高境界。

  本书译文依据印度班达卡尔东方研究所出版的《摩诃婆罗多》精校本中贝尔沃卡尔（S. K. Belvalkar）校订的《毗湿摩篇》（Bhīṣmaparvan, Bhandarkar Oriental Research Institute, Poona, 1947）。《薄伽梵歌》是其中的第二十三至四十章。我对译文的注释参考了多种论著，尤其是拉达克利希南（S. Radhakrishnan, The Bhagavadgītā With an Introductory Essay, Sanskrit Text, English Translation and Notes, New Delhi, 1948）、查赫纳（R. C. Zaehner, The Bhagavadgītā with a commentary based on the original sources, Oxford, 1969）和迈纳（R. C. Minor, Bhagavadgītā: An Exegetical Commentary, New Delhi, 1982）这三位现代学者对《薄伽梵歌》的注释。

2007 年 12 月

（原载《薄伽梵歌》，商务印书馆 2010 年版）

《梵汉佛经对勘丛书》总序

  印度佛教自两汉之际传入中国，译经活动也随之开始。相传摄摩腾和竺法兰所译《四十二章经》是中国的第一部汉译佛经。这样，汉译佛经活动始于东汉，持续至宋代，历时千余年。同样，印度佛教自七世纪传入中国藏族地区，藏译佛经活动始于松赞干布时期，持续至十七世纪，也历时千余年。据赵朴初先生的说法，汉译佛经共有"一千六百九十余部"，而藏译佛经共有"五千九百余种"①。中国的佛教译经活动历时之久，译本数量之多，而且以写本和雕版印刷的传承方式保存至今，堪称世界古代文化交流史上的一大奇观。

  印度佛教在中国文化土壤中扎下根，长期与中国文化交流融合，已经成为中国传统文化的有机组成部分。就汉文化而言，最终形成的传统文化是以儒家为主干的儒道释文化复合体。汉译佛经和中国古代高僧的佛学著述合称汉文大藏经。它们与儒家典籍和道藏共同成为中华民族的宝贵文化遗产。为了更好地继承和利用文化遗产，我们必须依随时代发展，不断对这些文献资料进行整理和研究。儒家典籍在中国古代文献整理和研究中始终是强项，自不待言。相比之下，佛教典籍自近代以来，学术界重视不够，已经逐渐成为中国古代文献整理和研究中的薄弱环节。

  二十世纪五十至七十年代，中国台湾地区编辑的《中华大藏经》是迄今为止汇集经文数量最多的一部汉文大藏经。其后，八、九十年代，中国大陆地区也着手编辑《中华大藏经》，已经出版了"正编"。这部大陆版《中华大藏经》（正编）以《赵城金藏》为基础，以另外八种汉文大藏经

---

① 赵朴初：《佛教常识答问》，上海辞书出版社 2009 年版，第 147、150 页。另据吕澂《新编汉文大藏经》目录，汉译佛经有一千五百零四部。关于汉译和藏译佛经的数量迄今未有确切的统计数字。

为校本，在每卷经文后面列出"校勘记"。可惜，这部《大藏经》的编辑只完成了一半，也就是它的"续编"还有待时日。这种收集经文完备又附有"校勘记"的新编汉文大藏经是为汉传佛教文献的整理和研究奠定坚实的基础。在此基础上，可以进一步开展标点和注释工作。

与汉文大藏经的总量相比，出自现代中国学者之手的汉文佛经的标点本和注释本数量十分有限。为何这两种《中华大藏经》都采取影印本，而不同时进行标点工作？就是因为标点工作的前期积累太少，目前还没有条件全面进行。而对于中国现代学术来说，古籍整理中的标点和注释工作也是不可或缺的。因此，有计划地对汉文佛经进行标点和注释的工作应该提到日程上来。唯有这项工作有了相当的成果，并在工作实践中造就了一批人才，《中华大藏经》的标点工作才有希望全面展开。

对于佛经标点和注释的人才，素质要求其实是很高的：既要熟谙古代汉语，又要通晓佛学。同时，我们还应该注意到，在汉文大藏经中，汉译佛经的数量占据一多半。而汉译佛经大多译自梵文，因此，从事佛经标点和注释，具备一些梵文知识也是必要的。此外，有一些佛经还保存有梵文原典，那么，采用梵汉对勘的方法必然对这些汉译佛经的标点和注释大有裨益。这就需要通晓梵文的人才参与其中了。

过去国内有些佛教学者认为留存于世的梵文佛经数量很少，对汉文大藏经的校勘能起到的作用有限。而实际情况并非这么简单。自十九世纪以来，西方和印度学者发掘和整理梵文佛经抄本的工作持续至今。当代中国学者也开始重视西藏地区的梵文佛经抄本的发掘和整理。由于这些抄本分散收藏在各个国家和地区，目前没有确切的统计数字。虽然不能说所有的汉译佛经都能找到相应的梵文原典，实际上也不可能做到这样，但其数量仍然十分可观，超乎人们以往的想象。例如，在汉译佛经中占据庞大篇幅的《般若经》，其梵文原典《十万颂般若经》、《二万五千颂般若经》和《八千颂般若经》等均有完整的抄本。又如，印度出版的《梵文佛经丛刊》（Buddhist Sanskrit Texts）收有三十多种梵文佛经校刊本。其中与汉译佛经对应的梵文原典有《神通游戏》（《方广大庄严经》）、《三昧王经》（《月灯三昧经》）、《入楞伽经》、《华严经》、《妙法莲华经》、《十地经》、《金光明经》、《菩萨学集》（《大乘集菩萨学论》）、《入菩提行论》、《中论》、《经庄严论》(《大乘庄严经论》)、《根本说一切有部毗奈耶》、《阿弥陀经》、《庄严宝王经》、《护国菩萨经》、《稻秆经》、《悲华经》、《撰集百缘经》、《佛所行赞》、《如来秘密经》(《一切如来金刚三业最上秘密大教王经》)和《文殊师利根本仪轨经》等。此外，诸如《金刚经》、《维摩诘经》、《阿毗达磨俱舍论》、《因明入正理论》和《辨中边论》等这样一些重要的汉译佛经也都已经有梵文校刊本。因此，对于梵汉佛经对勘在汉文佛教文献整理和研究中的学术价值不能低估，相反，应该予以高度重视。

其实，梵汉佛经对勘不仅有助于汉文佛教文献的整理，也有助于梵文佛经抄本的整理。梵文佛经抄本整理的主要成果是编订校刊本。因为梵文佛经抄本在传抄过程中，必定会产生或多或少的文字脱误或变异。这需要依据多种抄本进行校勘，确定正确的或可取的读法，加以订正。除了利用同一佛经的多种梵文抄本进行校勘外，还可以利用同一佛经的平行译本进行对勘。尤其是在有的梵文佛经只有一个抄本的情况下，利用平行译本进行对勘就显得更为重要。正是这个原因，长期以来，西方、印度和日本学者在编订梵文佛经校刊本时，都十分重视利用梵文佛经的汉译本和藏译本。但对于西方学者来说，掌握古代汉语比较困难，因此，从发展趋势看，他们越来越倚重藏译本。相比之下，日本学者在利用汉译本方面做得更好。

近一百多年来，国际佛教学术界已经出版了不少梵文佛经校刊本，同时也出版了完整的巴利文三藏校刊本。这些校刊本为佛教研究提供了方便。学者们依据这些校刊本从事翻译和各种专题研究。在此基础上，撰写了大量的印度佛教论著和多种印度佛教史。如果没有这些校刊本，这些学术成果的产生是不可设想的。这从这些著作中引用的梵文佛经校刊本及其现代语言（英语、法语或日语）译本资料便可见出。同时，我们也应该注意到，有些重要佛经缺乏梵文原典，西方学者还依据汉译佛经转译成西方文字，如英译《佛所行赞》（梵文原典缺失后半）、德译《维摩诘经》（译于梵文原典发现前）、法译《成唯识论》、法译《大智度论》、法译《摄大乘论》、法译《那先比丘经》和英译《胜鬘师子吼一乘大方便方广经》等。又鉴于印度古代缺少历史文献，他们也先后将法显的《佛国记》、玄奘的《大唐西域记》、慧立和彦悰的《大慈恩寺三藏法师传》、义净的《大唐西域求法高僧传》和《南海寄归内法传》译成英文或法文。这些都说明国际佛教学术界对汉文佛教文献的高度重视。只是限于通晓古代汉语的佛教学者终究不多，他们对汉文佛教文献的利用还远不充分。

而中国学术界直至二十世纪上半叶，才注意到国际上利用梵文佛经原典研究佛教的"新潮流"。引进这种"新潮流"，利用梵文佛经原典研究与佛教相关的中国古代文献的先驱者是陈寅恪、汤用彤、季羡林和吕澂等先生。然而，当时国内缺少梵文人才，后继乏人。时光荏苒，到了近二三十年，才渐渐出现转机。因为国内已有一批青年学子在学习梵文后，有志于利用梵文从事佛教研究。这条研究道路在中国具有开拓性，研究者必定会备尝艰辛，但只要有锲而不舍的精神，前景是充满希望的。

利用梵文从事佛教研究的方法和途径多种多样，研究者完全可以依据自己的学术兴趣和专长选择研究领域。而梵汉佛经对勘研究应该是其中的一个重要选项。这项研究的学术价值至少体现在以下几个方面：

一、有助于读解汉译佛经。现代读者读解汉译佛经的难度既表现在义理上，也表现在语言上。佛教义理体现印度古代思维方式。尤其是大乘佛教的中观和唯识，更是体现印度古代哲学思辨方式。它们有别于中国传统的理论思维形态。而汉译佛经的语言对于现代读者，不仅有古今汉语的隔阂，还有佛经汉译受梵文影响而产生不同程度的变异，更增添一层读解难度。然而，通过梵汉佛经对勘，则可以针对汉译佛经中义理和语言两方面的读解难点，用现代汉语予以疏通和阐释。

二、有助于读解梵文佛经。佛教于十二世纪在印度本土消亡，佛经抄本大量散失，佛教学术也随之中断。近代以来，随着国际印度学的兴起，学者们重视发掘佛经原典，先后在尼泊尔和克什米尔等地，尤其是在中国西藏地区发现了数量可观的梵文佛经抄本。这样，印度佛教文献研究成了一个"新兴学科"。由于佛教学术在印度本土已经中断数百年之久，对于印度或西方学者来说，梵文佛经的读解也是印度古代文献研究中的一个难点。这与汉文佛教文献在现代中国古代文献研究中的情况类似。仅以梵文词典为例，著名的 M. 威廉斯的《梵英词典》和 V. S. 阿伯代的《实用梵英词典》基本上都没有收入佛教词汇。因此，才会有后来出现的 F. 埃杰顿的《佛教混合梵语语法和词典》和荻原云来的《梵和大辞典》。尤其是《梵和大辞典》，充分利用了梵汉佛经对勘的成果。

现存的所有梵文佛经抄本都会存在或多或少的文字错乱或讹误，已经编订出版的校刊本也未必都能彻底予以纠正。校刊本质量的高低既取决于校刊者本人的学术造诣，也取决于所掌握抄本的数量和质量。同时，佛教梵语受方言俗语影响，在词汇、惯用语和句法上与古典梵语存在一些差异，以及经文中对一些义理的深邃思辨，都会形成梵文佛经读解中的难点。而梵汉佛经对勘能为扫除梵文佛经中的种种文字障碍，提供另一条有效途径。毫无疑问，在利用汉译佛经资料方面，中国学者具有得天独厚的优势。如果我们能在梵汉佛经对勘研究方面多做一些工作，也是对国际佛教学术作出应有的贡献。

三、有助于佛教汉语研究。现在国内汉语学界已经基本达成一个共识，即认为佛经汉语是中国古代汉语中的一个特殊类型。有的学者仿照"佛教混合梵语"（Buddhist Hybrid Sanskrit）的称谓，将它命名为"佛教混合汉语"。而时下比较简便的称谓则是"佛教汉语"。梵文佛经使用的语言在总体上属于通俗梵语，这是由佛教的口头传承方式决定的。而这种通俗梵语中含有佛教的种种特定词语，也夹杂有俗语语法成分，尤其是在经文的偈颂部分，因此，明显有别于传统的梵语。同样，汉译佛经受梵文佛经影响，主要采用白话文体，较多采用口语用词。同时，在构词、词义、语法和句式上也受梵文影响，语言形态发生一些变异，有别于传统的汉语。这些特殊的语言现象需要汉语学者认真研究和诠释。近二三十年中，佛教汉语研究已成为一门"显学"。日本学者辛嶋静志和中国学者朱庆之是这个领域中的代表人物。

尽管国内佛教汉语研究已经取得了不少成绩，但研究队伍中存在一个明显的缺陷，也就是通晓梵语的学者很少。如果通晓梵语，直接运用梵汉佛经对勘研究的方法，就会方便得多，避免一些不必要的暗中摸索和无端臆测。辛嶋静志能在这个领域中取得大家公认的学术成就，是与他具备多方面的语言和知识学养分不开的，尤其是直接运用梵汉佛经对勘研究的方法。这是值得国内从事佛教汉语研究的年轻一代学者效仿的。希望在不久的将来，中国学者能在大量的梵汉佛经对勘研究的基础上，编出佛教汉语语法和词典。这样，不仅拓展和充实了中国汉语史，也能为现代学者阅读和研究汉文佛经提供方便实用的语言工具书。

四、有助于中国佛经翻译史研究。中国无论在古代或现代，都无愧为世界上的"翻译大国"。在浩瀚的汉文大藏经中，不仅保存有大量的汉译佛经，也保存有许多佛经翻译史料。现代学者经常依据这些史料撰写佛经翻译史论。但是，佛经翻译史研究若要进一步深入的话，也有赖于梵汉佛经对勘研究的展开。因为佛经翻译史中的一些重要论题，诸如佛经原文的文体和风格，翻译的方法和技巧，译文的质量，只有通过具体的梵汉佛经对勘研究，才会有比较切实的体认。在这样的基础上撰写佛经翻译史论，就能更加准确地把握和运用古代史料，并提供更多的实例，增添更多的新意。

鉴于上述学术理念，我们决定编辑出版《梵汉佛经对勘丛书》，由国内有志于从事梵汉佛经对勘的学者分工协作完成。这是一个长期计划，完成一部，出版一部，不追求一时的速度和数量。每部对勘著作的内容主要是提供梵文佛经的现代汉语今译，对梵文佛经和古代汉译进行对勘，作出注释。

其中，梵文佛经原文选用现已出版的校刊本。若有两个或两个以上校刊本，则选定一个校刊本作为底本，其他的校刊本用作参考。若有其他未经校勘的抄本，也可用作参考。而如果对勘者通晓藏文，也可将藏译本用作参考。当然，我们的主要任务是进行梵汉佛经对勘，而不是编订校刊本。因为编订校刊本是一项专门的工作，需要独立进行。编订校刊本的本意是为研究提供方便。前人已经编订出版的校刊本我们不应该"束之高阁"，而应该充分加以利用。在学术研究中，凡事不可能，也无必要从头做起，否则，就可能永远在原地踏步。正因为前人已经编订出版了不少梵文佛经校刊本，我们今天才有可能编辑出版《梵汉佛经对勘丛书》。而且，我们的梵汉佛经对勘研究也能在一定程度上起到改善前人校勘成果的作用。这也是我们对勘成果的一个组成部分。

梵汉佛经对勘的版面格式是将梵文佛经原文按照自然段落排列，依次附上相应段落的现代汉语今译和古代汉译。古代汉译若有多种译本，则选取其中在古代最通行和最接近现存梵本的译本一至两种，其他译本可以依据对勘需要用作参考。现代汉语今译指依据梵文佛经原文提供的新译。为何要提供现代汉语今译呢？因为这样便于同行们检验或核实对勘者对原文的读解是否正确。如果读解本身有误或出现偏差，势必会影响对勘的学术价值。另一方面，国内利用汉译佛经从事相关研究的学者大多不通晓梵文，或者只是掌握一些梵文基础知识，尚未达到读解原典的程度。那么，我们提供的现代汉语今译可以供他们参考，为他们的研究助一臂之力。

实际上，现代汉语今译本身也是对勘成果的重要体现。因为梵文佛经原文中的一些疑点或难点往往可以通过对勘加以解决。如果有的疑点或难点一时解决不了，我们可以暂不译出，或者提供参考译文，并在注释中注明。确实，如果我们能正确读解梵文佛经原文，并提供比较准确的现代汉语今译，便会对古代汉译佛经中一些文字晦涩或意义难解之处产生豁然开朗的感觉。通过梵汉佛经对勘，帮助读解梵文佛经和汉译佛经，这正是我们的工作目的。

对勘注释主要包括这几个方面：一、订正梵文佛经校刊本和汉译佛经中的文字讹误或提供可能的合理读法。二、指出梵文佛经与汉译佛经的文字差异之处。三、指出汉译佛经中的误译之处。四、疏通汉译佛经中的文字晦涩之处。五、诠释梵文佛经和汉译佛经中的一些特殊词语。由于我们已经提供了现代汉语今译，也就不需要逐句作出对勘说明，而可以依据实际需要，有重点和有选择地进行对勘注释。

同时，利用这次梵汉佛经对勘的机会，我们也对古代汉译佛经进行标点。梵文和古代汉语一样，没有现代形式的标点。但梵文在散文文体中，用符号‖表示一句结束，丨表示一个段落结束；在诗体中，用符号‖表示半颂结束，丨表示一颂结束。这样，参考梵文佛经，尤其是依靠读通句义，便有助于汉译佛经的标点。但古代汉语的行文毕竟具有自身的特点，不可能完全依据梵文原文进行标点。我们的标点也只是提供一个初步的样本，留待以后听取批评意见，加以完善。

以上是对《梵汉佛经对勘丛书》的基本学术设想。在实际工作中，对勘者可以根据自己的学术专长，在某些方面有所侧重。我们的共同宗旨是对中国古代佛教文献的整理和研究作出各自的创造性贡献。

千里之行,始于足下。不管前面的道路怎样艰难曲折,让我们现在就起步,登上征途吧!

2010 年 5 月 12 日

(原载《梵汉对勘〈入楞伽经〉》,中国社会科学出版社 2011 年版)

《梵汉对勘〈入楞伽经〉》导言

一

《入楞伽经》在中国古代先后有过四个译本。第一个译本是《开元释教录》卷第四记载的昙无谶译《楞伽经》（四卷）。昙无谶是中印度人，公元412年来华，433年去世。但这个译本早在唐代就已失传。第二个译本是求那跋陀罗译《楞伽阿跋多罗宝经》（四卷）。据《开元释教录》卷第五记载，求那跋陀罗（Guṇabhadra）是中印度人，435年来华，468年去世，其间"于丹阳郡译出《胜鬘》、《楞伽》经，徒众七百余人，宝云传译，慧观执笔，往复谘析，妙得本旨"。第三个译本是菩提留支译《入楞伽经》（十卷）。据《续高僧传》卷第一记载，菩提留支（Bodhiruci）是北印度人，508年来华。另据宝臣《注大乘入楞伽经》记载，菩提留支"延昌二年（即513年）于洛阳汝南王宅及邺都金华寺"译出《入楞伽经》。第四个译本是实叉难陀译《大乘入楞伽经》（七卷）。据《宋高僧传》卷第二记载，实叉难陀（Śikṣānanda）是于阗人，700年奉诏译《大乘入楞伽经》。另据法藏《入楞伽心玄义》记载，当时实叉难陀"粗译毕，犹未再勘"。702年吐火罗三藏弥陀山奉敕与翻经沙门复礼、法藏等"再度勘译"而成。现存这三个译本通常按照它们产生的朝代简称为宋译、魏译和唐译。而我们也可以按照它们的译者简称为求译、菩译和实译。

《入楞伽经》的梵语编订本现有两种。第一种是日本学者南条文雄的《梵文入楞伽经》（1923）。第二种是印度学者维迪耶（P. L. Vaidya）的《妙法入楞伽经》（Saddharmalaṃkāvatārasūtram, 1963）。本书进行《入楞伽经》梵汉对勘，作为现存梵本的底本依据维迪耶本，并参考南条文雄本。

我们可以先将《入楞伽经》现存梵本与中国古代三个汉译本的分品情况作个对照：

现存梵本分为十品：一、《罗波那劝请品》，二、《三万六千一切法集品》，三、《无常品》，四、《现证品》，五、《如来常无常品》，六、《刹那品》，七、《变化品》，八、《食肉品》，九、《陀罗尼品》，十、《偈颂品》。

求译总称《一切佛语心品第一》，分为四部分：一、《一切佛语心品第一之一》，二、《一切佛语心品第一之二》，三、《一切佛语心品第一之三》，四、《一切佛语心品第一之四》。其中之一相当于现存梵本第二品的前部分，之二相当于第二品后部分，之三相当于第三品前部分，之四相当于第三品后部分以及第四至第八品。

菩译分为十八品：一、《请佛品》，二、《问答品》，三、《集一切法品》，四、《佛心品》，五、《卢迦耶陀品》，六、《涅槃品》，七、《法身品》，八、《无常品》，九、《入道品》，十、《问如来常无常品》，十一、《佛性品》，十二、《五法门品》，十三、《恒河沙品》，十四、《刹那品》，十五、《化品》，十六、《遮食肉品》，十七、《陀罗尼品》，十八、《总品》。其中，第一品相当于现存梵本第一品，第二和第三品相当于第二品，第四至第八品相当于第三品，第九品相当于第四品，第十品相当于第五品，第十一至第十四品相当于第六品，第十五品相当于第七品，第十六品相当于第八品，第十七品相当于第九品，第十八品相当于第十品。

实译分为十品：一、《罗婆那劝请品》，二、《集一切法品》，三、《无常品》，四、《现证品》，五、《如来常无常品》，六、《刹那品》，七、《变化品》，八、《断食肉品》，九、《陀罗尼品》，十、《偈颂品》。

由以上对照可以看出，实译分成十品，品名和内容均与现存梵本一致。菩译分成十八品，但内容也与现存梵本一致。求译分成四部分，内容与现存梵本第二至第八品一致，而缺少第一、第九和第十品。求译为何缺少这三品？是原有抄本如此，还是略去未译，难以确证。但多半可能是原有抄本如此。

依据这三个汉译本和现存梵本，我们可以说当时传入中国的这部《入楞伽经》已经基本定型。菩译和实译中的散文和偈颂都能与现存梵本一一对应。求译除了缺少这三品之外，现有部分中的散文和偈颂也同样能与现存梵本一一对应。因此，即使这三个汉译本的译文互相之间存在不同程度的差异，也不会妨碍这个结论。

据法藏《入楞伽心玄义》中说，《入楞伽经》的原始梵本有三种："一大本有十万颂"，"二次本有三万六千颂"，"三小本千颂有余，名楞伽纥伐耶①，此云楞伽心"。他的这种说法，从现存梵本中也可以得到印证。在现存梵本第一品第36颂中提到"世尊向夜叉宣示自证法，在山上宣讲全部十万经"。这"十万经"（即十万颂的《入楞伽经》）是传说，还是实有其事，无法确证。现存梵本第二品的品名《三万六千法集品》可能说明确实有三万六千颂的《入楞伽经》，而传入中国的这部《入楞伽经》是它的略本，或称"小本"。而"小本"原名为《楞伽心》。这从求译总称《一切佛语心品第一》可以见出。现存梵本第二品中也提到"心、意、意识、五法、自性和相是一切法语之心"。此外，现存梵本第八品末尾的题名是"《一切佛语之心》中的第八《食肉品》"。也就是说，这部经的前八品又名《一切佛语之心》。那么，结合现存梵本第二品的品名《三万六千法集品》和求译总称的《一切佛语心品第一》，可以设想这前八品或第二至第八品可能原本是三万六千颂《入楞伽经》的第一品②。

至于法藏说"小本千颂有余"，显然不符合这三部汉译本的篇幅。按一颂三十二个音节计算，"千颂有余"只有三万多字。而宋代宝臣在《注大乘入楞伽经》中引述唐代智俨《楞伽经注》序文说："梵文广略，通有三本。广本十万颂，次本三万六千颂，略本四千颂。此方四译皆是略本四千颂文。"这"四千颂"的说法比较接近汉译本大约十万字的篇幅。

对于这三个汉译本，法藏在《入楞伽心玄义》中有这样的评价：求译

---

① "纥伐耶"是梵文 hṛdaya（"心"）一词的音译，但其中的"伐"与 da 的对音有距离。疑此"伐"字应为"代"。求译《楞伽阿跋多罗宝经》中，有一处夹注，对 hṛdaya 一词的音译是"肝栗大"。其中"肝栗"与 hṛ 对音，"大"与 da 对音，省略了后面的 ya（"耶"）。

② 宋释正受《楞伽经集注》解释"一切佛语心品第一"说："此经大部有十万偈，百万句，三千六万言，总有一百五十一品。今所传者止有佛语心品，分之为四，故言第一也。"又，明代德清《观楞伽阿跋多罗宝经记》卷第一记载说，他曾在五台山遇见一位来自于闐国的梵师，在交谈中得知《楞伽经》原"有四十卷"，汉地的四卷《楞伽经》"才十分之一"。这也可以印证求译四卷《楞伽经》可能属于原本的第一品。

"四卷回文不尽,语顺西音,致令髦彦英哲措解无由,愚类庸夫强推邪解"。菩译"十卷虽文品少具,圣意难显,加字混文者泥于意,或致有错,遂使明明正理滞以方言"。实译"则详五梵本,勘二汉文,取其所得,正其所失,累载优业,当尽其旨,庶令学者幸无讹谬"。法藏本人参与了实译本的翻译工作,因此,对这三个汉译本有切身体会。

确实,求译的译文中,句中词序时常随顺梵文。梵文的句义需要依靠句中词语的语法形态认知。如果汉语译文的词序随顺梵文,又体现不出其中词语的语法形态,势必造成读解的困难。法藏指出求译"回文不尽,语顺西音",已经成为历代阅读和注释《入楞伽经》者的共识。当然,这也只是相对于后出的菩译和实译而言,这方面的问题突出一些,并非意味求译句句译文都随顺梵文词序。倘若那样,求译也就无法阅读了。

而法藏对于菩译的评价,现在看来,主要的问题是"加字混文"。因为对照现存梵本,菩译中时常采用阐释性译法,或添加阐释性文字。因此,菩译本的篇幅要比实译本多出四分之一。这种阐释性译法通常有助于读者理解原文,但也有可能搀杂译者个人主观理解而偏离原意,如法藏所说"或致有错"。对于菩译的"加字混文",铃木大拙推测或许菩译依据的梵本带有注释,而菩译没有严加区分而采入正文[1]。《入楞伽经》梵文原本存在注释本也是可能的。法藏在《入楞伽心玄义》中依据传闻也提到"西国现有龙树菩萨所造释论"。但菩译的阐释性译法是否依据注释本,难以确证。菩译的阐释性译法主要体现在散文部分,而从偈颂部分,尤其是最后那品读解难度较大的《偈颂品》,似乎看不出菩译有依据注释本的迹象。

至于实译,法藏自然予以充分肯定。如果以现存梵本作为坐标,在这三个汉译本中,实译确实与现存梵本最为贴近。而且,它也借鉴和吸收了求译和菩译的一些长处,译文质量应该称得上是"后出转精"。但是,也应该指出,实译也存在一些译文不如菩译准确的地方。

尽管实译是全译本,译文也比较严谨,文字也比较通畅,但后世流行

---

[1] 铃木大拙(D. T. Suzuki):《入楞伽经研究》(Studies in the Lankavatara Sutra, London, 1930),第7页。

的本子却依然是求译。关于这一点，明代宗泐、如𤥽同注《楞伽阿跋多罗宝经注解》中的解释具有代表性："若论所译文之难易，则唐之七卷文易义显，始末具备。今释从宋译四卷者，以此本首行于世，习诵者众。况达磨大师授二祖心法时，指楞伽四卷可以印心。而张方平尝书此本，苏子瞻为序其事，是知历代多从此本也。然文辞简古，至于句读有不可读，乃取七卷中文义显者释之，仍采古注善者并释之。"

从历代多种注释本的序文中可以看出古人有两点共识。一是认为求译《楞伽经》"难读"。诚如苏轼在《楞伽阿跋多罗宝经序》中所说："楞伽义趣幽眇，文字简古，读者或不能句，而况遗文以得义，忘义以了心乎。"二是认为结合菩译和实译有助于读通求译。比较流行的宋代释正受《楞伽经集注》便是大量采用菩译和实译注释求译①。上述明代《楞伽阿跋多罗宝经注解》也申明这种注释方法。

二

《入楞伽经》是一部重要的大乘佛典。但它的产生年代难以确证。依据最早的汉译本出现在五世纪二、三十年代，可以确定它的产生年代的下限在四世纪。如果汉译本只是它的略本，它的详本是三万六千颂，甚至是十万颂，那么，必定有个成书过程，它的产生年代还可以推前。现在，一般认为早期的大乘佛典主要是《般若经》和《华严经》等，产生于一、二世纪。中观派和瑜伽行派佛典出现在它们之后。这样，我们可以大致推定《入楞伽经》产生于三、四世纪。

义净在《南海寄归内法传》卷第一中说到："所云大乘无过二种：一则中观，二乃瑜伽。中观则俗有真空，体虚如幻；瑜伽则外无内有，事皆唯识。"这是对中观和瑜伽行派最简要的概括。从《入楞伽经》阐述的思想看，既有"中观"，也有"瑜伽"。但它的阐述重点是"唯心论"

---

① 释正受在《楞伽经集注》的"阁笔记"中讲述了自己读《楞伽阿跋多罗宝经》的经验。他原先"敬读是经，句义漠然，不能终卷"。后经同道指点，取来菩译和实译，与求译合读。"读之弥月，乃于句义疑碍冰释，深自感幸。"

（cittamātra），也就是后来通称的"唯识论"（vijñānamātra 或 vijñaptimātra）。因此，佛教史家将它归入瑜伽行派佛典。

《入楞伽经》的第一品是《罗波那劝请品》，点明此经是佛陀应楞伽王罗波那之邀，进入楞伽城说法。楞伽王请求佛陀宣示"自觉内知"（pratyātmavedya）法门。这个法门的名称在本经中有多种替换用语，如"自觉圣智"（pratyātmāryajñāna）、"自觉境界"（pratyātmagatigocara）和"自证法"（pratyātmadharma）等。同时，在本品中也点明与佛陀同行的诸菩萨"通晓自心所现境界"，"精通五法、自性、诸识和两种无我"。在这次佛陀说法中，楞伽王请求大慧菩萨作为提问者。因此，从第二品开始，全经是以大慧菩萨和佛陀对话的方式展开的。大慧在提问中也说到："心、意、意识、五法、自性和相""是一切佛语之心"。这些都是提示本经论述的重点所在。

本经虽然有论述的重点，但并非是一部结构严谨的论著，而更像是一部漫谈录，论题涉及大乘义理的方方面面。显然，大乘佛教在发展过程中，不仅面对种种外道的挑战，也面对佛教内部的质疑。实际上，从大慧的许多提问中，我们可以体会到其中隐含的这种思想背景。本经不回避任何面对的问题，而是努力运用"唯心论"这个法门，澄清和化解一切。

在第二品，大慧一开始提问，就提了"一百零八问"。这些问题包罗万象，既涉及各种义理，也涉及天下万物。而佛陀回答这"一百零八问"的方法是模仿大慧的提问，其中有些是重复大慧的提问，有些是提醒大慧还可以提出其他类似的问题。然后，佛陀告诉大慧，这些问题"每个都与相有关，摆脱邪见弊端，我即将讲述悉檀和言说"（2.97）。所谓"与相有关"，也就是属于事物的表象，或者说，是语言表达的名相。所谓"悉檀和言说"，也就是经中在后面会进一步阐述的"宗通"和"说通"。而在这里，佛陀接着提出"一百零八句"，作为对大慧"一百零八问"的正式回答。这"一百零八句"以"生句非生句"起首，至"文句非文句"结束，全部是同一句式。这是一种象征性的表达方式，用以表示扫除所有一切出于自心妄想分别而借助语言表达的名相或概念。故而，这个回答的依据就是"唯心论"这个法门。这个法门的核心思想就是"三界唯心"（tribhavacittamātra）或"三界唯心、意和意识"（cittamanomanoviññānamātram traidhātukam)。在这第二品中，也将这"一百零八句"称为"圣智观察事物的法门"，或称为"一百零八无影像句"，都是这个法门的不同表述。

这里，无法对《入楞伽经》各品中涉及的众多论题一一介绍，而只能对上述主要论题，如三自性、五法、两种无我和八识等，提供一点扼要的说明。因为这些概念贯穿全经，在阅读这部经之前，应该对它们有个初步了解。

"三自性"指妄想自性、依他自性和圆成自性。"自性"（svabhāva）是指事物的自性。故而，论述"三自性"，也就是论述如何认识事物自性。其中，"依他自性"（paratantrasvabhāva）"产生于所依和所缘"，呈现事物相。也就是说，事物产生于缘起，并无真实的自性。"妄想自性"（parikalpitasvabhāva）指依据这种缘起，妄想分别，而执著种种事物相和名称。"圆成自性"（parinispannasvabhāva）指"摆脱因相、名称和事物相妄想，趋向真如圣智和自觉圣智境界"。也就是说，摆脱妄想自性和依他自性，认识到一切事物唯自心所现。因此，这种"圆成自性"又称"如来藏心"。

"五法"指相、名、分别、真如和正智。"法"（dharma）这个词在梵文中含义广泛，可以指称正法、法则、规律、职责、事物、性质或方法等。这里的"五法"可以理解为认知事物的五种方法。其中，"相"（nimitta）指"可见的形状、形态、特征、状态和色等等"。所谓"色等等"，也就是呈现给眼识、耳识、鼻识、舌识、身识和意识的色、声、香、味、触和法。"名"（nāma）指"依据这种相，产生罐等等名想"。"名想"（saṃjñā，或译"想"）是指感知事物的表象或特征而形成概念。"分别"（vikalpa）指对种种相加以分别，"予以命名"。"真如"（tathatā）指认识到"名和相终究不可得"，于是"不起名和相二义"，"不感知和分别诸法"，而达到"无影像境界"。"正智"（samyagjñāna）指证得"真如"（即事物的真实相）后，不再"起分别"，而"遵循自觉圣智"。

经中还特别指出："三自性、八识和二无我一切佛法都包含在这五法中"。例如，上述"三自性"中的妄想自性属于"五法"中的相和名；依他自性属于"五法"中的分别；圆成自性属于"五法"中的真如和正智。

"二无我"指人无我和法无我。"我"（ātman）这个词在梵文中含义广泛，可以指称自我、灵魂、精神、呼吸、生命、本质、本性、自己和自身等。或者说，它可以指称作为精神实体的自我，如灵魂，也可以指称作为物质实体的自我，如自身。这里，"人无我"（pudgalanairātmya）指人由"蕴、界、处聚合而没有我和我所"。其中，"蕴"（skandha）指五蕴：色、受、想、行和识。"界"（dhātu）指十八界：六根（眼、耳、鼻、舌、身和意）、六境（色、声、香、味、触和法）和六识（眼识、耳识、鼻识、舌识、身识和意识）。"处"（āyatana）指十二处：六根和六境。由此可见，这些蕴、界和处兼有物质和精神。人只是这些蕴、界和处的聚合。而这些蕴、界和处刹那生灭，因此，并没有能称为"我"或属于"我"的物质实体和精神实体。"法无我"（dharmanairātmya）指不仅人无我，那些蕴、界和处同样是妄想分别的产物，而无真实的自性。"人无我"原本是佛教的传统观点，而大乘进一步确立"法无我"，形成"二无我"。这是大乘有别于小乘的重要标识之一。

"八识"指眼识、耳识、鼻识、舌识、身识、意识、意和阿赖耶识。"识"（vijñāna）指人的感知或认知。"八识"中的前六识是佛教传统确认的识。后两种是瑜伽行派的发展。其中，"意"（manas）在《入楞伽经》三种汉译本中基本上都译为"意"，只有个别之处（如实译《偈颂品》第870颂）音译为"末那"。"阿赖耶识"（ālaya，又译"藏识"）也可称为"心"（citta）。

《入楞伽经》将八识分成两类：显现识和分别事物识。显现识（ākhyātivijñāna）指阿赖耶识。分别事物识（vastuvikalpavijñāna）指其他七识。然而，这两者又"无差别相，互为原因"。具体地说，八识中的意识代表思维功能，五识（即眼识、耳识、鼻识、舌识和身识）代表感觉功能。意识"作为形状、形态和特征的摄取者"，与五识一起连续不断转出又转离。而它们转出的原因是阿赖耶识和意"具有转出的诸识习气"。"习气"（vāsanā，又译"熏习"）指无始以来妄想分别留在心中的印象。《入楞伽经》中也有"习气种子"（vāsanābīja）的说法，意谓这种习气是留在阿赖耶识中的种子。在八识中，意"执著我和我所"，是妄想分别的主导者或驱动者。由此，意识"执著种种境界分别"，与五识一起不断转出，并"以习气滋养阿赖耶识"。所以说，这八识"互为原因"。

同时，在《入楞伽经》中，又将阿赖耶识称为"如来藏"（tathāgatagarbha）。经中说："如来藏是善和不善的原因，一切出生和趣向的作者，如同演员表演，摆脱我和我所，在种种趣向中转出。"所谓"趣向"（gati），指生死轮回。正是"受无始种种戏论恶劣习气熏染"，这种名为如来藏的阿赖耶识与其他七识一起转出。然而，其他七识转出，刹那生灭，阿赖耶识"自身不断灭，远离无常性错误，摆脱自我论，本性无限纯洁"。也就是说，名为如来藏的阿赖耶识并不像意那样"执著我和我所"，而是"摆脱我和我所"，如同演员化妆表演的只是角色，而非自身。因此，"追求殊胜法的菩萨大士应该净化名为阿赖耶识的如来藏"。净化的方法便是经中一再宣称的明了"五法"、"三自性"和"二无我"，依靠自觉圣智，觉知唯自心所现。这样，如来藏就能消除妄想分别习气的熏染，保持纯洁的本性，不再与其他七识一起转出。

在《入楞伽经》中，还特别强调如来藏不同于外道的"自我"。譬如，大慧询问佛陀：如果"如来藏本性光明纯洁"，"永恒、稳固、吉祥和不变，而陷入蕴、界和处种种事物中，受贪、瞋、痴和不实妄想污染，犹如昂贵的宝石陷入污秽事物中"，那么，"这种如来藏说与外道的自我说有什么不同？"因为"外道的自我说也宣称自我是永恒的创造者，无性质，自在，不变"。佛陀回答大慧说："如来藏不同于外道的自我说。一切如来用空性、实际、涅槃、无生、无相和无愿等等句义宣示如来藏。"如来藏是"无分别、无影像境界"。同时，佛陀也指出"一切如来为吸引执著自我说的外道，而宣示如来藏说"。也就是说，这也是一种"智慧方便善巧"。因此，应该摒弃外道自我说，而追求"无我如来藏"。

《入楞伽经》中还提到佛陀曾"护持胜鬘夫人和其他具有微妙清净智的菩萨，宣说名为阿赖耶识的如来藏和七识"，"宣说如来境界"。而"如来境界就是如来藏阿赖耶识境界"。由此可知，《胜鬘经》和《入楞伽经》同为瑜伽行派的前期经典。《胜鬘经》按照求那跋陀罗的译名，全称为《胜鬘师子吼一乘大方便方广经》。经中将"如来藏"界定为"法界藏，法身藏，出世间上上藏，自性清净藏。此自性清净如来藏而客尘烦恼、上烦恼所染，不思议如来境界"。经中也指出"如来藏者，非我，非众生，非命，非人"。这些论述与《入楞伽经》中对"如来藏"或"阿赖耶识"的描述是一致的。但《胜鬘经》中又提到"如来法身是常波罗蜜，乐波罗蜜，我波罗蜜，净波罗蜜。于佛法身作是见者，名为正见"。在《大般涅槃经》（昙无谶译）卷第二中，对"常、乐、我和净"的解释是："我者是佛义。常者是法身义。乐者是涅槃义。净者是法义。"经中还说："说言诸法无我，实非无我。何者为实？若法是实，是真，是常，是主，是依，性不变易，是名为我。"同时又指出世尊作为"医王，欲伏外道，故唱是言：无我，无人、众生、寿命、养育、知见、作者、受者"。这说明在大乘教义的发展中，出现这种新的倾向，用"我"来指称"如来藏"、"法身"或"佛性"。同时，也注意与外道的"我"作出切割。这一点在《入楞伽经》的《偈颂品》中也有明显表现。例如，一方面说："自我自觉内证，具有清净相，它是如来藏，而非思辨者境界。"（10.746）另一方面又说："外道描述阿赖耶识在胎藏中，与自我结合，这种说法不合法。"（10.748）另外，还提出可以将外道的"自我"用作"心"（即"阿赖耶识"）的譬喻："无论依据生或不生，心永远光明，思辨者确立自我，何不用作譬喻？"（10.744）但是，在有一些偈颂中，直接用"自我"指称"如来藏"或"阿赖耶识"。如果孤立地看待这些偈颂，就难以区别究竟是指外道的"自我"，或者引用外道的言论，还是用作"譬喻"。这在读《偈颂品》时，确实需要留心的。

瑜伽行派也称唯识派。"唯识"的通常用词是 vijñaptimātra 或 prajñaptimātra。例如，玄奘所译《唯识二十论》书名原文中的"唯识"一词就是 vijñaptimātra。而在《入楞伽经》中，相当于"唯识"的主要用词是"唯心"（cittamātra）。在相当程度上，可以说"唯心"是"唯自心所现"（svacittadṛśyamātra）的简称。这两个词在《入楞伽经》中出现的频率都很高。其中的"心"既可以指称阿赖耶识，也可以统称"八识"。《入楞伽经》中也使用 vijñaptimātra 和 prajñaptimātra 这两个词，但显然都是 cittamātra（"唯心"）的辅助用词。这两个词在三个汉译本中一般译为"施设量"、"唯假名"或"唯假设"，都没有译为"唯识"。因为在这三个汉译本中，与"识"对应的原词主要是 vijñāna。而 vijñapti 或 prajñapti 从构词上说，是从动词 vijñā 或 prajñā（"认知"）的致使形式转化成的名词，词义一般为"告知"、"表示"、"指出"或"说明"，也可引申为"设计"或"安排"。prajñapti 这个词在巴利文中是 paññatti，词义除了"表示"和"说明"外，还有"名称"和"概念"。因此，求译、菩译和实译采用"施设"、"假名"或"假设"的译法是符合佛教用语传统的。尤其是"假名"这个译法比较巧妙，既可理解为"借用名称"，也可理解为"虚假的名称"。在《入楞伽经》中，与"唯假名"意义上相通的用词还有 vāgvijñaptivikalpa（"言语假名分别"）、vāgvikalpamātra（"唯言语分别"）和 vāgmātra（"唯言语"）。然而，将 vijñaptimātra 或 prajñaptimātra 译为"唯识"，从根本意义上说，也是正确的。因为这种"施设"、"假名"或"假设"毕竟产生于诸识的妄想分别，或者说，诸识妄想分别的种种相需要运用"假名"表达。

在《入楞伽经》中，涉及的其他论题或重要概念还有无生、空性、二谛（俗谛和第一义谛）、一阐提、五无间业、五种性、六波罗蜜、涅槃和不食肉，等等。此外，第十品《偈颂品》中含有八百八十四首偈颂。其中有二百多颂已经出现在前面各品的经文中。即使如此，常有一些偈颂与前面相同的偈颂出现词语上的差异。这是口头或抄本传承中的自然现象。这种情况虽然会造成读解的混乱，但也能起到在文本内部互相校勘的作用。至于其他六百多首偈颂的内容则既有与前面经文论题相关联的偈颂，也有不少与前面经文论题不相关的偈颂。其中有些偈颂缺乏足够的上下文语境，必然会增加读解难度。然而，依据这些大量新增的偈颂，或许可以推测这第十品《偈颂品》（菩译本中称为《总品》）囊括了三万六千颂《入楞伽经》中的主要偈颂，或者说，那六百多颂偈颂是采自三万六千颂《入楞伽经》的。这样，我们可以由此约略见出三万六千颂《入楞伽经》的风貌。

三

《入楞伽经》传入中国后，不仅成为唯识宗的重要经典，而且催生了禅宗。禅宗可以说是印度佛教在中国获得创造性转化的典范。

禅的梵文原词是 dhyāna，词义是"沉思"。与 dhyāna 对应的巴利文是

jhāna。"禅"或"禅那"作为汉语的音译词，发音更接近巴利文的 jhāna。禅原本是印度古代的瑜伽修行方式，源远流长。吠陀时代后期的奥义书中，将瑜伽（yoga）分为六支："调息、制感、沉思（dhyāna）、专注、思辨和入定（samādhi）"（《弥勒奥义书》6.18）。瑜伽作为一种修炼身心的方式，为印度古代各种宗教派别所共有。早期佛教的佛学可以归结为戒定慧三学。戒是戒律，定是禅定，慧是智慧。三者之间的关系是依戒而资定，依定而发慧，依慧而证理。释迦牟尼本人就是在菩提树下通过禅定悟道成佛的。

佛教传入中国，自然也包括禅法。因而，早期的汉译佛经中，也有专论禅法的佛经，或属于小乘，或属于大乘。但无论小乘或大乘，坐禅观想的形式是一脉相承的，只是观想的义理有所区别。而印度的佛教禅法向中国禅宗的转化，缘起于《入楞伽经》的传入。

据《续高僧传》卷第十六中记载，南印度僧人菩提达摩（Bodhidharma）于南朝宋代来华传授禅法。他特别推崇《入楞伽经》，"以四卷《楞伽》授可曰：'我观汉地，唯有此经，仁者依行，自得度世。'"这样，惠可遵奉师教，传承《楞伽》。他的弟子"那、满等师常赉四卷《楞伽》，以为心要，随说随行，不爽遗委"。《续高僧传》卷第二十七中还记载惠可的再传弟子法冲"专以《楞伽》命家，前后敷弘将二百遍"。唐代道信也在《入道安心要方便法门》中说："我此法要，依《楞伽经》'诸佛心第一'。"因此，中国早期的禅宗也称为"楞伽宗"。唐代净觉编撰的禅宗史传便名为《楞伽师资记》，记叙了求那跋陀罗（即四卷《楞伽经》的译者）、菩提达摩、惠可、僧璨、道信、弘忍和神秀等八代十三位"楞伽师"的事迹。

确实，中国禅宗在形成过程中，从《入楞伽经》中吸取了许多思想资源。《入楞伽经》将禅分成四种：愚夫所行禅、观察义禅、攀缘真如禅和如来禅。其中，愚夫所行禅以"人无我"为禅要，属于小乘禅。而其他三种属于大乘禅。观察义禅以"人无我"和"法无我"为禅要。攀缘真如禅是"如实确立二无我分别是妄想，不起妄想分别"。如来禅是"入如来地，住于自觉圣智相三乐之中，成就不可思议众生事业"。据此，唐代宗密在《禅源诸诠集都序》中，将如来禅称为"最上禅"，说"达摩门下，展转相传者,是此禅也"。

《入楞伽经》中还论及渐次或顿时"净化自心所现流"。经中以陶工制作器皿、草木生长和学习技艺说明"渐次",以明镜呈现影像和日月照亮万物说明"顿时",并指出如来采用这两种方式净化众生"自心所现流"。同时,也点明"自觉圣趣法相"是"顿时闪耀,摆脱有无邪见"。当然,从《入楞伽经》的总体精神看,这种"顿时"也是以修习"自觉圣智"法门为基础的。或者说,一旦掌握了这个法门,"自觉圣趣法相"便会"顿时闪耀"。

显然,中国禅宗中的渐修和顿悟说与《入楞伽经》中的渐次和顿时说有直接关联。从达摩至弘忍,衣钵相传,都是依经修禅,藉教悟宗。而从神秀一代开始,分出神秀和慧能两系。神秀一系为北宗禅,慧能一系为南宗禅。慧能倡导"顿悟"。《六祖坛经》中记载的两首著名偈颂分别代表神秀和慧能的禅学观点。神秀的偈颂是:"身是菩提树,心如明镜台,时时勤拂拭,莫使有尘埃。"慧能的偈颂是:"菩提本无树,明镜也非台,佛性常清净,何处有尘埃?"两者分别象征"渐修"和"顿悟"。《六祖坛经》中还记载慧能说:"我于忍和尚处一闻,言下大悟,顿见真如本性。是故,将此教法流行后代,令学道者顿悟菩提,各自观心,令自本性顿悟。"

慧能还对坐禅和禅定作出新的解释:"何名坐禅?此法门中,一切无碍,外于一切境界上念不起为坐,见本性不乱为禅。何名为禅定?外离相曰禅,内不乱曰定。"坐禅是楞伽师们遵循的传统修行方式。据《楞伽师资记》记载:求那跋陀罗强调"闲居静坐,守本归真"。菩提达摩向道育和惠可亲传的"真道"中,包括"壁观"(即面壁坐禅观想)。惠可也强调"寂静观"[①],认为十方诸佛没有"不因坐禅而成佛者"。而慧能对坐禅的这种解释实际上是破除了坐禅修行的形式。这一点应该是受《维摩诘经》的启发。《维摩诘经》中描写维摩诘对在树下坐禅的舍利弗说道:

---

① 这里顺便说明一下。此处"寂静观"引自求译《楞伽经》。按现存梵本,原意是"看到牟尼寂静"。后出的菩译是"观佛寂静",实译是"见于牟尼寂静"。而当时求译"牟尼寂静观",以致惠可据此将"观"理解为"坐禅观想"。

"你这样坐禅不是坐禅。身心不在三界中呈现是坐禅。你不脱离灭定而展现种种威仪是坐禅。你不舍弃所得法相而展现种种凡夫相是坐禅。心不住于内,也不行于外,是坐禅。你不脱离一切见而展现三十七菩提分是坐禅。你不舍弃生死轮回和烦恼而入涅槃是坐禅。"① 这样,慧能为禅宗开辟了一个更加自由活泼的发展空间。此后,南宗在发展中,渐渐取代北宗,成为中国禅宗的主流。

我们现在通常将禅宗思想归纳为"不立文字,教外别传,直指人心,见性成佛"。仅从这个概括,我们就可以见出禅宗与《入楞伽经》的紧密关联。其中,"直指"相当于《入楞伽经》中常说的"自觉内知"或"自证法"。"人心"相当于"如来藏阿赖耶识",或称"如来藏心"。"见性"相当于见到如来藏"本性光明纯洁"。"成佛"相当于"入如来地"。至于"不立文字,教外别传",则导源于《入楞伽经》中论及的宗通和说通。

《入楞伽经》指出"宗通"(siddhāntanaya)是"摆脱言语文字分别,进入无漏界","自觉内证闪耀光芒"。而"说通"(deśanānaya)是"宣说九部法种种言说","依靠方便善巧","顺应众生志趣,随类说法"。这里所说的"九部法"指九类不同体裁的佛教经文。因此,"宗通"是修行者进入"自觉圣智境界",而"说通"是为了开导众生而"诵经说法"。

《入楞伽经》倡导"自觉圣智",也不否定"诵经说法"。因为"如果不说,一切法经就会消失。一切法经消失,一切佛、缘觉、声闻和菩萨也就不存在。他们不存在,那么,为谁宣示什么?"但经文中又强调依据众生种种意趣,"诵经说法变化不定",只是让众生"远离心、意和意识",并不能保证"证得自觉圣智"。众生常常"执著诵经说法之音","追随字母"。然而,"真实离字母"。经中举例说,有人用手指向某人指示某物,某人依随而看到指尖。同样,愚夫们"执著依音指取指尖义,至死都不会摒弃依音指取指尖义,而获得第一义"。经中还用一首偈颂表达这个见解:"犹如愚夫看指尖,而不看月亮,同样,执著文字,不知我的真谛。"

---

① 《维摩诘经》有支谦、鸠摩罗什和玄奘三种译本。此处译文据《梵文维摩诘经》(Vimalakīrtinirdeśa),大正大学出版会2006年版,第20—21页。这里的"坐禅"(pratisaṃlayanam)一词,支译、什译和奘译均为"宴坐"。"宴坐"和"坐禅"同义。

(6.3)这个巧妙的比喻已被中国禅宗广泛采用。它可以正用,即用见指不见月,比喻执著文字而不见真如;也可以反用,即用依指见月,比喻依言教见真如。明代和清代的两部禅宗语录就取名《指月录》和《续指月录》。

《入楞伽经》中还讲述大慧询问佛陀:为何说如来自觉悟至涅槃,"在这中间,没有说一字?"佛陀回答说:"依据自觉法性和古已有之法性。"自觉法性指"一切如来证得的,我也证得,无增无减。自觉境界离言语分别,摆脱文字二趣"。古已有之法性指"法界常在。无论如来出世或不出世",那些法的"法性、法住性、法定性、真如性、真实性和真谛性常在"。这里含有两层意思:一是法界常在,佛陀证得的,也就是过去一切如来证得的,因此实际上自己"没有说一字";二是自觉境界离言语分别,不在文字中,因此,实际上自己"没有说一字"。

《入楞伽经》旨在弘扬自觉圣智,故而竭力揭示语言的局限性。经中强调"言说是人为造作",事物并不依据言说存在。譬如,"兔角、龟毛和石女之子等等有言说,但在世上并不能见到"。又如,在这世界上,"蝼蚁和蚊蝇等等这些特殊生物都不言说而完成自己的事"。因此,"一切佛土不重言说"。经中举例说:"在佛土有时用瞪眼示法,有时用姿势动作,有时用扬眉,有时用转睛,有时用微笑,有时用哈欠,有时用咳嗽声,有时用回忆佛土,有时用颤动。"在中国禅宗有个"拈花微笑"的著名公案(《五灯会元》卷第一),讲述"世尊在灵山会上,拈花示众。是时众皆默然,唯迦叶尊者破颜微笑。世尊曰:'吾有正法眼藏,涅槃妙心,实相无相,微妙法门,不立文字,教外别传,付嘱摩诃迦叶。'"在中国禅宗实践中,还有棒喝、竖拂子、绕三匝、画圆相、掷杖、弹指、展手和沉默等开示方式。同时,诸如"言语道断"、"不执文字"、"不涉言诠"、"不落名言"和"不落唇吻"等等已成为中国禅宗的常用语。由此可见,中国禅宗对语言文字采取的立场,与《楞伽经》一脉相承。

而我们也应该注意到,《入楞伽经》中对许多问题的论述常常含有中观辩证思辨色彩,并不绝对化。对于语言文字的论述也是如此。本意是强调不要执著语言文字,并非否定和废弃语言文字。《入楞伽经》中对于语言的基本观点是"音和义既异又非异"。由音入义,犹如灯光照物。正是

"凭借言语分别的音灯,众菩萨摆脱言语分别,进入自觉圣境界"。如果我们全面考察经中对语言文字的论述,对这一点会看得更清楚。例如,经中说到"由言语进入第一义圣乐,故而第一义的言语不是第一义"。这里强调言语显现分别境界,不是第一义,但又与第一义相连。经中此处还用两首偈颂加以说明:"犹如国王和长者给儿子们各种泥鹿,让他们游戏玩耍,然后给他们真鹿。同样,我也先说诸法影像相,然后,为佛子们说自证实际。"(2.145—146)又如,经中提到"一切如来、阿罗汉、正等觉用四种问答方式向众生示法"。所谓"四种问答方式",指"直答、反问、分别和搁置不答"。其中的"搁置不答"也只是"对诸根不成熟者搁置不答,而对诸根成熟者并不搁置不答"。由此,我们也就不会拘泥于前面引述的如来"没有说一字"的说法。同样的道理,中国禅宗倡导"不立文字",却又为我们留下了大量的禅宗语录。因此,我们阅读《入楞伽经》也应该体现这种精神,不要执著经中某些词句的文字表面义,而要领会蕴含其中的真实义。

四

自古迄今,《入楞伽经》在中国佛教典籍中,始终是一部号称"难读"的佛经。这不仅因为通行的《楞伽阿跋多罗宝经》译文颇多生涩之处,也因为《入楞伽经》本身义理比较深奥,内容又涉及方方面面,对有些论题的阐述也就难免不够充分,这些都增加了读解的难度。中国古代,采取三种汉译本合读的方法,自然有助于读解《入楞伽经》。实际上,这种行之有效的合读方法一直延续到现代。欧阳竟无依据自己读《楞伽经》的经验就说过:"宋魏唐三,融取即明,缺一仍昧。宋译文晦,其义不彰,唐善伸文,魏时出义。借唐解文,以魏补义,罄无不宜。"[1] 可以料想,在合读中,遇到三个汉译本互相歧异之处,也必定会推断哪种读法更符合原意,实际上也就是设想哪种读法更符合梵本原文。倘若能直接对照梵本原文,进行这样的合读,岂不更为理想?幸好《入楞伽经》的梵本没有失

---

[1] 参阅欧阳渐《楞伽疏决》,载支那内学院年刊《内学》第2辑,1925年,第36页。

传,那么,我们应该尝试进行这项工作。

这里,我也想起我的老师金克木先生早年在印度学习梵文期间,曾经利用玄奘的汉译本协助印度学者戈克雷教授校勘《阿毗达磨集论》。他回国后,一直没有机会从事梵汉对勘。到了晚年,他又重读一些汉译佛经,在论及《入楞伽经》时,曾指出为适应现代读者的需要,应该有一个"依据原文整理并加解说的本子"。

在现代,《入楞伽经》的梵文校刊本最早是由南条文雄编订的,出版于1923年。这个校刊本依据六个梵文抄本,并参考中国古代三种汉译本以及藏译本。此后,铃木大拙依据这个校刊本,将《入楞伽经》译成英文出版(The Laṃkāvatāra Sūtra, A Mahāyāna text, 1932)。他在英译本的导言中说:"用非母语翻译产生于东方土壤的一些最深奥的思想,这对于译者来说,是一个大胆的企图。但想到如果没有人跨出这第一步,即使带有缺陷和不足,那么,除了少数学者外,这些珍宝就会长期湮没无闻。"他也依据这个校刊本编制了一部《入楞伽经索引》(An Index to The Lankavatara Sutra, 1934),包含梵本、三种汉译本以及藏译本的词汇。此外,他还撰写了《入楞伽经研究》(Studies in The Lankavatara Sutra, 1930)。这部著作对《入楞伽经》的主要义理和各种概念作了全面的研究和梳理。应该说,南条文雄和铃木大拙这两位日本佛教学者对《入楞伽经》的现代研究作出了开创性的贡献。此后,国际佛教研究领域对《入楞伽经》的了解和研究都以他俩的这些学术成果为基础。中国在二十世纪三、四十年代,南京支那内学院出版的《藏要》中,对求译《楞伽阿跋多罗宝经》的校勘,不仅利用菩译本和实译本,也利用了南条文雄的《梵文入楞伽经》编订本。对这四种文本中的歧异之处,以校注方式标出和说明。除了《入楞伽经》外,《藏要》中利用现存梵本进行校勘的汉译佛经还有《金刚经》、《妙法莲华经》、《金光明经》、《华严经十地品》、《菩提行经》、《中论》、《大乘庄严经论》、《俱舍论》和《因明入正理论》。《藏要》中的这些梵汉佛经对勘工作虽然是初步的,但在中国现代具有开创意义。当时南京支那内学院中能从事梵汉佛经对勘者,应该是吕澂先生。还应该提到,吕澂先生对《大乘起信论》的辨伪和对禅宗史的独到见解都借重于对《入楞伽经》三种汉译本和梵语原本的对勘研究。这是他独有的学术特色,有别于当时国内的其他佛教学者。因此，我们应该对这位梵汉佛经对勘的先驱者表示深深的敬意。

《入楞伽经》的第二个梵文校刊本是由印度学者维迪耶编订的，属于印度学者巴格奇（S. Bagchi）主编的《梵文佛经丛书》（Buddhist Sanskrit Texts）第3种，出版于1963年。这个编订本没有对校刊体例作出说明。但从这个编订本的校注可以看出，它是以南条文雄的文本为底本，并利用原有的校注，进行加工和修订。因此，它实际是南条文雄编订本的修订本。对此，我想如果南条文雄地下有知，也会感到欣慰的。因为他在《梵文入楞伽经》的序言中说过："让这部《梵文入楞伽经》公之于众时，编者本人深知它远不完善，而希望获得一切机会，让这个文本消除一切缺陷。"

本书进行梵汉《入楞伽经》对勘，梵本便以维迪耶本为底本，同时也参考南条文雄本。因为维迪耶本中不仅存在一些排印中出现的文字讹误，也有一些读法不如南条文雄本。在这一点上，尤其能体现南条文雄利用梵汉佛经对勘方法的优势。三个汉译本中，选择了求译《楞伽阿跋多罗宝经》和实译《大乘入楞伽经》。原因是前者流传最广，而后者内容齐全。但在对勘中，也根据需要参照菩译《入楞伽经》。求译《楞伽阿跋多罗宝经》和实译《大乘入楞伽经》采用《中华大藏经》（第十七册）提供的文本。为保持文本原貌，没有将其中的繁体字改成简体字，而只是将有些异体字改用通行字。在梵汉对勘中，也依据现存梵本和这两个文本所附"校勘记"，对有些文字予以订正。

对勘的方式是分段列出现存梵本原文，先提供依据梵本的现代汉语译文，然后列出相应的求译和实译。对勘的宗旨是既用梵本帮助读解古代汉译，又用古代汉译帮助读解梵本。就梵本而言，尽管现有两种编订本，但里面仍然会留存不少疑难之处。这样，参照古代汉译，不仅可以帮助疏通一些语句，也可以帮助厘清某些可疑之处，或改正某些在传抄中出现的讹误。就古代汉译本而言，各译本之间既有语句表达的异同，也有术语译法的异同。即使是同一术语，在同一译本中有时也会有不同译法。也有同一汉语用词对应不同的梵文原词。同时，译文中或多或少存在一些文字晦涩之处，也难免存在一些误译之处。而参照梵本，这些问题就比较容易看清和说明。

对勘的结果体现在本书的注释中，也体现在本书的《入楞伽经》今译中。因为梵本中的有些疑难之处或文字讹误是借助古代汉译得以解决的。有了这个今译，也为对勘工作提供了方便，不再需要对全经逐句作出说明，而可以选择重点进行注释。同时，考虑到适应现代读者的需要，本书也对求译《楞伽阿跋多罗宝经》和实译《大乘入楞伽经》作了新式标点。古代汉文佛经的标点工作也是中国古代文献研究中的一个难点。而对现存梵本的一些汉译佛经进行标点，运用梵汉对勘的方法，显然是大有裨益的。

最后，我想说的是，梵汉佛经对勘是属于佛教思想史、佛经翻译史和佛经汉语研究的基础性工作。近代以来，已经发掘和整理出不少梵本佛经，而中国学者在掌握古代汉译佛经方面具有得天独厚的优势，展开梵汉佛经研究理所当然，责无旁贷。我正是深感这项学术工作的重要性，而决心投身其中。但我以往长期主要从事梵语文学和诗学研究，佛教研究的学养积累不够。本书中肯定会存在种种疏失和不足。因此，我衷心盼望国内佛教研究的各方面学者多加批评指正，让我们共同推进这项学术工作。

本书全部文稿主要由常蕾帮助我输入电脑。她也有志于从事梵汉佛经对勘研究，故而工作充满热情，又细致认真。在此，对她深表感谢。

2010 年 3 月 20 日

（原载《梵汉对勘〈入楞伽经〉》，中国社会科学出版社 2011 年版）

《梵汉对勘〈入菩提行论〉》导言

寂天（Śāntideva，七、八世纪）著有《菩萨学集》（Śikṣāsamuccaya）、《经集》（Sūtrasamuccaya）和《入菩提行论》（Bodhicaryāvatāra）。这一史实在中国藏族布顿的《佛教史大宝藏论》和多罗那它的《印度佛教史》中有明确记载①。寂天的这三部佛经中，现存《菩萨学集》和《入菩提行论》两种梵本，而且都有汉译本和藏译本。汉译本中，《菩萨学集》即法护译《大乘集菩萨学论》，《入菩提行论》即天息灾译《菩提行经》。虽然汉译《大乘集菩萨学论》的作者题名是"法称菩萨"，《菩提行经》的作者题名是"龙树菩萨"，但现存的梵本和藏译本的作者题名均为寂天。因此，现代佛学界依然确认这两部佛经的真正作者是寂天。而《经集》的梵本迄今尚未发现。吕澂在《印度佛学源流略讲》中指出，此经的藏译本"题名龙树著"，汉译本"名《大乘宝要义论》"，"无作者名"②。

《菩萨学集》的第一个梵文校刊本出版于1897年（Bibliotheca Buddhica, No.1），编定者是英国学者本达尔（C. Bendall）。同时，本达尔和劳斯（W. H. D. Rouse）还将它译成英文（1922）。第二个梵文校刊本出版于1961年（Buddhist Sanskrit Texts, No.11），编订者是印度学者维迪耶（P. L. Vaidya）。这部佛经可以说是一部大乘佛学手册。它以二十七首"本颂"（Kārikā）为纲要，在阐述中引用了一百多部佛经的经文。这些佛经的梵文原本大多已经失传，因此，它提供的这些引文受到现代学者格外重视。这两部校刊本都为这一百多部佛经的经名及其引文编制了索引。

---

① 参阅布顿《佛教史大宝藏论》，郭和卿译，民族出版社1986年版，第150页；多罗那它《印度佛教史》，张建木译，四川民族出版社1988年版，第165页。
② 参阅吕澂《吕澂佛学论著选集》卷四，齐鲁书社1991年版，第2293页。

《入菩提行论》的第一个梵文校刊本出版于1889年（Russian Oriental Journal, IV），编订者是俄国学者米纳耶夫（Minayef）。第二个梵文校刊本出版于1894年（Journal of the Buddhist Text Society of India, Vol. 2），编订者是印度学者夏斯特利（H. Śāstrī）。第三个校刊本出版于1902—1904年（Bibliotheca Indica, Culcutta），编订者是法国学者普善（Poussin）。这个校刊本是附有智作慧（Prajñākaramati，约八、九世纪）注释的前九品。现存梵本智作慧的注释只涉及前九品，其中还存在一些缺失。这三个校刊本问世后，相继出现欧洲语言译本：巴奈特（L. D. Barnett）的英译本（1909）、普善的法译本（1912）、芬诺（L. Finot）的法译本（1920）、施密德（R. Schmidt）的德译本（1923）和图齐（G. Tucci）的意大利语译本（1925）。在印度国内则有高善必（Kosambi）的古吉拉提语和马拉提语译本。第四个梵文校刊本出版于1960年（Buddhist Sanskrit Texts, No. 12），编订者是印度学者维迪耶（P. L. Vaidya）。这个校刊本包含第十品和附有智作慧注释的前九品。

《入菩提行论》采用偈颂体，主要讲述达到菩提的修行方式。"达到菩提"也就是证得最高智慧，成就"无上正等觉"。全经共有九百多颂，分成十品。第一《赞菩提心品》赞颂菩提心，鼓励众生发起菩提心，实行菩提心。第二《忏悔品》讲述发起菩提心后，要虔诚皈依佛、法和僧三宝；要真心忏悔，涤除以往的一切罪业。第三《受持菩提心品》讲述实行菩提心，应该将自己所有的一切乃至生命奉献给众生，一心为众生谋利益。第四《菩提心不放逸品》讲述实行菩提心，应该遵循菩萨学，修习善法，坚忍不拔，勇往直前，断除一切烦恼。第五《守护正知品》讲述实行菩提心，奥秘在于守护心。而要守护心，就要努力守护忆念和正知。守护住心门，也就能守护和履行菩萨学。第六《忍辱波罗蜜品》讲述实行菩提心，必须克服憎恨和愤怒，忍受一切痛苦和屈辱，善待众生，一心为众生造福。第七《精进波罗蜜品》讲述实行菩提心，必须精进努力，摒弃懒惰和消沉，依靠意欲、勇猛、欢喜和舍弃，排除一切障碍，行善积德。第八《禅定波罗蜜品》讲述实行菩提心，要保持身心清净，修习禅定，摒弃一切贪欲和烦恼。而在禅定中，要注重修习自己和他人平等，将自己和他人进行换位思考。第九《般若波罗蜜品》讲述实行菩提心是为了获得最高智慧。而最高智慧是中观的"空性"，即"人无我"，"法无我"，"万法皆空"。本品依据空论，批判了教内外种种错误见解，确认惟有空论能消除烦恼，灭寂痛苦，获得解脱。第十《回向品》讲述将自己修习菩提心获得的一切功德回向奉献给一切受苦众生及佛和菩萨。

布顿的《佛教史大宝藏论》中提到，"关于《入行论》的释论，在印度就有百余种之多，而在西藏译成藏文的释论，只有八种"。在藏译中，《入菩提行论》通常称为《入菩萨行论》（Bodhisattvacaryāvatāra）。《佛教史大宝藏论》所附的《关于菩萨行的论著目录》中，列有《入菩萨行论》以及智作慧的《入菩萨行详解》、格尾拉的《入菩萨行释》和纳波色的《入菩萨行难义释》等多种注释本的藏译本①。这些记载说明《入菩提行论》当时在印度很流行，而传入西藏地区后，也备受推崇。

《入菩提行论》的汉译本题名为《菩提行经》。译者天息灾出生在北印度迦湿弥罗国，后为印度惹烂驮罗国密林寺僧。他于宋朝太平兴国五年（即980年）与施护一同携带梵文佛经来华。当时，宋太宗效仿历代译场建制，设立译经院，供来华梵僧主持翻译佛经。吕澂在《中国佛教源流略讲》的附录《宋代佛教》中论及宋代佛经翻译。他说当时所译的佛经"总数是二百八十四部"。"其中以密教的典籍占最多数，论部最少。"这是因为当时"印度密教发达正盛"。此外，"从宋代译经的质量上看，也不能与前代相比，特别是有关义理的论书，常因笔受者理解不透，写成艰涩难懂的译文，还时有文段错落的情形。因此，尽管译本里也有中观一类的要籍（如龙树、陈那、安慧、寂天等的著作），但对当时义学界似未发生什么影响"②。《菩提行经》就是其中具有代表性的一种。吕澂在《印度佛学源流略讲》中指出《菩提行经》"译文拙劣，错讹甚多"③。也在另一

---

① 参阅布顿《佛教大宝藏论》，第152、260、261 页。
② 参阅吕澂《吕澂佛学论著选集》卷四，第2293 页。
③ 参阅吕澂《吕澂佛学论著选集》卷五，第2994 页。

文中指出《菩提行经》等"译文晦涩，且多错误"，"因此译出之后，对于当时的佛教义学没有发生什么作用"①。

鉴于上述情况，我这次进行《入菩提行论》梵汉对勘的目的有两个：一是提供《入菩提行论》的现代汉语新译，让读者了解这部佛经的原貌。从翻译学上说，经典重译也是正常现象。或者因为语言随着时代变化，译文需要更新；或者因为旧译质量不佳，译文需要改进。就这部佛经而言，重译的这两种理由兼而有之。二是探索造成这部佛经"译文拙劣"或"晦涩"的具体原因何在？

对勘工作中，《入菩提行论》的梵文原本采用维迪耶编订本，并参考普善编订本。维迪耶编订本中有些文字讹误显然是在转录和排印中出现的，我主要依据普善本（简称P本）和智作慧的注释（简称P注）予以订正。但我不直接改动原文，而是在注释中注明。《入菩提行论》的天息灾译本采用《中华大藏经》（第六十三册）提供的文本。而为了保持文本的原貌，没有将其中的繁体字改成简体字。

通过对勘，我们可以知道，《入菩提行论》共有十品，而天息灾译本只有八品，缺失梵本中的第三和第四品，此外，梵本第二品共有六十六颂，而天息灾译本只有前十三颂。除了这些缺失部分，天息灾译本其他各品中，每一颂都与现存梵本相对应。梵文抄本的书写材料主要是棕榈叶（"贝叶"）或桦树皮，在流传过程中很容易出现散失或损坏现象。估计天息灾译本依据的梵文抄本本身存在缺失，而非译者在翻译中故意删略。

通过对勘，我们可以发现，造成天息灾译本"译文拙劣"或"晦涩"的原因，从翻译的角度看，主要有两个：一是译者时常疏忽大意，没有正确辨认梵文句内或复合词内的连声，造成对一些词汇的误读；二是译者没有认真把握词语的语法形态及其体现的词与词之间的逻辑联系，造成对一些词句的误读。有些译文虽然也表达出基本意思，但由于对语法形态理解不精确，也就难免表达得不够顺畅清晰。前面提到吕澂指出"笔受者"对有关义理"理解不透，写成艰涩难懂的译文"。但《入菩提行论》是一部

---

① 参阅中国佛教协会编《中国佛教》（二），知识出版社1982年版，第236页。

通俗佛经，弘扬大乘波罗蜜修行方式，有关中观空论的义理主要集中在第九《般若波罗蜜品》。而这个译本中"艰涩难懂的译文"并不局限于涉及义理的部分。这说明这个译本出现的问题不仅与理解能力有关，也与转梵为汉的翻译能力有关。

吕澂在论及宋代译经的质量问题时，特别点明"笔受者"的作用，这是很正确的。古代汉译佛经大多由中外僧人合译，但只署译主的名。汉译佛经的质量优劣，一般而言，"笔受"在其中起到关键的作用。鸠摩罗什的译本能成为汉译佛经中的上品，显然得益于诸如僧肇、僧睿和道生等这样一批优秀的"笔受"。宋代译经院的翻译机制从表面上看也很完善，设有译主、证梵义、证梵文、笔受、缀文、证义、参详、润义和监译。在《入菩提行论》的翻译中，天息灾作为译主，应该是通晓梵文经文的。证梵义和证梵文可能是来华僧人。这些僧人的佛学造诣和梵文水平也可能会参差不齐，尤其是汉语表达能力有限。他们通常会采取对梵文经文进行逐字解释的方法。笔受则是汉地僧人，一般不通晓梵文。这样，如果笔受与这些来华僧人交流不充分，便会不顾及那些词语之间的语法和逻辑关系，想当然地将它们拼凑串联成句。这就难免会偏离原意。再加上对一些词语的误读，甚至会译得面目全非。而那些来华僧人的汉语读解能力有限，也无法判断译文准确与否。在这种情况下，译文的质量自然不能得到保障。

《入菩提行论》天息灾译本中存在的这些问题，通过梵汉对勘，比较容易看出。对于不通晓梵文的读者，通过我提供的现代汉语译文，也能大体领会。为了便于对照，我的译文采取尽量贴近原文的翻译方法。通常，翻译允许译者保持一定的翻译自由度，因为与原文贴得太紧，译文往往会显得生硬滞涩。但出于对勘工作的需要，我觉得有必要适当限制这种翻译的自由度，同时仍要力求保持译文的明白顺畅。

正因为提供了《入菩提行论》的现代汉语译文，也就不必对天息灾译本逐颂做出对勘说明。而对勘的重点是探讨天息灾译本中译文失误或晦涩的原因。这一类的对勘说明前后共有百余处，数量已经足够。同时，这类对勘说明在前面部分做得多一些，因为后面部分中类似问题可以举一反三。事实证明，天息灾这个译本中的译文失误或晦涩之处确实很多，不胜枚举。因此，完全可以理解，这样的译本严重影响了这部佛经在汉地的流传。从中国佛经翻译史研究的角度看，古代译经正反两方面的经验都值得我们认真总结。

  本书全部文稿主要由郑国栋帮助我输入电脑。这些年来，他经常为我做一些学术辅助工作，积极热情，认真负责。在此，我向他表示衷心感谢。

2010 年 4 月 22 日

（原载《梵汉对勘〈入菩提行论〉》，中国社会科学出版社 2011 年版）

《梵汉对勘〈维摩诘所说经〉》导言

一

《维摩诘所说经》是一部重要的大乘佛经。它富有思想创造性和艺术想象力，思辨恢宏深邃，议论机智诙谐，叙事生动活泼，堪称佛经中的一部佳构杰作。早在二世纪，它就传入中国。据唐智昇《开元释教录》记载，前后共有七译：

1. 后汉严佛调《古维摩诘经》二卷。
2. 吴支谦《维摩诘经》二卷。
3. 西晋竺法护《维摩诘所说法门经》一卷。
4. 西晋竺叔兰《异毗摩罗诘经》三卷。
5. 东晋祇多蜜《维摩诘经》四卷。
6. 后秦鸠摩罗什《维摩诘所说经》三卷。
7. 唐玄奘《说无垢称经》六卷。

唐窥基的《说无垢称经疏》中也提到："此经前后虽复七译，严佛调汉译于白马，支恭明吴译于武康，法护、林兰、蜜多三士，东西两晋，各传本教，罗什翻于秦朝，和上畅于唐。"其中的"林兰"应为"叔兰"，"和上"（即"和尚"）指玄奘。这七种译本现存三种：支谦的《维摩诘经》、鸠摩罗什的《维摩诘所说经》和玄奘的《说无垢称经》。

鸠摩罗什译出《维摩诘所说经》后，曾亲自为此经作注。参与鸠摩罗什译事的僧叡、僧肇和道生也曾分别为此经作注。梁僧祐《出三藏记集》中，收有僧叡的《毗摩罗诘提经义疏序》，而义疏本身已失传。又据隋法经等撰《众经目录》，记载有鸠摩罗什《维摩经注解》三卷、道生《维摩经注解》三卷和僧肇《维摩经注解》五卷。但这三种注解的单行本也已失传。现存《注维摩诘经》为十卷，署名僧肇述，而实际是糅合这三家的注解。尽管如此，这部《注维摩诘经》仍是十分宝贵的。因为在汉译佛经的注本中，这种汇集译者和参与译事者见解的注本实在是罕见的。

此后，历代均有《维摩诘经》的注疏本，如隋智颉《维摩诘经疏》、隋吉藏《维摩经略疏》、隋慧远《维摩诘义记》、唐湛然《维摩经疏记》、唐窥基《说无垢称经疏》、宋智圆《维摩经略疏》、明通闰《维摩诘所说经直疏》、明传灯《维摩经无我疏》和明杨起元《维摩经评注》等。这些注疏本大多依据鸠摩罗什的译本，而其中窥基的《说无垢称经疏》则是依据玄奘译本。窥基是玄奘的弟子，并参与玄奘的译事，因此，他的这部注疏也具有独特的重要价值。

在现代国际佛教研究中，十九和二十世纪发掘和整理出许多梵文佛经原典。而《维摩诘经》只在其他的梵文佛经原典中发现一些引文，如月称（Candrakīrti）的《明句论》（Prasannapadā）、寂天（Śāntideva）的《大乘集菩萨学论》（Śikṣāsamuccaya）和莲花戒（Kamalaśīla）的《修习次第》（Bhāvanākrama）。其中，以《大乘集菩萨学论》中的引文为最多。令学者们颇感遗憾的是，《维摩诘经》的梵文原本久觅不得。于是，鉴于这部佛经的重要性，学者们着手从汉译本和藏译本转译。先后有菲舍尔（J. Fischer）和横田武三（Yokota Takezo）据汉译本转译的德译本（1944）、拉莫特（E. Lamotte）据藏译本和汉译本转译的法译本（1962）、卢克（C. Luk）据汉译本转译的英译本（1972）、波恩（S. Boin）据拉莫特法译本转译的英译本（1976）、瑟曼（R. Thurman）据藏译本转译的英译本（1976）和沃森（B. Watson）据汉译本转译的英译本（1999）。其中，所据的汉译本大多是鸠摩罗什译本。

而在学术界普遍认为《维摩诘经》已经失传时，它却于1999年突然显身问世。那是日本大正大学综合研究所的学者在中国西藏的布达拉宫发现的。这个研究所自二十世纪八、九十年代起，一直注意收集西藏地区的梵文佛经抄本，曾先后出版《瑜伽师地论声闻地》、《不空羂索神变真言经》、《大众部说出世部律·比丘威仪法》和《回诤论》等抄本影印本。

1999年夏季，这个研究所的考察组获准考察拉萨布达拉宫的梵文佛经抄本。在7月30日这一天，考察组中的一位教授意外地发现在标为《智光明庄严经》的一包梵文抄本中，还含有另一部完整的《维摩诘经》梵文抄本。考察组得知这个消息，大喜过望。他们立即决定将这个发现作为绝对机密，不向外界（包括他们自己所在的大学）透露。直至2001年11月，他们终于获得《维摩诘经》和《智光明庄严经》这两部梵文抄本的影印件，随即向新闻界公布了这个重大发现①。

然后，在2004年，这个研究所出版了《梵藏汉对照〈维摩经〉》，内容包括梵文《维摩诘经》的拉丁字体转写本、藏译本以及支谦、鸠摩罗什和玄奘的汉译本，以对照的形式排列。其中梵文《维摩诘经》的拉丁字体转写完全按照抄本的原貌，不作任何文字改动。2006年，又出版了《梵文维摩经》校订本。由于《维摩诘经》只有这一种梵文抄本，校订工作便主要利用三种汉译本和一种藏译本。这些译本的内容文字与现存梵文抄本基本一致，说明至少在支谦译本产生年代，这部《维摩诘经》已经定型。这样，这些译本对校订工作也就有很高的参考价值。校订本订正了抄本中一些在传抄中出现的文字讹误或脱漏，并在脚注中对这些订正作出提示或说明。无疑，这个校订本能为后来的研究者提供方便。我这次从事《维摩诘经》梵汉对勘研究，就直接利用这个校订本。在此，应该向这个校订本的作者们表示感谢。

二

现存梵文《维摩诘经》分为十二品，而三种汉译本都分为十四品。但通过文本对照，便可知道，梵文本的第三品和第十二品分别相当于汉译本的第三、四品和第十三、十四品。因此，两者并无实质差别。

关于这部经的名称，梵文是 Vimalakīrtinirdeśa（《维摩诘所说》），支谦译《佛说维摩诘经》（或《维摩诘经》），鸠摩罗什译《维摩诘所说

---

① 参阅大正大学综合佛教研究所梵语佛典研究会编《〈维摩经〉〈智光明庄严经〉解说》，2004年，第69—72页。

经》，玄奘译《说无垢称经》。其中，Vimalakīrti 一词，"维摩诘"是音译，"无垢称"是意译。nirdeśa（"说"）一词，按支谦的译法，指"佛说"。按鸠摩罗什的译法，指"维摩诘说"。按玄奘的译法，则暗指"佛说"。其实，就梵文本身而言，鸠摩罗什的译法是确切的。此外，支谦译本的经名下附有《维摩诘所说不思议法门之称》和《佛法普入道门三昧经》，鸠摩罗什译本的经名下附有《不可思议解脱》。其中，"不思议法门"或"不可思议解脱"也是依据这部经中自己提到的别称。实际上，这个经名别称具有重要的点题作用。

在《维摩诘经》的结尾，阿难询问世尊这部经的名称。世尊告诉他说这部经名为《维摩诘所说》，又名《不可思议解脱》[①]。僧肇《注维摩诘经》的开头部分对经名作了解释。他指出这两个名称，一是"以人名经"，一是"以法名经"。"以法名经，所以标榜指归。以人名经，所以因人弘道者也。"而对于"不可思议解脱"，僧肇解释说："微远幽深，二乘不能测，不思议也。纵任无碍，尘累不能拘，解脱也。"他也引述了鸠摩罗什和道生的解释。鸠摩罗什解释说："亦名三昧，亦名神足。或令修短改度，或巨细相容，变化随意，于法自在解脱无碍，故名解脱。能者能然，物不知所以，故曰不思议。"鸠摩罗什还指出："若直明法空，则乖于常习，无以取信，故现物随心变，明物无定性。物无定性，则其性虚矣。菩萨得其无定，故令物随心转。则不思议乃空之明证，将显理宗，故以为经之标也。"道生也指出："不可思议者，凡有两种。一曰理空，非惑情所图。二曰神奇，非浅识所量。"综观这些解释，可以知道，本经所说的"解脱"是以中观空论为理据的。而这种空论幽深难测，不可思议。故而，菩萨运用神通变化，呈现物无定性，随心转变，借以说明法性本空。当然，这种神通变化本身也是无比神奇，不可思议。因此，"不可思议"成为本经的一大特色。本经十二品中，第二品《不可思议方便善巧品》和第五品《示现不可思议解脱品》都直接标明"不可思议"。玄奘还将这个经

[①] 在梵本原文中，还提到这部经名为《消除种种两重对立》，但支译、什译和奘译均未提及。

名别称《不可思议法解脱》译为《不可思议自在神变解脱》①，也是有意彰显这个特色。

在本经中，世尊和维摩诘施展神通变化，几乎贯穿始终。因此，我们对于佛教的神通观应该有所了解。佛教确定"神通"（abhijñā）有六种：天眼通、天耳通、他心通、宿命通、神变通和漏尽通。"天眼通"是能看到天上和人间一切事物。"天耳通"是能听到天上和人间一切声音。"他心通"是能洞察他人心中所想。"宿命通"是记得自己和他人的前生事迹。"神变通"是能随意变化自身和自身外的一切事物。"漏尽通"是摆脱一切烦恼，获得最高智慧。这些神通都是通过禅定获得的。因此，鸠摩罗什在解释"不思议解脱"时，说"亦名三昧，亦名神足"②。

在这六种神通中，"神变通"（ṛddhi）又称"神足通"或"如意通"。汉译佛经中的"神通"一词既泛指这六种神通，也特指"神变通"。龙树《大智度论》（鸠摩罗什译）卷五中，将"神变通"分为三种："能到"、"转变"和"圣如意"。其中，"能到有四种：一者能飞行，如鸟无碍；二者移远令近，不往而到；三者此没彼出；四者一念能至。转变者，大能作小，小能作大；一能作多，多能作一；种种诸物皆能转变"。"圣如意者，外六尘中不可爱不净物，能令净；可爱净物，能观令不净。"

由此，我们可以明白，本经第一品中，世尊将五百童子各人手持的华盖合成一顶大华盖，并在这顶大华盖下呈现三千大千世界，以及世尊用脚趾按动三千大千世界，展现无量功德宝庄严，是神变通。世尊知道舍利弗心中的想法，是他心通。第三品中，世尊知道维摩诘心中的想法，吩咐弟子去探望问候维摩诘，是他心通。第四品中，维摩诘知道文殊师利带着大批随从前来，是天眼通。他施展神力，撤空自己的居室，是神变通。第五品中，维摩诘知道舍利弗心中的疑惑，是他心通。他施展神力，让须弥灯王如来送来须弥幢世界的三百二十万狮子座，是神变通。第六品中，天女散花，变幻男女身，是神变通。第九品中，维摩诘知道舍利弗的心思，是

---

① 在第十二品的开头，提到"入不可思议解脱神通变化法门"。因此，玄奘的这个译法也是有依据的。

② 此外，在僧肇《注维摩诘经·不思议品》的注释中也提到："别本曰神足三昧，什曰同体异名也。"

他心通。他展现香积如来的一切妙香世界,并派遣自己的化身前往那个世界取回食物,是神变通。第十品中,世尊知道维摩诘和文殊师利即将来到,是他心通。维摩诘将所有会众置于右掌中,来到世尊那里,是神变通。第十一品中,世尊知道所有会众的心愿,是他心通。维摩诘截取妙喜世界,置于右掌中,带到这个世界,是神变通。第十二品中,世尊记得宝焰如来前生是宝盖王,自己前生是月盖王子,是宿命通。僧肇在《注维摩诘经序》中,将本经中这些神通变化简括为"借座灯王,请饭香土,手接大千,室包乾象,不思议之迹也"。

在佛经中,"神通"一词也常与"游戏"一词组合,合称"游戏神通"(abhijñāvikrīḍita 或 abhijñāvikurvaṇa)。本经也称赞维摩诘善于"游戏神通"。据僧肇《注维摩诘经》,鸠摩罗什对第二品中出现的此词解释为"因神通广其化功,亦以神通力证其辩才"。对第六品中出现的此词解释为"神通变化,为迹引物,于我非真,故名戏也。复次,神通虽大,能者易之,于我无难,犹如戏也。亦云于神通中善能入住出,自在无碍"。这里值得我们注意的是"于我非真"这个说法,显然体现中观的空论。

与此相关,在佛经中,"三昧"一词也常与"游戏"一词组合,合称"游戏三昧"(samādhivikrīḍita)。《大智度论》在卷六中论及通过禅定获得的种种神通变化,指出"化生无定物,但以心生便有所作",故而"诸法如化","皆无有实"。又在卷七中提到"菩萨心生诸三昧,欣乐出入自在,名之为戏"。因此,鸠摩罗什对"游戏神通"的阐释与《大智度论》中的论述是一致的。

这样,本经中充分展现佛和菩萨的神通变化,无疑有助于渲染佛和菩萨的神奇威力,而增强对听众的吸引力。按照印度传统诗学的说法,能让听众品尝到"奇异味"。这也可以说是佛和菩萨在说法中采取的一种"善巧方便"。同时,展现佛和菩萨的神通变化本身也是阐明"诸法皆空"的大乘义理。

三

下面依次介绍本经各品的主要内容和论旨。

第一,《佛土清净缘起品》。世尊在维舍离城庵罗卫园林为八千比丘和三万二千菩萨说法。离车族以宝积为首的五百童子前来听法,询问"何为菩萨的清净佛土?"世尊首先说明"众生土便是佛土",因为"菩萨的佛土是为众生产生的"。而要达到"清净佛土",就应该"清净自心",因为有"清净心",便有"清净佛土"。也就是菩萨修行,自心清净,同时教化众生,也让众生获得清净心,因为"唯有那些具有清净心的众生看到众佛的佛土功德庄严"。

第二,《不可思议方便善巧品》。离车族维摩诘是一位白衣居士,住在维舍离城中。他虽然身为居士,却具备菩萨的一切品行,在世俗生活中,采取方便善巧,教化众生。他无论出现在哪种社会生活场合,都遵奉佛道,弘扬佛法。这时,维摩诘"示现"生病,向前来探望问候的国王、臣相、王子、婆罗门和市民等"现身说法"。他说明人的身体"由蕴、界和处聚合而成",空虚,脆弱,滋生百病,注定朽坏毁灭。因此,不应该依靠和执著这个身体,而应该向往如来法身。获得如来法身,便能摆脱一切疾病和烦恼。而要获得如来法身,就应该发起无上正等菩提心,修习菩萨行。

第三,《声闻和菩萨推辞问疾品》。世尊遥知维摩诘生病,便派遣弟子前去探望问候。而十位大弟子依次推辞,讲述他们以前都领教过维摩诘的辩才,觉得难以应对。

舍利弗以前在坐禅时,维摩诘向他指明"不舍弃所得法相而展现种种凡夫相是坐禅"。

目犍连以前在向家主们说法时,维摩诘向他指明要"像法这样说法",也就是要明了法"无众生"、"无我"和"无所攀缘",从而"依随真如"和"安住空性"。

迦叶以前在乞食时,维摩诘向他指明"乞食应该想到一切众生",不择贫富,"坚持诸法平等","为教化众生而进城乞食"。

须菩提以前来到维摩诘家中乞食时,维摩诘向他指明应该"随食物平等性进入诸法平等性"。也就是超越无知和知、生死和解脱、凡夫和圣者、清净和烦恼、外道和佛法,即超越一切分别和对立,明了一切法和一切言说"具有幻化性"。

富楼那以前在向比丘说法时，维摩诘向他指明说法先要"观察比丘的心"，不应该向具有"大乘"根器的比丘宣示"声闻乘"。

迦旃延以前在向比丘宣说声闻乘的"无常义、苦义、无我义和寂灭义"时，维摩诘向他指明应该宣说大乘的"无常义、苦义、无我义和寂灭义"。

阿那律以前在向梵天说明自己有"天眼"时，维摩诘向他指明诸佛的"天眼"超越"有作为相"和"无作为相"，也就是超越一切分别和对立，"不显示二相"。

优波离以前在劝导两个犯戒比丘时，维摩诘向他指明"心清净而众生清净"。因此，无妄想分别，便无烦恼。

罗睺罗以前在向离车族童子宣说"出家的功德和利益"时，维摩诘向他指明"出家是实行无为法，无功德，无利益"。同时，只要"发起无上正等菩提心，修习正行"，即使在家，也是出家，也是受戒。

阿难以前因世尊有病而外出乞求牛奶时，维摩诘向他指明诸佛的身体是"法身"，"超越一切世间法"，没有"病痛"和"烦恼"。同时，空中传来话音，告知阿难：世尊出现在"五浊世"，故而示现有病，便于"教化众生"。

就这样，世尊的五百个弟子都表示自己不适宜前去探望问候维摩诘。于是，世尊派遣弥勒菩萨、光严菩萨、持世菩萨和长者子苏达多前去探望问候，他们也都有与上述十位佛弟子类似的经历，而表示不适宜前往。

弥勒是世尊授记的"未来佛"。而他以前在向兜率天众天子说法时，维摩诘向他指明没有"过去生"、"未来生"和"现在生"。这样，"无生不能受记"，"也不能证得正等菩提"。实际上，"无人住于菩提，也无人从菩提退转"。因此，应该"摒弃菩提分别见"，明了所谓"菩提"也就是"一切相寂灭"，"不攀缘一切所缘"，"依随真如"，"远离心和法而不二"，"平等如同虚空"。

光严以前在出城时遇见入城的维摩诘，询问他"何为菩提道场？"维摩诘向他指明"只要菩萨们运用波罗蜜，教化众生，掌握妙法，具有善根，无论抬步或踩步，他们都来自菩提道场，来自佛法，住于佛法"。也就是说，所谓"菩提道场"并非只是指坐禅修行的场所。

持世以前在家中，摩罗乔装帝释天，要送给他一万二千天女。持世告诫"帝释天"："不要施予沙门释子不相宜之物"。而这时维摩诘来到他家，揭穿摩罗诡计，并表示自己愿意接受那些天女。维摩诘为那些天女说法，让她们发起菩提心，抛弃欲乐，热爱法乐。然后，他又将那些天女交还摩罗，并嘱咐她们在摩罗宫中修习名为"无尽灯"的法门。显然，维摩诘以此事向持世说明菩萨不应该独善其身，而应该入世间度化众生。

苏达多以前在家中举行大祭、慷慨布施时，维摩诘向他指明不应该举行这样的"财祭"，而应该举行"法祭"。也就是应该遵奉菩萨行，弘扬佛法，度化一切众生。而在布施财物时，也要布施穷人如同供养如来，"平等无分别，怀有大悲心，不期望回报"，让"法祭达到圆满"。

第四，《问疾品》。然后，文殊师利奉世尊之命，前去探望问候维摩诘。维摩诘与文殊师利交谈，应机说法。他以"生病"说明"菩萨的生死依随众生。依随众生便生病"。而菩萨的使命是解除众生病痛，故而"一旦众生病愈，菩萨也就无病"。他以自己"室内空空荡荡"说明"一切佛土皆空"，并解释何为空性和怎样寻求空性。维摩诘所谓的"病"，实际是人生痛苦和烦恼的象征。他指出病因是"执著我"，"有攀缘"。然而，身体无我，诸法皆空，攀缘并无所得。因此，菩萨应该成为"医王"，消除众生的病根，即"消除我慢和我执"。

第五，《示现不可思议解脱品》。维摩诘借舍利弗希望得到坐席的话头，首先说明真正的求法者"应该于一切法无所求"。然后，他施展神通，让遥远的东方须弥幢世界的须弥灯王送来三百二十万高大宽广的狮子座，布满室内，却毫不拥挤。让所有的佛弟子和菩萨坐上狮子座后，他宣说菩萨具有的"不可思议解脱"：能将须弥山纳入芥子，四大海注入毛孔，三千大千世界握在掌中，也能让众生度过七天等于一劫，或度过一劫等于七天，如此等等。维摩诘的说法让迦叶等佛弟子深感奇妙而自愧弗如①。

第六，《天女品》。维摩诘讲述应该观察众生如同幻人、水中月、镜中

---

① 僧肇《注维摩诘经》这品的注释中，提到"什曰维摩神力所制，欲令众知大小乘优劣若此之悬也"。也提到什曰"巨细相容，物无定体，明不常也。此皆反其所封，拔其幽滞，以去其常习，令归宗有涂焉"。还有，"什曰惑者亦云时为常法。令修短改度，示不常也"。这说明菩萨不可思议解脱突破空间宽窄和时间长短的常规，同时也是利用时空量度的相对性示现"诸法如化"，变幻无常。

像、阳焰水、回音、浮云、泡沫、闪电和芭蕉心等。进而，应该对众生产生四无量心：慈、悲、喜和舍。他还指出要让众生获得解脱，应该解除他们的烦恼，断除他们的欲望和贪求，消除种种不实颠倒妄想，因为"一切法住于无住之根"①，即一切法性空而无所住。

这时，住在维摩诘屋内的一位天女现身，撒下天花。这些花不沾在菩萨身上，而沾着声闻身上。天女借此向舍利弗说明菩萨没有妄想分别，而声闻有妄想分别。她针对舍利弗说"解脱不可言说"，指出"一切文字都是解脱相"，因此，"不必舍弃文字说解脱"。她针对舍利弗询问她"为何不转变女性？"指出"一切法原本幻化不实"。为此，她施展神通，让自己呈现舍利弗模样，而让舍利弗呈现她的模样，借以说明"一切法非男非女"。然后，她收回神通，让舍利弗恢复原形，借以说明"一切法既无造作，也无改变"，也就是"一切法原本幻化而不实"。

第七，《如来种性品》。维摩诘讲述"菩萨入非道，也就是依据种种佛法入道"。他说明菩萨不舍弃生死，进入六道轮回（即"入非道"），无论处在哪种情况下，都奉行佛道，教化众生。然后，文殊师利说明诸如"无知而贪爱生存"、"贪、瞋和痴"、各种"颠倒"、"障碍"、"邪性"、"不善业"乃至"六十二见"是"如来种性"。如同莲花出于淤泥，佛法在陷入烦恼淤泥的众生中生长。因此，"有一切烦恼，才有如来种性"。如同不入大海，不能采集到珍宝。同样，"不入烦恼大海，不能获得一切智心宝"。最后，维摩诘说明菩萨本已摆脱生死，而"自愿受生"，以智慧波罗蜜为"母亲"，以方便善巧为"父亲"，成为"众生导师"，度化一切众生。

第八，《入不二法门品》。维摩诘请众菩萨说明"何为菩萨入不二法门？"共有三十一位菩萨依次说明自己对"菩萨入不二法门"的认识，即超越"生和灭"、"我和我所"、"污染和清净"等等一切互相对立或互相依存的两者。然后，文殊师利总结说："你们说得都很妙。但你们所说的

---

① 这句什译"从无住本立一切法"，奘译"由无其本、无所住故，即能建立一切诸法"。僧肇《注维摩诘经》此处解释说："一切法从众缘会而成体。缘未会则法无寄。无所寄则无住。无住则无法。以无法为本，故能立一切法也。"

一切都是二。一言以蔽之,一切法无言,无说,无表达,无称赞,无陈述,无识别。这就是入不二法门。"最后,文殊师利请教维摩诘。而维摩诘"保持沉默"。于是,文殊师利称赞道:"这就是菩萨的入不二法门。这里不运用文字、声音和假名。"①

第九,《化身取食品》。维摩诘施展神通,展现上方遥远的香积如来的一切妙香世界,并幻化出一个菩萨,派遣他前往那里求取食物。这个幻化的菩萨取到食物,与那里的九万菩萨一起返回维摩诘屋中。所有的会众享用这些食物后,维摩诘向来自一切妙香世界的菩萨解释,在这里的世界,众生难以调伏,故而释迦牟尼佛"采用调伏冥顽而难以调伏者的谈话方式"说法。同时,出生在这里的众菩萨也"具有坚定的大悲心","执行其他佛土没有的十种善法"。因此,他们"在这个世界一生为众生谋福,比在一切妙香世界一千劫为众生谋福还要多"。

第十,《有尽无尽法施品》。维摩诘施展神通,将所有会众连同狮子座置于右掌中,前往世尊所在的庵罗卫园林。在世尊那里,维摩诘向阿难讲述一切妙香世界食物的神奇功能,并借阿难说"这食物能做佛事"的话头,说明在一切佛土,菩萨运用各种方便善巧做佛事,这也就是名为"入一切佛法"的法门。虽然各种佛土的品质高低不同,而诸如来的"无碍智慧"并无不同,因此,都称为"正等觉"、"如来"和"佛"。那些来自一切妙香世界的菩萨通过这次访问,改变了原本以为"这里佛土低劣"的想法,请求世尊施法。世尊为他们讲述"名为有尽无尽的菩萨解脱"。所谓"有尽无尽",指"有为"和"无为"。菩萨不应该"除尽有为",也不应该"住于无为"。换言之,菩萨不应该脱离"有为",安住"无为",而应该在"有为"中实行"无为"。

第十一,《取妙喜世界见阿閦如来品》。世尊询问维摩诘"怎样见如

---

① 僧肇《注维摩诘经》此处解释说:什曰"默语虽殊,明宗一也。所会虽一,而迹有精粗。有言于无言,未若无言于无言。故默然之论,论之妙也"。意谓上述诸菩萨用言语表达"入不二法门",而文殊师利"有言于无言",维摩诘则是"无言于无言"。三者同样表达佛理,但有粗浅和精妙的区别。这也说明虽然诸法性空,"真如"不可分别和言说,但为了教化众生,也可以运用文字言说,作为一种"方便善巧"。正如《天女品》中,天女对舍利弗说"一切文字都是解脱相","不必舍弃文字说解脱"。因此,也可以说,超越可说和不可说,也就是入不二法门。

来?"维摩诘回答说:"我不见而见如来。"并以一系列否定("非"、"无"或"不")的表述方式说明如来的身体"性空"①。他也以如来所说"一切法本性如幻",向舍利弗说明生死问题。世尊告知舍利弗说维摩诘"来自阿閦如来的妙喜世界"。舍利弗对维摩诘从清净世界来到这里,感到惊讶。维摩诘向他说明"为了净化众生,菩萨们自愿出生在不清净的佛土。他们不与烦恼共住,而驱除一切众生的烦恼黑暗"。然后,维摩诘奉世尊之命,满足所有会众心愿,施展神通,截取整个妙喜世界,置于右掌中,展现在所有会众面前。

第十二,《托付品》。帝释天王向世尊保证今后他会保护那些奉行、宣示和解说这个法门者。世尊向帝释天王说明,凡有善男子或善女人掌握、受持、诵读和精通这个法门,会比敬拜和供养如来获得更多的功德。世尊讲述自己前生曾是月盖王子,奉行"法供养",即"宣示和解说如来所说的经典"。世尊托付弥勒菩萨未来在赡部洲继续传布无上正等菩提和这个法门。弥勒菩萨向世尊保证会这样做。最后,世尊告诉阿难,这个法门名为《维摩诘所说》,又名《消除种种二重对立》和《不可思议解脱》。

由以上所述可知,《维摩诘所说经》是一部成熟的大乘佛经。它运用诸法性空的般若智慧,全面阐述大乘义理,纵横驰骋,挥洒自如。它指出众生土便是佛土,说明佛法不离世间众生,如来种性不离尘世烦恼,也就是世间和出世间不二,有为和无为不二,生死和涅槃不二②。它强调自心清净,则佛土清净③。菩萨唯有"入非道",奉行"六波罗蜜",施展"方便善巧",教化众生,令众生获得清净心,这样才能造就清净佛土。

大乘佛教将佛陀时代的早期佛教概括为"声闻乘"和"缘觉乘",或统称为"小乘"。从《维摩诘所说经》中可以看出,大乘佛教对小乘佛教

---

① 这里的"性空"一词引用鸠摩罗什的阐释。僧肇《注维摩诘经》此处解释说:"什曰观佛有三种:一观形,二观法身,三观性空。问言:汝三观中作何等观耶?下尽以性空作答。此章悉用中百观破相义,明如来性空。"其中的"中百"指《中论》和《百论》。

② 《维摩诘所说经》中的"不二"思想与龙树中观论相通。龙树在《中论》(鸠摩罗什译)中提出"不生亦不灭,不常亦不断,不一亦不异,不来亦不出"。又提出"涅槃与世间,无有少分别,世间与涅槃,亦无少分别。涅槃之实际,及与世间际,如是二际者,无毫厘差别"。

③ 这一点也与唯识论有相通之处。《入楞伽经》中提出"三界唯心",并指出"如来藏(即'阿赖耶识')是善和不善的原因",同时强调"如来藏本性光明纯洁"。

思想作了全面的创造性转化。对早期佛教以四圣谛为核心的一些基本义理，都作出全新的解释。第二品中描写佛陀的十大弟子畏惧维摩诘的无碍辩才，不敢前去探病，便是象征性的表现。例如，维摩诘否定迦旃延的说法，为他讲解大乘的"无常义、苦义、无我义和寂灭义"。同样，维摩诘也按照大乘义理向其他九位佛陀大弟子讲解"坐禅"、"法"、"乞食"、"说法"、"天眼"、"污染"、"出家"和"佛身"等。还有，维摩诘依据"无生"和"真如"，质疑弥勒菩萨的"受记"；向光严宣示菩萨运用波罗蜜教化众生的一切作为皆是"菩提道场"；向持世宣示应该入世间度化一切众生；向苏达多宣示"法施"高于"财施"。这些都体现大乘的"菩萨行"。

此外，第五品中，维摩诘描述菩萨的"不可思议解脱"，迦叶听后感叹道："一切声闻和缘觉如同天生的盲人无眼力，甚至不能现证一种不可思议事。"原因是"我们的根器已灭绝，犹如烧焦的种子，不堪承受大乘"。第七品中，维摩诘讲述"菩萨入非道，也就是依据种种佛法入道"。继而，文殊师利说明"有一切烦恼，才有如来种性"。迦叶听后说道："我们这些人如今哪能发起菩提心？"因为众声闻已经断除一切束缚和烦恼。第十品中，维摩诘讲述名为"入一切佛法"的法门。阿难听后，对世尊说道："从今往后，我不再自以为'多闻第一'。"而世尊告诉他说："我是针对众声闻，而不是针对众菩萨，称你为'多闻第一'。"《维摩诘所说经》中这些论述直率地宣扬大乘优于小乘，说明佛教已完成从早期佛教到大乘佛教的转化，大乘义理已完全确立。

《维摩诘所说经》中讲经说法的主角维摩诘是一位居士。这是这部佛经的又一个重要特征。这位居士神通广大，辩才无碍，气势磅礴，令佛陀众弟子乃至弥勒、光严和持世等菩萨相形见绌。在第十一品中，世尊说明维摩诘来自阿閦如来的妙喜世界。那是一个清净佛土，而维摩诘自愿转生在这个不清净佛土，旨在遵奉菩萨行，净化众生。在第九品中，上方一切妙香世界的香积如来称维摩诘为"菩萨"①。尽管如此，维摩诘在这部经中始终是以居士的身份和面目出现的。

---

① 在中国佛教文献中，也有称说维摩诘的前生是"金粟如来"。但这应该是后出的传说。

按照第二品中的描写，维摩诘住在维舍离城中，"财富无穷"。在此处鸠摩罗什的译文中，称维摩诘为"长者"。在第三品中出现的长者子苏达多，也就是著名的"给孤独长者"，舍卫城的一位富商。与"长者"对应的梵文是 śreṣṭhin，通常指"商主"。在这部经中，文殊师利经常称呼维摩诘为"家主"（gṛhapati，什译和奘译均为"居士"）或"善男子"（kulaputra）。世尊也称呼维摩诘为"善男子"。"善男子"或"善女人"也是佛经中对在家男女信众的通称。从词义上说，"善男子"和"善女人"是指出身富贵家族者。

同时，我们应该注意到，在大乘佛经中，由居士担任说法主角的还有《胜鬘师子吼一乘大方便方广经》（求那跋陀罗译）、《离垢施女经》（竺法护译）和《阿阇世王女阿术达菩萨经》（竺法护译）等。胜鬘夫人、离垢和阿术达都是出身王族的女居士。在早期佛教中，妇女处于受歧视的地位。佛陀的养母乔答弥好不容易才争取到出家的资格。而如今在大乘佛教中，不仅妇女出家已不成为问题，连在家的女居士也能成为讲经说法者。

维摩诘和胜鬘夫人可以说是大乘佛教时期在家男女信众的杰出代表。从种姓上说，维摩诘是商主，属于吠舍种姓；胜鬘夫人是公主，属于刹帝利种姓。这两种种姓是佛教获得发展的重要社会基础。佛教是与婆罗门教相抗衡的宗教。婆罗门教对种姓的排位次序是婆罗门、刹帝利、吠舍和首陀罗。而佛教将其中的刹帝利排在首位。在早期佛教经典（即传承至今的巴利文三藏）中，也有佛陀针对国王和在家人的说法，如《转轮圣王狮子吼经》和《尸迦罗经》等。因此，早期佛教获得许多国王和商人的支持。早期佛教虽然是一种追求出世的宗教，但要在现实社会中生存和发展，也必须取得政治和经济的支持。

而佛教在发展过程中，也能不断适应社会需要，进行自我调整，注意出世和入世、为自和为他以及出家和在家的结合。维摩诘在谈及出家时，指出只要"发起菩提心，修习正行"，"便是出家"。这就为佛教在社会上争取更多信众打开了方便之门。而且，在刹帝利和吠舍种姓中，许多王子公主和商人子弟具有良好的文化素质，对于弘扬和拓展佛法也能发挥重要作用。因此，在大乘佛教中，出现像《维摩诘所说经》和《胜鬘经》这样的佛经，也就不是偶然现象，而是顺理成章的事。

四

在中国佛经翻译史上，鸠摩罗什和玄奘双峰并峙，是两位具有里程碑意义的翻译家。

鸠摩罗什（Kumārajīva，也译"童寿"）祖籍印度，出生在龟兹。他七岁出家，九岁随母前往印度拜师求法，十二岁返回龟兹。他成为西域地区的高僧，"咸共崇仰"。他于姚秦弘始三年（401）来到长安，姚兴"待以国师之礼"，"请入西明阁、逍遥园，译出众经"。鸠摩罗什先后译出《般若经》、《金刚经》、《法华经》、《大智度论》、《维摩诘经》、《中论》、《百论》和《十二门论》等数十部大乘佛经。其中一些是旧经新译，而鸠摩罗什所译"新文异旧者，义皆圆通，众心惬服，莫不欣赞焉"（《出三藏记集》卷第十四）。

关于《维摩诘经》的翻译，僧肇在《注维摩诘经序》中记载说：姚兴"每寻玩兹典，以为栖神之宅，而恨支竺所出，理滞于文，常惧玄宗坠于译人"。于是，在弘始八年（406），"于长安大寺请罗什法师重译正本"。当时，参与译事者，包括僧肇在内，有"义学沙门千二百人"。这里提到的"支竺"，应该是指支谦、竺法护和竺叔兰。他们是《维摩诘经》的早期译者。据支敏度《合维摩诘经序》中记叙，支谦、法护和叔兰"先后译传，别为三经，同本，人殊，出异。或词句出入，先后不同；或有无离合，多少各异；或方言训诂，字乖趣同；或其文胡越，其趣亦乖；或文义混杂，在疑似之间。若此之比，其涂非一"。故而，他以支谦译本"为本"，叔兰译本"为子"，合并排列，"分章断句，使事类相从"，互相参照，帮助理解。这说明当时普遍认为早期的各种《维摩诘经》译本颇多文字滞涩难解之处。

参与鸠摩罗什译事者，除了僧肇外，还有僧叡、道生和道融等佛学高僧。僧叡曾在《毗摩罗诘经义疏序》中指出，这部经"其指微而婉，其辞博而晦，自非笔受，胡可胜哉"。这说明他本人是鸠摩罗什译经中的"笔受"之一。他在序中还指出，这部经"既蒙鸠摩罗什法师正玄文，摘幽指，始悟前译之伤本，译文之乖趣也。至如以不来相为辱来，不见相为相见，未缘法为始神，缘合法为止心。诸如此比，无品不有，无章不尔"。由于早期译本大多失传，这里所举"伤本"、"乖趣"的例子无法一一确证出自哪种译本。但从仅存的支谦译本的相关之处，也能得到说明。

支译《诸法言品》（即什译《文殊师利问疾品》和奘译《问疾品》）中，有一段文字（梵本4.4），支译："劳乎，文殊师利！不面在昔，辱来相见。"什译："善来，文殊师利！不来相而来，不见相而见。"参照现存梵本，支译"劳乎"和什译"善来"是对译原文中的 svāgatam（"欢迎"）一词。而后面一句是对译原文中的 anāgatasya adṛṣṭaśruta-pūrvasya darśanam（"见到前所未见未闻的不来者"）。对照梵本原文，可以看出这句话原本是含有玄妙意义的表达方式，而支谦译成普通对客人表示欢迎的表达方式。他的译文中的"辱来"一词是承接前面的"劳乎"，意谓"劳驾您来"。后来，这句玄奘译为"善来，不来而来，不见而见，不闻而闻"。显然，奘译更切合原文，也补足了什译略去的"不闻"一词。此外，在这句之后，还有文殊师利以同样玄妙的表达方式回答维摩诘的话，什译和奘译均译出，而支译完全略去了。

在这一品中，还有一段文字（梵本4.14），支译："知其根本而为说法。何谓为本？谓始未然。未炽然者则病之本。何谓不然？于三界而不然。其不然何用知？谓止心。止心者以不得也，非不然也。"什译："为断病本而教导之。何谓病本？谓有攀缘。从有攀缘则为病本。何所攀缘？谓之三界。云何断攀缘？以无所得。若无所得，则无攀缘。"对照梵本原文，可以看出支译乖谬难解，而什译与原文一致，文理通顺。什译中，"攀缘"（相当于僧叡提到的"缘合法"）的原文是 adhyālambana，"无所得"的原文是 nopalabhyate，而不知支谦怎么会将这两个词译成"未然"（或"不然"）和"止心"。这一段奘译与什译一致，只是将"攀缘"一词改换成"缘虑"。

而进一步考察，可以发现支译这段中"未然"或"未炽然"的用语也出现在《弟子品》（即什译《弟子品》和奘译《声闻品》）。其中的这一句（梵本3.26），支译："不然不灭为都灭，终始灭，是为空义。"什译："法本不然，今则无灭，是寂灭义。"奘译："本无炽然，今无息灭，无有寂静，毕竟寂静，终究寂静，是寂灭义。"对照梵本原文，前面的"不燃烧，则不熄灭"，三者的译文意义一致。而后面的śāntārtha（"寂静义"或"寂灭义"）一词，什译和奘译准确，而支译"空义"欠妥。同时，类似的表述也出现在这一品的另一处（梵本3.12），什译和奘译均译出，而支译略去。

据此，可以理解僧叡对"前译"的批评不无道理。今天，我们对照什译、奘译和梵本，确实能发现支译中存在不少滞涩费解之处。因此，在鸠摩罗什的译本出现后，以前的译本也就渐渐失传。即使支译本有幸保存下来，但通行本始终是什译本。此后所有的注疏本也主要依据什译本。

僧肇在《注维摩诘经序》中记叙了鸠摩罗什翻译《维摩诘经》的情景："什以高世之量，冥心真境，既尽环中，又善方言。时手执胡文，口自宣译。道俗虔虔，一言三复，陶冶精求，务存圣意。其文约而诣，其旨婉而彰，微远之言，于兹显然。"这段话准确地说明鸠摩罗什译经的特点及其取得杰出成就的原因。

首先，鸠摩罗什本人是一位佛教高僧，"道震西域，声被东国"。他精通佛理，曾自我期许道："吾若著笔作大乘阿毗昙，非迦旃延子比也。"①对于所译佛经，"率多谙诵，无不究达"（《出三藏记集》卷第十四）。同时，他有众多的译经助手，如僧肇、僧叡、道生和道融等。这些助手都是汉地博览经史而兼通三藏的佛学高僧。他们怀着虔诚之心，与鸠摩罗什一起反复探讨经义和译文，"陶冶精求，务存圣意"。而鸠摩罗什也会说汉语，能与他们直接交流。他曾赞赏僧叡说："吾传译经纶，得与子相值，真无所恨也。"又赞赏道融说："佛法之兴，融其人也。"他也对僧肇"嗟赏无极"（《高僧传》卷第六）。

僧叡在《大品经序》中记叙自己参与翻译《摩诃般若波罗蜜经》的情形："予既知命，遇此真化，敢竭微诚，属当译任。执笔之际，三惟亡师②'五失'及'三不易'之诲，则忧惧交怀，惕焉若厉。虽复履薄临深，未足喻也。"罗什"法师手执胡本，口宣秦言，两释异音，交辩文旨。

---

① 迦旃延子著有《阿毗达摩发智论》。这部论著是说一切有部的代表作。故而，鸠摩罗什说他如果撰写一部"大乘阿毗昙"，决计会超越迦旃延子。

② "亡师"指道安法师。他提出的佛经翻译"五失本"和"三不易"，见《摩诃钵若波罗蜜经抄序》（《出三藏记集》卷第八）。

秦王躬览旧经，验其得失，诹其通途，坦其宗致"。"与诸宿旧业沙门""五百余人，详其义旨，审其文中，然后书之"。

同时，从僧叡的一些经序中，也可以知道鸠摩罗什虽然会说汉语，但汉文造诣毕竟有限。如在《大智释论序》中，他提到"法师于秦语大格，唯译一往，方言殊好，犹隔未通"。僧肇也在《百论序》中提到，此论鸠摩罗什"先虽亲译，而方言未融，致令思寻者踌躇于谬文，标位者乖迕于归致"。于是，姚嵩"集理味沙门，与什考校正本，陶练覆疏，务存论旨。使质而不野，简而必诣，宗致划尔，无间然矣"。

中国佛经翻译始于汉代，至鸠摩罗什，已历经二百多年。经过长期的探索和实践，此时汉地高僧已对佛教义理和佛经文体了然于胸。前面提到道安的"五失本"和"三不易"便是明证[①]。故而，高僧们对佛经译文的理想标准，也就是僧肇所说的"质而不野，简而必诣"。"质而不野"是考虑到佛经文体原本质朴，因此，译文不必忌讳质朴。但文字质朴，又不能流于粗俗。"简而必诣"是考虑到佛经文体不惮繁复，而汉文传统崇尚简约，因此，译文应该适应汉地阅读习惯，可以适当简化。但文字适当简化，又必须保证义理的准确表达。应该说，鸠摩罗什所译《维摩诘经》是符合这种翻译理念的。就《维摩诘经》这部佛经而言，其中文字的繁复不算突出，因此，译文中的简化也是有限度的。但这种文字简化的倾向是贯穿始终的。这只要对照梵本原文或玄奘译本便可见出。

总之，鸠摩罗什的译经活动在促进佛经汉化方面取得非凡的成就，使中国的佛经翻译出现一个质的飞跃。而我们也应该看到，鸠摩罗什的译经成就有一半应该归功于他的那些参与讨论和担任笔受的译经助手。鸠摩罗什与这些译经助手可谓珠联璧合。在某种程度上，也可以说，正是这些优秀的译经助手造就了中国佛经翻译史上鸠摩罗什这样一位译经大师。

唐玄奘的生平和译经成就众所周知，这里不必赘述。玄奘和鸠摩罗什同样都是佛学高僧，而不同之处在于玄奘既精通梵文，又熟谙汉文，两种语言的运用都得心应手。唐道宣在《续高僧传》（卷第四）中指出："自

[①] 关于中国古代高僧对佛经翻译的理论探索和总结，笔者曾撰有《佛经翻译文质论》一文（载《文学遗产》1994年第6期），这里不再复述。

前代已来，所译经教，初从梵语倒写本文，次乃回之，顺同此俗，然后笔人观理文句，中间增损，多坠全言。今所翻传，都由奘旨，意思独断，出语成章，词人随写，即可披玩。"这段话准确地概括了玄奘的译经特点。据唐智昇《开元释教录》（卷第八）中记载，玄奘也有许多译经助手，担任证义、缀文和证梵语等工作。其中有辩机、道宣、慧立和玄应等这样一些高僧。但在整个译经过程中，玄奘显然起到决定性的主导作用。

《大唐西域记》结尾辩机撰写的《记赞》中，指出"传经深旨，务从易晓。苟不违本，斯则为善。文过则艳，质甚则野。说而不文，辩而不质，则可无大过矣，始可与言译也"。这可以说大体上反映玄奘的翻译原则，与鸠摩罗什译经中体现的"质而不野"的理念基本一致。而辩机又指出，玄奘译经"非如童寿逍遥之集文，任生、肇、融、叡之笔削。况乎圆方为圆之世，斲雕从朴之时，其可增损圣旨，绮藻经文者欤？"也就是批评鸠摩罗什译经中有删削经文和藻饰文字的弊端。

如今我们依据《维摩诘经》梵本原文，对照阅读什译和奘译，可以发现什译文字倾向于适当简化，而奘译忠实于原文，基本上做到逐字逐句全部译出，不予删削或简化，必要时，文字还略有增饰。在将梵语转化为通顺的汉语方面，奘译和什译是一致的。什译文字也无刻意雕琢或注重藻饰的迹象。而奘译有时会受原文约束，译文显得不如什译简约流畅。

造成鸠摩罗什和玄奘翻译风格的差异，其中重要的原因就是鸠摩罗什的翻译，在转换成汉语这个关节上，倚重笔受。那些笔受并不通晓梵语，而是经过与鸠摩罗什讨论，领会意义后，直接用汉语表达，不怎么受梵语原文的束缚。而玄奘的脑子里始终装着梵语原文，也就会力求完整无缺地译出。

实际上，玄奘也是十分尊重鸠摩罗什的翻译的。在他译的《说无垢称经》中，常常直接沿用什译中的一些语句。鸠摩罗什也是尊重前译的，在他译的《维摩诘所说经》中，有时也直接沿用支译中的语句。沿用前人译文中的一些成熟的语句，在中国古代佛经翻译中，已成为一种翻译惯例。这说明古代高僧们襟怀坦荡，即使批评旧译，也不抹煞旧译中的可取之处。他们将译经视为共同的事业，惟一的目标是努力向社会提供最完善、最准确的译文。这与现代翻译界重视所谓的"个人著作权"，忌讳沿用他人的译文语句，不可同日而语。

五

前面提到，历代的《维摩诘经》注疏本大多依据什译本。这样，窥基依据奘译本的《说无垢称经疏》反倒显得具有特殊的意义。据《宋高僧传》（卷第四）中记载，窥基是玄奘弟子，曾在大慈恩寺"躬事奘师，学五竺语"。后来，他成为玄奘的译经助手，曾任《成唯识论》的笔受。

窥基在《说无垢称经疏》后记中，提到他曾应邀在一些寺院中讲解《维摩诘经》，被指定使用什译本。这样，他在讲经的同时，"制作此文，以赞玄旨"。他在注疏的开头，强调以前的译本"仿佛于遵文，而糟粕于玄旨"。而玄奘"陶甄得失，商榷词义，载译此经，或遵真轨"。这部注疏虽然完全依据奘译本，但自始至终对照什译本，对什译提出批评。因此，我们也可以将这部注疏视为中国佛经翻译史上一个难得的翻译批评个案。

在这部注疏中，窥基首先对鸠摩罗什将经名译为《维摩诘所说经》提出批评。他说"准依梵本"，经名是"阿费摩罗枳里底"。接着，他解释说"阿之言无，摩罗言垢"，"今既加费字，故是称也。即云无垢称。枳里底者说也"。因此，经名是《说无垢称经》。而实际上，经名的梵文是 Vimalakīrtinirdeśa。其中的 Vimalakīrti（什译"维摩诘"，奘译"无垢称"），若按照窥基的音译，应为"费摩罗枳里底"。窥基却在前面添加了一个"阿"字。显然，他是按照玄奘的译名《说无垢称经》妄加推测原文的。在梵文中，"阿"（a）字常用于词头表示"无"。故而，他误以为"无垢"原文应为 amala（"阿摩罗"），殊不知此处"无垢"的原文是 vimala（"费摩罗"）。其中的 vi 也是常用于词头表示"无"。而他毫无根据地将 vi（"费"）说成表示"称"。这样，凑合成"无垢称"。然后，他说"枳里底"（kīrti）表示"说"，而"梵音多倒，顺唐音正云《说无垢称经》"。

看来，窥基完全不知道经名原文中还有 nirdeśa（"说"或"所说"）一词，而是在 Vimalakīrti（"费摩罗枳里底"）前妄自添加一个 a（"阿"）

字，作为经名，予以牵强附会的解释。进而，他批评鸠摩罗什的《维摩诘所说经》这个译名，说是其中的"维摩"只能表示"垢称"，漏译"阿、罗二字"，而"诘"（"枳里底"）已表示"说"，何必再添加"所说"一词，"重言何用？"同时，窥基认为，"经"只能由佛说，"弟子唯得说论议经"，即"三藏之中，唯得说阿毗达磨"。因此，不能将经名译为《维摩诘所说经》，而应该像玄奘那样译为《说无垢称经》。其实，这部经中讲经说法的主角是维摩诘，鸠摩罗什按照经名原文译为《维摩诘所说经》是合理的。当然，玄奘遵循经、律和论的传统分类，按照自己的理解译为《说无垢称经》也无不可。

总之，窥基在经名翻译问题上对鸠摩罗什的批评不能成立。可是，他却十分自信，甚至指称"什公出自龟兹，不解中国梵语"。这里的"中国"一词指北印度中部（madhyadeśa），也就是说鸠摩罗什的梵语不纯正。这可能会给人造成错觉，仿佛窥基本人通晓纯正的梵语。上引《宋高僧传》中也记载他曾"躬事奘师，学五竺语"。现在看来，他至多学得一些梵语基础知识，并不真正通晓梵语。

在什译《维摩诘所说经》的经名标题下，还标有"一名不可思议解脱"。因为在这部经的结尾部分提到本经的经名，什译"是经名为《维摩诘所说》，亦名《不可思议解脱法门》"，奘译"如是名为《说无垢称不可思议自在神变解脱法门》"。而窥基依据奘译，认定此经只有一个经名，并非如什译有两个经名。其实，按照梵本，这两个名称的原文是断开并列的。因此，什译视为两个经名是合理的，也与支译一致。而奘译将这两个名称合在一起，也是可以的。至于鸠摩罗什将《不可思议解脱》用作经名副标题，显然是考虑到这个名称具有点题作用，本也无可厚非。而窥基认为即使有两个名称，也不应该在标题中一并列出。否则，"《胜鬘》有十五名，《无量义经》有十七名，并应具载"。显得有点强词夺理。

关于此经各品的品名，凡什译与奘译有差异者，窥基一概提出批评。

第一品，什译《佛国品》，奘译《序品》。梵本原名是《佛土清净缘起品》。其中，"佛土"（buddhakṣetra）一词也译"佛国"。"缘起"（nidāna）一词也可译为"序"。这样，什译和奘译都采取简化的译法，只是取舍有所不同。而窥基认定应该译为《序品》，理由是若按这品的内容译为《佛国品》,那么,《法华经》的《序品》"说无量义等七种成熟事,应名《成就品》,何故名《序品》?"

第二品,什译《方便品》,奘译《显不思议方便善巧品》。梵本原名是《不可思议方便善巧品》。什译显然是简化的译法。而窥基强调这品中的"方便之义"非同一般,因此,品名中的"显不思议"必须译出。

第三品,什译《弟子品》,奘译《声闻品》。第四品,什译和奘译均为《菩萨品》。按照梵本,这两品本是一品,名为《声闻和菩萨推辞问疾品》。窥基认为"弟子"一词包含"声闻"和"菩萨"两者,因此,不应该译为《弟子品》,而应该译为《声闻品》。其实,这第三品中的内容只涉及佛陀的十大弟子,译成《弟子品》未尝不可。

第五品,什译《文殊师利问疾品》,奘译《问疾品》。梵本原名《问疾品》。窥基认为前去问疾者以文殊师利为首,但并非他一人,品名中不应该特别标出文殊师利。其实,这品内容主要是文殊师利和维摩诘的对话,故而在品名中标出文殊师利,突出这位菩萨的地位和作用,也是符合此经本意的。

第七品,什译《观众生品》,奘译《观有情品》。梵本原名是《天女品》。什译和奘译都改译品名。奘译显然沿用什译品名,而将"众生"一词改为"有情"。而窥基强调"萨埵"(sattva)一词应该译为"有情"。其实,此词译为"众生"本是佛经汉译中通行的译法,未必一定要照玄奘那样译为"有情"。

第八品,什译《佛道品》,奘译《菩提分品》。梵本原名是《如来种性品》。什译和奘译都改译品名。而窥基认为"佛道"一词有以"老子之道"混同"佛道"之嫌,因此,品名应该译为《菩提分品》。

第九品,什译《入不二法门品》,奘译《不二法门品》。梵本原名是《入不二法门品》。而窥基依据奘译品名,认定"梵本经无'入'字"。其实,这个品名支译《不二入品》,也有"入"字。

第十品,什译《香积佛品》,奘译《香台佛品》。梵本原名是《化身取食品》。什译和奘译都改译品名。奘译显然沿用什译品名,而将"香积"一词改为"香台"。而窥基认为"佛身香体高妙类于香台","应名香台"。其实,什译中的"积"字对应原文中的 kūṭa 一词。kūṭa 的词义是

"顶峰"或"堆积",故而什译"香积"。

第十二品,什译《见阿閦佛品》,奘译《观如来品》。梵本原名是《取妙善世界见阿閦佛品》。什译和奘译均采取简化的译法,译名也完全一致。而按窥基的记载,什译这品品名为《阿閦佛品》,其中少了一个"见"字。窥基据此认为这品"说观法身如来等","不唯明阿閦佛"。而什译品名"唯言阿閦佛,失彼品经宗之意。何但违于梵音,但以方言隔正理亏,义既乖其本宗,名亦如何不谬也"。即使窥基依据的什译这品品名不同于现存的什译本,品名为《阿閦佛品》,也不至于应该受到这么严酷的批评。

从这些品名的翻译可以看出,什译和奘译原本都具有相当的灵活性。而且,奘译的一些品名也借鉴什译。而窥基僵硬地以奘译品名为绝对标准,一味挑剔什译,缺乏批评的说服力。

窥基在各品中,对什译的批评大多是依据奘译,指出什译中的文字缺漏。由于什译本身具有文字简化的倾向,只要对照奘译,这类文字省略之处也就不难发现。而对于什译和奘译中一些表述不同的语句,窥基也能指出其中有些奘译比什译更准确;有些只是表述方式不同,而意义一致。但也有一些批评不当之处。例如:

第一品第八首偈颂中有一句,什译"毁誉不动如须弥",奘译"八法不动如山王"。窥基指出"旧无八法,但有毁誉,译家脱也"。其实,梵本原文中此词是 satkārasatkṛta,词义为"受到优待"。支译"供养事者",什译"毁誉"。僧肇在《注维摩诘经》中解释这句说:"利衰毁誉称讥苦乐八法之风不动如来,犹四风之吹须弥也。"因此,很可能是玄奘据此采用"八法"这个译名,并非原文中有此词,而什译脱漏。

第一品中还有一句(梵本 1.12),什译"众生之类是菩萨佛土",奘译"诸有情土是为菩萨严净佛土"。窥基指出两者"文义不同"。其实,按照梵本原文,上一段中提到"清净佛土"(什译"净土",奘译"严净佛土"),此后各段中简称"佛土"。因此,此处支译和什译依照原文译为"佛国"或"佛土",而奘译维持"严净佛土"的译法,无所谓"文义不同"。

第三品中有一句(梵本 3.2),什译"时维摩诘来,问我言",奘译

"时无垢称来到彼所，稽首我足，而作是言"。窥基依据奘译，指出什译这句中无"稽首我足"一语，批评道："罗什词屈姚主，景染欲尘，入俗为长者之客，预僧作沙弥之服，不能屈折高德，下礼僧流。遂删来者之仪，略无稽首之说。"其实，这一句不仅出现在此处舍利弗的话中，相同的句式也出现在其他佛弟子的话中。按照梵本原文，只有在阿那律、罗睺罗和阿难的话中有"稽首我足"一语，在包括舍利弗在内的其他弟子的话中均无此语。什译与支译一致，只在罗睺罗的话中出现此语。而奘译在所有弟子的话中均有此语。按照原文的情况，说明此语并非必不可少。况且什译在罗睺罗的话中也有此语。同时，什译与支译一致。那么，窥基对什译的这种节外生枝的道德批评，是否也包括支译在内？

综上所述，窥基对什译的批评大多不能成立。窥基这种翻译批评的致命弱点在于他不通晓梵文，不能依据梵本原文，比照什译和奘译，对什译作出实事求是的评论。而且，他怀有"门户之见"，言辞之间明显透露出对鸠摩罗什抱有偏见，缺乏公允之心。隋彦琮曾提出佛经翻译"八备"说，即佛经翻译家应该具备的八个条件，其中包括"襟抱平恕，器量虚融，不好专执"，"不欲高炫"，"要识梵言，乃闲正译"（《续高僧传》卷第二）。其实，这些条件不仅适用于佛经翻译，也适用于佛经翻译批评。这也许可以视为窥基对什译批评这个个案从反面给予我们现代翻译批评的重要启示。

六

《维摩诘所说经》的梵本原文基本上是规范的梵语，只是第一和第七品中的偈颂部分含有较多的混合梵语。这符合早期大乘佛经的文体特点。在原始佛教时期，遵循佛陀释迦牟尼的教导，佛教使用方言俗语传教。而随着原始佛教发展演变为大乘佛教，传教语言也逐渐采用梵语。一般认为，佛经从方言俗语转换成梵语时，其中的散文部分容易转换，而偈颂部分受制于诗律，常常保持原状，或者保留较多的方言俗语语法形态。因为处在当时的语境，听者或读者都能理解这些偈颂。这好比我们现在使用普通话，也能听懂一些接近普通话的方言。

对于这两品中偈颂部分出现的混合梵语，我都在注释中一一指明它们的语法形态。对这些语法形态的确认，主要依据埃杰顿（F. Edgerton）的《佛教混合梵语语法》（Buddhist Hybrid Sanskrit Grammar），或者直接指明属于什么语法形态，或者说明规范的语法形态应该是什么。混合梵语是佛经语言研究中的一大难点，研究还有待于深化。在梵汉佛经对勘研究中，也应该重视这个问题。

本书进行《维摩诘所说经》梵汉对勘，梵本采用日本大正大学综合佛教研究所梵语佛典研究会的校订本《梵文维摩经》（大正大学出版会2006年版），只是将梵文拉丁转写体改换成天城体。三种古代汉译本中，选择什译和奘译，因为考虑到鸠摩罗什和玄奘的翻译代表中国古代佛经翻译的最高成就。在对勘中，有时也会涉及支译，但不纳入对勘工作范围。对于一些需要阅读和研究支译《维摩诘经》的学者，相信本书的对勘工作对他们也会有参考价值。什译《维摩诘所说经》和奘译《说无垢称经》采用《中华大藏经》（第十五册）提供的文本。为保持文本原貌，没有将其中的繁体字改为简体字。

关于对勘工作的宗旨和方法已在丛书《总序》中说明，这里不再复述。

本书全部文稿主要由常蕾帮我输入电脑。在工作过程中，她也会与我商讨一些词语注释问题，对我完善或增订一些注释也有帮助。在此，一并志谢。

2011年5月28日

（原载《梵汉对勘〈维摩诘所说经〉》，中国社会科学出版社2011年版）